JN427716

Python으로 시작하는

빅데이터분석 및 인공지능

개정2판

쉽고 간단한 예제를 이용한
빅데이터분석 및 인공지능 실습

저자소개

조준모

아이오아주립대(Iowa State University) 컴퓨터과학과를 졸업하고 경북대학교에서 석사 및 박사 학위를 취득하였으며, 현재는 동명대학교 전자공학과 교수로 재직 중이다. 저서로는 "데이터통신 및 컴퓨터 네트워크", "최신 정보통신개론", "JSP 프로그래밍","인터넷 영어", "최신 전산 영어" 등이 있으며, 관심 연구 분야는 빅데이터 분석, 인공지능, 챗봇 등이다.

e-mail: jun@tu.ac.kr

Python으로 시작하는

빅데이터분석 및 인공지능 개정2판

쉽고 간단한 예제를 이용한 빅데이터분석 및 인공지능 실습

인쇄 2023년 1월 2일 개정2판 1쇄
발행 2023년 1월 9일 개정2판 1쇄

저자 조준모
발행인 성희령
발행처 INFINITYBOOKS | **주소** 경기도 고양시 일산동구 하늘마을로 158, 대방트리플라온 C동 209호
대표전화 02)302-8441 | **팩스** 02)6085-0777
기획팀 채희만 | **영업팀** 한석범, 최형진, 이호준 | **편집팀** 한혜인, 임유리 | **경영관리팀** 이승희

도서문의 및 A/S지원
홈페이지 www.infinitybooks.co.kr | **이메일** helloworld@infinitybooks.co.kr

ISBN 979-11-92373-12-6 | **등록번호** 제 2021-000018호 | **판매정가** 28,000원

머리말

최근 우리나라 유수의 대학들과 디자인이나 게임 회사들이 서로 연계하여 디자인학과 학생들에게 코딩 교육을 실시하는 프로그램들이 늘고 있다. 코딩의 기초부터 인공지능에 이르는 단기 교육과정에 참여하게 한 후 관련 회사에 취업시키는 프로그램이다. 필자도 지난 여름방학에 서울대학교와 넥슨 회사가 연계한 프로그램을 맡아 진행했는데 컴퓨터 프로그래밍의 경험이 전혀 없는 디자인학과 학생들이 놀라운 속도로 적응하는 모습을 보았다. 따라서 어떠한 분야의 전문가라도 짧은 기간 동안 기초 코딩 실력을 갖추어 자신의 분야에 활용할 수 있다고 생각한다.

근래에는 대학교의 학생들이나 연구원들은 물론이고 일반인들까지 무료로 공개된 Open API를 활용하여 빅데이터분석 및 인공지능 관련 응용소프트웨어를 작성할 수 있게 되었다. 그러나 혼자서 관련 지식을 기초부터 전문가 수준까지 쌓아간다는 것은 여간 힘든 일이 아닐 수 없다. 필자도 초기에는 구글링과 해외 Mooc를 통해 혼자서 최신 기술을 습득했지만 많은 시간과 노력이 필요했고, 특히 처음 몇 년간은 매우 힘든 시간들을 보내야만 했다. 만약 스피드 스케이팅처럼 뒤에서 밀어주는 사람이 있다면 이후에는 혼자서 쉽게 속도를 낼 수 있을 것이다. 본 책이 여러분들에게 그러한 역할을 해주길 바란다. 이후에는 구글링을 통해 혼자서도 잘 헤쳐갈 수 있을 것이다.

이번 개정판에서는 인공지능의 분류 방식뿐만 아니라 회귀 방식의 예제들을 다수 추가하였으며, 학습과 테스트 데이터를 준비하기 위해 엑셀 파일(CSV)로부터 원하는 속성(Feature)과 목표값(Target)을 선택하고 추출하는 코드를 추가하였다.

새로운 방식의 빅데이터분석이나 인공지능 기술을 개발하기 위해서는 깊은 수학적 지식이 필요하지만 최신의 방식으로 응용소프트웨어를 개발한다면 그만큼 필요하지 않다. 왜냐하면 기본적인 이론을 바탕으로 Open API를 적절히 불러와서 사용하면 되기 때문이다. 본 책을 통해 쉽게 빅데이터분석과 인공지능의 응용소프트웨어 개발자로 나아가는 기회가 되길 바란다.

동명대학교 조준모 교수

감사의 글

소위 '구글링(Googling)'을 통하여 거의 실시간에 가까운 속도로 참신하고 다양하고 귀중한 정보들을 제공받을 수 있었으며 이에 인터넷에 자신의 시간과 지식을 아낌없이 제공해주는 전세계 지식 공유자들께 감사한 마음을 전합니다. 다른 선진국들에 비해 우리나라 인공지능 기술이 다소 뒤처진다는 말을 많이 들어왔는데 부디 본 교재가 인공지능에 관심이 있는 모든 분들께 조금이나마 도움이 되기를 바라는 마음입니다. 끝으로, 저를 물심양면으로 도와준 저의 아내와 가족들, 어머니, 장인 장모님께 감사의 말씀을 전합니다.

이 책의 구성

Big Data Analytics & Artificial Intelligence
Starting with Python

이 책은 파이썬의 기초를 익히고 빅데이터 분석과 인공지능의 기초 지식을 정립하기 위한 기본 이론과 다양한 실습 예제들을 공부하는 개론서이다. 인공지능을 수행하기 위해선 기본적으로 빅데이터를 분석하고 가공할 수 있어야 한다. 따라서 파이썬의 기초를 익힌 후 빅데이터에 대해서 공부할 예정이다. 인공지능(Artificial Intelligence)의 종류는 크게 전통적인 인공지능과 최근 각광을 받기 시작한 기계학습(Machine Learning) 및 딥러닝(Deep Learning)으로 분류할 수 있는데 본 교재는 특히 기계학습과 딥러닝의 전반적인 개념과 다양한 모델을 다루고자 한다. 딥러닝도 기계학습의 한 종류이므로 본 교재에서는 기계학습이라고 총칭하겠다.

인공지능의 분류

기존의 인공지능	기계학습(머신러닝)	딥러닝

본 교재는 인공지능을 공부하고 싶어 하는 초보자를 위한 개론서로서 파이썬의 기초에서 시작하여 빅데이터 분석과 인공지능 입문까지의 내용을 모두 담고 있다. 기본 이론과 다양한 예제 중심의 학습 방법으로 책을 구성하였으며, Part I에서는 파이썬 기초를, Part II에서는 빅데이터 분석을, Part III에서는 인공지능과 기계학습을 중점으로 다루었다.

차례

Big Data Analytics & Artificial Intelligence

Starting with Python

PART I

파이썬의 기초

Big Data Analytics &
Artificial Intelligence
Starting with Python

CHAPTER

01 파이썬의 기초

학습목차

파이썬은 C언어나 Java언어와는 큰 차이점이 있다. 일반적으로 알려져 있는 이들 언어는 프로그래머가 입력한 명령어들을 일괄적으로(batch) 해석한 후 중간 언어인 목적 파일로 번역하는 컴파일러 방식을 사용하지만, 파이썬은 대화식(interactive)으로 입력되는 명령문을 해석과 동시에 실행하므로 인터프리터(interpreter)라고 한다.

1.1 파이썬 설치

파이썬으로 프로그래밍을 하려면 통합 개발 환경(IDLE: Integrated Development Environment)을 설치해야 한다. 이를 위해, 다음의 파이썬 사이트에서 해당 파일을 다운로드하자. 새로운 버전들이 계속해서 나오고 있고, 어떤 버전을 설치해도 좋지만 본 교재에서는 빅데이터 분석이나 인공지능 실습 환경에 맞는 'Python 3.6.6'을 사용하고자 한다. 다음의 버전에서 Download를 클릭해서 파일을 받아 설치하자.

https://www.python.org/downloads/

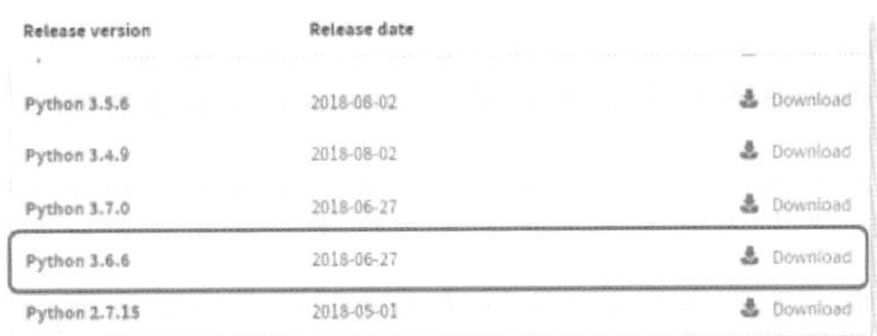

Release version	Release date	
Python 3.5.6	2018-08-02	Download
Python 3.4.9	2018-08-02	Download
Python 3.7.0	2018-06-27	Download
Python 3.6.6	2018-06-27	Download
Python 2.7.15	2018-05-01	Download

새로운 버전이나 주소 링크 변경 등 여러 가지 사정으로 언제든지 설치 방법이 달라질 수 있다. 따라서 인터넷 검색창에서 적절한 검색어를 선택하여 자신이 원하는 설치 파일과 방법에 관한 정보를 얻을 수 있는 능력이 중요하다. 이것은 설치에만 국한된 것이 아니라 다양한 API의 업그레이드로 인하여 기존의 코드가 더 이상 **유효하지 않을**(deprecated) 수 있기 때문에 최신의 정보를 활용할 수 있는 검색 능력과 영어 해석 능력을 키우도록 하자.

설치를 마치고 IDLE를 실행하면 다음과 같은 창이 출력된다. 이것을 IDLE 쉘 창(Shell Window)이라고 하며 파이썬의 기본적인 명령어 에디터(editor)이다. 여기에서 프로그래머가 명령어를 입력하면 파이썬 인터프리터가 대화식(interactive)으로 결과를 출력하는 것이다.

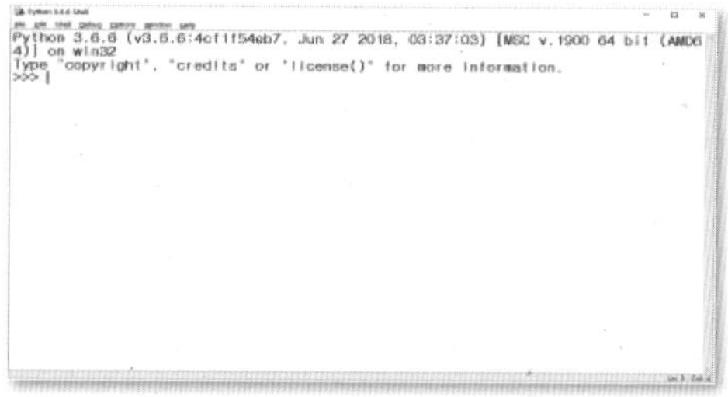

기호 '>>>'는 프롬프트(prompt)이며 이후에 명령문과 엔터키를 입력하면 실행이 된다. 출력 결과가 없는 명령문도 있으니 참고하자.

CHAPTER

02

변수와 입 · 출력함수

학습목차

2.1 데이터형과 변수

데이터형(Data Type)은 자료형이라고도 하며 컴퓨터에서 다루어지는 다양한 데이터 값들의 유형을 의미한다. 정수형, 실수형, 문자열형 등이 있으며, 3은 정수형이고 3.5는 실수형이라고 한다.

파이썬의 데이터형

파이썬에는 다음과 같은 데이터형들이 있다.

정수형(int)	실수형(float)	문자열형(str)	부울형(bool)

먼저 정수를 이용하여 사칙연산을 실행해보자.

```
>>> 3 + 5
8
```

위의 명령문은 정수 3과 정수 5를 덧셈 연산자를 사용하여 덧셈을 수행하는 것이다. 프롬프트 '>>>' 이후에 덧셈식 3 + 5를 입력하고 엔터키를 입력하면 명령문 아래에 8이라는 값이 출력될 것이다. 앞서 설명한 것처럼 파이썬은 인터프리터이므로 입력 후 출력 결과를 대화식으로 즉시 확인할 수 있다. 나머지 사칙연산자들도 다음과 같이 연습해보자.

```
>>> 3 - 5
-2
>>> 3 * 5
15
>>> 3 / 5                    # 실수 형태의 결과를 출력
0.6
```

다른 연산들은 예측한 대로 출력되었지만 마지막 나누기 연산식의 결과값이 실수형이라는 것이 특이하다.

참고 파이썬에서 주석은 '#'이다. '#' 이후의 문자열은 실행하지 않는다는 의미이다. 나누기 연산자는 모두 3개이며 의미는 다음과 같다.

① '/'는 실수 형태로 결과를 출력

② '//'는 몫을 구하여 출력

③ '%'는 나머지를 구하여 출력

```
>>> 5 // 3                          # 몫을 출력
1
>>> 5 % 3                           # 나머지를 출력
2
```

Quiz 2.1

실수형 값 7.5와 2.5에 대해 위에서 공부한 6가지 연산자를 사용하여 실행하는 프로그램 코드를 작성하시오.

명령문	>>> ________________ # 덧셈
	10.0
	>>> ________________ # 뺄셈
	5.0
	>>> ________________ # 곱셈
	18.75
	>>> ________________ # 나눗셈
	3.0
	>>> ________________ # 몫
	3.0
	>>> ________________ # 나머지
	0.0

문자열형은 단어나 문장을 저장하기 위해 준비된 데이터형이다. C언어와 같은 프로그래밍 언어들은 문자 1개를 저장하는 문자형(char)이 따로 있는데 파이썬에서는 문자형을 문자열형으로 사용하기 때문에 문자형이 없다. 다음의 명령문을 실행해보자. 문자열형인 'hello'를 입력하면 'hello'가 출력된다.

명령문	>>> 'hello' 'hello'

파이썬에서는 문자열형에 작은따옴표(' ')와 큰따옴표(" ")를 모두 사용할 수 있다. 다음과 같은 명령문을 입력해보자. 첫 번째 명령문은 큰따옴표로 열고 큰따옴표로 닫은 문자열형의 값이다. 출력 결과가 작은따옴표로 출력되었다. 작은따옴표를 입력하여 실행해보자. 역시나 작은따옴표로 출력된다. 따라서 본 교재에서는 특별한 경우를 제외하고는 작은따옴표로 표기하도록 하겠다.

명령문	>>> " "
	' '
	>>> ' '
	' '

변수

변수(variable)는 데이터를 저장할 수 있는 메모리 공간의 이름을 의미한다. 프로그래머가 쉽게 데이터에 **액세스**[1] 할 수 있도록 특정 메모리에 이름을 붙인 것이 변수이다. 그리고 지속적으로 내용을 다른 값으로 갱신할 수 있어서 변수라고 한다.

변수에 특정한 값들이 저장되어 있다면 변수 또한 데이터형이 지정된 것이다. 파이썬에서는 어떤 변수의 데이터형이 무엇이냐고 물어보면 해당 변수에 저장된 값에 따라서 답이 정해진다. C언어와 같은 기존의 언어들은 변수를 선언하기 위해 별도의 선언문이 필요하다. 그렇지만 파이썬에서는 변수에 데이터를 할당하는 순간 자동으로 선언되는 효과가 있다. 변수의 데이터형은 처음 입력되는 값의 데이터형에 따라 결정된다.

용어	정의
변수(variable)	데이터를 저장할 수 있는 메모리 공간의 이름
데이터형(Data Type)	컴퓨터에서 다루어지는 다양한 데이터 값들의 유형

정수형 변수의 예는 다음과 같다. 다음의 명령문을 살펴보자. 등호('=')는 산술적인 계산이 아닌 어떤 특정한 기능을 수행하는 연산자이다. 어떤 연산을 할까? 처음 프로그램을 접하는 대부분의 사람들이 "오른쪽 값과 왼쪽 값이 같다"라고 생각하는 경향이 있는데 절대 아니다. 등호('=') 연산자는 등호를 기점으로 오른쪽에 위치한 값을 왼쪽에 저장하라는 연산자이다. 이 점을 반드시 명심하자.

연산자	기능
=	오른쪽 값을 왼쪽에 대입(저장)

정수형 변수

다음의 예제를 살펴보자. 등호('=')를 기점으로 오른쪽에는 3이라는 값이 있고, 왼쪽에는 num이라는 변수가 있다. 즉 3의 값을 변수 num에 저장하라는 연산자이다.

---

[1]액세스(access): (메모리에 저장된 값을) 읽거나(read) 쓰는(write) 작업

```
>>> num = 3                    # 정수형 변수 num을 생성하고 정수 3을 저장
```

위의 명령문을 실행하면 다음 2가지 일을 수행하고 아래 그림과 같은 내용으로 메모리에 생성된다.

① (입력값이 정수형이므로) num이라는 정수형 변수가 메모리에 생성

② 정수형 변수 num에 3을 저장

num
3

그런데 위의 명령문을 실행하면 아무런 반응이 없다. 입력값이 3으로 정수형이기 때문에 정수형 변수 num을 생성하고 3을 저장만 한다. 위의 명령어로는 결과를 출력하지 않기 때문에 다음의 명령문을 실행해보자. num에 저장된 값인 3이 출력됨을 확인할 수 있다.

```
>>> num
3
```

실수형 변수

실수형 변수를 위한 실습을 위해 다음의 명령문을 실행해보자.

```
>>> num = 3.5          # 실수형 변수 num을 생성하고 실수 3.5를 저장
```

Quiz 2.2

위의 명령문을 실행하면 아무런 반응이 없다. 결과를 확인하기 위해 필요한 명령문을 밑줄에 적으시오.

명령문	>>> ____________________
결과	3.5

실수형 변수 num에 저장된 값 3.5가 출력된다.

문자열형 변수

C를 포함한 대부분의 언어에서는 문자 1개를 저장할 수 있는 **'문자형'**을 별도로 지원하지만 파이썬에서는 **작은따옴표**(' ')를 이용하여 **'문자형'**과 **'문자열형'**을 같

이 사용한다. 물론 큰따옴표(" ")를 사용해도 된다. 다음의 명령문을 실행해보자. **'John'**이라는 문자열을 **user**라는 문자열형 변수에 입력하고 출력하는 명령문이다.

```
>>> user = 'John'
>>> user
'John'
```

문자열이 한글로도 동작하는지 실행해보자. '홍길동'이라는 문자열을 `name`이라는 변수에 저장하고 출력하는 명령문이다.

```
>>> name = '홍길동'
>>> name
'홍길동'
```

참고 **데이터형 확인**

특정 값이나 변수의 데이터형이 무엇인지를 확인해주는 함수가 있다. 함수란 프로그래밍 환경에서 제공해주는 특정한 기능을 의미하며 입력값과 출력값이 있다. 데이터형을 확인하는 함수는 `type()`이다. 괄호 안에 값을 입력하면 `type()` 함수가 그 결과를 출력(반환)하게 되어 있다. 함수의 입력값으로 값이나 변수를 입력하면 그것의 데이터형을 출력해준다. 다음의 예제로 확인해보자.

```
>>> num = 3
>>> type(num)
<class 'int'>
```

`num`에 3을 대입한 후 `type()` 함수의 입력값으로 `num`을 넣어 `type(num)`으로 출력하면 `type()` 함수가 변수 `num`이 어떤 데이터형인지를 계산하여 알려준다. 결과값으로 정수를 의미하는 `'int'(integer)`가 출력되었다. 그 앞의 `class`는 객체지향에 관한 내용이므로 세부적인 내용은 6장에서 공부할 것이다.

Quiz 2.3

`num`에 3.5를 입력하고 `num`의 데이터형을 `type()` 함수로 출력하는 프로그램 코드를 작성하시오.

명령문	>>> ________________ >>> ________________
결과	<class 'float'>

출력 결과는 부동 소수점(floating point)을 나타내는 `float`으로 실수형을 의미한다.

다음은 isinstance() 함수를 이용하여 해당 변수가 어떤 종류인지 조사할 수 있다. 다음의 명령문은 정수형 변수 a가 정수인지를 알아보는 명령문이다. 참이면 True를 거짓이면 False를 출력(반환)한다.

명령문	a = 3 isinstance(a, int)
결과	True

Quiz 2.4

다음의 명령문은 실수형 변수 b가 실수인지를 알아보는 명령문이다. 파이썬의 isinstance() 함수를 이용하여 출력에 맞는 명령문을 작성하시오.

명령문	b = 3.5 ____________________
결과	True

Quiz 2.5

'홍길동'을 name 변수에 저장한 뒤 name의 데이터형을 출력하고자 한다. 다음의 명령문을 완성하시오.

명령문	>>> name = '홍길동'
	>>> ____________________
	<class 'str'>

Quiz 2.6

다음의 명령문을 보고 질문에 답하시오.

명령문	>>> var = '' >>> type(var)

(1) 위의 명령문에서 정의된 변수의 이름은?

(2) 해당 변수의 데이터형은 다음 중 어느 것인지 고르시오.

문제	정수형	실수형	문자형	문자열형	부울형

(3) 위의 명령문을 실행했을 때 출력되는 결과를 적으시오.

결과	______________

부울형 변수

부울형 변수는 부울(또는 불린)이라 부르고 영어로는 `boolean`의 약어인 **`bool`**로 데이터형을 표시한다. `True` 또는 `False`의 2가지 논리값 중 하나의 값만을 가진다. 즉 참 또는 거짓의 값을 의미한다. 다음과 같이 변수 `exist`에 `True`값을 입력하면 해당 변수는 부울형 변수가 된다.

```
>>> exist = True
>>> exist
True
```

Quiz 2.7

위에서 정의한 변수 `exist`의 데이터형을 구하기 위한 명령문과 출력 결과를 적으시오.

명령문	>>> ______________ ______________

2.2 변수의 연산

파이썬도 다른 프로그래밍 언어와 마찬가지로 다양한 연산자 기능을 제공하고 있다. 연산자의 종류로는 산술연산자, 관계연산자, 논리연산자, 비트연산자가 있다.

산술연산자

산술연산자에 대한 내용은 이미 데이터형에서 설명하였지만 변수를 이용하여 다시 한번 사칙연산을 연습해보자.

변수 `a`와 `b`에 각각 3과 3.5를 입력하여 사칙연산, 몫, 나머지를 구하고자 한다. 먼저 2개의 변수를 정의하고 그들의 합을 구해 출력하는 프로그램 코드를 살펴보자.

변수 a는 정수형이며 변수 b는 실수형이다. C언어에서는 2개의 상이한 데이터형의 값을 계산하려고 하면 문제가 발생할 수 있다. 파이썬에서는 어떨까? 다음의 코드를 실행하면 아무 문제없이 결과가 정확히 출력된다. 즉 정수와 실수의 합이 특별한 형변환(Type Conversion) 없이 수행되는 것을 볼 수 있다.

```
>>> a = 3               # 정수형
>>> b = 3.5             # 실수형
>>> a + b
6.5
```

Quiz 2.8

나머지 연산에 대해서 직접 코드를 수행해보자.

명령문	

	>>> ______________ # 뺄셈
	-0.5
	>>> ______________ # 곱셈
	10.5
	>>> ______________ # 나눗셈
	0.8571428571428571 # 실수형으로 출력
	>>> ______________
	0.0 # 몫을 출력
	>>> ______________
	3.0 # 나머지 출력

관계연산자

관계연산자는 2개의 값이나 변수 간의 관계를 연산하며 관계연산자의 결과는 참(True) 또는 거짓(False)이다. 관계연산자에는 다음과 같이 모두 6가지의 종류가 있다.

연산자	의미
>	크다.
<	작다.
>=	크거나 같다.
<=	작거나 같다.
==	같다.
!=	같지 않다.

다음의 관계식을 살펴보자. 다음의 관계식은 한글 문장으로 "a는 0보다 크다."라고 읽을 수 있다. 이렇게 읽혀지는 내용이 바로 컴퓨터가 계산하는 내용이다. 따라서 문장을 읽어 그 문장이 참이면 `True`를 그렇지 않으면 `False`를 출력한다.

관계식을 이해하려면 어떻게 표현되는지를 정확하게 정의해두어야 한다. 반드시 연산자의 왼쪽을 문장에서 주어로 해석해야 한다. 다음의 관계식을 "`0`은 `a`보다 작다."라고 하면 틀린 문장이 된다. 논리적으로는 문제가 없으나 잘못 읽은 것이다. 왜냐하면 연산자 '>'는 '작다'가 아니라 '크다'로 정의되어 있기 때문이다.

관계식	a > 0
의미	a는 0보다 크다.

같은 방식으로 다음의 명령어들을 이해하고 실습한후 결과를 확인해보자.

명령문

```
>>> a = 3
>>> b = 5
>>> a > b                # a는 b보다 크다.
False
>>> a < b                # a는 b보다 작다.
True
>>> a >= b               # a는 b보다 크거나 같다.
False
>>> a <= b               # a는 b보다 작거나 같다.
True
>>> a == b               # a는 b와 같다.
False
>>> a != b               # a는 b와 같지 않다.
True
```

Quiz 2.9

(1) 다음의 한글 문장을 명령문으로 작성하시오.

명령문	"a는 7과 같다."

(2) 다음의 한글 문장을 명령문으로 작성하시오.

명령문	"3은 b보다 작거나 같다."

(3) 다음의 주석과 출력 내용을 참조하여 필요한 명령문과 실행 결과를 밑줄에 적

으시오.

명령문	>>> a = 3
	>>> ______________________ # a는 3보다 크거나 같다.
	______________________ # 출력 결과
	>>> ______________________ # 5는 a와 같지 않다.
	______________________ # 출력 결과

논리연산자

논리연산자는 2개의 값이나 변수 간에 논리적인 연산을 수행하며, 논리연산자의 결과는 참(True) 또는 거짓(False)이다. 논리연산자에는 다음과 같이 3가지의 종류가 있다.

연산자	의미
and	그리고
or	또는
not	부정(아니다)

다음의 논리식을 살펴보자. 다음의 논리식은 "a는 0보다 **크고** a는 b보다 크다."와 같이 한글 문장으로 읽을 수 있다. 만약 다음의 논리식이 'and'가 아니라 'or'이라면 어떻게 읽어야 할까? "a는 0보다 크거나 a는 b보다 크다."로 읽으면 된다. 관계연산자와 마찬가지로 여기에서 읽혀지는 내용이 바로 컴퓨터가 계산하는 내용이다. 따라서 작성된 문장이 논리적으로 참이면 True를 그렇지 않으면 False를 출력한다.

논리식	(a > 0) **and** (a > b)
의미	a는 0보다 **크고** a는 b보다 크다.

논리연산자는 다음의 표와 같은 논리로 계산되어진다.

a	b	a and b	a or b	not a
True	True	True	True	False
True	False	False	True	False
False	True	False	True	True
False	False	False	False	True

결론적으로 and는 두 개의 피연산자(operand) 중에 하나라도 False이면 결과도 False가 되고, or은 두 개의 피연산자 중에 하나라도 True이면 결과도 True가 된다. 그리고 not은 피연산자 값의 반대값으로 전환하면 되므로 False는 True로 전환되며 역으로도 성립한다.

일반적으로 논리연산자는 다음의 예제와 같이 관계연산자와 혼합하여 자주 사용된다. 논리연산자 and의 예제는 다음과 같다. 다음의 명령문은 (a > 0)와 같은 관계연산자와 and와 같은 논리연산자를 혼합하여 사용하는 예이다. 왼쪽과 오른쪽의 관계연산자의 결과를 논리연산자 and로 실행한 명령문이다.

명령문	

	`>>> a = 3`
	`>>> b = 5`
	`>>> (a > 0) and (a > b)  # a는 0보다 크고 a는 b보다 크다.`
	`False                    # 두 번째 항목이 거짓이고 and이므로 False를 출력`

다음은 논리연산자 or의 예제이다.

명령문	

	`>>> a = 3`
	`>>> b = 5`
	`>>> (a > 0) or (a > b)  # a는 0보다 크거나 a는 b보다 크다.`
	`True                    # 첫 번째 항목이 참이고 or이므로 True를 출력`

다음은 논리연산자 not을 살펴보자. 데이터형에서 배운 부울(Boolean)이 생각날 것이다. 부울의 값은 참(True)과 거짓(False) 2개 밖에 없다. 논리연산자 not은 이들의 값을 반대로 바꾸는 역할을 한다. 다음의 예제를 보자. 변수 a에 3의 값을 입력한 뒤 not 연산자를 적용하면 False가 출력된다. 따라서 3의 값을 부울 형태로 보면 참(True)라는 의미가 된다. 결론적으로, 0만 거짓이며 나머지 모든 수들은 참이다.

명령문	

	`>>> a = 3`
	`>>> not a          # 0이 아닌 수는 모두 True이기 때문에`
	`False              # a는 값은 3이므로 True이며 반대로 하여 False를 출력`
	`>>> not (a > 0)    # not은 뒤에 저장된 값의 반대로`
	`False              # a는 0보다 크다는 참인데 반대로 하여 False를 출력`

Quiz 2.10

(1) 다음의 주석을 참고하여 한글 문장들을 각각 명령문으로 작성하시오.

명령문	____________________ # 3은 b보다 작거나 같다. ____________________ # a는 3과 같지 않고 b는 3보다 크다.

(2) 다음의 주석과 출력 내용을 참조하여 필요한 명령문과 실행 결과를 밑줄에 적으시오.

명령문	>>> a = 3
	>>> ____________________ # a는 3보다 크거나 같다.
	____________________ # 출력 결과
	>>> ____________________ # 5는 a와 같지 않다.
	____________________ # 출력 결과

비트연산자

비트연산자는 비트 단위로 연산을 수행한다. 따라서 비트 단위로 논리적인 연산이나 자리 이동을 시키는 시프트 기능이 있다. 비트연산자는 다음과 같이 5가지 종류가 있다.

연산자	의미
&	비트 단위 and
|	비트 단위 or
^	비트 단위 배타적 or (xor)
~	비트 단위 not
<<	비트 단위 왼쪽 시프트
>>	비트 단위 오른쪽 시프트

비트연산자는 다음의 표와 같은 논리로 계산된다. 비트연산자의 논리는 논리연산자의 논리와 같다고 생각하면 된다. 다만 비트연산자는 비트 단위로 계산되기 때문에 `1`을 `True`로 `0`을 `False`로 생각하면 된다. 따라서 다음의 표와 같이 논리를 작성할 수 있다.

a	b	a & b	a | b	a ^ b	~a
1	1	1	1	0	0
1	0	0	1	1	0
0	1	0	1	1	1
0	0	0	0	0	1

비트연산은 다음의 표와 같이 정수를 2진수로 변환한 후 연산을 수행한다.

명령문과 출력 결과	계산 방법
>>> 13 & 6 4	1 1 0 1 & 0 1 1 0 ――――― 0 1 0 0
>>> 13 | 6 15	1 1 0 1 | 0 1 1 0 ――――― 1 1 1 1
>>> 13 ^ 6 11	1 1 0 1 ^ 0 1 1 0 ――――― 1 0 1 1
>>> 4 >> 1 2	* 4: 0 1 0 0 * 결과: 0 0 1 0
>>> 4 << 1 8	* 4: 0 1 0 0 * 결과: 1 0 0 0

2.3 입 · 출력함수

출력함수

파이썬의 `print()` 함수는 해당 객체를 출력장치(스크린) 또는 문자 스트림 파일로 전송할 수 있다. 여기서 객체란 출력할 내용을 의미하며 `print()` 함수는 해당 값이나 변수에 저장된 값을 문자열 형태로 출력하게 된다.

파이썬은 C언어의 `printf()` 함수와 유사한 데이터 형식 지정자를 제공한다. 그럼에도 불구하고 파이썬은 출력하는 값이나 변수에 대한 형식 지정자를 지정해주지 않고도 출력이 가능하다.

다양한 데이터형 출력

우선 `print()` 함수를 이용하여 단순히 값이나 변수에 저장된 값들을 화면에 출력해보자.

문자열 출력

'안녕하세요!'라는 문자열을 `print()` 함수를 이용하여 다음과 같이 출력해보자.

명령문	`>>> print('안녕하세요!')` `안녕하세요!`

Quiz 2.11

자신의 이름을 출력하는 명령문을 아래에 작성하시오.

명령문	`>>> ______________________`

❗ 문자열을 출력할 때는 반드시 앞뒤로 따옴표를 기입해야 한다.

정수형, 실수형, 부울형 데이터값 출력

명령문

```
>>> print(3)        # 정수형
3
>>> print(3.5)      # 실수형
3.5
>>> print(True)     # 부울형
True
```

`print()` 함수에서는 함수의 입력값으로 수식을 지정할 수 있으며 해당 수식을 계산한 후 출력할 수 있다. 3과 5의 합을 계산하는 수식을 실행한 후 그 결과값을 출력하는 코드는 다음과 같다.

명령문	`>>> print(3+5)` `8`

Quiz 2.12

원의 넓이를 계산하는 수식을 `print()` 함수의 입력값으로 입력하여 출력하는 다음의 코드를 완성하라(원의 넓이 = πr^2).

명령문

```
>>> pi = 3.14       # π = 3.14
>>> r = 2           # 반지름 r
>>> ______________________________
12.56
```

참고 파이썬에서는 파이값(π)을 math라는 모듈(module)에서 지원한다. 좀 더 정확한 값으로 계산하려면 다음과 같이 실행해보자. 모듈에 관련된 자세한 내용이나 예제들은 이후에 다루도록 하자.

명령문

```
>>> import math
>>> r = 2
>>> print(math.pi * r * r)
12.566370614359172
```

변수에 저장된 내용 출력

명령문

```
a = 3
b = 3.5
c = True
print(a)              # 정수형(int)
print(b)              # 실수형(float)
print(c)              # 부울형(bool)
```

또한 변수를 이용한 수식을 계산한 동시에 결과를 출력할 수도 있다.

명령문

```
>>> a = 3
>>> b = 3.5
>>> print(a+b)
6.5
```

Quiz 2.13

a와 b에 각각 3과 3.5를 입력하여 사칙연산, 몫, 나머지의 결과를 print() 함수로 출력하는 코드를 완성하라.

명령문

```
>>> a = 3
>>> b = 3.5
>>> print(a+b)
6.5
>>> ______________________        # 빼기
-0.5
>>> ______________________        # 곱하기
10.5
>>> ______________________        # 나누기(실수형)
0.8571428571428571
>>> ______________________        # 나누기(몫)
0.0
```

```
>>> ______________________________          # 나누기(나머지)
3.0
```

다른 데이터형의 값들을 출력하는 예제들은 다음과 같다.

명령문

```
>>> print(3.5)
3.500000
>>> two = 0b11   # 2진수는 0b를 사용 [영(0)과 binary를 나타내는 b]
>>> print(two)
3
>>> eight = 0o11 # 8진수는 0o를 사용 [영(0)과 octet을 나타내는 o]
>>> print(eight)
9
>>> a = 0x11     # 16진수는 0x를 사용 [영(0)과 hex를 나타내는 x]
>>> print(a)
17
```

다수의 데이터형 출력

print() 함수에서 다수의 값이나 변수에 저장된 값들을 출력하려면 각각의 내용들을 콤마(,)로 연결하면 된다. 정수형 변수에 저장된 값을 출력하는 다음의 예제를 살펴보자. age라는 정수형 변수에 21을 저장하고 '나이: 21'을 출력하려면 다음의 명령문을 실행하면 된다.

명령문

```
>>> age = 21
>>> print('나이: ', age)
나이: 21
```

다음으로 문자열형 변수에 저장된 값을 출력하는 다음의 명령문을 살펴보자. name이라는 문자열형 변수에 '홍길동'을 저장하고 '나는 홍길동 입니다.'를 출력해보자.

명령문

```
>>> name = '홍길동'
>>> print('나는', name, '입니다.')
나는 홍길동 입니다.
```

Quiz 2.14

아래 2개의 명령문을 각각 실행했을 때의 결과를 비교하시오.

명령문	`>>> print(1, 2, 3)          # 정수형 값 3개를 출력` `>>> print('1', '2', '3')     # 문자열형 값 3개를 출력`

변수에 저장된 값과 문자열들을 같이 출력할 수 있다. 다음의 예제는 변수 a와 b에 저장된 내용을 이용하여 곱셈의 결과를 식으로 나타낸 것이다.

명령문

```
>>> a = 3
>>> b = 3.5
>>> print(a, '*', b, '=', a*b)
3 * 3.5 = 10.5
```

Quiz 2.15

위의 설명에서처럼 2개의 변수를 이용하여 나머지와 몫을 연산 식으로 출력하는 다음의 명령문을 완성하라.

명령문

```
>>> a = 5
>>> b = 3
>>> ______________________          # a 나누기 b의 몫
5 // 3 = 1
>>> ______________________          # a 나누기 b의 나머지
5 % 3 = 2
```

Quiz 2.16

다음의 프로그램을 실행하면 어떤 값이 출력될 것인지 적어보자.

명령문

```
>>> a = 5
>>> b = a
>>> b = b - 2
>>> print('a=', a, 'b=', b)
```

C언어 유사 형태 출력 형식

이제까지 배운 방식으로 `print()` 함수를 사용하기를 권장하지만 C언어에서 사용하는 `printf()`함수와 유사한 방법도 제공하고 있다. 다음은 값을 출력하는 명령문이다.

명령문	>>> print("%d" % 3) # [C언어] printf("%d", 3); 명령문과 동일
	3
	>>> print("%f" % 3.5)
	3.500000

파이썬의 형식에서는 콤마(,) 대신에 '%'를 적고 이후에 출력하려는 **값**이나 **변수**를 적어주면 된다. 첫 번째 명령문은 3이라는 정수값을 출력하므로 "%d"를 사용했으며 두 번째 명령문은 실수값을 출력하는 예제이다. 그 밖의 다른 데이터형들은 다음의 표와 같이 표기하면 된다.

문자	의미
%s	문자열(string)
%c	문자(character)
%d	정수(integer)
%f	부동소수(float)
%o	8진수
%x	16진수
%%	'%' 문자

다음은 변수에 저장된 값을 출력하는 예제이다.

명령문	>>> a = 3
	>>> b = 3.5
	>>> print("%d" % a)
	3
	>>> print("%f" % b)
	3.500000

입력함수

파이썬에서는 **input()** 함수를 이용하여 키보드로 입력되는 문자열의 내용을 지정한 변수에 저장할 수 있다.

문자열형 데이터값 입력

input() 함수를 사용하여 본인의 이름을 입력받아 name이라는 변수에 저장하고 출력하는 명령문을 작성해보자.

명령문	>>> name = input()

위의 명령문을 실행하면 아무런 변화가 없다. '|'모양의 커서만 다음 줄에서 깜박일 뿐이다. 사실 컴퓨터는 사용자가 문자열을 입력하기만을 기다리고 있는 상황이기 때문에 사용자는 자신의 이름을 입력하고 Enter를 눌러야 한다.

명령문	

```
>>> name = input()
홍길동            # 자신의 이름을 입력하고 엔터키를 입력
>>> print(name)
홍길동            # 방금 입력한 문자열이 출력됨
```

위의 예에서처럼 사용자가 당황하지 않도록 적절한 지시사항을 출력해줄 필요가 있다. 다음의 코드를 실행해보자.

명령문	

```
>>> name = input('이름: ')
이름: 홍길동       # 이름: 이라고 표시되면 그 옆에 자신의 이름을 입력
>>> print(name)
홍길동            # name에 자신이 입력한 이름을 확인 가능
```

정수형 데이터값 입력

input() 함수를 사용하여 본인의 나이를 age 변수에 저장하고 출력하는 코드를 작성해보자.

명령문	

```
>>> age = input('나이 : ')
나이 : 21         # 나이: 라고 표시되면 그 옆에 자신의 나이를 입력
>>> print(age)
21               # age에 자신이 입력한 나이를 확인 가능
```

다음은 몇 년 후에 내가 몇 살이 되는지 계산하는 프로그램이다. 다음의 프로그램에서는 10년 후의 나이를 출력하도록 값을 입력하였다. 이 프로그램의 결과를 지금 말해보자.

명령문	

```
>>> age = input('나이 : ')
나이 : 21
>>> after = input('몇 년 후? ')
몇 년 후? 10
>>> print(age + after)
```

위 프로그램의 결과는 얼마일까? 출력이 **31**이 될 것이라고 생각했는가? 놀랍게도 **2110**이 출력된다. 왜 그럴까? 이유는 다음과 같다. 이제까지 input() 함수로 입력된 모든 값들은 문자열로 저장되었기 때문이다. 숫자든 문자열이든 모두 input()

함수로 입력받으면 문자열로 저장된다. 그렇다면 어떻게 이 문제를 해결해야 할까? 문자열을 정수 형태로 변환해서 계산하면 된다. 문자열을 정수 형태로 변환하는 `int()` 함수가 있다. 다음의 `print()` 함수에서 덧셈 연산을 하기 직전에 `int()` 함수를 이용하여 정수 형태로 변환한 후 덧셈을 수행한다.

명령문	>>> age = input('나이 : ')
	나이 : 21
	>>> after = input('몇 년 후? ')
	몇 년 후? 10
	>>> print(int(age) + int(after))
	31

그런데 위의 예제와 같이 병합 기호인 '+'를 사용할 때 주의해야 할 내용이 있다. 위의 예제와 같이 (정수+정수) 형태나 (문자열+문자열) 등 피연산자들이 동일하면 문제가 없다. 다음의 예제는 (문자열+정수)를 출력하는 프로그램이다. 실행해보자.

명령문	>>> print('나이: ' + 21)

위의 명령문을 실행하면 에러가 발생할 것이다. 결론적으로, 병합 기호인 '+'를 사용할 때는 데이터형이 반드시 일치해야 한다. 그렇다면 이러한 문제를 어떻게 해결할 것인가를 생각해보자. '나이: '라는 문자열을 정수로 변환할 수 없으니 21을 문자열형으로 변환하면 된다. 다음의 프로그램을 실행해보면 제대로 된 출력 결과를 확인할 수 있을 것이다.

명령문	>>> print('나이: ' + str(21))
결과	나이: 21

Quiz 2.17

다음의 명령문을 실행했을 때 출력되는 올바른 결과에 동그라미 표시하시오.

명령문	>>> print(int('10') + 21)
결과	1021 ( ) 31 ( )

Quiz 2.18

다음의 프로그램을 보고 질문에 답하시오.

명령문	

	`>>> a = input('변수 a : ')`
	`변수 a : 3`
	`>>> b = input('변수 b : ')`
	`변수 b : 5`
	`>>> print(a + b)`
	`____________    # 출력 결과`

(1) 실행했을 때 출력되는 결과를 적으시오.

(2) 변수 a와 b의 합이 올바르게 출력될 수 있도록 다음의 print()문을 완성하시오.

명령문	`print( ____________ + ____________ )`

다음의 프로그램을 보고 질문에 답하시오.

명령문	

	`>>> a = input('변수 a : ')`
	`변수 a : 3`
	`>>> b = 5`
	`>>> print(a * b)`
	`____________    # 출력 결과`

(3) 실행했을 때 출력되는 결과를 적으시오.

(4) 변수 a와 b의 곱이 올바르게 출력될 수 있도록 다음의 print()문을 완성하시오.

명령문	`print( ____________ * ____________ )`

Quiz 2.19

현재 나이에서 10년을 더해 출력하는 프로그램을 실행해보니 다음과 같이 에러가 발생했다. 올바른 출력이 될 수 있도록 다음의 명령문을 수정하시오.

명령문	

	`>>> age = input('나이 : ')`
	`나이 : 21`
	`>>> print(age + 10)`
	`에러 발생!`

TIP print(age + 10)의 명령문은 (문자열 + 정수)를 실행하는 것이기 때문에 계산할 수 없다. 따라서 문자열인 age를 int()함수로 변환하여야 덧셈이 가능해진다.

다음의 명령문을 실행했을 때 변수 old의 값을 출력하면 어떤 결과가 나올까? 정답은 에러가 출력된다. 프로그램 중간에 31을 출력하기 위해 변수 age를 정수로 수정했는데도 왜 그럴까?

명령문
```
>>> age = input('나이 : ')
나이 : 21
>>> print(int(age) + 10)
31
>>> old = age + 10
>>> print(old)
```

명령문 print(int(age)+10)에서 변수 age를 정수형으로 수정하여 계산했지만 정작 age는 그대로 문자열형이다.

명령문
```
>>> type(age)
<class 'str'>
```

결론적으로 덧셈을 계산할 때 age로부터 **읽어온 값**을 바꾼 것이지 age 자체의 값이 바뀐 것이 아니다. 변수 age 자체의 값을 바꾸려면 다음과 같이 실행하면 된다.

명령문
```
age = int(age)
>>> type(age)
<class 'int'>
```

Quiz 2.20

아래에서 사용되는 변수 age와 after를 int() 함수를 이용하여 정수형으로 바꾼 뒤 덧셈을 실행하는 프로그램을 완성하라.

명령문
```
>>> age = input('나이 : ')
나이 : 21
>>> after = input('몇 년 후? ')
몇 년 후? 10
>>> age = ____________________
>>> after = ____________________
```

```
>>> print(age + after)
31
```

실수형 데이터값 입력

정수형뿐만 아니라 실수형의 데이터 동작 원리도 마찬가지이다. 다음은 어떤 사람의 키(height)를 소수점 이하 1자리로 입력하여 `height` 변수에 저장한 후 출력하는 예제이다. 변수 `height`의 데이터형을 출력하면 무엇이 출력되겠는가?

명령문

```
>>> height = input('키 : ')
키 : 170.2
>>> print(height)
170.2
>>> type(height)
<class 'str'>
```

그렇다. 역시 `input()` 함수로 입력 받았기 때문에 문자열로 저장되었으며 출력은 `<class 'str'>`가 출력된다.

자신의 현재 키에서 1년 후 1.5cm가 더 자랄 것 같은 예감이 든다. 위의 프로그램을 이용하여 현재 키에서 1.5를 더해 출력하는 명령문을 작성해보자. 문자열을 실수형으로 변환하기 위해서는 다음의 예제와 같이 `float()` 함수를 사용하면 된다.

명령문

```
>>> height = input('키 : ')
키 : 170.2
>>> print(float(height) + 1.5, 'cm')
171.7 cm
```

Quiz 2.21

사용자가 변수 `a`에 `3`을 입력하고, 변수 `b`에 실수형인 `3.5`를 입력했을 때 다음의 질문에 답하시오.

명령문

```
>>> a = input('정수 1개를 입력: ')
정수 1개를 입력: 3
>>> b = input('실수 1개를 입력: ')
실수 1개를 입력: 3.5
```

(1) 다음의 명령문을 추가로 실행했을 때 실행되는 결과를 빈칸에 적으시오.

명령문	>>> print(a+b)
결과	______________________

(2) 정상적으로 정수 3과 실수 3.5를 더하면 6.5가 출력되어야 한다. 이를 위해 추가적으로 필요한 명령문을 빈칸에 적으시오.

명령문	>>> print(______________________ + ______________________) 6.5

---

int() 함수는 문자열뿐만 아니라 실수형의 데이터도 정수로 변환할 수 있다. 그러나 당연한 얘기지만 소수점 이하의 수는 저장할 수가 없다. 다음의 예제에서처럼 실수값 5.5 중 정수 5만 출력이 된다.

```
명령문
>>> num = 5.5
>>> print(int(num))
5
```

그러나 앞에서 언급한 대로 문자열 형태로 된 정수는 int() 함수로 변환이 가능하지만 문자열 형태로 된 실수는 int() 함수로 바꿀 수 없으며 에러가 발생한다. 다음의 예를 살펴보자.

```
명령문
>>> a = '5'          # 문자열형의 값
>>> print(int(a))
5                    # 성공적으로 출력됨
>>> b = '5.5'
>>> print(int(b))
에러 발생!
```

Quiz 2.22

사용자로부터 정수 5를 입력받아 3으로 곱한 결과를 출력하는 다음의 명령문을 한 줄로 작성하시오.

```
명령문
>>> a = input('정수 1개 입력: ')
정수 1개 입력: 5
>>> a = int(a)
>>> b = a * 3
>>> print(b)
15
```

결과	>>> print(______________________) 정수 1개 입력: 5 15

❶ input() 함수의 결과는 int() 함수의 입력이 되고, 이 int() 함수의 결과인 정수 5와 3의 곱이 print()함수의 입력이 되어 15가 출력된다.

부울형 데이터값 입력

부울(boolean)형 데이터값을 입력받기 위해 다음의 예제를 실행해보자. 다음의 프로그램을 실행하면 결과가 성공적으로 출력될까?

명령문

```
>>> a = input('참(True)/거짓(False): ')
참(True)/거짓(False): False
>>> a
'False'
```

성공적인 결과인지 확인하기 위하여 다음의 코드를 실행해보자.

명령문

```
>>> type(a)
<class 'str'>
```

성공적인 결과라면 <class 'bool'>이라고 출력되어야 하는데 그렇지가 않다. 앞서 설명한 정수형이나 실수형처럼 부울 데이터형도 bool() 함수가 있다. 이를 이용한 다음 코드를 작성해보고 출력 결과가 무엇인지 예상해보자. 사용자가 입력값으로 False를 입력했기 때문에 False가 출력되어야 할 것이다. 그런데 어떻게 출력되었는가?

명령문

```
>>> a = input('참(True)/거짓(False): ')
참(True)/거짓(False): False
>>> print(bool(a))
# 출력 결과?
```

놀랍게도 **True**가 출력되었다. 왜 그럴까? 앞에서 확인한 바와 같이 input() 함수로 읽어 들여 변수 a에 저장된 데이터형은 문자열형이다. bool() 함수의 입력값으로 문자열형 값을 입력하면 무조건 참(True)이 된다. 결론적으로, 문자열을 부울값으로 직접 변환하는 방법은 없다. 따라서 다음과 같이 추가적인 방법을 사용해야 하는데 아래의 예제는 우선 입력값을 정수 형태로 변환한 후 부울형으로 다시 변환하는 방법이다.

명령문	`>>> a = input('참(1)/거짓(0): ')`
	`참(1)/거짓(0): 0`
	`>>> a = int(a)`
	`>>> print(bool(a))`
	`False`

참고

input() 함수의 문자열 출력 시 C언어와 같이 '\n'을 사용하면 사용자가 입력하기 전에 다음 줄로 띄울 수 있다.

명령문	`input('당신은 성인입니까?\n')`

이렇게 하면 사용자는 그다음 줄에서 입력이 가능하게 된다. 다음의 명령문을 실행해보자.

명령문	`>>> input('당신은 성인입니까?\n')`
	`당신은 성인입니까?`
	`True                # 사용자는 이곳(다음 줄)에서 입력이 가능`

Quiz 2.23

당신은 성인입니까? 라는 질문의 답으로 성인이면 True를 미성년자면 False를 출력하는 다음의 프로그램을 완성하라.

명령문	`>>> adult = input('당신은 성인입니까?[예(1)/아니오(0)]\n')`
	`당신은 성인입니까?[예(1)/아니오(0)]`
	`0                # 사용자 입력`
	`>>> adult = ____________________`
	`>>> print( ____________________ )`
	`False`

CHAPTER

03

조건문과 반복문

학습목차

오늘날 컴퓨터의 놀라운 성능의 핵심 요소는 프로그래밍 언어의 조건문과 반복문에서 나오는 것이라고 생각한다. 어떠한 조건을 판단해서 놀라운 속도로 반복할 수 있는 기능이 바로 그것이다. 이 장에서는 이러한 조건문과 반복문에 대해 공부해보자.

지금까지는 IDLE 쉘 창에서 줄 단위로 명령어들을 입력하였다. 지금부터는 한 개의 명령문이 다수의 줄로 구성되어 명령어를 일괄적으로(batch) 입력하고 실행할 수 있도록 파일에 저장하는 방법을 사용할 것이다. 파일(File) 메뉴에서 'New File'을 클릭하면 다음과 같은 창이 열릴 것이다. 그리고 파일(File) 메뉴에서 'Save'를 클릭하고 원하는 파일명을 지정해주면 된다. 여기서 생성된 파일의 확장자명은 'py'이므로 만약 파일명이 'hello'라면 'hello.py'파일이 생성된다. 이제 명령문만 입력하면 실행할 준비가 완료되는 것이다. 이제부터 조건문을 공부하면서 실습해보자.

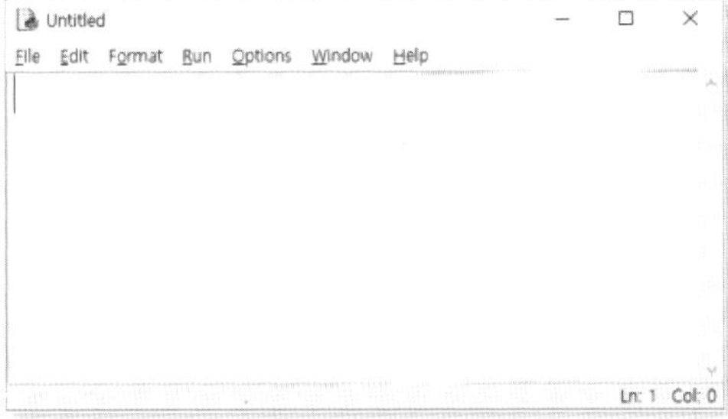

3.1 조건문

단일 if문

단일 `if`문은 단 1개의 조건식을 가지고 있는 `if`문을 의미한다. 단일 `if`문은 크게 2가지로 분류되는데 단일 `if` 구문 형식과 단일 `if-else` 구문 형식이 있다.

단일 if 구문 형식

조건문은 '`if`' 다음에 조건식이 따라 오는데 이 조건식이 참이면 바로 아래에 있는 명령문(들)을 실행한다.

기본 if 구문 형식	if (조건식):
	    명령문 1
	    (명령문 2
	    ...)

다음 if 구문의 예제를 앞에서 설명한 파이썬 파일로 작성하여 실행해보자. 파이썬 파일의 이름을 'grade'라고 작성해보자. 그러면 파일명은 무엇이 되겠는가? 그렇다. 'grade.py'가 생성될 것이다. 이제 다음의 명령문을 준비한 파일에 입력하자. if문의 조건식이 참인 경우 실행할 명령어는 두 번째 줄부터 작성해야 하는데 이때 들여쓰기(indentation)를 정확히 해야 에러가 발생하지 않는다. 파이썬을 사용하는 에디터들은 엔터(Enter)를 입력하면 자동으로 들여쓰기가 만들어진다. 한 칸씩 손으로 맞추다 보면 에러가 발생할 수 있다. 그것은 IDLE 환경에서도 마찬가지이며 if문 첫 줄의 콜론을 입력하고 엔터키를 누르면 자동으로 들여쓰기가 실행되어 바로 그 자리에 print() 명령어를 입력하면 된다.

<table>
<tr><td>명령문</td><td><pre>grade = 82
if (grade >= 80):
    print('합격입니다.')</pre></td></tr>
</table>

위의 프로그램은 'if' 다음에 오는 조건식을 판단하여 참이면 다음의 명령문을 실행하는데 여기에서는 변수 grade에 저장된 값인 82가 80보다 크거나 같음을 만족하기 때문에 조건식이 참이 된다. 따라서 다음의 print()문을 실행하여 '합격입니다.'가 출력되어야 한다. 그리고 파이썬에서는 조건식 이후에 콜론(:)을 기입해야 한다.

자, 이제 입력을 완성했다면 위의 프로그램을 실행해보자. 먼저, 입력한 내용을 저장해야 하므로 파일(File) 메뉴의 'Save'를 클릭하자. 마지막으로 런(Run) 메뉴에서 'Run Module'을 실행하면 된다. 그러면 다음과 같이 파이썬의 쉘 창에 결과가 출력된다.

Quiz 3.1

다음의 명령문을 실행하면 출력되는 결과를 적으시오.

<table>
<tr><td>명령문</td><td><pre>grade = 80
if (grade > 80):
    print('합격입니다.')</pre></td></tr>
<tr><td>결과</td><td>______________</td></tr>
</table>

단일 if-else구문 형식

if문의 조건식이 참이면 바로 아래에 있는 명령문(들)을 실행하고 거짓이면 else 이후의 명령어(들)를 실행한다.

기본 if-else 구문 형식	if (조건식):
	    명령문 a1
	    (명령문 a2
	    ...)
	else:
	    명령문 b1
	    (명령문 b2
	    ....)

위와 같이 조건식에서뿐만 아니라 else 다음에도 콜론(:)을 기입해야 한다. 다음의 if-else 명령어를 새로운 파일에 입력하거나 이전 파일의 내용을 지우고 입력해보자. 첫 번째 print() 명령어와 엔터키를 입력하면 다음 줄의 여백은 그 print() 명령어 줄에 자동으로 맞춰지게 된다. 그다음 줄은 'else :'로 시작되기 때문에 'if'가 있는 줄에 들여쓰기를 직접 수동으로 맞춰주어야 한다. 그리고 첫 번째 print() 함수와 두 번째 print() 함수는 반드시 일정한 길이의 들여쓰기를 만들어 주어야 한다. 역시 엔터키를 입력하면 자동으로 만들어진다.

명령문	age = 20
	if (age >= 19):
	    print('당신은 성인입니다.')
	else :
	    print('당신은 미성년자입니다.')

결과	당신은 성인입니다.

다음의 예제는 조건식이 참이나 거짓일 때 각각 2개 이상의 명령어들을 실행하는 프로그램이다.

명령문	age = 18
	if (age >= 19):
	    print('당신은 성인입니다.')
	    print(age-19, '살 넘음.')
	else :
	    print('당신은 미성년자입니다.')
	    print(19-age, '살이 부족함.')

결과	당신은 미성년자입니다. 1 살이 부족함.

조건이 참일 때 2개 이상의 명령문을 실행하려면 두 번째 명령문을 첫 번째 명령문과 같은 깊이로 들여쓰기만 하면 된다. 여기에서는 2개의 `print()` 명령어의 들여쓰기를 맞추었다. 이것은 `else`의 경우도 마찬가지이다. 파이썬에서는 C언어처럼 여러 개의 명령문을 실행하기 위해 중괄호({ })를 사용하지 않는다.

중첩 if문

중첩 `if`문은 단일 `if`문과 달리 1개의 `if`문이 2개 이상의 조건식을 가지고 있는 `if`문을 말한다. 이때, 새로운 조건식을 정의하기 위해 '`else if`'를 줄인 '`elif`'를 사용한다.

<table>
<tr><td>명령문</td><td><pre>num = -1
if (num > 0):
    print('양수!')
elif (num < 0):
    print('음수')
else :
    print('0')</pre></td></tr>
<tr><td>결과</td><td>음수</td></tr>
</table>

앞에서와 마찬가지로 위의 명령문에서도 들여쓰기(indentation)를 위와 같이 하지 않는다면 에러가 발생한다.

3.2 반복문

반복문은 특정한 명령문을 반복할 수 있도록 하는 기능을 제공한다. 반복문의 종류는 크게 `for`문과 `while`문이 있다. 먼저 `for`문을 살펴보자.

for 문

`for`문은 크게 단일 `for`문과 중첩 `for`문으로 나뉜다. 먼저 단일 `for`문에 대해서 살펴보자.

단일 for문

단일 `for`문의 기본 형식은 다음과 같으며 범위 또는 배열에 의해서 다음의 명령문(들)을 실행한다.

for문 기본 형식	for 변수 in (범위 또는 배열):
	    명령문 1
	    (명령문 2
	    ...)

for문의 '범위' 부분은 다음의 예제와 같이 일반적으로 range() 함수를 사용하여 반복시킨다. 코드를 실행하면 다음과 같이 '안녕!'을 3번 출력시킨다.

명령문	for i in range(3): print('안녕!')
결과	안녕! 안녕! 안녕!

그리고 변수 i를 for문에서 사용하지 않는다면 다음과 같이 굳이 변수를 지정해 주지 않아도 되며 i 대신에 '_'(underscore)를 사용해도 된다.

명령문	for _ in range(3): print('안녕!')

그러나 다음과 같이 i 변수를 for의 구문 내에서 사용할 경우에는 변수를 지정해 주어야 한다. 코드를 실행하면 다음과 같은 결과가 출력된다. 즉 0에서 3보다 하나 적을 때까지 반복을 진행한다.

명령문	for i in range(3): print(i)
결과	0 1 2

이 range 함수에는 다음의 예제와 같이 두 개의 입력 인자(파라미터) 값을 입력할 수도 있다. range(2, 5)는 2에서 시작하여 5보다 하나 적을 때까지 진행한다.

명령문	for i in range(2, 5): print(i)
결과	2 3 4

range() 함수는 최대 3개의 값을 입력 인자로 입력할 수 있으며 입력이 3개인 경우의 기본형은 다음과 같이 2가지 형식이 있다.

① range(시작값, 마지막값 +1, 증가값)

② range(시작값, 마지막값 –1, 감소값)

먼저, range() 함수의 세 번째 항목이 양의 값(증가값)인 경우의 예를 보자.

명령문	for i in range(0, 7, 2): print(i)
결과	0 2 4 6

위의 코드를 실행하면 다음과 같이 0에서 2씩 증가하여 7보다 하나 적은 6까지의 수를 출력한다.

다음은 range() 함수의 세 번째 항목이 음의 값(감소값)인 경우의 예를 보자.

명령문	for i in range(6, -1, -2): print(i)
결과	6 4 2 0

range() 함수의 입력 인자의 개수에 따른 동작원리는 다음과 같다.

① 한 개의 입력값을 갖는 range() 함수는 0에서 시작하여 입력된 값보다 하나 적은 정수값까지 진행.

② 두 개의 입력값을 갖는 range() 함수는 첫 번째 숫자에서 시작하여 두 번째 값보다 하나 적은 정수값까지 진행.

③ 세 개의 입력값을 갖는 range() 함수는 3번째 숫자가 증가값인지 또는 감소값인지에 따라서 구분한다.

❶ 증가값인 경우: 첫 번째 숫자에서 시작하여 두 번째 값보다 하나 작은 값까지 마지막 값의 간격으로 진행.

❷ 감소값인 경우: 첫 번째 숫자에서 시작하여 두 번째 값보다 하나 많은 값까지 마지막 값의 간격으로 진행.

위와 같이 range() 함수를 사용하지 않고 배열을 사용하는 방법은 이후에 파이썬 리스트에 대한 내용을 공부할 때 설명하도록 한다.

Quiz 3.2

(1) 3에서부터 2의 간격으로 7까지의 정수를 출력하는 다음의 코드를 작성하시오.

명령문	for i in range(________ , ________ , ________): print(i)
결과	3 5 7

(2) 1~10까지 정수의 합을 계산하여 출력하는 코드를 완성하라.

명령문	sum = 0
	for i in range(________ , ________):
	    sum += i # sum = sum + i 명령문과 동일
	print('합계:', sum)

결과	합계: 55

Quiz 3.3

NASA에서 로켓을 발사할 때 카운트다운 하는 프로그램을 작성해보자. 10부터 1까지 줄 단위로 정수 1개씩을 출력하고 마지막으로 'Fire!' 또는 'Ignition!'이라는 문자열을 출력한다(단, 카운트다운의 출력이 너무 빠르므로 time 모듈에 있는 sleep() 함수를 사용하여 천천히 출력하도록 한다. 이때 sleep() 함수의 입력값은 초(second) 단위이며 숫자를 1개씩 출력할 때마다 1초씩 쉬게 된다. 이를 위해서는 프로그램 초기에 time 모듈(module)을 가지고 오는 'import time' 명령문이 필요하다).

명령문	import time
	for i in range(________ , ________ , ________):
	    print(i)
	    time.sleep(1)
	________________ # 'Fire!' 문자열 출력 명령문

결과	10 9 8 7 6 5 4 3 2 1 Fire!

중첩 for문

중첩 for문은 for문 내에 또 다른 for문이 존재하는 것이다. 즉 어떤 for문의 실행 내용이 또 다른 하나의 for문인 것이다. 다음의 코드는 한 줄에 별 3개씩, 3줄을 출력하려고 작성한 프로그램이다.

<table>
<tr><td>명령문</td><td><pre>for i in range(3):
    for j in range(3):
        print('* ')</pre></td></tr>
<tr><td>결과</td><td><pre>*
*
*
*
*
*
*
*
*</pre></td></tr>
</table>

예상과 다르게 한 줄에 별 1개씩, 9줄이 출력되었다. 어떻게 프로그램을 수정하면 원하는 결과를 얻을 수 있을까? print('* ')를 실행하면 무조건 **다음 줄로 띄우기**(개행) 때문에 print() 문을 다음과 같이 특수한 옵션을 사용하여 줄을 띄우지 않도록 해보자.

<table>
<tr><td>명령문</td><td><pre>for i in range(3):
    for j in range(3):
        print('* ', end='')</pre></td></tr>
<tr><td>결과</td><td><pre>* * * * * * * * *</pre></td></tr>
</table>

print() 함수의 옵션인 'end'를 사용하면 앞의 문자열을 출력한 후 다음 줄로 띄우지 않고 'end'에 설정한 문자열이 출력된다. 여기에서는 빈 문자열을 설정한 경우이다. 앞의 문자열은 별을 찍고 공란을 넣었기 때문에 위의 결과와 같이 출력된다.

이 또한 원래 바라던 의도는 아니다. 첫 번째 줄에 3개의 별을 출력한 것은 좋았으나 그다음 3개씩은 각각 새로운 줄에 출력해야 한다. 따라서 다음과 같이 프로그램을 수정하면 원하던 결과를 얻을 수 있다.

명령문	<pre>for i in range(3):
	    for j in range(3):
	        print('* ', end='')
	    print('')</pre>

결과	<pre>* * *
	* * *
	* * *</pre>

이때 반드시 두 번째 print() 함수는 두 번째 for문의 'f'에 맞춰 정렬해야 에러가 발생하지 않는다. 그렇다면, 왜 두 번째 print() 함수는 두 번째 for문과 나란하게 정렬해야 할까? 이것을 이해하기 위해서는 전반적인 내용을 파악해야 한다. 이 프로그램이 하는 일은 앞에서 설명했듯이 다음과 같다. 한 줄에 별 3개씩, 3줄을 출력하면 끝이다. 이것을 표로 나타내면 다음과 같다.

명령문	역할
두 번째 for문	한 줄에 별 3개씩 출력
첫 번째 for문	< 3번 반복 > 1) 두 번째 for문을 실행하기 2) 다음 줄로 띄우기

즉 첫 번째 for문은 모두 2개의 명령문을 갖는다는 의미이며, 그 2개의 명령문인 두 번째 for문과 두 번째 print()문은 나란히 줄을 맞춰 주어야 한다.

구구단의 결과를 출력하는 프로그램을 작성해보자.

명령문	<pre>for i in range(1, 10):
	    for j in range(1, 10):
	        print(i*j, end=' ')
	    print()</pre>

결과

```
1 2 3 4 5 6 7 8 9
2 4 6 8 10 12 14 16 18
3 6 9 12 15 18 21 24 27
4 8 12 16 20 24 28 32 36
5 10 15 20 25 30 35 40 45
6 12 18 24 30 36 42 48 54
7 14 21 28 35 42 49 56 63
8 16 24 32 40 48 56 64 72
9 18 27 36 45 54 63 72 81
```

print() 함수의 'end'에 1개의 공란을 입력하면 숫자와 숫자 사이를 1칸씩 띄울 수 있다. 위의 결과보다 좀 더 나은 출력을 위해 end=에 ' ' 대신 '\t'를 입력하면 다음과 같은 결과를 얻을 수 있다.

	1	2	3	4	5	6	7	8	9
	2	4	6	8	10	12	14	16	18
	3	6	9	12	15	18	21	24	27
	4	8	12	16	20	24	28	32	36
결과	5	10	15	20	25	30	35	40	45
	6	12	18	24	30	36	42	48	54
	7	14	21	28	35	42	49	56	63
	8	16	24	32	40	48	56	64	72
	9	18	27	36	45	54	63	72	81

Quiz 3.4

구구단의 결과를 다음과 같이 출력할 수 있는 프로그램을 완성하라.

명령문

```
for i in range(1, 10):
    print( ____________________ )
    for j in range(1, 10):
        print( ____________________ )
    print( ____________________ );
```

결과

```
[ 1 단 ]
1 * 1 = 1
1 * 2 = 2
...
1 * 9 = 9
        # 각각의 단이 끝날 때마다 구분하기 위해 한 줄의 공백 라인 출력하기
```

	[2 단] 2 * 1 = 2 2 * 2 = 4 ... 9 * 9 = 81　　# 9단의 마지막 줄까지 출력하기

Quiz 3.5

다음의 코드를 실행했을 때 예상되는 결과를 빈칸에 적으시오.

명령문	`for i in range(1, 4):`
	`    for j in range(1, i+1):`
	`        print(j, end=' ')`
	`    print()`

결과	______________________

while문

while문 기본 형식	`while (조건식):`
	`    명령문 1`
	`    (명령문 2`
	`    ... )`

while문은 조건식이 참이면 다음의 명령문을 실행한다.

명령문	`i = 0`
	`while (i<3):`
	`    print(i)`
	`    i = i+1`

결과	0 1 2

3.3 break/continue

break나 continue는 일반적으로 반복 구문 내에서 조건을 만족하면 빠져나가거나 반복문의 처음으로 돌아가게 하는 기능을 가지고 있다.

break 명령문

break는 for문이나 while문과 같은 반복문에서 벗어나게 하는 명령어이다. 다음의 예제는 0에서부터 100보다 작을 때까지의 값들을 차례로 더하다가 그 합이 100보다 커지면 더 이상 더하지 않도록 하는 프로그램 코드이다. 즉 for문 내에서 반복을 수행하다가 if문의 조건식을 만족하면 break를 실행하여 그 반복문을 벗어나게 된다. 이렇게 for문에서 벗어나게 되면 마지막 print() 함수를 실행하고 프로그램을 종료한다.

명령문	`sum = 0`
	`for i in range(100):`
	`    sum += i`
	`    if (sum > 100):`
	`        break`
	`print('sum=', sum, ', i=', i)`

결과	`sum= 105 , i= 14`

continue 명령문

continue는 for문이나 while문 안에서 반복 수행을 하다가 continue를 만나게 되면 그 이후의 명령문은 실행하지 않고 반복문의 처음으로 돌아가도록 하는 명령어이다.

다음의 예제는 0에서부터 100보다 적을 때까지의 값들을 차례로 더하다가 그 합이 100보다 커지면 더 이상 더하지 않도록 하는 프로그램 코드이다.

명령문	`sum = 0`
	`for i in range(100):`
	`    if (sum > 100):`
	`        continue`
	`    sum += i`
	`print('sum =', sum, ', i =', i)`

결과	`sum = 105 , i = 99`

CHAPTER 04

함수

학습목차

4.1 사용자 정의 함수

자주 사용되는 일련의 코드를 반복적으로 기술한다면 프로그램이 길어질 뿐만 아니라 복잡해져서 가독성을 떨어뜨린다. 이런 단점을 해결하기 위해 함수를 사용하며 단순히 함수를 호출하면 관련 코드를 실행시킬 수 있다. 뿐만 아니라 함수에 값을 입력하고 그 결과를 호출한 곳으로 출력할 수도 있다.

자주 사용되거나 수학 공식과 같이 일반적으로 널리 알려진 기능들은 이미 만들어져 있어서 단순히 호출하여 사용하면 된다. 우리가 앞에서 사용했던 `print()`, `range()`, `type()`과 같은 함수가 여기에 해당된다. 이러한 함수들은 기본적으로 파이썬에서 제공해주므로 그냥 사용하면 된다. 뿐만 아니라 파이썬에서 제공하는 것보다 더 많은 기능들을 제공해주기 위해 다양한 영역에서 필요한 기능들을 모듈(module) 형식으로 제공하고 있다. 이것도 이미 우리가 앞에서 사용한 경험이 있다. 바로 `time.sleep()`을 사용하기 위해 `import time`을 수행한 적이 있다. 이것은 함수라기보다 객체지향 개념으로 메소드(method)라고 하지만 지금은 함수라고 생각하자.

그런데 이러한 모듈에서조차 지원하지 않는 기능이 필요하다면, 즉 나만의 함수가 필요하다면 어떻게 해야 할까? 이를 위해 프로그래밍 언어에서는 '사용자 정의 함수'의 기능을 제공하고 있다. 물론 파이썬에서도 마찬가지이다. 지금부터 파이썬에서 제공하는 사용자 정의 함수의 기본 형식을 살펴보자.

함수의 기본 형식	`def 함수명(입력 인자):`
	`    명령문 1`
	`    (명령문 2`
	`    ... )`
	`    (return ...)`

기본적으로 함수를 호출하면 함수 내부에 기술된 명령어(들)를 실행한다. 그러나 함수의 옵션 사항이 있어 아래의 표와 같이 4가지 유형의 함수를 작성할 수 있다. 함수명 다음의 괄호안에 내용이 있으면 입력값이 있다는 의미이며 비어있으면 없는 것이다. 반환값이 있다는 것은 함수에서 실행한 결과 등을 함수를 호출한 곳으로 돌려준다는 의미이다.

유형	입력값	출력값(반환값)
1	X	X
2	X	O
3	O	X
4	O	O

함수의 입력을 통하여 외부의 값을 함수 내부로 가지고 올 수 있다. 함수의 입력값이 있다면 함수명 다음에 오는 괄호 안에 입력 인자를 나열하면 되고 없으면 비워두면 된다.

다음은 함수의 입력값이 있는 예제이다. double()이라는 함수의 입력값으로 정수형 3의 값을 입력하면 double(num)의 변수 num에 3이 저장된다. 그러면 함수 내에서는 그 값의 제곱을 계산하여 출력한다. 여기에서의 double() 함수는 어떤 값을 화면에 출력만 수행할 뿐 함수가 어떤 값을 반환하는 것은 아니다.

명령문	def double(num): print(num, '의 제곱:', num*num) double(3)
결과	3 의 제곱: 9

그리고 함수의 반환은 함수가 계산한 값의 결과(반환값 또는 변수)를 함수를 호출한 쪽으로 다시 돌려준다. 보통은 함수의 마지막 부분에 위치하며 사용하는 명령어는 'return'으로 명령문의 형식은 다음과 같다.

```
return ([복수개]반환값 또는 변수)
```

그렇다면 위의 double()의 예제는 함수의 몇 번 유형일까? 그렇다. 입력값은 있고 return이 없으니 반환형이 없는 3번 유형이다.

사용자 정의 함수의 유형 1에 해당하는 예제를 살펴보자. 다음은 hello() 함수를 호출하면 'Hello!'를 출력하는 프로그램이다. 즉 입력값이 없고 출력값(반환값)도 없다. 문자열 'Hello'가 출력되었다고 함수의 출력값(반환값)이 있는 게 아니다. 함수의 출력이란 return 명령어가 있는 반환이 존재해야 한다. 여기서는 return 명령어가 없으므로 함수의 출력은 없는 것이다.

명령문	def hello(): print('Hello!') hello()
결과	Hello!

다음으로 사용자 정의 함수의 4번 유형인 입력과 출력(반환)이 모두 있는 예제를 살펴보자. 위에서 살펴본 3번 유형의 예제를 4번 유형으로 바꾼 것이다. 위의 예제와 마찬가지로 double() 함수에 3을 입력값으로 부여하고 return을 이용하여 제곱한 값을 함수를 호출한 쪽으로 반환하게 되어있다. 반환된 값은 변수 result에 저장되어 아래와 같이 출력된다.

명령문	def double(num): return num*num result = double(3) print('%d의 제곱: %d' % (3, result))
결과	3의 제곱: 9

대부분의 다른 프로그래밍 언어와 달리 파이썬에서는 복수 개의 반환이 가능하다. 따라서 여기에서는 단수 반환과 복수 반환의 예를 살펴보고자 한다.

단수 반환

단수 반환은 호출한 함수가 반환하는 값이 1개라는 의미이다. 관련 예제를 살펴보자. 입력된 값을 제곱해서 그 결과값(square)을 함수를 호출한 쪽으로 반환하는 함수를 작성해보자.

다음의 코드는 함수 `double()`을 `print()` 함수 내부에서 호출한 것이다. 함수 `double()`의 입력값은 7이다. 입력된 7의 값은 변수 `n`에 저장되며 이를 제곱하여 `square` 변수에 저장한다. 함수의 마지막 명령문인 `return square`는 결과값인 `square`를 호출한 `print()` 함수 쪽으로 반환하게 되어 49의 값이 출력된다.

명령문	def double(n):
	    square = n * n
	    return square
	print(double(7))

결과	49

또 다른 예를 살펴보자. 다음의 `add()` 함수는 입력값이 2개라는 것을 알 수 있다. 3은 변수 `a`에, 5는 변수 `b`에 각각 저장되며 더한 결과가 sum에 저장된 후 `return`을 통해서 그 결과를 `print()` 함수 위치로 변환되어 8이 출력된다.

명령문	def add(a, b):
	    sum = a + b
	    return sum
	print(add(3, 5))

결과	8

복수 반환

반환되는 값이 2개 이상일 때는 다음의 예제와 같이 콤마(,)로 나열하면 된다. 따라서 `print()` 함수에서는 다음의 출력 **(8, –2)**와 같이 2개의 값이 출력된다. 이와 같이 복수 개의 반환을 하는 기능은 C언어와 같은 대부분의 다른 언어에서는 지원하지 않는다.

명령문	`def add_sub(a, b):`
	`    sum = a + b`
	`    diff = a - b`
	`    return sum, diff`
	`print(add_sub(3, 5))`

결과	`(8, -2)`

다음과 같이 a와 b의 변수에 저장된 값을 바꿔주는(swap) 함수를 작성해보자. 실행하면 어떤 결과가 나올지 생각해보자.

명령문	`def swap(a, b):     # 함수 swap 정의`
	`    temp = a`
	`    a = b`
	`    b = temp`
	`a=3`
	`b=5`
	`swap(a, b)`
	`print('a =', a, ', b =', b)`

결과	`a = 3 , b = 5`

예상과 달리 a와 b의 값은 서로 바뀌지 않았음을 볼 수 있다. 이러한 코드는 C언어에서도 제대로 동작하지 않지만 파이썬에서는 다른 이유로 동작하지 않는 것이다. 파이썬은 C언어와 달리 기본적으로 모든 변수들이 객체로 동작하기 때문에 객체 단위의 메모리 주소의 개념을 이해해야 한다. 이후에 객체지향 단원에서 자세히 설명하겠다. 간단히 설명하면 swap() 함수 내부에 있는 변수 a, b와 초기의 a, b는 다른 객체를 가리키는 포인트형 변수라고 생각하면 된다.

이 문제를 해결하기 위해 여기에서는 다음과 같이 특별한 방법을 사용해보자. 아래의 출력 결과를 보면 성공적으로 값이 바뀐 것을 볼 수 있다. 어떻게 한 것일까? swap() 함수에서 a와 b를 받은 후 순서를 바꾸어 반환해 버렸다. 그리고 swap() 함수를 호출한 부분에서는 a와 b로 받았으니 값이 바뀔 수밖에 없다.

명령문	`def swap(a, b):`
	`    return b, a`
	`a=3`
	`b=5`
	`a, b = swap(a, b)`
	`print('a=', a, 'b=', b)`

결과	`a= 5 b= 3`

Quiz 4.1

(1) sum(n)의 함수를 호출하면 1에서부터 n까지의 합을 구하는 sum() 함수를 완성하라(ex: print(sum(10))을 실행여 다음과 같은 결과값을 출력).

명령문	`def sum(n):`
	`    sum = 0`
	`    for i in range( ____________ , ____________ ):`
	`        sum += i`
	`    ____________________`
	`print(sum(10))`

결과	55

(2) 팩토리얼 값을 계산하는 함수를 완성하라(ex: print(factorial(3))를 호출하여 3!(3*2*1)을 계산).

명령문	`def factorial(n):`
	`    result = ____________`
	`    for i in range(n):`
	`        result ____________`
	`    return result`
	`print('3!=', factorial(3))`

결과	3!= 6

TIP

for문의 i는 range(n)에서 n이 여기에서는 3이기 때문에 0부터 2까지의 수가 입력된다. 팩토리얼 값은 3인 경우 3 * 2 * 1이 되어야 하므로 result *= i에서 변수 i에 1을 더해 주면 올바르게 동작한다. factorial()과 같은 함수들은 수학적으로 많이 사용되므로 math라는 모듈에서 제공하며, 다음과 같이 프로그래머가 직접 정의하지 않고 사용할 수 있다.

명령문	`import math` `print('3!=', math.factorial(3))`
결과	3!= 6

4.2 함수의 응용

여기에서는 함수를 포함하여 지금까지 배운 파이썬의 기초 문법(syntax)을 이용하여 응용 프로그램을 작성하고자 한다. 파이썬에서 제공하는 터틀 그래픽으로 다양한 기능을 포함한 그림을 그려보고, 또한 지금까지 배운 파이썬의 기초를 마음껏 활용해 보고 실력을 다져보자.

터틀 그래픽

파이썬에서는 터틀 그래픽스(Turtle Graphics)라는 그림 그리기 기능을 제공하고 있다. 이 기능을 사용하기 위해서는 '`turtle`'이라는 모듈(module)에서 제공하는 기능들을 가지고 와야 한다. 아래의 코드를 실행하면 'Python Turtle Graphics' 이름의 창이 뜨면서 중심에서 오른쪽 방향으로 100픽셀만큼의 선을 그린다. 마지막에는 마우스로 클릭하면 화면을 닫을 수 있는 명령문이 포함되어 있다.

명령문	`import turtle`
	`from turtle import *`
	`turtle.forward(100)`
	`exitonclick()`

결과	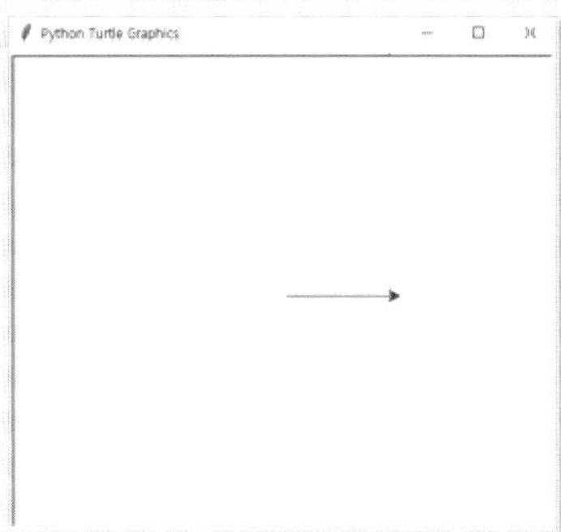

`turtle.forward()`라는 명령어에서 `tutle`은 객체이고 `forward()`는 그 객체의 메소드(method)이지만 여기에서는 그냥 함수라고 지칭하겠다. `forward()` 함수의 기능은 픽셀의 길이를 입력받아 그 길이만큼의 화살표를 정해진 방향으로 그리는 것이다. 즉 초기 방향이 현재 위치에시 오른쪽으로 정해셔 있다는 것을 알아두자. 생성되는 윈도우 창을 x-y면으로 생각하고 가운데인 (0, 0)의 위치에서 오른쪽으로 진행한다. 여기에서는 입력값이 100으로 `forward`이기 때문에 (0, 0)의 위치에서 100 픽셀 길이만큼 오른쪽으로 진행하는 화살표가 생성된 것이다.

터틀 그래픽스라는 이름에 걸맞게 움직이는 화살표를 거북이(turtle) 모양으로 만들 수 있다. 거북이 모양으로 연습하고 싶다면 다음의 명령문을 추가하면 된다. 본 교재에서는 화살표로 표시하겠다.

명령문	import turtle from turtle import * turtle = turtle.Turtle() turtle.shape('turtle') turtle.forward(100) exitonclick()
결과	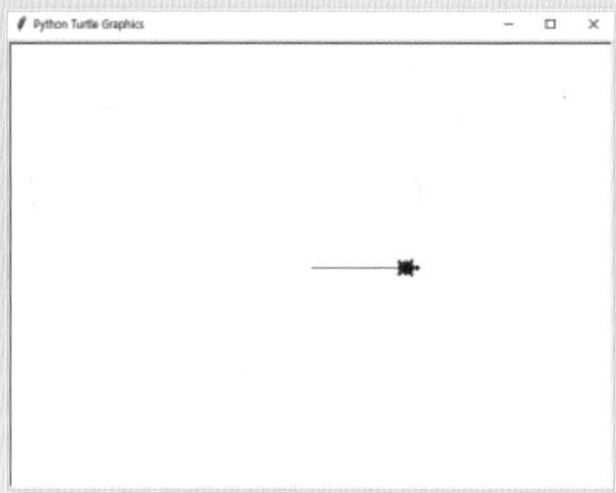

다음은 화살표의 방향을 바꾸는 함수이다. `right`(각도), `left`(각도)를 이용하여 현재 시점의 화살표 방향을 원하는 대로 바꿀 수 있다. 다음과 같이 `right()` 함수를 사용하여 오른쪽으로 화살표 방향을 전환시켜보자.

명령문	import turtle from turtle import * turtle.forward(100) turtle.right(90) exitonclick()
결과	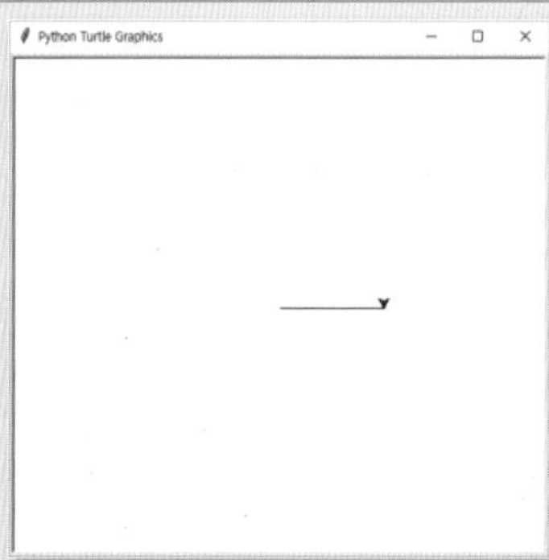

위의 코드를 실행하면 처음에는 오른쪽으로 진행했던 화살표의 방향이 아래로 향하는 것을 볼 수 있다. 즉 처음에 오른쪽으로 방향이 지정되었다가 그 방향에서 다시 오른쪽으로 90도 회전하라는 명령이기 때문에 우리가 보는 입장에서는 아래로

향하게 된다. 이 상황에서 다음의 명령문을 추가해서 실행해보자.

명령문	`import turtle`
	`from turtle import *`
	`turtle.forward(100)`
	`turtle.right(90)`
	`turtle.forward(100)`
	`exitonclick()`

결과	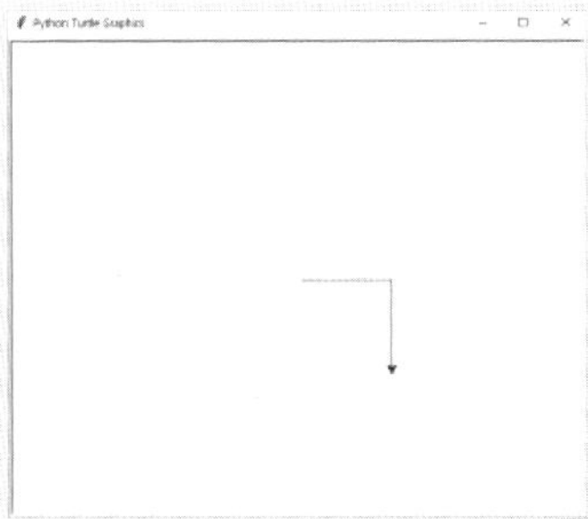

현재 화살표의 위치에서 원점으로 돌아가기 위해서 오른쪽으로 135도 방향을 돌리고 `forward(100)`을 실행하면 길이가 모자라게 된다. 현재 위치에서 원점으로 선을 그리면 직각삼각형 모양이 되므로 피타고라스의 정리를 이용하면 되겠다. 먼저, 화살표의 방향이 지금 아래로 향해 있기 때문에 오른쪽으로 (90+45)도를 돌리면 원점을 향하게 될 것이다. 그리고 직각삼각형에서 직각을 끼고 있는 두 변의 길이의 제곱의 합은 빗변의 길이의 제곱과 같다는 피타고라스의 정리를 이용하면 원점까지의 거리로 선을 그을 수 있다. 이러한 계산을 위하여 루트의 기능이 필요하며 이것은 `math` 모듈(module)을 이용하면 된다.

명령문	`import turtle`
	`from turtle import *`
	`turtle.forward(100)`
	`turtle.right(90)`
	`turtle.forward(100)`
	`import math`
	`turtle.right(90+45)          # 원점 방향으로 방향 전환하기`
	`turtle.forward(math.sqrt(100*100*2))`
	`exitonclick()`

결과	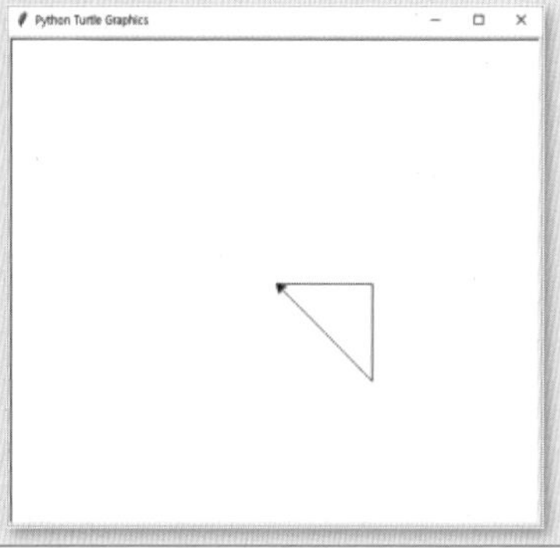

그런데 수학 계산 없이 문제를 해결할 수 있는 좀 더 쉬운 방법은 없을까? 원래의 원점인 (0, 0) 좌표로 돌아가는 방법이 있다. `goto()`, `setpos()`, `setposition()`과 같은 함수를 이용하면 간단히 해결된다. 즉 마지막 명령문 대신 `turtle.setpos(0, 0)`을 실행하면 현재 위치에서 지정한 위치까지 선을 자동으로 긋게 되어 위와 동일한 결과를 얻을 수 있다. 단 삼각형을 완성한 후의 화살표 방향은 위의 결과와 달리 여전히 아래를 가리키고 있다는 것을 확인하자.

명령문	`import turtle`
	`from turtle import *`
	`turtle.forward(100)`
	`turtle.right(90)`
	`turtle.forward(100)`
	`turtle.setpos(0, 0)`
	`exitonclick()`

결과	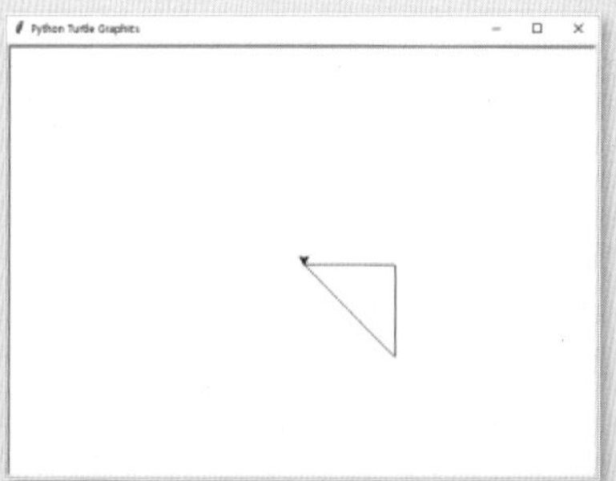

참고

다음의 사이트에서 'Python Documetation Contents'의 모든 기능들을 검색할 수 있다.

http://python.org

아래 사이트의 검색 창(Quick search)에 "turtle"이라고 입력하면 관련된 모든 서류들을 열람할 수 있다.

https://docs.python.org/2/contents.html

다음은 circle() 함수를 이용하여 원을 그려보자. 직선을 그리는 forward()나 원을 그리는 circle()이나 입력값으로 사용할 수 있는 입력 인자들이 다양하게 존재한다. 자세한 내용을 살펴보려면 위의 [참고]에서 설명한 파이썬 사이트를 방문해 보자. 다음의 예제에서처럼 1개의 입력값을 입력하면 반지름에 대한 설정이 된다. 따라서 100을 입력하면 100픽셀 길이만큼의 반지름으로 원을 그리게 된다. 그런데 모두가 알고 있듯이 초기에 화살표 방향이 오른쪽으로 향해져 있다. 이 상태에서 circle(100)을 실행하면 왼쪽으로 원을 그리는 것을 볼 수 있다.

<table>
<tr><td>명령문</td><td>

```
import turtle
from turtle import *
turtle.circle(100)
exitonclick()
```

</td></tr>
<tr><td>결과</td><td>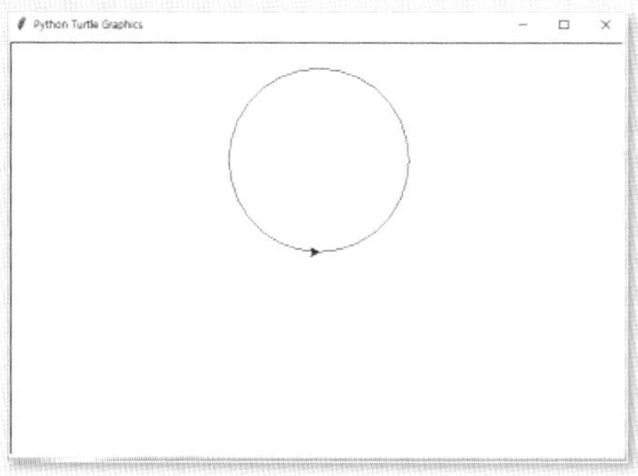
</td></tr>
</table>

다음은 위의 circle() 함수에 -100이란 음수값을 입력해서 실행해보자. 초기에 화살표가 오른쪽 방향이었는데 circle(-100)을 실행하면 오른쪽 방향으로 원을 그리는 것을 볼 수 있다. 결론적으로, circle()의 입력값이 양수이면 현재 그 방향에서 왼쪽으로, 음수이면 오른쪽으로 원을 그린다는 것을 알았다.

<table>
<tr><td>명령문</td><td>

```
import turtle
from turtle import *
turtle.circle(-100)
exitonclick()
```

</td></tr>
<tr><td>결과</td><td>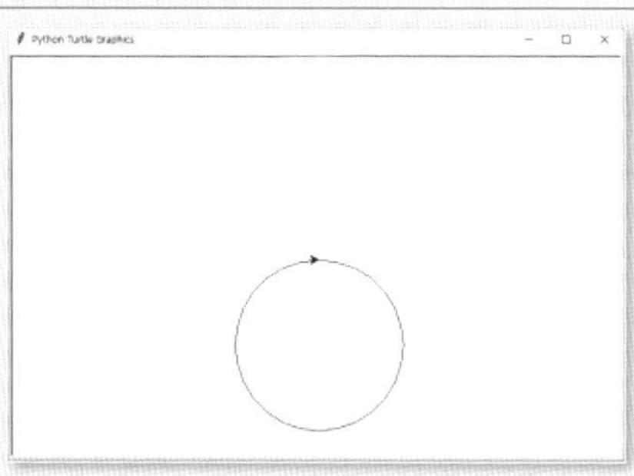
</td></tr>
</table>

Quiz 4.2

다음과 같은 그림을 그릴 수 있도록 프로그램을 완성하라.

명령문	`import turtle`
	`from turtle import *`
	`import math`
	`turtle.forward(100)`
	`turtle.right(45)`
	`turtle.circle( ____________ )      # 반지름은 100으로 설정`
	`turtle.right(45)`
	`turtle. ____________`
	`turtle.right(90+45)`
	`turtle. ____________`
	`exitonclick()`

결과	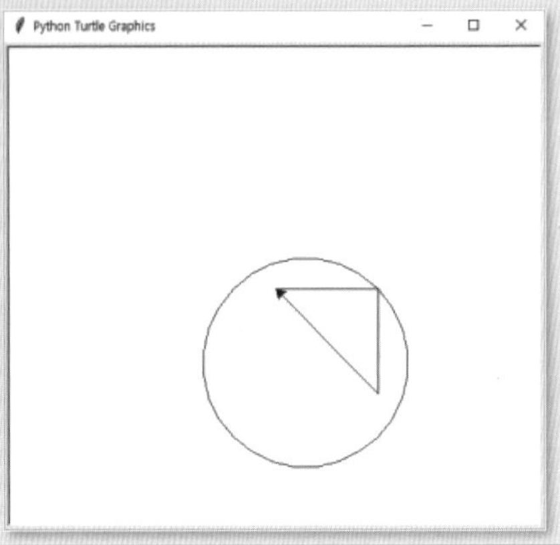

터틀 그래픽스에서는 검은색 이외에도 빨강('red'), 노랑('yellow'), 연두('green'), 파랑('blue'), 보라('purple') 등의 색상을 지원하고 있다. 다음은 빨간색 선과 파란색 원을 그려보자.

명령문	`import turtle`
	`from turtle import *`
	`turtle.pencolor('red')`
	`turtle.forward(200)`
	`turtle.pencolor('blue')`
	`turtle.circle(100)`
	`exitonclick()`

결과

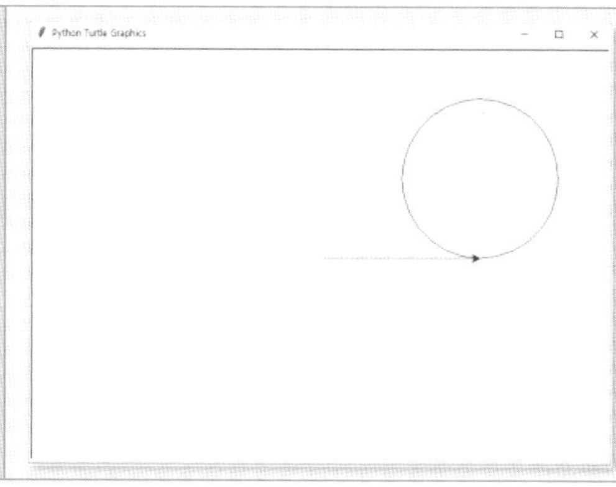

또한 아래처럼 원과 같이 폐쇄된 도형을 채우는 기능도 있다. begin_fill()을 이용하면 이후에 만들어지는 모든 폐쇄된 영역을 채우게 된다. 더 이상 영역을 채우지 않으려면 end_fill()을 사용하면 된다. 다음의 예제를 실행해보자. begin_fill() 이후에 만들어진 반지름 50의 원은 색상이 채워졌고, end_fill()을 실행한 이후에 만들어진 반지름 100의 원은 색상이 채워지지 않았다.

명령문

```python
import turtle
from turtle import *
turtle.begin_fill()
turtle.circle(50)
turtle.end_fill()
turtle.circle(-100)
exitonclick()
```

결과

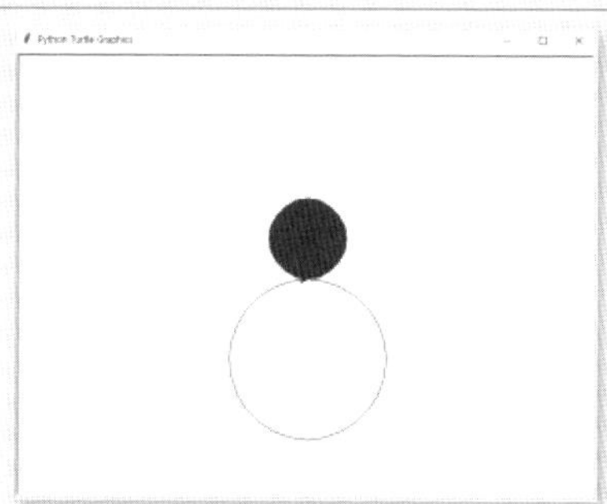

선의 색상뿐만 아니라 도형의 면도 특정한 색상으로 채울 수 있다. 위의 예제와 같이 선택하지 않으면 기본(디폴트)은 검은색이다. 그러면 다음과 같이 색상을 지정하여 원을 그려보자. 다음의 명령문을 실행해보면 상단에 빨간색 원과 아래에 파란색 테두리로 그려진 빈 원이 출력될 것이다.

명령문	import turtle from turtle import * turtle.color('red') turtle.begin_fill() turtle.circle(50) turtle.end_fill() turtle.pencolor('blue') turtle.circle(-100) exitonclick()
결과	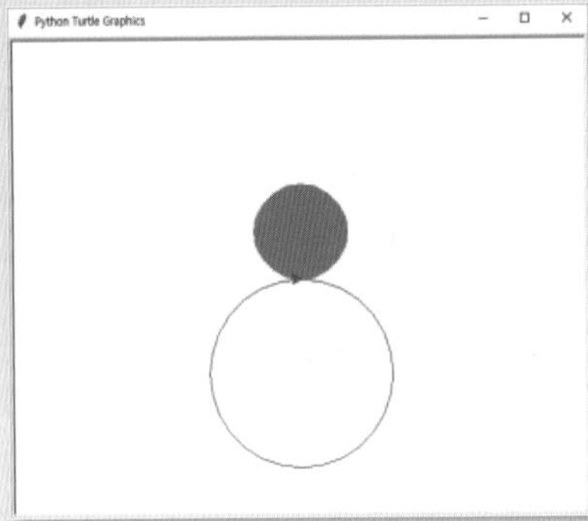

특정한 범위의 값을 무작위로 생성하려면 `random` 모듈을 이용하면 된다. 특히, `randint()` 함수를 이용하면 지정한 범위 내의 값을 무작위로 추출하여 값을 반환해준다. 다음의 예제는 1에서 2까지의 정수 중 하나를 출력하는 명령문이다.

명령문	import random print(random.randint(1, 2))
결과의 예	# 1 또는 2 출력!

그렇다면, 50에서 100 사이의 값을 무작위로 출력해보자.

명령문	import random print(random.randint(50, 100))
결과의 예	# 50에서 100 사이의 무작위 값 출력!

Quiz 4.3

다음의 프로그램을 완성하라.

(1) 50에서 100 사이의 무작위 값을 원의 반지름으로 하는 원을 그리시오.

명령문

```
import turtle
from turtle import *
import random
rad = random.randint( __________ , __________ )
turtle.circle( __________ )
exitonclick()
```

결과의 예

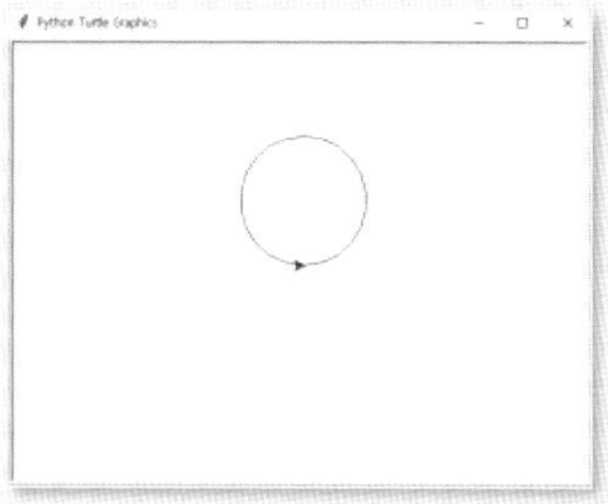

(2) 노랑, 파랑, 빨강 중 하나의 색상을 무작위로 선택하여 원을 그리는 다음의 프로그램을 완성하라.

명령문

```
import turtle
from turtle import *
import __________
__________ = random.randint( __________ , __________ )
if (0 == col):
    turtle.pencolor('yellow')
elif (1 == col):
    turtle.pencolor('blue')
elif (2 == col):
    turtle.pencolor(' __________ ')
turtle.circle(50)
exitonclick()
```

결과의 예

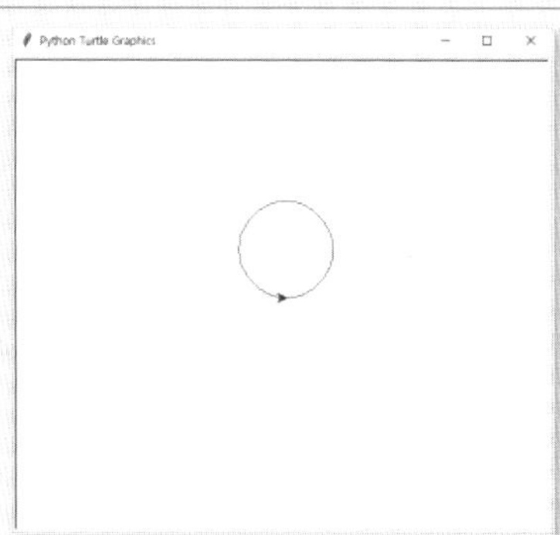

3개 중 하나의 색상으로 원을 그림

(3) 원과 선을 무작위로 3번씩만 그리는 다음의 프로그램을 완성하라.

<table>
<tr><td>명령문</td><td><pre>
import turtle
from turtle import *
import random
for i in range(3):
    col = random.randint(__ , __) # 색상 선택을 위한 무작위 추출
    ___ = random.randint(__ , __) # 선/원 선택을 위한 무작위 추출
    if (0 == col):   # 여기서부터는 색상선택
        turtle.pencolor('yellow')
    elif (1 == col):
        turtle.pencolor("blue")
    elif (2 == col):
        turtle.pencolor("red")
    if (0 == sel):   # 여기서부터는 선/원 선택
        turtle.forward(100)
    elif (1 == sel):
        turtle. __________ (50)
    turtle.right(45)   # 방향 한번 바꿔주기
exitonclick()
</pre></td></tr>
<tr><td>결과의 예</td><td>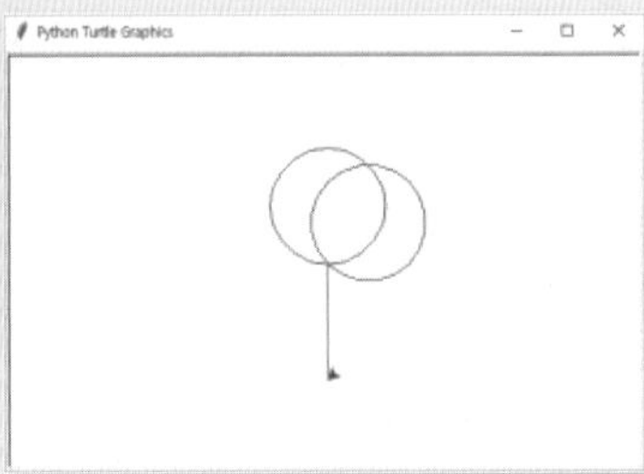

선 또는 원 중에 무작위로 3개가 출력</td></tr>
</table>

바실리 칸딘스키라는 유명한 미술가가 있다. 잠시 그의 작품을 감상해보자.

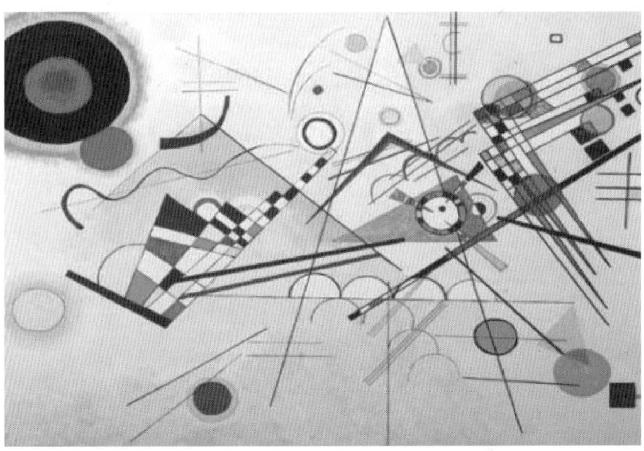

터틀 그래픽을 이용해 그의 작품과 비슷한 작품을 만들어 보자. 다음의 결과물은 칸딘스키의 작품과 비교할 수준은 아니지만, 공통점이 하나 있다면 실행할 때마다 이 세상에 존재하지 않는 인류 최초의 그림이 탄생한다는 것이다. 여러분도 이제까지 배운 내용을 토대로 자신만의 작품을 만들어 보자.

명령문

```
from turtle import *
import random
for i in range(5):
    for j in range(10):
        c = ['red', 'blue', 'yellow', 'green']
        color(c[random.randint(0, 3)], c[random.randint(0, 3)])
        sel = random.randint(0, 4)
        if (0 == sel):
            forward(random.randint(50, 100))
        elif (1 == sel):
            right(random.randint(90, 360))
        elif (2 == sel):
            begin_fill()
            circle(random.randint(-100, -20))
            end_fill()
        elif (3 == sel):
            forward(random.randint(30, 50))
        elif (4 == sel):
            circle(random.randint(20, 100))
        a = float(random.randint(-300, 300))
        b = float(random.randint(-300, 300))
    goto(a, b)
exitonclick()
```

결과의 예

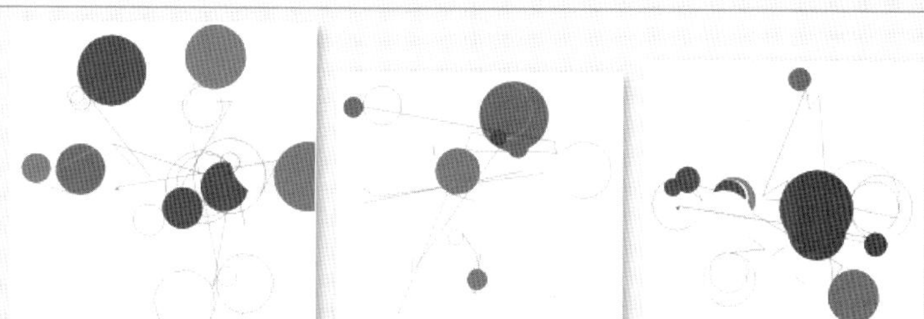

참고로 `color()` 함수를 이용하여 펜 색상(pencolor)과 채우기 색상(fillcolor)을 한 번에 설정해 줄 수 있다. 아래의 예제는 `color('red', 'yellow')` 명령문으로 펜과 채우기 색상을 각각 빨강과 노랑으로 설정하여 출력한 코드이다.

명령문

```
from turtle import *
import random
color('red', 'yellow')
forward(random.randint(50, 100))
begin_fill()
circle(random.randint(-100, -20))
end_fill()
circle(random.randint(20, 100))
exitonclick()
```

결과

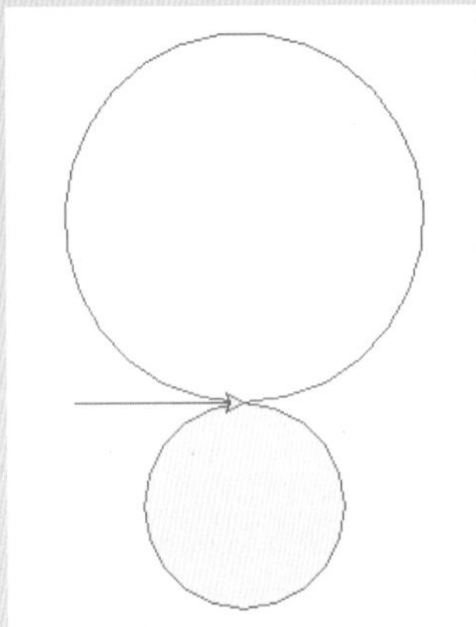

이러한 color() 함수를 이용하여 아래의 예제를 실행하고 앞서 배운 '칸딘스키 모방' 예제 코드와 비교분석 해보자.

명령문

```
from turtle import *
import random
for i in range(5):
    for j in range(10):
        c = ['red', 'blue', 'yellow', 'green']
        color(c[random.randint(0, 3)], c[random.randint(0, 3)])
        sel = random.randint(0, 4)
        if (0 == sel):
            forward(random.randint(50, 100))
        elif (1 == sel):
            right(random.randint(90, 360))
        elif (2 == sel):
            begin_fill()
            circle(random.randint(-100, -20))
            end_fill()
        elif (3 == sel):
            forward(random.randint(30, 50))
```

<table>
<tr><td></td><td>

```
        elif (4 == sel):
            circle(random.randint(20, 100))
        a = float(random.randint(-300, 300))
        b = float(random.randint(-300, 300))
    goto(a, b)
exitonclick()
```

</td></tr>
<tr><td>결과의 예</td><td></td></tr>
</table>

CHAPTER

05 문자열과 배열

학습목차

5.1 문자열

문자열(string)은 앞에서도 설명한 바와 같이 큰따옴표와 작은따옴표를 모두 사용할 수 있다.

명령문	print("hello") # 'hello'를 출력! print('hello') # 'hello'를 출력!
결과	hello hello

본 교재에서는 특별한 경우가 아니면 **작은따옴표**를 사용했다. 그렇지만 필요에 따라서는 큰따옴표나 작은따옴표를 반드시 사용해야 하는 경우가 있다. 다음의 문자열을 출력해보자.

명령문	print('My friend's house.')
결과	에러 발생!

에러가 발생했다. 이번에는 큰따옴표를 사용하여 출력해보자. 제대로 출력된 것을 확인할 수 있다.

명령문	print("My friend's house.")
결과	My friend's house.

그렇다면 **그녀가 말했다. "안녕!"**. 이라는 문장을 출력해보자.

명령문	print("그녀가 말했다. "안녕!".")
결과	에러 발생!

문제를 해결하려면 어떻게 해야 할까? 다음과 같이 프로그램을 실행해보자.

명령문	print('그녀가 말했다. "안녕!"')
결과	그녀가 말했다. "안녕!"

결론적으로 큰따옴표를 출력해야 하는 문자열은 작은따옴표를 사용해야 하며, 작은따옴표를 출력해야 하는 문자열은 큰따옴표를 사용해야 한다는 것을 알았다.

Quiz 5.1

다음의 결과가 출력될 수 있도록 명령문을 완성하라.

명령문	print(____________________)
결과	doesn't

TIP

작은따옴표를 사용하고도 doesn't를 출력할 방법이 있다. \'는 \t 나 \n 과 같이 print() 함수에서 사용할 수 있는 특수문자 중의 하나이다.

명령문	print('doesn\'t')
결과	doesn't

문자열 읽어오기

문자열형 변수에서 특정한 위치의 값을 읽어올 수 있다. 다음과 같이 문자열을 변수에 저장하면 자동적으로 배열이 만들어지며 다음과 같이 동작한다.

명령문	animal = 'frog' print(animal[3])
결과	g

변수 animal에 'frog'라는 문자열을 입력하면 다음의 그림과 같이 4개의 문자가 animal[0]부터 animal[3]까지 각각 순서대로 저장되며 이것은 C언어와 같은 방식으로 동작한다. 각각의 위치를 인덱스(index)라고 하며 n개의 저장 장소가 있다면 인덱스는 0부터 n-1까지 존재한다. 따라서 여기서는 0부터 3까지의 저장 장소가 있다.

	[0]	[1]	[2]	[3]
animal	f	r	o	g
	[-4]	[-3]	[-2]	[-1]

그런데 파이썬에서는 위의 그림에서처럼 또 다른 인덱싱 방법을 제공하고 있다. 마지막 항목에서부터 –1로 시작하여 1씩 감소시키는 방식을 제공한다. 즉 네 번째 항목을 출력하기 위하여 다음과 같이 명령문을 작성할 수 있다.

명령문	animal = 'frog' print(animal[-1])
결과	g

이러한 기능은 한글에서도 같은 방식으로 동작한다. 다음의 한글로 된 문자열의 예를 살펴보자.

명령문	animal = '진돗개' print(animal[0]) print(animal[-2])
결과	진 돗

변수 animal에 '진돗개'라고 문자열을 입력하면 다음의 그림과 같이 3개의 한글 문자가 animal[0]부터 animal[2]까지 순서대로 저장된다.

	[0]	[1]	[2]
animal	진	돗	개
	[-3]	[-2]	[-1]

마지막 항목에서부터 –1로 시작하여 1씩 감소시키는 방식도 영문과 같은 방식으로 동작한다.

Quiz 5.2

변수 fruit에 '오렌지'를 입력하고 '렌'을 출력하기 위한 2개의 인덱스 값을 입력하여 다음의 명령문을 완성하라.

명령문	fruit = '오렌지' print(fruit[__________]) # 양수 인덱스 print(fruit[__________]) # 음수 인덱스
결과	렌 렌

TIP

문자열 슬라이싱(Slicing)

문자열에 저장된 항목의 일부를 출력하기 위해 슬라이스의 기능을 사용할 수 있으며 이것은 range 함수의 동작 원리와 비슷하다고 보면 된다. 단, 배열에서는 콤마(,)가 아닌 콜론(:)으로 입력 인자를 구분한다. 3개 인자의 형식은 다음과 같다.

```
[시작:끝+1:단계]
```

항상 3개의 항목들을 모두 사용하는 것이 아니며 필요에 따라 선택적으로 사용할 수 있다. 사용의 유형별로 4가지를 설명하고자 한다.

❶ 인자가 1개인 경우

[] 괄호 안의 인자가 1개일 때는 배열에서와 같이 해당 인덱스 위치에 있는 값을 의미한다.

명령문	animal = 'frog' print(animal[1])
결과	r

❷ 인자가 2개인 경우

[] 괄호 안의 인자가 2개일 때는 [시작:끝+1]의 의미를 가지며, 다음과 같은 명령문을 실행하면 어떤 결과가 어떻게 나올지 생각해보자.

명령문	animal = 'frog' print(animal[1:3])
결과	ro

1번 인덱스에 저장된 값 'r'에서부터 3번 직전 인덱스까지의 값 'o'가 출력된다. 즉 마지막 인자값인 3의 직전까지만 해당된다.

❸ 인자가 3개인 경우

인자가 3개인 경우를 살펴보자. 다음의 명령문을 실행하면 어떤 결과가 나올지 생각해보자.

명령문	animal = 'frog' print(animal[0:3:2])
결과	fo

위의 코드는 animal 문자열에서 0부터 3 이전까지 2의 간격으로 출력하는 것이기 때문에 결과는 'fo'가 출력된다.

❹ 인자가 생략된 경우

다음은 인자가 생략되고 콜론(:)을 사용하는 경우를 살펴보자.

- 콜론(:)이 1개일 경우

다음의 명령문은 콜론(:)이 1개 사용되어 2개의 인자를 사용해야 하지만 숫자를 생략한 경우이다. 1개의 콜론이 사용됐다는 의미는 2개 중 앞쪽의 콜론을 사용한 경우이다. 인자 중 2개의 인자란 [시작:끝+1]을, 즉 마지막 인자인 '단계'는 사용하지 않는 경우를 의미한다. 다음의 명령문을 실행하면 어떤 결과가 나올지 생각해보자.

명령문	animal = 'frog' print(animal[:]) print(animal[1:]) print(animal[:2])
결과	frog # [:]는 전체의 문자열 출력 rog # [1:]는 인덱스 1에서부터 문자열의 끝까지 출력 fr # [:2]는 처음부터 2직전까지의 내용 출력

• 콜론(:)이 2개일 경우

다음의 명령문은 콜론(:) 2개를 사용하면서 인자가 부분적으로 생략된 경우이다. 다음의 명령문을 실행하면 어떤 결과가 나올지 생각해보자.

명령문	animal = 'elephant' print(animal[::2]) print(animal[::-2])
결과	eehn tapl

위의 2개의 명령문은 모두 3개의 인자 중 마지막 인자만을 표기한 경우이며 [::2]는 문자열의 첫 문자부터 마지막까지 2의 간격으로 위치한 문자들을 의미하며, [::-2]는 문자열의 마지막 문자부터 첫 문자까지 2의 간격으로 위치한 문자들을 의미한다.

Quiz 5.3

(1) 다음의 명령문을 실행하면 어떤 결과가 나올지 적으시오.

명령문	animal = 'frog' print(animal[1:4:2])
결과	______________

위의 명령문은 인덱스 1에서부터 4번 인덱스 직전까지의 내용을 2의 간격으로 출력한 것이다.

(2) 다음의 명링문을 실행하면 어떤 결과가 나올지 적으시오.

명령문	animal = 'elephant' print(animal[1:7:2])
결과	______________

(3) 다음의 명령문을 실행하면 어떤 결과가 나올지 적으시오.

명령문	animal = 'elephant' print(animal[5:])
결과	______________

(4) 다음의 명령문을 실행하면 어떤 결과가 나올지 적으시오.

명령문	animal = 'elephant' print(animal[:3])
결과	______________

(5) 다음의 명령문을 실행하면 어떤 결과가 나올지 적으시오.

명령문	animal = 'elephant' print(animal[3:-3])
결과	______________

여기에서 배열의 마지막 인덱스는 7번인 동시에 –1이라는 것을 이해하자. 즉 3번 인덱스에 저장된 'p'부터 시작하여 –3번 인덱스 직전에 저장된 'h'까지 출력하는 명령어이다.

(6) 다음의 명령문을 실행하면 어떤 결과가 나올지 적으시오.

명령문	animal = 'elephant' print(animal[:])
결과	______________

(7) 배열의 기호 안에서 숫자와 콜론(:)을 사용하여 다음의 결과를 출력하는 명령문의 빈칸을 완성하라.

명령문	animal = 'elephant' print(animal[-5: __________])
결과	pha

(8) 다음의 3개의 print 명령문을 실행했을 때 출력되는 결과를 순서대로 적어 넣으시오.

명령문	animal = 'elephant' print(animal[::3]) print(animal[::-1]) print(animal[::])
결과	______________ ______________ ______________

문자열의 병합(Merge)

두 개의 문자열을 병합하는 방법이 있다. 2개의 문자열 사이에 '+' 기호를 넣으면 '+' 기호 앞뒤의 문자열이 병합된다.

명령문	dog = '개' animal = '진돗' + dog print(animal)
결과	진돗개

문자열 함수(메소드)

파이썬에서는 내장함수(Built-in Function)들을 제공하고 있으며 언제나 호출하여 사용할 수 있다. 문자열을 위한 함수로 `len()`이 있으며 이것은 괄호 안의 문자열(객체)의 길이를 반환한다.

명령문	animal = 'elephant' print(len(animal))
결과	8

실행하면 'elephant'가 총 8개의 문자로 구성되어 있기 때문에 8이라는 결과를 출력한다. 이러한 내장함수 이외에도 문자열을 다루기 위해 객체 단위에서 다양한 함수 및 메소드들을 제공한다. 이들을 다음과 같이 크게 3가지 기능으로 분류하여 설명한다.

정보 수집

객체와 객체의 메소드(함수)들은 다음 장에서 자세히 설명할 예정이며 여기에서는 다음과 같은 형태로 1개의 객체 안에 여러 가지 기능을 제공하는 메소드()를 호출하여 실행한다고만 이해하자.

```
객체.메소드()
```

즉 다음과 같이 animal이라는 변수에 문자열 'elephant'를 입력하면 자동으로 animal이라는 문자열형 객체가 생성되며 이 객체에서 제공해주는 다양한 메소드(함수)를 점(.)으로 연결하여 호출하게 된다. 다음의 예를 살펴보자.

명령문	animal = 'elephant' print('총 개수:', animal.count('e'))
결과	총 개수: 2

첫 번째 명령문으로 animal이라는 문자열형 객체가 생성되며 이 animal 객체 이름에 점을 찍고 메소드(함수)명을 적으면 된다. 이때 입력값이 있으면 이 메소드의 괄호 안에 입력값을 적어 넣는다. 본 예제에서는 'e'라는 값을 입력하여 animal에 해당 문자가 몇 개 있는지 세어서(count) 반환하면 print() 함수가 그 값을 출력하게 된다.

명령문	animal = 'elephant' print('앞쪽 찾기:', animal.find('e')) print('ep 찾기:', animal.find('ep')) print('뒤쪽 찾기:', animal.rfind('e')) print('위치:', animal.index('e')) print('el 시작:', animal.startswith('el'))
결과	앞쪽 e 찾기: 0 # 문자나 문자열이 처음 나오는 인덱스 값을 반환 ep 찾기: 2 뒤쪽 찾기: 2 # 문자나 문자열이 가장 나중에 나오는 인덱스 값을 반환 위치: 0 # find()의 기능과 동일, 찾는 내용이 없으면 에러 발생 el 시작: True # 해당 문자열로 시작하면 True, 그렇지 않으면 False 출력

특정한 **문자 또는 문자열**이 해당 **문자열**에 존재하는지 여부를 판단하는 구문 형식을 소개한다.

```
(문자 또는 문자열) (not) in 문자열
```

다음의 예제로 연습해보자.

명령문	animal = 'elephant' print('n이 있다.:', 'n' in animal) print('an이 있다.:', 'an' in animal) print('an이 없다.:', 'an' not in animal)
결과	n이 있다.: True # "문자 n이 animal에 있다."가 참이다. an이 있다.: True # "문자 an이 animal에 있다."가 참이다. an이 없다.: False # "문자 an이 animal에 없다."가 거짓이다.

첫 번째 명령문은 문자 'n'이 해당 문자열에 있는지를 판단하여 출력하는 구문이다. 두 번째 명령문은 문자가 아닌 문자열 'an'이 있는지를 판별하며 마지막은 찾는 문자열이 해당 문자열에 없는지를 판별하는 명령문이다.

정보 수정

다음은 문자열의 내용을 수정할 수 있는 다양한 기능의 메소드(함수)들을 소개한다.

명령문	ai = 'python program' print('선택수정:', ai.replace('p', 'P')) print('소문자:', ai.lower()) print('대문자:', ai.upper()) print('swap대소문자:', ai.swapcase()) print('첫문자만 대문자:', ai.capitalize())
결과	선택수정: Python Program # 단어 교체 소문자: python program # 모든 문자들을 소문자로 변환 대문자: PYTHON PROGRAM # 모든 문사들을 대문자로 변환 swap대소문자: PYTHON PROGRAM # 모든 대/소문자를 역으로 변환 첫문자만 대문자: Python program # 문자열의 첫 문자만 대문자로 수정

따라서 이 메소드들이 수정한 내용들은 화면에 출력만 하는 것이지 원래의 animal 변수에 저장된 내용을 수정하는 것은 아니다. 만약에 원래 저장된 내용을 수정하려면 다음과 같이 명령문을 실행해야 할 것이다.

명령문	animal = 'Elephant' animal = animal.upper() print(animal)
결과	ELEPHANT

정보 분할

다음은 문자열의 공백을 삭제할 수 있는 메소드의 예제들이다.

명령문	animal = ' elephant ' print('왼쪽 벗겨내기:', animal.lstrip()) print('오른쪽 벗겨내기:', animal.rstrip()) print('좌우 벗겨내기:', animal.strip())
결과	왼쪽 벗겨내기: elephant # 문자열의 왼쪽편 공란(들)을 삭제 오른쪽 벗겨내기: elephant # 문자열의 오른쪽편 공란(들)을 삭제 좌우 벗겨내기: elephant # 문자열의 좌우의 공란(들)을 삭제

Quiz 5.4

다음의 문자열을 for문을 이용하여 한 줄에 하나의 알파벳을 출력하는 명령문을 적으시오.

명령문	seq = 'Hello!' for ______________________ : print(s)
결과	H e l l o !

TIP Random 모듈

random 모듈을 사용하면 무작위에 관련된 다양한 기능들을 사용할 수 있다. 먼저 random() 메소드(함수)를 살펴보자.

명령문	import random random.random()
결과	0.7577108121119527 # 0에서 1 사이의 무작위 실수형 값을 출력

다음의 randrange() 메소드를 사용하면 특정한 범위의 수 중 무작위의 값을 얻을 수 있다. 2개의 정수를 입력값으로 받으며 첫 번째 정수에서 두 번째 정수 사이의 무작위 정수값을 반환하게 된다. 입력값이 1과 6이므로 1에서 5까지의 무작위 정수값을 얻을 수 있다.

명령문	import random print(random.randrange(1, 6))
결과	3 # 1에서 5까지의 무작위 수를 출력

저장된 문자열 중에 무작위로 문자를 출력할 수 있는 함수도 있다. random 모듈에서 제공하는 choice() 함수이다. 다음의 예제를 실행해보자. 4개의 문자로 이루어진 '한글우수' 중 한 문자를 무작위로 선택하여 출력이 가능하다.

명령문	import random chars = '한글우수' print(random.choice(chars))
결과	한

Quiz 5.5

다음의 문자열에서 무작위로 5개의 문자를 추출하여 새로운 변수 pw에 하나씩 병합하여 출력하는 프로그램을 완성하라.

명령문	import random
	pw = str() # pw 이름의 빈 문자열을 생성
	chars = '한글우수'
	for _ in range(________):
	    pw = pw + ________ .choice(________) # 무작위 문자 병합
	print(________)

결과의 예	우수한한글

다음의 예제는 다음 장에서 배울 배열(리스트)인데 문자를 무작위로 다루는 내용이므로 미리 살펴본다. 변수 chars가 바로 이 배열에 해당되며 4개의 문자들을 저장한다. 배열에서도 위에서 배운 choice() 함수를 사용할 수 있다.

명령문	import random chars = ['한', '글', '우', '수'] print(random.choice(chars))
결과의 예	수

4개의 문자를 가지고 있는 배열 chars를 다음과 같이 섞으면(shuffle) 초기에 입력한 순서와 다르게 정렬된다. shuffle() 함수에 입력값으로 섞고자 하는 배열을 입력하면 된다. 여기서 주목할 것은 배열의 순서를 임시로 배치하는 것이 아니라 실제로 배열의 순서가 바뀌어 저장된다.

명령문	import random chars = ['한', '글', '우', '수'] random.shuffle(chars) print(chars)
결과의 예	['우', '수', '한', '글'] # 4개의 글자가 무작위의 순으로 재배열 됨

Quiz 5.6

알파벳, 숫자, 특수문자 중에서 입력한 숫자만큼의 문자를 무작위로 추출하여 문자열 형식으로 저장하고 출력하는 함수 passwd()를 완성하라.

명령문	import random
	def passwd(length):
	    pw = str() # str()는 빈 문자열 생성
	    chars = 'abcdefghijklmnopqrstuvwxyz' + '0123456789'
	            + '!@#$%^&*'
	    for _ in range(________):
	        pw = pw + random. ______ (______)
	    return ______
	print(passwd(8))

결과의 예	so9i^3sa

5.2 배열의 종류

파이썬에는 문자열형(strings), 유니코드 문자열형(Unicode strings), 리스트(list), 튜플(tuple), 바이트배열(byte array), xrange와 같은 형태의 배열형(Sequence Type) 자료구조가 있다. 이들 배열형의 자료구조들은 한 개의 변수로 다수 개의 데이터를 저장해 두고 편리하게 접근(access)하고자 하는 목적을 가지고 있다. C나 Java와 같은 프로그래밍 언어에서 다루는 배열을 파이썬에서는 더욱 세부적으로 분류하고 있으며 본 교재에서는 문자열형을 포함하여 리스트형, 튜플형, 사전형, 집합형의 4가지를 추가적으로 소개하고자 한다.

또한, 파이썬에서는 데이터가 변할 수 있는 것과 없는 것으로 구분하고 있으며 이 장에서 설명하는 배열들은 튜플형을 제외하고 모두 변할 수 있는(mutable) 데이터형이다. 다음의 표를 참고하기 바란다.

변경할 수 있는 데이터형(mutable)	변경할 수 없는 데이터형(immutable)
> 리스트형(list) > 사전형(dict) > 집합형(set)	> 숫자형: 정수형(int), 실수형(float) > 부울형(bool) > 문자열형(str) > 튜플형(tuple)

혹시 위의 표에서 이상하게 느껴지는 부분이 있는가? 정수형이 변할 수 없는(immutable) 데이터형란에 적혀있다. 우리는 'a = 3'이라는 명령어를 실행하면 변수에 정수값 3이 입력되고, 다시 'a = 5'라는 명령어를 실행하면 변수 a에 정수값 5로 갱신되는 것으로 알고 있다(실제로 C언어에서는 이렇게 동작한다). 그렇다면 정수는 변할 수 있는 것이 아닌가라는 의문이 들 것이다. 앞에서도 설명했지만 결론적으로, 정수는 객체이며 변수 a는 포인터의 개념을 가지고 있다. 즉 'a = 3'은 3이라는 객체를 a가 가리키도록 하는 것이고, 'a = 5'는 a가 더 이상 객체 3을 가리키지 않고 객체 5를 가리키게 하는 것이다. 그래서 객체 3은 사라지지도 않았으며 수정할 수도 없는(immutable) 존재이다.

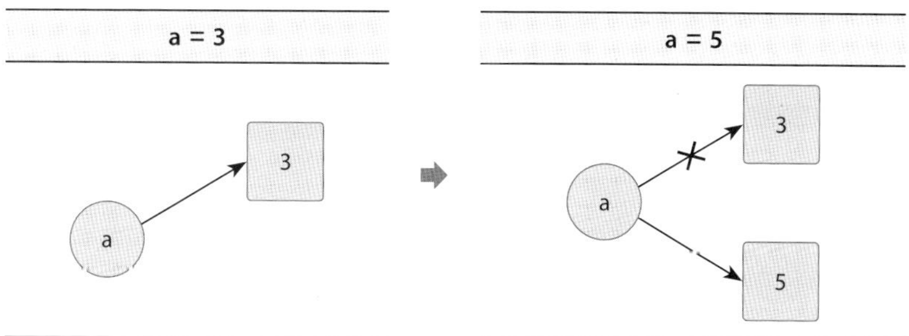

리스트(List)

리스트는 4가지 배열형 중 문자열형과 함께 가장 많이 사용되는 자료구조이며 한 개의 리스트는 한 가지의 자료형만 입력할 수 있는 것이 아니라 다수의 자료형들도 입력이 가능하다. 대괄호([])를 사용하며 각각의 항목들은 콤마(,)로 구분하면 된다.

리스트의 예제를 살펴보자. 먼저 price는 4개의 정수형값을 저장하는 리스트이며 fruits는 4개의 문자열을 가지고 있다. 이렇게 값들을 일렬로 저장한 것을 **1차원 리스트**라고도 한다.

명령문	price = [1020, 870, 3160, 2650] fruits = ['사과', '오렌지', '포도', '복숭아'] print(price) print(fruits)
결과	[1020, 870, 3160, 2650] ['사과', '오렌지', '포도', '복숭아']

문자열에서 공부한 인덱스가 역시 리스트에서도 동일한 방식으로 동작한다. 문자열에서는 하나의 공간에 한 개의 문자가 입력되었지만 리스트에서는 하나의 공간에 정수, 실수, 문자열이 모두 입력될 수 있다.

	[0]	[1]	[2]	[3]
price	1020	870	3160	2650
	[-4]	[-3]	[-2]	[-1]

다음의 예제에서 보는 바와 같이, `price[1]`은 `price` 리스트에서 두 번째 항목인 870을 의미하며 `fruits[-1]`은 끝에서 첫 번째 항목을 의미한다.

명령문

```
price = [1020, 870, 3160, 2650]
fruits = ['사과', '오렌지', '포도', '복숭아']
print(price[1])
print(fruits[-1])
```

결과

```
870
복숭아
```

리스트에 다른 데이터형을 저장하는 예제들을 살펴보자. 다음의 `fruits`처럼 중복되게 값을 저장할 수도 있다. `fruitstag`는 문자열과 정수값을 반복적으로 갖는 리스트의 예이다. 문자열과 정수를 번갈아 입력한 것처럼 다양한 자료형을 하나의 리스트에 저장할 수 있다.

명령문

```
fruits = ['사과', '오렌지', '사과', '복숭아']
fruitstag = ['사과', 1020, '오렌지', 870, '복숭아', 2650]
```

다음의 프로그램을 실행하면 어떤 값이 출력 될 지 생각해보자. 먼저 `a`는 3개의 값을 갖는 리스트형 변수이다. 이것을 `b`에 복사한다. 그리고 리스트 `b`의 0번 인덱스에 저장된 값인 3에서 2를 뺀 후 그 값을 같은 자리에 저장한다. 그렇다면, 리스트 `b`는 `[1, 5, 7]`의 값을 가지게 될 것이다. 변수 `a`는 수정을 한 적이 없으므로 그대로 `[3, 5, 7]`을 가지고 있을 것이라는 생각을 하면서 다음의 명령문을 실행해보자.

명령문

```
a = [3, 5, 7]
b = a
b[0] = b[0] - 2
print('a=', a, 'b=', b)
```

위의 명령문을 실행하니 어떤 결과가 나왔는가? 놀랍다. 리스트 `a`는 수정을 한 적이 없는데도 `b`와 똑같은 값을 가지고 있다.

```
a = [1, 5, 7] b = [1, 5, 7]
```

어떻게 된 것일까? 결국 b의 index 0번에 저장된 값만을 변경했는데 a의 배열까지 수정된 것을 볼 수 있다. 본 장의 시작 부분에 정수 등이 변경할 수 없는 데이터형(immutable)이라는 그림으로 설명한 것과 같은 개념이며 이것은 같은 객체를 두 개의 다른 변수들이 가리키는 상황이다. 파이썬에서는 모든 것들이 객체 단위로 이루어진다고 했다. b = a라는 명령문은 변수 a가 가리키고 있는 객체를 변수 b도 가리키게 되는 것이므로 b가 가리키고 있는 내용을 수정하게 되면 당연히 a에도 같은 결과를 가져오게 된다. 다음의 그림을 참조하자.

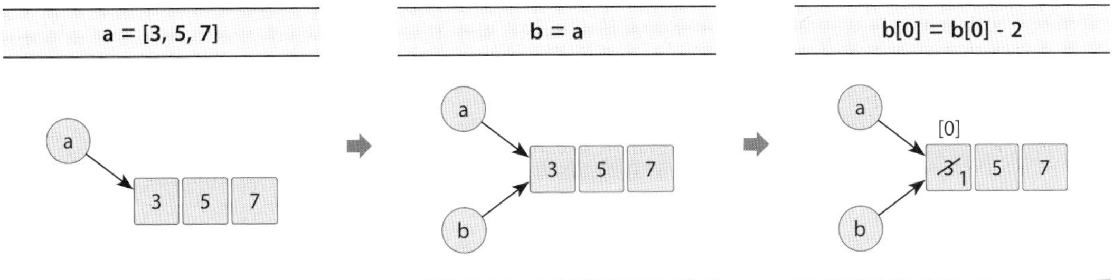

슬라이싱(Slicing)

리스트에 저장된 항목의 일부를 출력하기 위해 슬라이스의 기능을 사용할 수 있으며 이것은 앞에서 설명한 문자열과 기본적으로 같다. 다만, 리스트에서는 저장되는 내용이 문자뿐만 아니라 정수, 실수, 문자열 등 다양한 데이터들을 저장할 수 있다. 문자형에서의 슬라이싱과 같이 range 함수의 기능을 많이 활용하고 있으며 다음과 같은 구조를 가지고 있다.

```
[시작:끝+1:단계]
```

앞에서 공부한 문자열의 슬라이싱과 흡사하므로 몇 개만 연습해보자.

명령문	price = [1020, 870, 3160, 365, 731] print(price[0:2]) # 인덱스 0에서 2 전까지 출력 print(price[0:4:2]) # 인덱스 0에서 4 전까지 2의 간격으로 출력 print(price[1::2]) # 인덱스 1에서 2의 간격으로 끝까지 출력
결과	[1020, 870] [1020, 3160] [870, 365]

Quiz 5.7

슬라이싱 기능을 이용하여 '오렌지'들만 출력할 수 있도록 명령문을 완성하라.

명령문	`price = ['사과', '오렌지', '포도', '오렌지', '복숭아', '오렌지']` `print(price[ ________ : ________ : ________ ])`
결과	`['오렌지', '오렌지', '오렌지']`

리스트에서의 병합(Merge) 및 삽입(Insert)

복수 개 변수의 병합

다음은 복수 개의 변수들을 1개의 리스트로 묶거나(packing) 풀(unpacking) 수 있는 방법을 소개한다. 여기에서는 2개의 변수들을 1개의 리스트로 묶어서 `packing` 이라는 변수에 저장한 후 다시 각기 다른 변수에 저장하는 프로그램 코드를 설명한다. 여러 개의 데이터들을 하나로 묶어 리스트를 만드는 것은 특별해 보이진 않지만 푸는 기능은 앞서 배운 함수의 반환형이 여러 개일 때와 닮아 보인다.

명령문

```
x = 12.23
y = 23.34
packing = [x, y]          # packing!
type(packing)
print('Packing:', packing)
[c1, c2] = packing        # unpacking!
print('Unpacking:\nc1:', c1)
print('c2:', c2)
```

결과

```
Packing: [12.23, 23.34]
Unpacking:
c1: 12.23
c2: 23.34
```

복수 개 리스트의 병합

복수 개의 리스트를 병합하는 방법이 있다. 이것도 앞서 배운 문자열과 비슷하게 '+' 기호를 사용한다. 연결할 리스트 사이에 '+' 기호를 삽입하면 모든 리스트에 포함된 원소들을 한 개의 새로운 리스트의 원소로 병합할 수 있다. 다음의 예제는 `fruits1` 리스트에 새로운 과일 리스트 `fruits2`를 '+' 기호로 병합한 것이다.

명령문	fruits1 = ['사과', '오렌지', '포도'] fruits2 = ['복숭아', '키위'] allfruits = fruits1 + fruits2 print(allfruits)
결과	['사과', '오렌지', '포도', '복숭아', '키위']

Quiz 5.8

다음의 예제와 같이 결과를 출력하기 위해 student 리스트의 뒤쪽에 '동현'과 179를 추가하여 새로이 alldata라는 리스트를 만들고 저장된 원소의 개수를 출력하고 싶다. 이때 필요한 명령어를 완성하시오.

명령문	student = ['민준', 173, '서연', 168, '현우', 171, '민서', 189] alldata = (______________ + ______________) print(________ + "개 데이터") # str()과 len() 사용
결과	10개 데이터

힌트: 리스트 +리스트로 새로운 리스트 alldata를 생성
힌트: print()에서는 (정수 + 문자열)이 가능하지 않음

리스트에 원소 삽입

기존의 리스트에 1개씩의 새로운 값을 추가할 수 있는 방법 3가지를 소개하고자 한다. 먼저, append() 메소드를 이용하여 리스트의 가장 후면에 추가하는 방법과 insert() 메소드를 이용하여 리스트의 원하는 위치에 추가하는 방법이 있다. 마지막으로 for문과 if문을 결합한 리스트의 함축(comprehension) 기법을 이용하여 선택적으로 리스트에 원소들을 삽입하는 방법을 소개한다.

append() 메소드

append() 메소드를 사용하는 방법은 다음과 같다. append() 메소드는 1개의 인자를 입력으로 받아들이며 해당값을 리스트의 마지막에 추가로 붙여 넣을 수 있다. 새로운 리스트를 만들 때에는 다음과 같이 빈 리스트를 우선 만들고 append()를 이용하여 새로운 값을 리스트의 뒷부분에 하나씩 추가하면 된다.

먼저, 빈 리스트에 정수값 1개를 입력하는 예제를 살펴보자.

명령문	prime = [2, 3, 5] prime.append(7) print(prime)
결과	[2, 3, 5, 7]

다음은 빈 리스트에 정수값을 1개씩 반복적으로 입력하는 예제를 살펴보자.

<table>
<tr><td>명령문</td><td><pre>a = list()   # list()는 빈 리스트 생성, a = []와 동일
for i in range(5):
    a.append(i)
    print(a[i])</pre></td></tr>
<tr><td>결과</td><td><pre>0
1
2
3
4</pre></td></tr>
</table>

정수뿐만 아니라 문자열도 같은 방식으로 입력이 가능하다.

<table>
<tr><td>명령문</td><td><pre>fruits = ['사과', '귤', '포도']
fruits.append('수박')
print(fruits)</pre></td></tr>
<tr><td>결과</td><td><pre>['사과', '귤', '포도', '수박']</pre></td></tr>
</table>

Quiz 5.9

다음의 명령문을 보고 출력될 결과를 예측하여 빈칸에 적으시오.

<table>
<tr><td>명령문</td><td><pre>def new(n, x) :
    n = 2
    x.append(x[-1]+1)
    print('new: ', n, x)
def one() :
    n = 1
    x = [0, 1, 2]
    print('one: ', n, x)
    new(n, x)
    print('one: ', n, x)
one()</pre></td></tr>
<tr><td>결과</td><td>______________
____
______________</td></tr>
</table>

참고 특정한 함수를 사용하면 리스트에 저장된 모든 항목에 순서대로 일련의 번호를 부여할 수 있다. 이것은 인덱스 번호와 일치하며 프로그래머가 지정한 변수에 저장할 수 있다. 바로 enumerate() 함수이며 반환값이 2개로 첫 번째 반환값은 그 일련의 번호이며 두 번째 반환값은 리스트에 저장된 원소값들이다. 다음의 코드를 실행해보자. 첫 번째 '새'는 0번이고 두 번째 '코끼리'는 1번과 같은 방식으로 저장된다.

명령문	animals = ['새', '코끼리', '강아지'] for i, animal in enumerate(animals): print(i, animal)
결과	0 새 1 코끼리 2 강아지

Quiz 5.10

animal 리스트에서 '새'가 저장되어 있는 위치(인덱스)만을 저장하는 리스트 bird_pos를 만들고 싶나. 다음의 빈칸에 필요한 명령문을 적으시오.

명령문	____________ = []
	animals = ['새', '코끼리', '강아지', '새', '강아지', '새']
	for i, animal in ____________ (animals):
	    if (animal=='새'):
	        bird_pos.append(________)
	print(bird_pos)

결과	[0, 3, 5]

insert() 메소드

insert() 메소드를 사용하는 방법은 다음과 같다. insert() 함수에는 2개의 입력 인자가 있는데, 첫 번째는 인덱스 번호이며 해당 인덱스 번호 직전의 위치에 두 번째 인자의 값을 입력하라는 의미이다. 즉 명령문 fruit.insert(1, '키위')는 인덱스 1번 전에 '키위'를 삽입하라는 명령어이다. 따라서 기존의 인덱스 1번에 있는 '오렌지' 이전에 '키위'를 삽입하게 된다.

명령문	fruits = ['사과', '오렌지', '포도'] fruits.insert(1, '키위') print(fruits)
결과	['사과', '키위', '오렌지', '포도']

Quiz 5.11

다음의 명령문을 실행했을 때 출력되는 결과를 적으시오.

명령문	fruits = ['사과', '오렌지', '포도'] fruits.insert(-2, '키위') print(fruits)
결과	______________

❶ 인덱스 번호 -2에 저장된 값은 '오렌지'이며 그 전 위치에 저장함으로 '키위'는 '오렌지' 앞에 저장된다.

리스트의 함축(Comprehension)

파이썬의 일반적인 `for`문과 `if` 조건식을 함축적으로 결합한 형식으로 특정 리스트에 저장된 모든 원소들에 대해 조건에 맞는 원소들만을 선택적으로 추가할 수 있다. 이를 리스트의 함축이라고 하며 기본 형식은 다음과 같다. 아래 리스트(①)의 원소들을 `i`(②)로 읽어 와서 조건식(③)에서 그 값을 테스트 한 후 결과가 참이면 `i`(④)를 리스트에 입력하게 된다.

```
[i for i in (리스트명) if (조건식)]
 ④     ②      ①            ③
```

다음은 리스트 함축의 예제 프로그램이다. 어떻게 동작하는지 직접 살펴보자. 여기에서 리스트명은 `mylist`이며 이 `mylist`의 원소를 각각 `i`에 저장한 후 이 `i`를 조건식 `(i%2)==0`에서 테스트 한다. 만약 조건식이 참이라면 함축 명령문의 첫 번째 `i`에 등록되어 리스트에 저장되는 방식이다. 여기에서는 이 리스트가 `newlist`라는 이름으로 저장된다. 다음의 조건식은 짝수를 검사하는 코드이다. `mylist`에는 3개의 원소만이 짝수이므로 출력 결과는 다음과 같다.

명령문	mylist = [3, 5, 4, 9, 1, 8, 2, 1] newlist = [i for i in mylist if (i%2)==0] print(newlist)
결과	[4, 8, 2]

Quiz 5.12

다음 `people` 리스트에 있는 모든 사람들의 나이 중 성인(19세 이상)만 따로 추출하여 리스트 `adult` 이름으로 저장하고 출력하는 다음의 코드를 완성하라.

명령문	people = [31, 53, 41, 19, 15, 18, 21, 13] adult = [i for i in ___________ if (___________)] print(adult)
결과	[31, 53, 41, 19, 21]

리스트의 항목 삭제

리스트의 항목을 부분적으로 삭제하기 위해 다음의 3가지 방법을 소개한다. 지정한 항목을 `del` 명령문으로 삭제하는 방법, `pop()` 메소드를 사용하는 방법, 그리고 빈 리스트(empty list)를 나타내는 `[]`를 사용하는 방법이다.

del 명령문으로 삭제

`del` 명령문을 이용하면 지정한 위치에 해당하는 항목을 1개 이상 삭제할 수 있다. 우선 1개의 항목을 삭제해보자.

명령문	nums = [0, 1, 2, 3, 4, 5] del nums[1] print(nums)
결과	[0, 2, 3, 4, 5]

`nums[1]`처럼 인덱스 번호를 입력하면 해당 인덱스의 값이 삭제된다. 여기서는 1번 즉 두 번째 항목이 삭제된 것을 볼 수 있다.

또한 `del` 명령어로 여러 개의 항목을 삭제하려면 슬라이스 기능을 사용하면 된다. 다음의 예제는 총 6개 항목 중에 1에서 5 직전까지 내용을 삭제하는 명령어이기 때문에 처음과 마지막의 값만 남게 된다.

명령문	nums = [0, 1, 2, 3, 4, 5] del nums[1:5] print(nums)
결과	[0, 5]

pop() 함수로 삭제

앞에서 여러 번 설명한 대로 파이썬은 모든 데이터들이 객체로 구성되어 있다. 리스트 또한 객체이다. 객체에는 다양한 기능들을 함수(메소드)로 제공하고 있으며 우리들은 선택적으로 그 기능들을 사용할 수 있다. 다음의 예제는 리스트 객체인 `nums`를 다루고 있으며 리스트 객체에서 제공하는 삭제 기능인 `pop()`을 이용한다. 다음의 명령어 **nums.pop()**과 같이 nums라는 객체 이름과 사용하려는 pop() 사이에 점만 찍어주면 된다. 사용 방법은 입력 인자를 입력하지 않으면 리스트의 마지막 항목이 삭제되며, 입력 인자를 입력하면 해당 인덱스의 값이 삭제된다.

명령문	`nums = [1, 3, 5, 7, 9]`
	`nums.pop()          # 9가 삭제되어 [1, 3, 5, 7]로 변경됨`
	`nums.pop()          # 7이 삭제되어 [1, 3, 5]로 변경됨`

	`print(nums)         # 결과를 출력`
결과	`[1, 3, 5]           # 남은 결과를 출력`

다음은 pop() 함수(메소드)에 입력값을 넣어주면 인덱스로 인식하여 해당 위치의 항목을 삭제한다. 다음의 예제는 인덱스 2번의 항목을 삭제하면 해당값 5가 삭제되어 나머지를 출력하는 명령문이다.

명령문	`nums = [1, 3, 5, 7, 9]`
	`nums.pop(2)`
	`print(nums)`

결과	`[1, 3, 7, 9]`

빈 리스트([])로 삭제

빈 리스트를 나타내는 대괄호([])를 사용하는 예제는 다음과 같다.

명령문	`nums = [0, 1, 2, 3, 4, 5]`
	`nums[1:2] = []`
	`print(nums)`

결과	`[0, 2, 3, 4, 5]`

리스트 nums의 1번에서부터 2 직전까지의 항목을 빈 리스트[]로 대체한다는 의미이며 인덱스 1번의 값만 삭제된 것을 볼 수 있다.

존재 여부(Checking Membership)

항목이 리스트에 있는지 **in** 또는 **not in**을 사용하여 검사할 수 있다. 먼저 문자열에 특정한 문자가 있는지 검사해보자. 다음의 예제에서는 문자 'r'이 리스트 word에 존재하기 때문에 True를 출력하게 된다.

명령문	`word = 'orange'` `print('r' in word)`
결과	`True`

다음은 리스트 fruits에 특정한 과일이 없는지 검사하는 예이다.

명령문	`fruits = ['사과', '오렌지', '포도']` `print('포도' not in fruits)`
결과	`False`

원소의 반복

리스트 a에 1, 2, 3의 원소를 입력한다. 각각의 원소에 2를 곱하여 리스트 b에 저장하고 그 결과값인 2, 4, 6을 출력하기 위해 다음의 명령문을 실행해보자. 어떤 결과가 나왔는가? 결과가 [2, 4, 6]이 아니라 1, 2, 3이 2번 반복하여 출력되었다.

명령문	`a = [1, 2, 3]`
	`b = a * 2`
	`print(b)`

결과	`[1, 2, 3, 1, 2, 3]`

그렇다면 처음에 원하던 결과를 얻기 위해서는 명령문을 어떻게 작성해야 할지 생각해보자. 원하는 결과를 얻기 위해서는 일일이 a 리스트의 원소마다 2씩을 곱하는 방법이 있다.

명령문:

```
a = [1, 2, 3]
for i in a:
    print(i * 2)
```

결과:

```
2
4
6
```

이후에 배울 Numpy 모듈을 이용하면 쉽게 계산할 수 있으며 자세한 내용은 뒤에서 공부하도록 하자.

Quiz 5.13

위 예제의 출력 결과가 한 줄로 나타날 수 있도록 다음의 코드를 완성하라.

명령문:

```
a = [1, 2, 3]
for i in a:
    print(i * 2, ____________ )
```

결과:

```
2 4 6
```

원소의 개수 측정

리스트에 저장된 원소의 개수를 조사하여 출력할 수 있다. len() 함수의 입력값으로 리스트를 입력하면 해당 리스트에 저장된 개수를 출력한다. 다음의 예제에서는 fruits 리스트가 3개의 원소를 가지고 있으므로 3이 출력된다.

명령문	fruits = ['사과', '오렌지', '포도'] print(len(fruits))
결과	3

검색(Search) 기능

빈도수 검사

해당 리스트 내에 존재하는 특정 값의 개수를 측정할 수 있다. 이것은 리스트 객체에서 제공하는 count() 메소드를 사용하면 가능하다. 입력 인자가 해당 리스트에 몇 개 있는지를 카운트하여 알려준다.

명령문	nums = [5, 7, 1, 3, 5, 7, 1, 3, 3, 5, 7, 9] print(nums.count(5))
결과	3

Quiz 5.14

문자열의 원소들로 구성된 food 리스트에서 '귤'이 몇 개 있는지 개수를 출력하는 다음의 명령문을 완성하라.

명령문	food = ['귤', '감', '귤', '배', '사과', '귤'] print(____________ . ____________ (____________))
결과	3

인덱스 번호 찾기

다음의 형식으로 index() 메소드를 실행하면 해당하는 인덱스 번호를 얻을 수 있다. array 리스트에서 x값이 처음 나오는 인덱스의 번호를 반환한다.

명령문 형식	array.index(x)

다음의 예제를 살펴보자. nums 리스트에서 3의 값은 인덱스 2번과 5번에 위치하지만 index(3)은 첫 번째 발생한 2를 반환한다.

명령문	nums = [1, 2, 3, 4, 5, 3] print(nums.index(3))
결과	2

정렬(Sorting)

리스트에 저장된 항목들은 중복되어 있을 수도 있고 순서 없이 입력되어 있을 수도 있다. 이 항목들을 크기 순서대로 정렬하여 다시 리스트에 저장할 수 있다. 먼저 오름차순으로 정렬하려면 `sort()` 메소드를 입력값 없이 사용하고, 내림차순으로 정렬하려면 `reverse = True` 옵션을 사용하면 된다. 먼저, 오름차순으로 정렬하는 `sort()`의 예를 보자. 리스트 변수와 `sort()` 메소드 사이에 점으로 연결하면 된다. 즉 해당 리스트를 오름차순으로 정렬하라는 의미이며 이것은 임시로 정렬한 내용을 출력하는 것이 아니라 실제로 리스트의 내용을 정렬하여 저장하게 된다.

명령문	nums = [3, 5, 2, 1, 5, 3] nums.sort() print(nums)
결과	[1, 2, 3, 3, 5, 5]

다음은 내림차순으로 정렬하는 예를 살펴보자.

명령문	nums = [3, 5, 2, 1, 5, 3] nums.sort(reverse = True) print(nums)
결과	[5, 5, 3, 3, 2, 1]

2차원 리스트

다음의 `fruitdb` 리스트는 '2차원 리스트'이며 다음의 명령문과 같다. 즉 리스트가 여러 개의 작은 리스트들을 원소로 가지는 개념이다. `fruitdb` 리스트는 3개의 리스트 원소를 가지는 리스트가 되겠다.

명령문	fruits = ['apple', 'orange', 'grape', 'orange'] fruitdb = [['apple', 1020], ['orange', 880], ['grape', 3160]]

`fruits`가 1차원 리스트라면 `fruitdb`는 (3x2) 행렬의 2차원 리스트이다. 다음의 그림을 참조하자.

fruits	'apple'	'orange'	'grape'	'orange'

fruitdb		
	'apple'	1020
	'orange'	880
	'grape'	3160

2차원 리스트의 특정한 위치에 저장된 내용을 읽어서 출력해보자.

명령문

```
fruitdb = [['사과', 1020], ['오렌지', 880], ['포도', 3160]]
print(fruitdb[1])
print(fruitdb[1][0])
```

결과

```
['오렌지', 880]    # fruitdb[1]에 저장된 모든 내용을 출력
오렌지             # fruitdb[1]에 저장된 내용 중 0번 인덱스의 내용만 출력
```

다음은 2차원 리스트 record에 저장된 모든 리스트들의 1번 인덱스에 저장된 내용들만을 모아 새로운 index 리스트를 생성하는 명령문이다.

명령문

```
record = [
    [1, 2, 3],
    [10, 20, 30],
    [100, 200, 300]]
index = [ary[1] for ary in record]
print(index)
```

결과

```
[2, 20, 200]
```

앞에서 배운 리스트의 함축(comprehension) 기능은 1차원뿐만 아니라 2차원 리스트에도 같은 방식으로 적용할 수 있다. 다음의 예제를 살펴보자. 조건식의 if문의 내용은 '**x의 원소 개수가 2인 것**'을 의미하며 이때의 x는 mylist의 각각의 원소들을 의미한다. 두 번째 명령문의 내용은 mylist에 존재하는 모든 원소들의 길이가 2인 것들만 추출하여 새로운 리스트인 newlist의 이름으로 생성하라는 명령문이다.

명령문

```
mylist = [[1, 2], [3, 4, 5], [6, 7]]
newlist = [x for x in mylist if len(x)==2]
print(newlist)
```

결과

```
[[1, 2], [6, 7]]
```

Quiz 5.15

다음의 프로그램은 1~33의 수를 무작위로 100번 추출하여 bigdata라는 리스트에 추가한다. 생성된 리스트에는 1~33의 대부분 값들이 무작위로 나열되어 있을 것이다. 그런데 만약 1~33의 수 중 없는 값이 있다면 그 값들만 찾아내어 nodata라는 리스트로 생성하고 출력하고 싶다면 어떻게 해야할까? 다음의 질문에 답하시오.

(1) 이를 위해 필요한 다음의 명령문을 완성하라.

<table>
<tr><td>명령문</td><td><pre>import ____________
bigdata=[]
nodata=[]
for i in range(100):
    bigdata.append(random. ____________ (1, 33))
print(bigdata)
for i in range(1, 34):   # 1~33의 존재 여부 확인 후 삽입
    if i not ________ bigdata:
        nodata.append(i)
print('존재하지 않는 값(들):', nodata)</pre></td></tr>
<tr><td>결과의 예</td><td>[20, 20, 19, 32, 29, 25, 2, 20, 12, 3, 33, 9, 23, 1, 9, 32, 6, 17, 4, 14, 23, 22, 25, 8, 15, 19, 7, 10, 30, 5, 19, 17, 1, 31, 32, 14, 16, 11, 20, 19, 17, 12, 30, 27, 4, 16, 27, 23, 18, 22, 20, 28, 18, 13, 30, 33, 13, 4, 7, 28, 14, 8, 24, 27, 18, 3, 5, 28, 3, 21, 9, 29, 10, 18, 5, 4, 33, 7, 30, 33, 23, 31, 17, 31, 4, 20, 16, 21, 18, 7, 1, 10, 16, 7, 14, 16, 25, 27, 5, 13]
존재하지 않는 값(들): [26]</td></tr>
</table>

(2) 위의 주석에서 보는 바와 같이 "1~33의 존재 여부 확인 후 삽입" 부분의 for문과 if문을 '리스트의 함축' 기능을 이용하여 다시 작성한 다음의 프로그램을 완성하라.

<table>
<tr><td>명령문</td><td><pre>import random
bigdata=[]
nodata=[]
for i in range(100):
    bigdata.append(random.randint(1, 33))
print(bigdata)
nodata = [i for __________ in __________ if __________]
print('존재하지 않는 값(들):', nodata)</pre></td></tr>
</table>

결과	[1, 33, 28, 8, 1, 22, 15, 19, 31, 1, 23, 28, 8, 21, 20, 10, 19, 13, 27, 14, 15, 32, 25, 12, 2, 22, 28, 29, 22, 25, 16, 31, 20, 11, 9, 12, 29, 28, 14, 29, 2, 9, 29, 9, 11, 22, 27, 5, 23, 19, 3, 17, 28, 10, 1, 22, 31, 21, 25, 31, 4, 28, 17, 27, 31, 26, 1, 32, 3, 25, 29, 29, 13, 17, 8, 4, 18, 27, 15, 1, 1, 16, 28, 13, 12, 16, 3, 29, 26, 11, 18, 31, 12, 16, 12, 24, 9, 31, 11, 19] 존재하지 않는 값(들): [6, 7, 30]

함수 단원에서 함수에 정수의 값을 입력하는 내용을 공부하였다. 함수의 입력값으로 정수, 실수, 문자열, 부울뿐만 아니라 리스트도 입력할 수 있다. 다음의 예제를 보자. [1, 2, 3]의 값을 가진 `nums` 리스트를 `times2()` 함수의 입력값으로 사용하였다. 다음은 앞에서 배운 바와 같이 해당 리스트를 2번 반복해서 출력하는 함수를 나타낸다.

명령문

```
def times2(a):
    a = a * 2
    print(a)
nums = [1, 2, 3]
times2(nums)
```

결과

```
[1, 2, 3, 1, 2, 3]
```

Quiz 5.16

다음 내용을 읽고 물음에 답하시오.

(1) 위의 예제를 수정하여 리스트에 저장된 각각의 원소들의 값을 2로 곱한 내용으로 다시 저장하고 출력하는 다음의 코드를 완성하라.

명령문

```
def times2(a):
    for i in range( __________ ) :
        _______ = _______ * 2
    print(a)
nums = [1, 2, 3]
times2(nums)
```

결과

```
[2, 4, 6]
```

(2) 다음의 결과가 나올 수 있도록 프로그램을 완성하라.

명령문	`def times2(k):`
	`    k[ ________ ] = k[ ________ ] * 2`
	`    k[ ________ ] = k[ ________ ] * 2`
	`a=[1, 2]`
	`b=[3, 4]`
	`times2(a)`
	`times2(b)`
	`print('a=', a, 'b=', b)`

결과	`a= [2, 4] b= [6, 8]`

(3) fruitdb 리스트에 저장된 모든 과일의 이름들을 출력하는 다음의 프로그램을 완성하라.

명령문	`fruitdb = [['사과', 1020], ['오렌지', 880], ['포도', 3160]]`
	`for i in range(len( ________ )):`
	`    print(fruitdb[ ________ ][ ________ ])`

결과	사과 오렌지 포도

(4) fruitdb 리스트를 활용하여 다음과 같이 출력하는 프로그램을 작성하시오.

명령문	`fruitdb = [['사과', 1020], ['오렌지', 880], ['포도', 3160]]`
	`for i in range( ____________ (fruitdb)):`
	`print('* 과일명:', fruitdb[i][0], '(', ____________ , ')원')`

결과	`* 과일명: 사과 ( 1020 )원`
	`* 과일명: 오렌지 ( 880 )원`
	`* 과일명: 포도 ( 3160 )원`

(5) fruitdb 리스트가 가지고 있는 모든 과일의 가격 평균을 출력하는 프로그램을 작성하시오(소수점 이하 1자리까지만 출력).

명령문	`fruitdb = [['사과', 1020], ['오렌지', 880], ['포도', 3160]]`
	`sum = 0`
	`for i in range(len(fruitdb)):`
	`    sum += ____________`
	`avg = sum/len( ____________ )`
	`print('%.1f원' % avg)`

결과	1686.7원

(6) 다음의 결과가 출력되는 로또 프로그램을 완성하라(단, 다음의 규칙을 지켜야 한다).

❶ 규칙 1: 1~45까지 6개의 수를 리스트로 출력한다.
❷ 규칙 2: 결과가 중복되지 않도록 정렬한다.

명령문	import random
	def ______________ (a):
	    while ______________ < 6:
	        lotto = random.randint(1, 45)
	        if ______________ not in ______________ :
	            a.append(_________)
	win = []
	my = []
	makelotto(win)
	makelotto(______________)
	win.sort()
	my.sort()
	print('금주 번호: ', win)
	print('나의 번호: ', my)

결과	금주 번호: [7, 23, 25, 28, 36, 43] 나의 번호: [1, 22, 27, 28, 39, 41]

튜플

튜플(tuples)은 초기화한 후 **변경할 수 없는**(immutable) 배열이며 리스트의 대괄호([])가 아닌 괄호(()) 형태로 묶인 형식으로 항목들은 콤마(,)로 연결한다. 튜플 형식으로 데이터를 입력할 때는 괄호를 생략해도 된다. 그리고 튜플은 문자열, 숫자, 튜플, 리스트를 포함할 수 있으며 형식은 리스트와 다르지만 인덱싱, 슬라이싱, 지원하는 다양한 메소드들의 기능들이 리스트와 유사하다.

다음의 예제는 튜플의 원소로 문자열과 숫자를 가질 수 있다는 것과 색인방법 그리고 편집할 수 없다는(immutable) 것을 보여준다.

명령문	empty = () # 빈 튜플을 생성 또는 empty = tuple()
	animals = ('토끼', '사자', '원숭이')
	fruits = '사과', '오렌지', 1020, 880
	start = '하나', '둘',
	print(fruits)

결과	('사과', '오렌지', 1020, 880)

첫 번째 명령문은 튜플에 문자열과 숫자를 괄호 없이 입력하는 명령문이다. `start`에 저장된 튜플 형식처럼 마지막 입력을 콤마(,)로 마치면 이것 역시 튜플 형식이 된다.

다음의 프로그램을 살펴보면 튜플에서는 리스트와 마찬가지로 인덱싱과 슬라이싱 기능을 제공한다는 것을 확인할 수 있다.

명령문	print(fruits[1]) # 인덱싱 기능 print(fruits[1:3]) # 슬라이싱 기능
결과	오렌지 ('오렌지', 1020)

그런데 다음의 예제를 살펴보자. 위의 예제에서 `fruits` 튜플에 입력했던 내용('사과', '오렌지', 1020, 880)의 1번 인덱스 위치에 저장된 '오렌지'를 '키위'로 대체하려고 한다. 실행 결과는 어떠한가? 에러가 발생한다. 다음과 같은 에러 메시지를 출력한다. 'tuple' object does not support item assignment(튜플 객체는 원소의 할당을 지원하지 않는다.) 이것이 바로 튜플은 **변경할 수 없는**(immutable) 배열이라는 의미이다. 튜플은 한번 입력한 내용을 변경할 수 없도록 설계되어 있다.

명령문	fruits[1] = '키위'
결과	에러 발생!

튜플은 다음의 예와 같이 중첩(nested)될 수도 있다. 즉 튜플은 튜플을 원소로 가질 수 있으며 리스트와 마찬가지로 2차원적인 구성을 만들 수 있다는 의미이다. 다음의 예제는 `animals` 튜플과 `fruits` 튜플을 원소로 하는 `things`라는 새로운 튜플을 만들어 출력한 것이다.

명령문	animals = ('토끼', '사자', '원숭이') fruits = '사과', '오렌지', 1020, 880, things = animals, fruits print(things)
결과	(('토끼', '사자', '원숭이'), ('사과', '오렌지', 1020, 880))

편집할 수 없는(immutable) 튜플은 편집할 수 있는(mutable) 리스트를 포함할 수 있다. 다음 예제는 2개의 리스트를 원소로 가진 `fruits`라는 튜플을 보여주며 그 튜플의 인덱스 1번에 저장된 값인 두 번째 리스트를 출력한다.

명령문	fruits = (['포도', '망고'], ['사과', '키위']) print(fruits[1])
결과	['사과', '키위']

다음은 위의 예제의 결과에서 fruits[1]에 새로운 리스트를 삽입해보려고 한다. 어떤 결과가 나올 것인가? 다음과 같이 에러가 발생한다. 기본적으로 튜플에서는 인덱싱은 가능하지만 인덱스 번호로 새로운 값을 입력할 수 없도록 설계되어 있다.

명령문	fruits = (['포도', '망고'], ['사과', '키위']) newfruits = ['수박', '참외'] fruits[1] = newfruits
결과	에러 발생!

그렇다면 다음과 같이 다수의 튜플을 원소로 가지고 있는 리스트에서 튜플의 교체는 가능할까? 다음의 예제를 살펴보면, 0번 인덱스에는 튜플 형식인 ('포도', '망고')가 저장되어 있는데 이것을 또 다른 튜플 형식인 ('수박', '참외')로 대체하려고 한다. 이것을 실행하면 에러가 발생하는지 실행해보자.

명령문	fruits = [('포도', '망고'), ('사과', '키위')] fruits[0] = ('수박', '참외') print(fruits)

위의 프로그램을 실행해보면 [('수박', '참외'), ('사과', '키위')]가 출력되어 성공적으로 데이터가 업데이트 된 것을 확인할 수 있다. 이것은 튜플 안의 내용을 수정한 것이 아니라 리스트의 원소를 수정했기 때문에 가능한 것이다.

그렇다면 편집이 불가한 튜플 내부의 원소로 존재하는 리스트는 수정이 가능할까? 다음의 첫 명령문에서 fruits[1][0]에 저장된 내용은 '사과'이다. 그런데 두 번째 명령문에서는 이 자리에 '수박'으로 대체하려고 한다. 제대로 수행이 되겠는가? 다음의 결과를 보니 제대로 수행이 되었음을 확인할 수 있다. 이것은 튜플의 원소가 리스트이며 리스트는 편집이 가능한 데이터형이기 때문이다.

명령문	fruits = (['포도', '망고'], ['사과', '키위']) fruits[1][0] = '수박' print(fruits)
결과	(['포도', '망고'], ['수박', '키위'])

리스트와 비교한 튜플의 기능들

튜플은 기본적으로 리스트에서 사용할 수 있는 대부분의 기능들을 사용할 수 있으나 편집할 수 없는(immutable) 특성을 가지고 있기 때문에 편집에 관련된 기능들은 지원하지 않는다. 다음은 리스트와 비교하여 튜플에서 가능한 기능들을 살펴보자.

슬라이싱

리스트에서와 같이 튜플에서도 저장된 항목의 일부를 출력하기 위한 슬라이싱 기능이 가능하다.

명령문	dice = (3, 2, 5, 3, 4) dice[2:4]
결과	(5, 3)

병합(Merge)

튜플은 리스트에서처럼 복수 개의 변수들을 1개의 듀플 형태로 묶거나(Packing) 풀(unpacking) 수 있다. 다음의 예제는 리스트에서와 비슷하지만 2개의 변수들을 괄호(())를 사용하여 `packing`과 `unpacking` 해야 한다.

명령문	x = 12.23
	y = 23.34
	packing = (x, y) # packing!
	type(packing)
	print('packing:', packing)
	(c1, c2) = packing # unpacking!
	print('c1:', c1)
	print('c2:', c2)

결과	packing: (12.23, 23.34) c1: 12.23 c2: 23.34

명령문	dice1 = (3, 2, 5, 3, 4) dice2 = (6, 1, 4, 2, 3) dice3 = dice1 + dice2 print(dice3)
결과	(3, 2, 5, 3, 4, 6, 1, 4, 2, 3)

튜플에서는 리스트에서처럼 `append()`나 `insert()`로 데이터를 삽입하거나 `del` 명령어와 `pop()` 메소드를 사용하여 항목을 삭제하는 기능들이 없다.

존재 여부(Checking Membership)

리스트에서와 같이 찾고자 하는 항목이 튜플에 존재하는지 **in** 또는 **not in**을 사용하여 검사할 수 있다.

명령문	dice = (3, 2, 5, 3, 4) print(2 in dice) print(2 not in dice)
결과	True False

반복

리스트와 마찬가지로 튜플에 저장된 값들에 특정값을 곱하면 다음과 같이 반복적으로 저장된다.

명령문	a = (1, 2, 3) b = a * 2 print(b)
결과	(1, 2, 3, 1, 2, 3)

원소의 개수 측정

다음의 명령문을 실행하면 튜플 dice의 항목의 개수를 출력하므로 3이 출력되는 것을 확인할 수 있다.

명령문	dice = (1, 2, 3) print(len(dice))
결과	3

검색(Search) 기능

빈도수 검사

리스트와 마찬가지로 해당 튜플 내에 존재하는 특정 값의 개수를 측정할 수 있다. 다음의 count() 메소드를 사용하여 tuple_array가 저장하고 있는 특정값 x의 빈도수를 확인할 수 있다.

```
tuple_array.count(x)
```

다음은 튜플 dice에 저장된 값 중 3이 몇 개 있는지 개수를 구하는 명령문이며 실행하면 2가 출력된다.

명령문	dice = (5, 3, 1, 2, 3, 6) print(dice.count(3))
결과	2

인덱스 번호 찾기

리스트에서처럼 index() 메소드를 실행하여 찾고자 하는 값이 위치한 인덱스 번호를 얻을 수 있다. 다음의 index() 메소드를 사용하여 tuple_array에서 특정값 x가 저장된 인덱스 번호를 확인할 수 있다.

```
tuple_array.index(x)
```

다음은 튜플 dice에서 3의 값은 인덱스 2번과 5번에 있지만 index()는 첫 번째 발견한 값의 인덱스를 반환하므로 1이 출력된다.

명령문	dice = (5, 3, 1, 2, 3, 6) print(dice.index(3))
결과	1

리스트에서 정렬(Sorting)을 위한 sort()나 reverse() 메소드들은 지원하지 않는다.

2차원 튜플

리스트에서와 같이 튜플도 2차원으로 원소를 구성할 수 있다.

명령문	dice1 = (6, 1, 4) dice2 = (5, 2, 1) result = (dice1, dice2) print(result) print(result[1][1])
결과	((6, 1, 4), (5, 2, 1)) 2

참고 **튜플 포맷팅**

`print()` 함수에서 튜플 포맷팅 방식으로 다음과 같은 결과를 출력할 수 있다.

명령문	`name = '홍길동'`
	`age = 21`
	`height = 172.5`
	`print('이름: {} 나이: {} 키: {}'.format(name, age, height))`

결과	`이름: 홍길동 나이: 21 키: 172.5`

또는 다음과 같이 작성해도 같은 결과를 출력한다. `{0:5s}`의 의미는 뒤에 따라오는 `format()`의 입력 인자 3개 중 0번 인덱스에 저장된 변수값을 5칸 내에 문자열형으로 출력하라는 의미이다. `{2:7.1f}`는 `format()`의 입력 인자 3개 중 2번 인덱스에 저장된 변수값을 7칸 내에 소수점 이하 한자리 형식의 실수 형태로 출력하라는 의미이다.

명령문	`print('이름:  {0:3s}  나이:{1:3}  키:{2:6.1f}'.format(name, age, height))`

Quiz 5.17

다음의 코드는 다수 개의 튜플로 구성된 리스트의 배열에서 튜플 단위로 한 줄씩 출력하는 프로그램이다. 이를 위해 아래 명령문을 완성하라.

명령문	`pack = [(0, 0), (1, 1), (2, 4), (3, 9), (4, 16)]`
	`for (x, y) in (                    ) :`
	`    ____________________`

결과	`0 0`
	`1 1`
	`2 4`
	`3 9`
	`4 16`

❗ 해당 `for`문은 리스트 안에 저장된 튜플들을 `uppacking` 하면서 출력한다.

요약 문제

다음의 프로그램은 앞에서 배운 터틀 그래픽스의 마지막 예제에서 튜플을 이용하여 코드를 간소화한 것이다. 색상에 대한 정보를 미리 튜플로 정해두고 무작위로 쉽게 선택하는 방법을 사용하면 다음과 같이 프로그램을 줄일 수 있다. 참고로 `color` 함수는 `color(pencolor, fillcolor)` 형식으로 펜 색상과 채우기 색상을 동시에 설정할 수 있다.

기존의 프로그램	색상을 튜플로 정의하여 간소화된 프로그램

```
import turtle
from turtle import *
import random
for i in range(10):
    for j in range(5):
```

기존의 프로그램

```
        col = random.randint(0, 3)
        if (0 == col):
                turtle.pencolor("yellow")
        elif (1 == col):
                turtle.pencolor("blue")
        elif (2 == col):
                turtle.pencolor("red")
        elif (3 == col):
                turtle.pencolor("green")
        col = random.randint(0, 4)
        if (0 == col):
                turtle.color('red')
        elif (1 == col):
                turtle.color('blue')
        elif (2 == col):
                turtle.color('green')
        elif (3 == col):
                turtle.color('purple')
        elif (4 == col):
                turtle.color('yellow')
```

색상을 튜플로 정의하여 간소화된 프로그램

```
coltype = ('red', 'blue', 'green', 'purple', 'yellow')
pen = random.randint(0, 4)
fill = random.randint(0, 4)
color(coltype[pen], coltype[fill])
```

```
        sel = random.randint(0, 4)
        if (0 == sel):
                turtle.forward(random.randint(50, 100))
        elif (1 == sel):
                turtle.right(random.randint(90, 360))
        elif (2 == sel):
                turtle.begin_fill()
                turtle.circle(random.randint(-100, -20))
                turtle.end_fill()
        elif (3 == sel):
                turtle.forward(random.randint(30, 50))
        elif (4 == sel):
                turtle.circle(random.randint(20, 100))
    a = float(random.randint(-300, 300))
    b = float(random.randint(-300, 300))
    turtle.goto(a, b)
exitonclick()
```

사전

사전(dictionary)은 키(key)와 값(value)이 하나의 쌍(pair)으로 이루어진 형식으로 구성되어 있다. 사전은 리스트나 튜플에서처럼 숫자로 색인(indexing)을 하는 것과는 달리 키로 색인을 한다. 이러한 키는 문자열이나 숫자 또는 튜플을 사용할 수 있다. 따라서 하나의 사전에 유일한 키들을 포함하고 있어야 한다. 그런데 이러한 키가 직 · 간접적으로 수정이 가능한 객체를 포함하고 있다면 키로 사용할 수 없다. 즉 슬라이싱이나 `append()`, `extend()`와 같은 메소드를 사용할 수 있는 리스트는 사전에서 키로 사용할 수 없다. 그러면 사전의 특성들을 하나씩 공부해보자.

사전의 생성 및 삽입

한 쌍의 중괄호 `{ }`는 빈 사전을 생성한다. 그리고 사전에서는 정렬되지 않은 키:값 `{key:value}` 형태의 쌍으로 구성된 집합 형식으로 입력해야 한다. 다음의 예제는 `student`라는 빈 사전을 생성한 후 학생 1명에 대한 정보를 입력하는 명령어를 나타낸 것이다. 먼저, 학번이 `1234`인 `'지훈'`이라는 학생의 정보를 입력한 후 `student`라는 사전의 내용을 출력해보자. 앞서 얘기한 대로 리스트나 튜플처럼 인덱스에 순서를 나타내는 번호를 사용하지 않고 키(key)를 인덱스처럼 사용하여 해당 값 `1234`를 입력한다. 출력은 `{'지훈': 1234}`이며 `'지훈'` 학생의 값으로 `1234`가 저장되었다는 의미이다.

명령문	student = { } # 빈 사전을 생성함. 또는 student = dict() student['지훈'] = 1234 print(student)
결과	{'지훈': 1234}

조금 전에 생성한 `student` 사전에 학번이 `2345`인 '수민'이라는 학생을 추가하여 출력해보자. 다음의 결과를 확인해보니 사전에서 2개 이상의 항목이 있으면 콤마(,)로 연결됨을 알 수 있다.

명령문	student = { } student['지훈'] = 1234
	student['수민'] = 2345 print(student)
결과	{'지훈': 1234, '수민': 2345}

Quiz 5.18

위의 내용을 참고하여 자신의 이름을 추가하고 출력하는 명령문을 작성하시오.

명령문	student[______________] = ______________ print(student)
결과	{'지훈': 1234, '수민': 2345, '예원': 2012345}

여러 개의 정보를 하나의 명령문으로 입력할 수도 있다. 다음은 여러 과일들의 정보(키:값)들을 콤마(,)로 나열하여 하나의 명령문으로 입력한 것이다.

명령문	fruitdb = {'사과':1020, '오렌지':880, '포도':3160} print(fruitdb)
결과	{'사과': 1020, '오렌지': 880, '포도': 3160}

다음은 사전에서 다음과 같이 인덱싱이나 슬라이싱을 실행해보자. 인덱싱이나 슬라이싱 모두 동작하지 않고 에러를 발생시킨다. 특히, 두 번째 명령문은 'unhashable type: 'slice''라는 에러 메시지가 출력된다.

명령문	fruitdb = {'사과':1020, '오렌지':880, '포도':3160} print(fruitdb[1]) print(fruitdb[1:2])
결과	# 에러 발생! # 에러 발생!

Quiz 5.19

다음의 프로그램을 실행시켰을 때 출력되는 내용을 적으시오. 에러가 발생하면 "에러 발생"이라고 적으시오.

명령문	fruitdb = {'사과':1020, '오렌지':880, '포도':3160} fruitdb['사과'] = 1250 print(fruitdb)
결과	______________

사전 항목 삭제

사전의 항목은 `del` 명령으로 삭제할 수 있다. 키로 인덱싱하므로 다음과 같이 작성해보자. 여기서 키의 값은 문자열이기 때문에 키(key)의 앞뒤로 따옴표가 필요하다. 결과에서처럼 '사과'에 대한 키:값의 쌍이 삭제되어 출력된 것을 볼 수 있다.

명령문	fruitdb = {'사과':1020, '오렌지':880, '포도':3160} del fruitdb['사과'] print(fruitdb)
결과	{'오렌지': 880, '포도': 3160}

사전 항목 검색

작성된 사전의 내용을 조회하기 위해 준비된 다양한 사전의 메소드들을 살펴보자.

명령문	student = {'현준': 1234, '민지': 2345} print('SeJong' in student) print(student.get('현준')) print(student.get('민지')) print(student.keys()) print(student.values()) print(student.items())
결과	False # (키 in 사전) 형식으로 부울값 반환 1234 # 키로 값을 출력 2345 # 키로 값을 출력 dict_keys(['현준', '민지']) # 키들만 출력 dict_values([1234, 2345]) # 값들만 출력 dict_items([('현준', 1234), ('민지', 2345)]) # items() 메소드

첫 번째 `print()` 명령문은 (키 in 사전) 형식으로 원하는 키값이 사전에 있는지 검색한 후 있으면 `True`를 없으면 `False`를 반환한다. `get()` 함수는 검색하고자 하는 키(key)가 있으면 해당 키의 값을 반환하며 없으면 `None`을 출력한다. 그리고 `keys()`는 `student` 사전에 저장되어 있는 모든 키들을 반환하고 `values()`는 `student` 사전에 저장되어 있는 모든 값들을 반환하며 `items()`는 `student` 사전에 저장되어 있는 모든 키:값 쌍들을 반환한다.

사전 병합

`updata()` 메소드를 이용하여 한 개의 사전에 또 다른 하나의 사전을 다음과 같이 병합할 수 있다.

명령문	student = {'현준': 1234, '민지': 2345} newstd = {'승민': 3456, '유진': 4567} student.update(newstd) print(student)
결과	{'현준': 1234, '민지': 2345, '승민': 3456, '유진': 4567}

다른 배열로 사전 만들기

dict()라는 함수(생성자)를 이용하여 키:값 쌍으로 된 배열을 사전 형식으로 만들 수 있다. 다음의 예를 살펴보자. 즉 리스트나 튜플과 같이 다른 형태의 배열도 사전으로 작성할 수 있다. 다음의 예제는 3가지 종류의 2차원 배열들을 각각 사전 형식으로 변환한 것들이다. 모두 성공적으로 변환된 것을 볼 수 있다.

명령문	student = dict([['현준', 1234], ['민지', 2345]]) print(student) student = dict([('현준', 1234), ('민지', 2345)]) print(student) student = dict((('현준', 1234), ('민지', 2345))) print(student)
결과	{'현준': 1234, '민지': 2345} # 리스트 원소로 구성된 리스트 {'현준': 1234, '민지': 2345} # 튜플 원소로 구성된 리스트 {'현준': 1234, '민지': 2345} # 튜플 원소로 구성된 튜플

다음과 같이 문자열이지만 따옴표가 없는 키와 대응하는 값을 연결시키는 등호('=')를 사용해도 사전 형식으로 전환할 수 있다.

명령문	student = dict(현준=1234, 민지=2345) print(student)
결과	{'현준': 1234, '민지': 2345}

참고 **사전 포매팅**

사전에서도 print 함수를 사용할 때 포매팅 기능이 있으며 다음과 같이 포매팅할 수 있다.

명령문	person = {'name':'준혁', 'age':21, 'height':172.5} print('이름:{0[name]}, 나이:{0[age]}, 키:{0[height]}'. format(person))
결과	이름:준혁, 나이:21, 키:172.5

사전의 키와 값의 위치 변경

빅데이터 분석이나 인공지능의 입력 시 수집한 사전 데이터의 키와 값의 위치를 바꿀 필요가 종종 있다. 어떻게 이들의 위치를 서로 바꿀 수 있을지 생각해보자.

이를 위해 먼저 아래의 예제들을 살펴보자. 다음 2차원 리스트에 저장된 3개의 원소들은 1과 'a'와 같이 각각 2개씩의 원소로 이루어져 있다. 이들 2개의 원소들을 각각 사전의 '키:값' 형태로 누적할 수 있도록 밑줄 친 명령문을 작성해보자.

명령문	`list1 = [[1, 'a'], [2, 'b'], [3, 'c']]`
	`dict1 = ______________`
	`print(dict1)`
결과	`{1: 'a', 2: 'b', 3: 'c'}`

힌트로는 앞에서 배운 '리스트의 함축(Comprehension)'의 개념을 활용하여 '사전의 함축'을 사용하면 된다. 다만, 사전의 함축은 리스트 괄호 '[ ]' 대신 사전 괄호 '{ }'로 원소들을 축적한다. 그리고 사전은 '키:값'의 형식으로 저장된다는 것에 유의하자. 따라서, 이들 2개씩의 원소들을 각각 k와 v에 저장한 후 이를 k:v 형식으로 누적시키면 된다.

명령문	`dict1 = {k:v for k, v in list1}`

Quiz 5.20

리스트에 대한 인덱스 번호와 해당 값을 반환하는 `enumerate()` 함수를 이용하여 아래의 결과를 얻을 수 있도록 빈칸에 들어갈 명령어를 작성하시오(단, 인덱스 값은 k에, 값은 v에 저장한다).

명령문	`list2 = ['a', 'b', 'c', 'd']`
	`dict2 = { ____________ for ____________ in enumerate(list2)}`
	`print(dict2)`

결과	`{'a': 0, 'b': 1, 'c': 2, 'd': 3}`

이번엔 사전의 키와 값의 위치를 바꾸어 저장하는 코드를 작성해보자. 아래의 두 번째 줄 명령문을 작성하여 `dict3` 사전의 키와 값의 위치를 바꾼 후 `dict4`에 저장하면 된다.

명령문	dict3 = {'desk':1, 'car':2, 'dog':3} dict4 = ______________ print(dict4)
결과	{1: 'desk', 2: 'car', 3: 'dog'}

이를 위해서는 dict3 사전의 키와 값을 각각 읽어 와야 하는데, 이때 필요한 것이 바로 앞에서 배운 items() 함수이다. 반환되는 키와 값의 위치를 바꾸어 v:k 형식으로 사전에 저장하면 된다.

명령문	dict4 = {v:k for k, v in dict3.items()}

Quiz 5.21

다음의 사전 내용은 사람들의 이름을 키로 사용하고 나이를 값으로 정의하였다. 질문에 답하시오.

명령문	age = {'동혁': 21, '민지': 19, '준혁': 23}

(1) 동혁이의 나이를 출력하는 다음의 명령문을 완성하라.

명령문	print(____________________________)

(2) 민지의 생일이 지나 이제 나이를 한 살 더 먹었다. 원래 나이에 1을 더하여 저장하고 출력하는 다음의 명령문을 완성하라.

명령문	________________ = ________________ + 1 print(____________________)
결과	20

(3) 다음의 student 사전을 이용하여 다음의 출력 결과를 출력할 수 있도록 명령문을 완성하라.

사전	student = {'GilDong': 2345, 'SunSin': 1234, 'SeJong': 3456}
결과	GilDong : 2345 SunSin : 1234 SeJong : 3456
명령문	for name in (____________________) : print(name, ': ', ____________________)

(4) 다음의 student 사전을 이용하여 다음의 출력 결과를 출력할 수 있도록 for문을 완성하라.

사전	student = {'GilDong': 2345, 'SunSin': 1234, 'SeJong': 3456}
결과	GilDong : 2345 SunSin : 1234 SeJong : 3456
명령문	for name, num in (____________________) : print(name, ': ', num)

집합(Set)

집합은 중복되지 않고 정렬되지 않은 원소들로 구성되어 있다. 집합은 사전과 같이 { } 기호를 사용하고 원소들을 콤마(,)로 구분한다는 공통점이 있지만 사전과 달리 키만 있고 값이 없는 형식이다.

명령문	a = set() # 빈 집합을 생성
	a = {3, 2, 3, 1} # 중복된 원소를 포함한 데이터 입력
	print(a)

결과	{1, 2, 3}

집합을 생성하기 위해서는 { } 기호를 사용하는 방법도 있지만 set() 함수를 사용하여 리스트나 튜플을 집합 형태로 생성할 수 있다. 다음의 예를 살펴보자. 첫 번째 명령문에서 오렌지를 2개 입력했지만 set() 함수를 이용해 집합으로 변환하여 출력하면 1개 밖에 출력되지 않음을 볼 수 있다.

명령문	fruits = ['사과', '오렌지', '포도', '오렌지'] fruits = set(fruits) print(fruits)
결과	{'오렌지', '사과', '포도'}

추가 및 삭제

add()와 update() 메소드를 이용하면 새로운 원소를 집합에 입력할 수 있다. 다음의 예를 살펴보자. 3개의 과일에서 키위를 추가하면 순서에 상관없이 키위가 추가되는 것을 볼 수 있다.

명령문	fruits = {'사과', '오렌지', '포도'} fruits.add('키위') print(fruits)
결과	{'키위', '사과', '포도', '오렌지'}

add() 메소드 이외에도 update() 메소드를 이용하여 새로운 집합을 기존의 집합에 추가할 수 있다. 아래는 3개의 과일에서 2개의 다른 종류의 과일을 추가하여 5개의 과일로 정보가 업데이트 되었다.

명령문	fruits = {'사과', '오렌지', '포도'} fruits.update({'수박', '배'}) print(fruits)
결과	{'사과', '포도', '오렌지', '수박', '배'}

다음은 집합의 원소를 삭제하는 방법을 소개한다. remove(), pop() 메소드를 사용하면 해당 원소를 삭제할 수 있다. 다음의 예를 살펴보자. 먼저 4개의 과일 중에 오렌지를 remove() 메소드를 이용하여 삭제하면 {'사과', '수박', '포도'}가 출력된다. 다음은 pop() 메소드를 이용하여 사과가 삭제된 것을 볼 수 있다. 마지막으로 clear() 메소드를 이용하면 모든 데이터가 삭제된다.

명령문	fruits = {'사과', '오렌지', '포도', '수박'} fruits.remove('오렌지') print(fruits) fruits.pop() print(fruits) fruits.clear() print(fruits)
결과	{'사과', '수박', '포도'} {'수박', '포도'} set()　　　　# 집합에 원소가 비어있다는 의미

존재 여부(Checking Membership)

해당하는 값이 멤버인지 확인하려면 'in' 이나 'not in'을 사용할 수 있다.

명령문	fruits = {'사과', '오렌지', '포도'} print('사과' in fruits) print('키위' not in fruits)
결과	True True

집합의 연산

다음으로 수학에서 공부한 집합과 관련된 다양한 연산을 위하여 연산자와 파이썬에서의 동작 원리를 실습해보자.

연산자	기능	설명
|	합집합(union)	두 집합의 모든 원소
&	교집합(intersection)	두 집합에서 공통적으로 가지고 있는 원소
-	차집합(difference)	왼쪽 집합에서 오른쪽 집합의 원소를 뺀 것
^	배타적 차집합(symmetric difference)	공통된 원소를 제외한 모든 원소

다음은 다수의 원소들을 가진 집합 `one`과 `two`에 대하여 합집합, 교집합, 차집합, 그리고 배타적 차집합에 대해서 연산을 수행한 예이다.

명령문

```
one = {1, 3, 5, 7, 8}
two = {1, 3, 5, 6, 8}
print('one | two:', one | two)
print('one & two:', one | two)
print('one - two:', one - two)
print('one ^ two:', one ^ two)
```

결과

```
one | two: {1, 3, 5, 6, 7, 8}
one & two: {1, 3, 5, 6, 7, 8}
one - two: {7}
one ^ two: {6, 7}
```

Quiz 5.22

명령문이 다음과 같을 때 마지막 명령문을 실행하면 출력되는 내용을 적으시오.

명령문

```
males = {0, 2, 4, 8, 9}
females = {1, 3, 5, 6, 7}
everyone = males | females
print(everyone & set([1, 2, 3, 10]))
```

결과

❗ 위의 명령문을 실행하면 `everyone`의 내용은 `{0, 1, 2, 3, 4, 5, 6, 7, 8, 9}`가 되며 집합 `{1, 2, 3, 10}`과의 교집합은 `{1, 2, 3}`이 된다.

Quiz 5.23

다음의 명령문을 실행하면 출력되는 결과는 무엇인지 적으시오.

명령문	`word = 'Python Programming'    # 18개 문자`
	`letters = set(word)`
	`print(len(letters))`

결과	______________________

다음은 집합의 관계연산자를 살펴보자.

연산자	기능		설명
<=	부분집합 (subset)	부분집합	왼쪽집합의 모든 원소가 오른쪽에 있는지 조사
<		진부분집합	왼쪽집합의 모든 원소가 오른쪽에 있는지 조사 (단, 2개는 같지 않아야 한다.)
>=	상위집합 (superset)	상위집합	오른쪽집합의 모든 원소가 왼쪽에 있는지 조사
>		진상위집합	오른쪽집합의 모든 원소가 왼쪽에 있는지 조사 (단, 2개는 같지 않아야 한다.)

다음의 프로그램은 다수의 원소들을 가진 집합 `one`과 `two`에 대하여 상호 간의 포함관계를 연산한 것이다.

명령문	`one = {1, 3, 5, 8}`
	`two = {1, 3, 5, 8}`
	`print('one <= two:', one <= two)`
	`print('one < two:', one < two)`
	`print('one >= two:', one >= two)`
	`print('one > two:', one > two)`

결과	`one <= two: True`
	`one < two: False`
	`one >= two: True`
	`one > two: False`

인공지능을 위한 빅데이터 분석의 예제

인공지능에서는 입력 데이터로 학습을 시켜야 한다. 다음의 예제 코드에서는 입력 데이터로 `training_data`를 사용하고 있으며 이것은 리스트로 구성된 2차원 리스트이다. 다음의 함수 `fruit_counts()`에서 이 입력 데이터에 저장된 과일들의 개수를 카운트하여 그 정보를 사전 형식으로 저장한 후 출력하는 프로그램이다. 지금까지 배운 많은 내용들이 들어있으니 자세히 분석해보기 바란다.

명령문	```training_data = [['연두', 3, '사과'],
	                 ['노랑', 3, '사과'],
	                 ['빨강', 2, '포도'],
	                 ['빨강', 1, '포도'],
	                 ['노랑', 3, '레몬']]
	def fruit_counts(data):
	    counts = {}
	    for row in data:
	        label = row[-1]
	        if label not in counts:
	            counts[label] = 0
	        counts[label] += 1
	    return counts
	result = fruit_counts(training_data)
	print(result)```

결과	{'사과': 2, '포도': 2, '레몬': 1}

Quiz 5.24

위의 프로그램을 수정하여 색상이 각 종류별로 몇 개씩 존재하는지를 사전 형식으로 저장한 후 출력하는 다음의 프로그램을 완성하라.

명령문	```training_data = [['연두', 3, '사과'],
	                 ['노랑', 3, '사과'],
	                 ['빨강', 2, '포도'],
	                 ['빨강', 1, '포도'],
	                 ['노랑', 3, '레몬']]
	def fruit_counts(data):
	    counts = {}
	    for row in data:
	        color = row[________]
	        if ________ not in counts:
	            counts[color] = 0
	        counts[________] += 1
	    return counts
	result = fruit_counts(training_data)
	print(result)```

결과	{'연두': 1, '노랑': 2, '빨강': 2}

CHAPTER

06 객체지향 프로그래밍

학습목차

파이썬은 C++와 같은 객체지향 프로그래밍(Object Oriented Programming) 언어이다. 따라서 객체지향 프로그램에서 지원하는 클래스의 상속, 캡슐화, 오버로딩, 오버라이딩과 같은 다형성 등의 기능들을 제공할 뿐만 아니라 파이썬만의 추가적인 구문(syntax)과 의미(semantic)를 제공하고 있다.

6.1 파이썬의 객체

파이썬은 객체지향형 프로그래밍 언어이므로 모든 데이터들이 객체화되어 사용되어진다. 객체는 클래스로 생성되며 이러한 객체는 특정한 값들을 저장하는 속성(attribute)들과 다양한 기능을 수행하는 메소드(method)들로 구성되어 있다. 클래스로 객체를 생성하기 때문에 클래스에 정의한 이러한 속성과 메소드는 그대로 객체에 존재하게 된다. 특히 객체지향 언어에서, 이러한 클래스의 속성을 '멤버변수'라고 하고 메소드를 '멤버함수'라고도 한다.

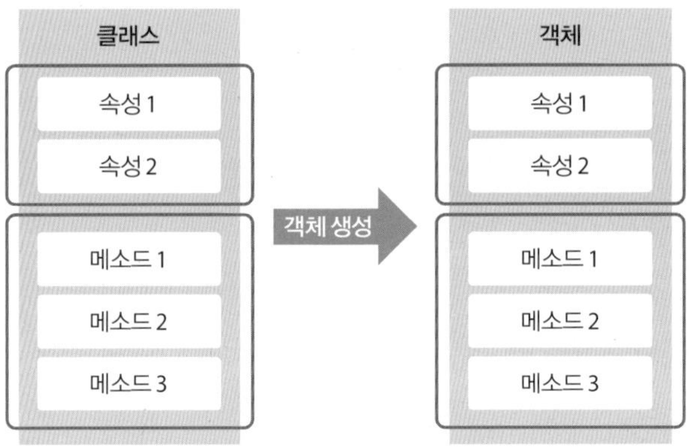

6.2 클래스로 객체 만들기

이제 파이썬의 객체지향 프로그램을 시작해보자. 다음의 예제에는 1개의 속성과 2개의 메소드를 가지고 있는 클래스 `You`가 있다. 먼저 '`main`' 부분에서 이 클래스 `You`를 이용하여 객체 `my`를 생성한다. 그러면 클래스 `You`에 정의된 내용 그대로 객체로 생성되며, 그 속성과 메소드들을 `my`가 사용하게 되는 것이다. 여기에서 속성은 `name`으로 이름을 저장하는 문자열형이며 메소드 중 하나는 `main`에서 받아온 문자열 이름을 속성 `name`에 저장하는 `setname()`과 또 다른 하나는 속성에 저장된 이름을 화면에 출력하는 메소드 `show()`이다. 클래스에서 이러한 메소드를 정의하는 것은 일반적인 함수를 작성하는 것과 거의 흡사하다. 다만, 클래스에서는 멤버변수 앞에 'self.'를 붙이는 것만 주의하도록 하자. 출력 결과는 다음과 같다.

<table>
<tr><td>명령문</td><td><pre><code># 클래스 선언
class You:
    name = ''   # 멤버변수(속성) 정의
    def setname(self, n):
        self.name = n
    def show(self) :
        print('이름:', self.name)

# main 부분
my = You()   # 클래스 You로 객체 my를 생성
my.setname('준서')
my.show()</code></pre></td></tr>
<tr><td>결과</td><td>이름: 준서</td></tr>
</table>

파이썬에서는 멤버변수 앞에 항상 'self.'를 붙이기 때문에 위와 같이 별도로 멤버변수(속성)를 정의할 필요가 없다. 따라서 앞으로는 다음과 같이 멤버변수를 따로 정의하지 않겠다.

<table>
<tr><td>명령문</td><td><pre><code>class You:
    def setname(self, n):
        self.name = n
    def show(self) :
        print('이름:', self.name)
my = You()
my.setname('준서')
my.show()</code></pre></td></tr>
</table>

Quiz 6.1

위의 프로그램에서 나이에 대한 정보를 추가하고 다음과 같이 출력할 수 있도록 다음의 명령문을 완성하라.

<table>
<tr><td>명령문</td><td><pre><code>class You :
    def setname(self, n):
        self.name = n
    def setage(______________ , a):
        ______________ . ______________ = a</code></pre></td></tr>
</table>

	`    def show(self) :`
	`        print('이름:', self.name, '나이:', self.age)`
	`my = You()`
	`my.setname('준서')`
	`my. ______________ (21)`
	`my.show()`

결과	이름: 준서 나이: 21

6.3 생성자

앞의 예제에서는 멤버변수에 값을 입력하기 위해 별도로 메소드를 정의하였다. 그런데 객체지향형의 클래스에는 기본적으로 멤버변수를 초기화하는 메소드가 따로 정해져 있다. 이것을 생성자라고 하며 생성자는 객체를 생성하면 자동으로 실행된다. 이것이 가능하려면 클래스로 객체를 생성할 때에 초기화할 값들을 입력해 주어야 할 것이다. 생성자의 이름은 init이며 앞뒤로 '__'를 입력해야 한다. 다음의 예제를 보면 객체를 생성할 때 입력한 '준서'와 21의 값을 각각 변수 n과 a에 저장하며 이를 이용하여 멤버변수들에게 값을 할당하게 된다.

명령문	`class You:`
	`    def __init__(self, n, a) :`
	`        self.name = n`
	`        self.age = a`
	`    def show(self) :`
	`        print('이름:', self.name, '나이:', self.age)`
	`my = You('준서', 21)    # 객체가 생성될 때 __init__() 생성자 자동 실행`
	`my.show()`

결과	이름: 준서 나이: 21

Quiz 6.2

다음의 프로그램에는 사칙연산을 위해 만든 클래스 Calc가 있다. 출력된 결과가 나올 수 있도록 프로그램을 완성하라.

명령문	class Calc :
	    def __init__(self, n) :
	        __________ = n
	    def plus(self, __________) :
	        print(self.a, '+', value, '=', self.a + value)
	    def mult(self, __________) :
	        print(self.a, '*', value, '=', self.a * value)
	my = Calc(3)
	my.plus(7)
	my.mult(10)

결과	3 + 7 = 10 3 * 10 = 30

Quiz 6.3

객체 생성 시 2개의 정수를 입력해주면 이를 이용하여 다음의 연산을 실행하고 그 결과를 출력하는 프로그램을 완성하라.

명령문	class Calc :
	    def ______________ (self, ______________) :
	        self.a = n1
	        self.b = n2
	    def calculate(self, op) :
	        ____________________________
	            ____________________________
	        ____________________________
	            ____________________________
	num1 = int(input('Num1:'))
	num2 = int(input('Num2:'))
	obj = Calc(num1, num2)
	obj.calculate('+')
	obj.calculate('*')

결과	Num1: 3 # 사용자가 3을 입력 Num2: 5 # 사용자가 5를 입력 3 + 5 = 8 3 * 5 = 15

6.4 데이터형 객체의 개념

앞의 장에서 여러 차례에 걸쳐 객체지향 개념의 데이터형에 대해서 설명하였다. 좀 더 정확한 개념 이해를 위해 다음의 프로그램을 실행해보자.

명령문	def func(x):
	    x = 5
	    print('x(함수):', x)
	x = 3
	func(x)
	print('x(메인):', x)

결과	x(함수): 5 x(메인): 3

main 부분에서 3의 값을 저장한 객체를 x가 가리키고 있는데 func() 함수를 호출하게 되면 func() 함수 내부에서는 새로운 이름의 x 변수가 이 3의 객체를 가리키게 된다. 따라서 2개의 다른 변수 x들이 같은 3의 객체를 가리키므로 이 2개의 변수 x들은 같은 메모리를 가리킨다. 그런데 func() 함수에서 'x = 5'의 명령으로 인하여 5의 값을 저장하는 새로운 객체가 생성되기 때문에 func() 함수 내의 x에는 3을 가리키던 주소가 지워지고 새로운 객체의 주소가 저장된다.

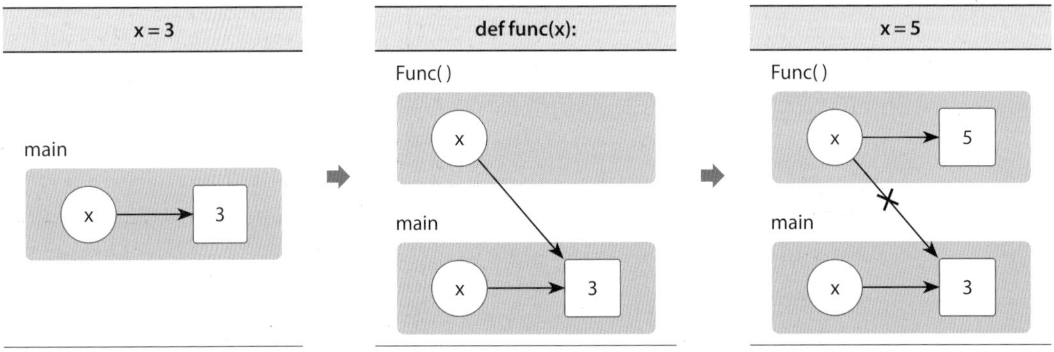

위에서 설명한 주소를 이해하기 위해 앞에서 공부한 swap 문제를 활용해보자. 개념은 방금 설명한 예제와 같다. 다음과 같은 'a = 3' 명령문의 역할이 변수 a에 3의 값을 저장하는 것이 아니라고 했다. id() 함수를 사용하면 괄호 안 객체의 주소를 얻을 수 있다. 먼저 main 부분에서 변수 a는 3이 저장된 객체를 가리키고, 변수 b는 5가 저장된 객체를 가리키는 것이다. 첫 번째 print()문에서는 main 부분에서의 객체 a와 b가 저장된 주소를 각각 출력한다. 두 번째로 실행되는 print()문은 swap()

함수 내부에 있는 것이다. swap() 함수의 첫 줄에서 main으로부터 받은 a와 b의 주소를 각각 변수 aa와 bb의 이름으로 저장된다. 즉 aa와 bb는 각각 3의 객체와 5의 객체를 가리키는 것이다. 동일한 위치를 변수 aa와 bb가 가리키므로 주소를 출력하면 당연히 처음과 같은 주소를 출력하게 된다. swap() 함수의 마지막 부분에 이들을 바꾸어 반환하게 되면 main의 a와 b는 서로 다른 값들을 가리키게 된다. 결국 swap이 성공적으로 이루어지는 결과를 얻었다.

<table>
<tr><td>명령문</td><td><pre>def swap(aa, bb):
    print('2: id(aa)', id(aa), 'id(bb)', id(bb))
    return bb, aa
a=3
b=5
print('a=', a, 'b=', b)
print('1: id(a)', id(a), 'id(b)', id(b))
a, b = swap(a, b)
print('3: id(a)', id(a), 'id(b)', id(b))
print('a=', a, 'b=', b)</pre></td></tr>
<tr><td>결과</td><td><pre>a= 3 b= 5
1: id(a) 1777298528 id(b) 1777298592
2: id(aa) 1777298528 id(bb) 1777298592
3: id(a) 1777298592 id(b) 1777298528
a= 5 b= 3</pre></td></tr>
</table>

Quiz 6.4

수열에서 앞의 2개 정수의 합이 다음 값이 되는 피보나치 함수를 작성하자. 함수의 입력값으로 정수를 입력하면 그 수보다 작은 값들의 수열을 출력하도록 한다.

(1) 피보나치 수열을 계산하여 출력하는 다음 프로그램을 완성하라.

<table>
<tr><td>명령문</td><td><pre>def fib(n):
    a, b = 0, 1
    while b < n:
        print(______________ , end=' ')
        a, b = b, ______________
fib(8)</pre></td></tr>
<tr><td>결과</td><td><pre>1 1 2 3 5</pre></td></tr>
</table>

(2) 피보나치 수열의 값들을 계산하여 한 개씩 리스트에 누적시켜 출력하는 다음의 프로그램을 완성하라.

명령문	`def fib2(n):`
	`    result = []`
	`    ________ , ________ = 0, 1`
	`    while b < n:`
	`        result.append(b)`
	`        ________ , ________ = b, a+b`
	`    return result`
	`a = fib2(8)`
	`print(a)`

결과	`[1, 1, 2, 3, 5]`

TIP 파이썬에는 `fibo`라는 모듈이 있어 `fib()` 메소드를 이용하면 프로그램을 작성하지 않고도 피보나치 수열을 얻을 수 있다.

명령문	`import fibo` `fibo.fib(8)`

6.5 다양하고 편리한 기능들

앞의 장에서 설명했듯이 1개의 사용자 정의 함수가 2개 이상의 값을 반환할 수 있었다. 이와 유사한 기능이 `for`문에서도 존재한다. 다음의 예제를 보자. 리스트 `a`에 저장된 원소의 수만큼 `for` 구문을 반복하여 각각의 리스트에 저장된 원소들을 순서대로 출력하는 프로그램이다.

명령문	`a = [2, 6, 9, 0, 9, 1, 7]`
	`for x in a:`
	`    print(x, end=' ')`

결과	`2 6 9 0 9 1 7`

위의 예처럼 리스트에서 1개씩 원소들을 가져올 수도 있지만 복수 개의 값들을 읽어올 수도 있다. 다음의 예제는 `for`문에서 2개의 변수를 사용하여 동시에 리스트로부터 값을 쌍으로 읽어오는 프로그램이다.

명령문	`a = [[9, 9], [0, 4], [2, 3]]`
	`for x, y in a:`
	`    print(x, y)`

결과	9 9 0 4 2 3

for문에서 2차원 배열로부터 2개씩의 값을 읽으면서 for문을 반복한다. 변수 a는 3x2의 리스트이며 3개의 원소가 각각 2개씩의 원소들을 가지고 있으므로 2개씩의 값을 3회 출력하게 된다.

Quiz 6.5

다음의 결과가 나올 수 있도록 for문을 완성하라.

명령문	`a = [['도윤', 21], ['하준', 20], ['시우', 22]]`
	`for ____________ in a:`
	`    print(x, ':', y, '세')`

결과	도윤 : 21 세 하준 : 20 세 시우 : 22 세

6.6 빈도수

다음은 text 변수에 저장된 문자열에서 빈도수를 구하는 프로그램을 작성해보자. 다음의 예제는 영어나 한글 단어들의 빈도수를 구하는 프로그램으로 각각 몇 번씩 반복되는지를 출력한다.

명령문

```
text = "AI! 나는 인공지능 로봇 입니다. 나는 'AI 로봇' 입니다."
def max_counts(text):
    counts = {}
    for i in text.split(' '):
        if i in counts:
            counts[i] += 1
        else:
            counts[i] = 1
```

	`    return counts` `max_counts(text)`
결과	`{'AI!': 1, '나는': 2, '인공지능': 1, '로봇': 1, '입니다.': 2, "'AI": 1, "로봇'": 1}`

출력 결과를 자세히 보면 'AI' 앞과 '로봇' 바로 뒤에 작은따옴표가 한 개씩 있다. 따라서 '로봇'과 "로봇'"이 같은 단어임에도 불구하고 다른 단어처럼 구별되어 출력되었다.

Quiz 6.6

위의 예제를 수정하여 마침표(.)나 느낌표(!), 따옴표(' ')등을 제외하고 오직 영어나 한글 단어만의 수를 세며 그 결과를 출력하는 코드를 완성하라.

명령문

```
text = "AI! 나는 인공지능 로봇 입니다. 나는 'AI 로봇' 입니다."
def max_counts(text):
    skips = ['.', ',', ';', ':', ______ , ______ ]
                                        # 작은따옴표와 느낌표를 추가
    for ch in ___________ :
        text = text.replace( _____________ , '')
    counts = {}
    for i in text.split(' '):
        if i in counts:
            counts[i] += 1
        else:
            counts[i] = 1
    return counts
max_counts(text)
```

결과

```
{'AI': 2, '나는': 2, '인공지능': 1, '로봇': 2, '입니다': 2}
```

다음은 위의 코드를 이용하여 people에 저장된 여섯 명에 대한 성씨의 빈도수를 구하는 프로그램이다.

명령문

```
people = ['홍', '이', '김', '이', '이', '김']
def max_count(people):
    counts = {}
    for i in people:
        if i in counts:
            counts[i] += 1
        else:
            counts[i] = 1
```

	`    return counts`
	`counts = max_count(people)`
	`print(counts)`

결과	`{'홍': 1, '이': 3, '김': 2}`

count에서 가장 높은 값을 출력하기 위해 아래의 명령문을 실행해보자.

명령문	`max(counts)`
결과	`'홍'`

'홍'은 1회밖에 없지만 가장 높은 수로 출력되었다. 어떻게 된 것일까? 결론적으로, 여기에서 사용된 max() 함수는 사전의 키(key) 값이 높은 것이 출력된 것이다. max() 함수는 counts 사전에 저장된 키(key)값들을 순서대로 정렬(sort)하여 '홍'이 '김'이나 '이'보다 가장 큰 값으로 선택되었기 때문에 출력된 것이지 키에 대한 값(value)이 커서 출력된 것이 아니다. 따라서 가장 큰 빈도수로 키를 출력하려면 다음과 같이 실행하면 된다.

명령문	`max(counts, key=counts.get)`
결과	`'이'`

앞서 확인한 바와 같이 max(counts)를 실행하면 가장 큰 키(key)값을 반환하게 되어 있다. 그런데 여기에서 max() 함수의 선택사항인 'key='를 사용하면 정렬(sort)의 규칙을 바꿀 수 있다. 여기에서는 'counts.get'을 입력하였으며 이것은 사전 형식인 counts의 키(key)에 대한 값(value)들로 정렬하게 된다. 따라서 정렬되는 counts의 모든 값들 중 가장 큰 값에 대한 키를 출력하게 된다.

Quiz 6.7

위의 프로그램의 결과로 나온 counts에 가장 높은 값을 출력하는 프로그램을 완성하라.

명령문	`print( ______________ (counts. ______________ ()))`
결과	`3`

Quiz 6.8

다음의 명령문을 실행하면 어떤 결과가 나올지 적으시오.

명령문	print(counts.items())
결과	dict_items([____________ , ____________ , ____________])

Quiz 6.9

다음의 명령문을 실행하면 어떤 결과가 나올지 적으시오.

명령문	for name, count in counts.items(): print(name, count)
결과	____________

Quiz 6.10

다음은 각각의 사람들 성씨와 빈도수를 출력하고 어느 성씨가 가장 높은 빈도수를 차지했는지를 출력하는 다음의 프로그램을 완성하라.

명령문

```
people = ['홍', '홍', '김', '이', '홍', '김']
def max_count(people):
    counts = {}
    for i in people:
        if i in counts:
            counts[i] += 1
        else:
            counts[i] = 1
    return counts
counts = max_count(people)
```

```
first = []
max_num = max(counts.values())
for ____________ , ____________ in counts.items():
    print(name, ':', count,'번')
    if count == ____________ :
        first.append( ____________ )
print('1등:', first)
```

결과

```
홍 : 3 번
김 : 2 번
이 : 1 번
1등: ['홍']
```

다음은 문자열이 아닌 숫자들의 빈도수를 같은 방식으로 출력하는 프로그램을 작성해 보았다.

명령문	결과

`nums = [1, 1, 1, 2, 2, 3, 2, 3, 3, 3, 1]`
`def max_count(nums):`
`    counts = {}`
`    for i in nums:`
`        if i in counts:`
`            counts[i] += 1`
`        else:`
`            counts[i] = 1`
`    return counts`
`counts = max_count(nums)`
`first = []`
`max_num = max(counts.values())`
`for name, count in counts.items():`
`    print(name, ':', count,'번')`
`    if count == max_num:`
`        first.append(name)`
`print('1등:', first)`
	1 : 4 번
	2 : 3 번
	3 : 4 번
	1등: [1, 3]

이번에는 1번과 3번이 같은 횟수로 출력된 것을 확인할 수 있다.

이제까지는 빈도수에 관련된 정보를 직접 작성하여 구했지만 사실 이러한 기능은 scipy에서 제공하는 mode() 메소드를 이용하면 쉽게 얻을 수 있다. 단, 입력 데이터가 정수나 실수와 같은 값들만 작동하며 문자열은 사용할 수 없다.

명령문	결과

`people = ['홍', '홍', '김', '이', '홍', '김']`
`import scipy.stats as ss`
`mode, count = ss.mstats.mode(people)`
`print(mode, count)`
	"could not convert string to float: '홍'" # 에러 발생!

따라서 다음과 같이 정수로 구성된 리스트 형태로 입력하면 제대로 작동함을 확인할 수 있다. 그렇기 때문에 문자열을 처리하기 위해서는 앞에서 작성한 프로그램 코드가 필요하다.

<table>
<tr><td>명령문</td><td><pre>nums = [1, 1, 1, 2, 2, 3, 2, 3, 3, 3, 3, 1]
import scipy.stats as ss
mode, count = ss.mstats.mode(nums)
print(mode, count)</pre></td></tr>
<tr><td>결과</td><td><pre>[3.] [5.]   # mode가 3이고 count가 5이므로 3이 5개로 존재함을 의미!</pre></td></tr>
</table>

Big Data Analytics & Artificial Intelligence
Starting with Python

PART Ⅱ

빅데이터 분석

Big Data Analytics &
Artificial Intelligence
Starting with Python

CHAPTER

07 빅데이터 분석을 위한 환경 및 기능

학습목차

7.1 빅데이터 분석 개요

빅데이터란 모든 사물로부터 얻을 수 있는 다양한 종류의 대용량 데이터를 말하며 빅데이터를 올바르게 분석하고 활용함으로써 인류에게 보다 높은 가치를 제공하는 것이 목표라고 할 수 있을 것이다. IoT의 빅데이터는 세상에 널리 퍼져있는 다양한 센서들로부터 읽혀지는 정보들을 의미한다. DNA와 같은 의료 분야, 사람들 간의 관계와 같은 소셜 네트워크(Social Network) 분야, 철새들의 이동과 같은 자연환경 분야 등의 빅데이터들이며 본 교재에서는 이와 관련한 데이터를 활용하여 실습하고자 한다.

이러한 빅데이터를 제대로 이해하고 활용하기 위해서는 수집한 데이터를 분석할 수 있는 기술이 필요하다. 특히 근래에는 좀 더 유용한 데이터를 만들기 위해 인공지능의 입력으로 사용하고 있으며 올바른 예측을 위해 빅데이터를 알맞게 가공할 수 있어야 한다. 이러한 인공지능을 위한 빅데이터의 분석이나 처리를 위한 과정을 전처리(Preprocessing)라고 한다. 이러한 전처리를 위해 다양한 빅데이터를 활용하고 경험하는 시간을 갖도록 하자.

7.2 개발환경 구축

개발환경 구축을 위하여 설치해야 하는 프로그램은 다음과 같다. 우선 파이썬이 설치되어 있어야 하지만, 최신 버전의 파이썬이 좋은 것만은 아니라고 이미 설명하였다. 그 이유는 일부 빅데이터 분석 도구나 텐서플로우와 같은 인공지능 툴들이 최신 버전의 파이썬을 지원하지 않기 때문이다.

지금부터 빅데이터 분석과 인공지능을 위하여 주피터 노트북(Jupyter Notebook)을 사용할 것이다. 주피터 노트북을 설치하는 방법 2가지를 설명한다. 먼저 아나콘다 내비게이터를 설치하는 방법과 아나콘다 프롬프트(prompt)에서 설치하는 방법이 있다. 설치 시 주의할 점은 기존에 설치되어 있는 파이썬 3.6.6 버전과 호환이 되는 아나콘다를 설치해야 한다는 것이다.

아나콘다 내비게이터 설치

먼저 아나콘다 내비게이터를 사용하는 방법으로 이것은 GUI 환경을 제공하여 초보자가 사용하기에는 편리함이 있다. 해당 파이썬 버전에 맞는 내비게이터는 아래 사이트에서 내려 받아 사용할 수 있다.

```
https://docs.anaconda.com/anaconda/packages/pkg-docs/
```

내비게이터를 설치한 화면은 다음과 같고 박스로 표시한 부분에 주피터 노트북을 실행하는 버튼이 있다.

아나콘다 설치

다음은 아나콘다 프롬프트(prompt)를 사용하는 방법으로, GUI 방식이 아니기 때문에 설치 시 직접 명령문을 입력해야 한다. 아나콘다 버전은 반드시 파이썬 3.6.6에 맞는 버전을 다운로드해야 한다. 아나콘다 사이트(www.anaconda.com)에 접속하여 자신의 컴퓨터의 운영체제와 시스템 사양(32비트/64비트)에 맞는 버전을 다운로드하면 된다. 윈도우 버전의 64비트 컴퓨터를 사용하고 있다면 다음의 링크를 이용하면 설치가 가능하다.

```
https://repo.anaconda.com/archive/Anaconda3-5.2.0-Windows-x86_64.exe
```

새로운 버전과 설치 방법이 수시로 바뀌기 때문에 일명 구글링(Googling)이나 다른 인터넷 검색을 통하여 최신 정보에 접근하고 활용할 수 있는 능력을 키우도록 하자.

주피터 노트북 환경

앞으로 모든 프로그램은 주피터 노트북에서 실행한다. 앞에서 설명한 아나콘다 내비게이터에서 주피터 노트북을 구동하거나 아나콘다 프롬프트 창에서 'jupyter notebook'이라고 실행하면 인터넷 브라우저에서 동작하게 된다.

작업 폴더 생성

주피터 노트북을 실행하면 다음과 같은 목록을 볼 수 있는데 이것은 자신의 하드디스크에서 C:\Users\Administrator 디렉토리(폴더)의 내용을 출력한 것이다. 오른쪽 'New'버튼을 클릭하면 팝업메뉴 4가지의 선택사항이 보인다. 이 중 'Folder'를 클릭해보자.

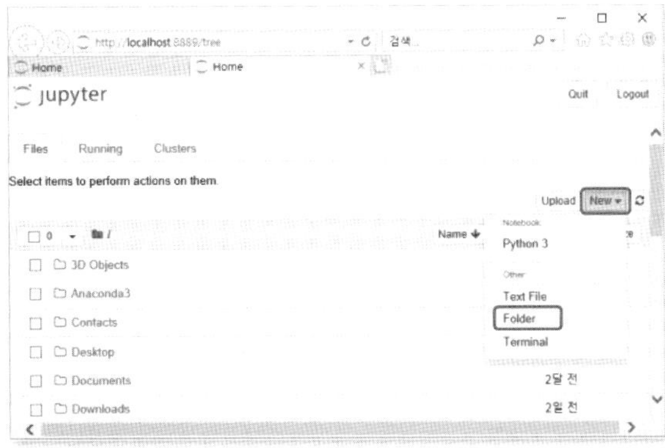

그러면 'Untitled Folder'가 생성되는데 다음과 같이 앞의 체크박스에 체크하고 상단의 Rename 버튼을 클릭하면 폴더의 이름을 변경할 수 있다. 폴더의 이름을 'AI'라 만들어보자.

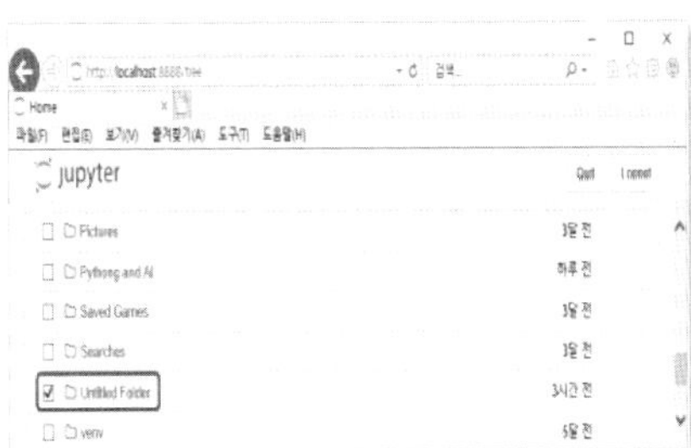

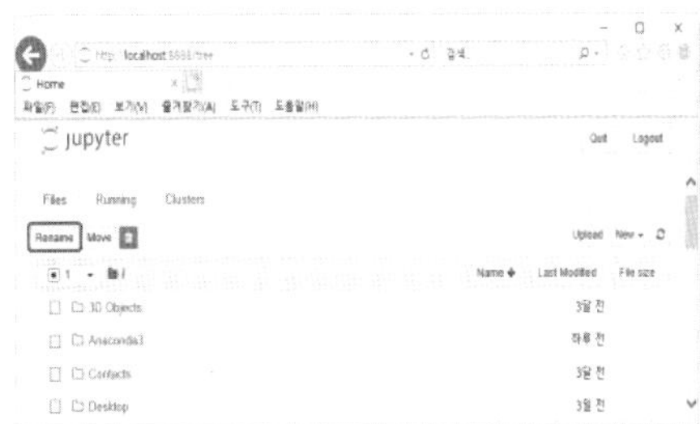

작업 파일 생성

다음의 새로운 이름의 'AI' 폴더를 클릭하면 처음에는 아무것도 없이 비어 있다. 다시 'New'버튼으로 'Python 3'을 클릭하면 다음과 같은 새로운 창이 열린다. 상단부의 'Untitled'를 마우스로 클릭하고 새로운 이름의 파일을 지정해주면 된다.

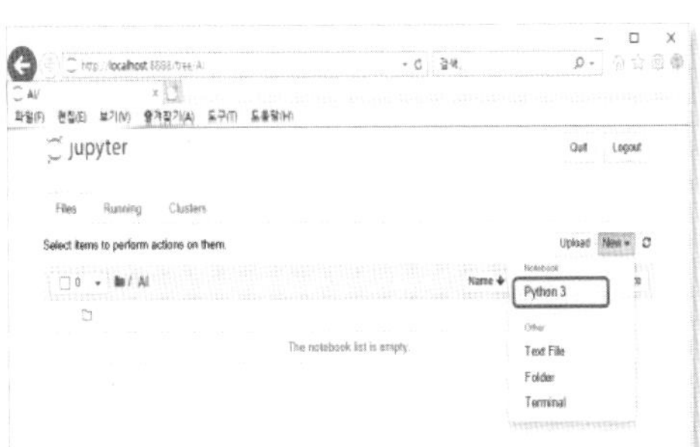

프로그램 실행하기

이제 프로그래밍 할 준비가 다 되었다. 다음의 셀에 명령문을 입력한 후 2가지 방법으로 명령문을 실행할 수 있다. 첫 번째 방법은 실행하려는 명령문을 입력한 후 [Ctrl] + [Enter]를 입력하면 된다. 두 번째 방법은 명령어를 입력하고 [Shift] + [Enter]를 입력하면 실행 결과를 보여준 후 다시 새로운 빈 셀을 추가한다.

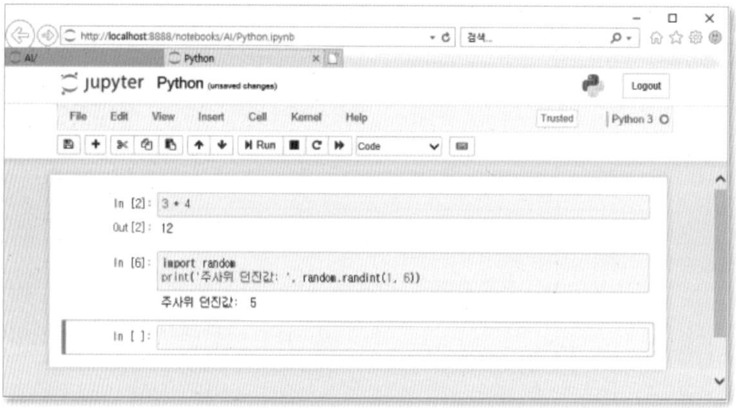

주피터 노트북에서는 크게 '명령모드'와 '입력모드'가 있는데, 명령문을 입력하는 셀에 커서를 위치시키면 입력모드이며 그 바깥쪽에 마우스를 클릭하면 명령모드가 된다. 주피터 노트북에서는 셀들에 대한 복사, 삭제 등 다양한 기능을 제공하는데 세부적인 정보를 참조하려면 '명령모드'에서 'h'를 입력하면 된다.

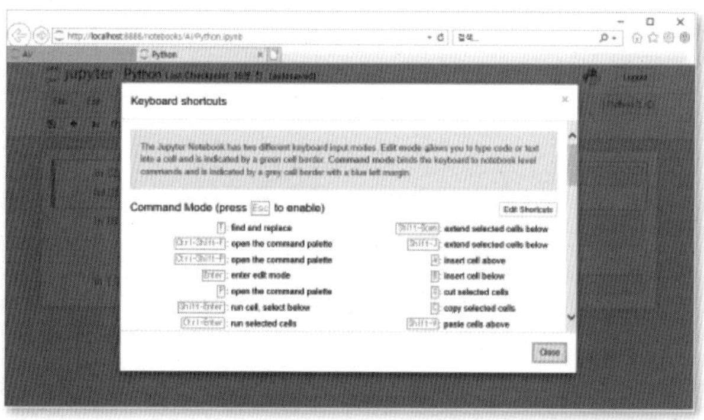

CHAPTER

08 빅데이터 분석 초기 예제

학습목차

8.1 DNA 프로젝트

먼저 유전자 정보를 다루어보자. 인터넷에서 무료로 배포하는 DNA 자료를 가져와서 데이터 분석을 위해 데이터를 가공하고 처리하는 연습을 해보자. 여기에서 수행하고자 하는 DNA 분석 과정은 다음과 같다. 인터넷에서 제공하는 DNA 서열을 다음의 표와 같이 아미노산의 서열로 변환하는 연습을 한다. 다음의 표는 12개의 알파벳으로 구성되어 있는 DNA 데이터를 3개씩 잘라서 하나의 아미노산으로 변환하는 예이다.

DNA	A T A	C A A	T G G	C A A
아미노산	I	Q	W	Q

다음과 같은 순서대로 과제를 진행하고자 한다.

① DNA와 프로틴 시퀀스 데이터를 수동 다운로드
② 파이썬으로 DNA 데이터를 열고 가공하기
③ DNA를 아미노산으로 변환하는 알고리즘
④ 변환한 아미노산 서열과 사이트에서 다운로드한 것이 일치하는지를 비교

DNA와 프로틴 시퀀스 데이터를 수동 다운로드

NCBI(https://www.ncbi.nlm.nih.gov/)에서 DNA 시퀀스 파일을 다운로드한다. 이를 위해서 NCBI에 접속하고 NM_207618.2를 검색(search) 한다. 그러면 Nucleotide sequence(뉴클레오티드 서열)라는 문구와 함께 '다운로드' 버튼이 출력되며 이를 클릭하면 해당 파일을 다운로드할 수 있다. 파일명은 "NM_207618.2.fna"이고 텍스트 형식이므로 메모장에서 확인할 수 있다. 다음의 파이썬 코드로 해당 파일을 열어보자.

파이썬으로 DNA 데이터를 열고 가공하기

주피터 노트북에서 파이썬의 `open()` 명령어를 이용하여 다운로드한 파일을 읽기 전용으로 연 후 이것의 내용을 출력한다.

명령문

```
f = open("NM_207618.2.fna", "r")
sequence = f.read()
sequence
```

결과	'>NM_207618.2 Mus musculus vomeronasal 1 receptor, D18 (V1rd18), mRNA\nGGTCAGAAAAAGCCCTCTCCATGTCTACTCACGATACATCCCTGAAAACCACTGAG GAAGTGGCTTTTCA\nGATCATCTTGCTTTGCCAGTTTGGGGTTGGGACTTTTGCCAATGTA TTTCTCTTTGTCTATAATTTCTCT\nCCAATCTCGACTGGTTCTAAACAGAGGCCCAGACAA GTGATTTTAAGACACATGGCTGTGGCCAATGCCT\nTAACTCTCTTCCTCACTATATTTCCA AACAACATGATGACTTTTGCTCCAATTATTCCTCAAACTGACCT\nCAAATGTAAATTAGAA TTCTTCACTCGCCTCGTGGCAAGAAGCACAAACTTGTGTTCAACTTGTGTTCTG\nAGTATC CATCAGTTTGTCACACTTGTTCCTGTTAATTCAGGTAAAGGAATACTCAGAGCAAGTGTCAC AA\nACATGGCAAGTTATTCTTGTTACAGTTGTTGGTTCTTCAGTGTCTTAAATAACATCTA CATTCCAATTAA\nGGTCACTGGTCCACAGTTAACAGACAATAACAATAACTCTAAAAGCAA GTTGTTCTGTTCCACTTCTGAT\nTTCAGTGTAGGCATTGTCTTCTTGAGGTTTGCCCATGA TGCCACATTCATGAGCATCATGGTCTGGACCA\nGTGTCTCCATGGTACTTCTCCTCCATAGA CATTGTCAGAGAATGCAGTACATATTCACTCTCAATCAGGA\nCCCCAGGGGCCAAGCAGAG- ACCACAGCAACCCATACTATCCTGATGCTGGTAGTCACATTTGTTGGCTTT\nTATCTTC TAAGTCTTATTTGTATCATCTTTTACACCTATTTTATATATTCTCATCATTCCCTGAGGCA TT\nGCAATGACATTTTGGTTTCGGGTTTCCCTACAATTTCTCCTTTACTGTTGACCTTCAG AGACCCTAAGGG\nTCCTTGTTCTGTGTTCTTCAACTGTTGAAAGCCAGAGTCACTAAAAAT GCCAAACACAGAAGACAGCTTT\nGCTAATACCATTAAATACTTTATTCCATAAATATGTTT TTAAAAGCTTGTATGAACAAGGTATGGTGCTC\nACTGCTATACTTATAAAAGAGTAAGGTT ATAATCACTTGTTGATATGAAAAGATTTCTGGTTGGAATCTG\nATTGAAACAGTGAGTTAT TCACCACCCTCCATTCTCT\n\n'

해당 파일을 열어보면 첫 번째 줄에 염기서열을 설명하는 내용이 있다. 데이터를 분석하는 데 필요 없는 내용이므로 삭제해야 한다. 여기에서는 수정할 내용이 한 줄 밖에 없어서 간단히 메모장으로 열어서 첫 줄을 삭제하고 다시 저장하면 되지만 향후 빅데이터에서 부분적으로 데이터를 수정할 필요가 있을 때를 대비해서 코딩으로 삭제해보자. 먼저 파일을 열 때(open) 읽기 전용으로 열고, splitlines() 메소드를 이용하여 줄 단위로 읽어 들인다. 줄 단위로 내용을 읽어 올 때의 기준은 '\n'이다. 다음의 코드를 실행해보자.

명령문	with open("NM_207618.2.fna", "r") as inf: data = inf.read().splitlines(True) with open('dna1.txt', 'w') as outf: outf.writelines(data[1:]) f = open("dna1.txt", "r") sequence = f.read() sequence
결과	'GGTCAGAAAAAGCCCTCTCCATGTCTACTCACGATACATCCCTGAAAACCACTGAGGAAGT GGCTTTTCA\nGATCATCTTGCTTTGCCAGTTTGGGGTTGGGACTTTTGCCAATGTATTTCT CTTTGTCTATAATTTCTCT\nCCAATCTCGACTGGTTCTAAACAGAGGCCCAGACAAGTGAT TTTAAGACACATGGCTGTGGCCAATGCCT\nTAACTCTCTTCCTCACTATATTTCC

	AAACAACATGATGACTTTTGCTCCAATTATTCCTCAAACTGACCT\nCAAATGTAAAT TAGAATTCTTCACTCGCCTCGTGGCAAGAAGCACAAACTTGTGTTCAACTTGTGTTC TG\nAGTATCCATCAGTTTGTCACACTTGTTCCTGTTAATTCAGGTAAAGGAATACTCAGA GCAAGTGTCACAA\nACATGGCAAGTTATTCTTGTTACAGTTGTTGGTTCTTCAGTGTCT TAAATAACATCTACATTCCAATTAA\nGGTCACTGGTCCACAGTTAACAGACAATAACAAT AACTCTAAAAGCAAGTTGTTCTGTTCCACTTCTGAT\nTTCAGTGTAGGCATTGTCTTCTT GAGGTTTGCCCATGATGCCACATTCATGAGCATCATGGTCTGGACCA\nGTGTCTCCATGG TACTTCTCCTCCATAGACATTGTCAGAGAATGCAGTACATATTCACTCTCAATCAGGA\nC CCCAGGGGCCAAGCAGAGACCACAGCAACCCATACTATCCTGATGCTGGTAGTCACATTT GTTGGCTTT\nTATCTTCTAAGTCTTATTTGTATCATCTTTTACACCTATTTTATATATT- CTCATCATTCCCTGAGGCATT\nGCAATGACATTTTGGTTTCGGGTTTCCCTACAATTTCTC CTTTACTGTTGACCTTCAGAGACCCTAAGGG\nTCCTTGTTCTGTGTTCTTCAACTGTTGAA AGCCAGAGTCACTAAAAATGCCAAACACAGAAGACAGCTTT\nGCTAATACCATTAAATACT TTATTCCATAAATATGTTTTTAAAAGCTTGTATGAACAAGGTATGGTGCTC\nACTGCTATA CTTATAAAAGAGTAAGGTTATAATCACTTGTTGATATGAAAAGATTTCTGGTTGGAATCTG\ nATTGAAACAGTGAGTTATTCACCACCCTCCATTCTCT\n\n'

위의 결과를 살펴보면 '\n'문자가 들어있는 것을 볼 수 있다. 따라서 다음과 같이 sequence 변수에 저장된 내용을 print() 명령으로 출력하면 다음과 같이 '\n'문자가 보이지 않는다.

명령문	print(sequence)
결과	GGTCAGAAAAAGCCCTCTCCATGTCTACTCACGATACATCCCTGAAAACCACTGAGGAAGTG GCTTTTCAGATCATCTTGCTTTGCCAGTTTGGGGTTGGGACTTTTGCCAATGTATTTCTCT TTGTCTATAATTTCTCTCCAATCTCGACTGGTTCTAAACAGAGGCCCAGACAAGTGATTTTA AGACACATGGCTGTGGCCAATGCCTTAACTCTCTTCCTCACTATATTTCCAAACAACATGAT GACTTTTGCTCCAATTATTCCTCAAACTGACCTCAAATGTAAATTAGAATTCTTCACTCGCC TCGTGGCAAGAAGCACAAACTTGTGTTCAACTTGTGTTCTGAGTATCCATCAGTTTGTCAC ACTTGTTCCTGTTAATTCAGGTAAAGGAATACTCAGAGCAAGTGTCACAAACATGGCAAGT TATTCTTGTTACAGTTGTTGGTTCTTCAGTGTCTTAAATAACATCTACATTCCAATTAAGGT CACTGGTCCACAGTTAACAGACAATAACAATAACTCTAAAAGCAAGTTGTTCTGTTCCACT TCTGATTTCAGTGTAGGCATTGTCTTCTTGAGGTTTGCCCATGATGCCACATTCATGAGCAT CATGGTCTGGACCAGTGTCTCCATGGTACTTCTCCTCCATAGACATTGTCAGAGAATGCAGT ACATATTCACTCTCAATCAGGACCCCAGGGGCCAAGCAGAGACCACAGCAACCCATACTATC CTGATGCTGGTAGTCACATTTGTTGGCTTTTATCTTCTAAGTCTTATTTGTATCATCTTTTA CACCTATTTTATATATTCTCATCATTCCCTGAGGCATTGCAATGACATTTTGGTTTCGGGTT TCCCTACAATTTCTCCTTTACTGTTGACCTTCAGAGACCCTAAGGGTCCTTGTTCTGTGTT CTTCAACTGTTGAAAGCCAGAGTCACTAAAAATGCCAAACACAGAAGACAGCTTTGCTAAT ACCATTAAATACTTTATTCCATAAATATGTTTTTAAAAGCTTGTATGAACAAGGTATGGTGC TCACTGCTATACTTATAAAAGAGTAAGGTTATAATCACTTGTTGATATGAAAAGATTTCTGG TTGGAATCTGATTGAAACAGTGAGTTATTCACCACCCTCCATTCTCT

그러나 데이터 분석에서는 필요하지 않으므로 삭제해야 한다. 다음과 같이 '\n'의 문자를 삭제해야 한다.

명령문	sequence = sequence.replace('\n', '') # "\n"를 공란으로 대체 sequence
결과	GGTCAGAAAAAGCCCTCTCCATGTCTACTCACGATACATCCCTGAAAACCACTGAGGAAGTG GCTTTTCAGATCATCTTGCTTTGCCAGTTTGGGGTTGGGACTTTTGCCAATGTATTTCTCT TTGTCTATAATTTCTCTCCAATCTCGACTGGTTCTAAACAGAGGCCCAGACAAGTGATTTTA AGACACATGGCTGTGGCCAATGCCTTAACTCTCTTCCTCACTATATTTCCAAACAACATGAT GACTTTTGCTCCAATTATTCCTCAAACTGACCTCAAATGTAAATTAGAATTCTTCACTCGCC TCGTGGCAAGAAGCACAAACTTGTGTTCAACTTGTGTTCTGAGTATCCATCAGTTTGTCAC ACTTGTTCCTGTTAATTCAGGTAAAGGAATACTCAGAGCAAGTGTCACAAACATGGCAAGT TATTCTTGTTACAGTTGTTGGTTCTTCAGTGTCTTAAATAACATCTACATTCCAATTAAGGT CACTGGTCCACAGTTAACAGACAATAACAATAACTCTAAAAGCAAGTTGTTCTGTTCCACT TCTGATTTCAGTGTAGGCATTGTCTTCTTGAGGTTTGCCCATGATGCCACATTCATGAGCAT CATGGTCTGGACCAGTGTCTCCATGGTACTTCTCCTCCATAGACATTGTCAGAGAATGCAGT ACATATTCACTCTCAATCAGGACCCCAGGGGCCAAGCAGAGACCACAGCAACCCATACTATC CTGATGCTGGTAGTCACATTTGTTGGCTTTTATCTTCTAAGTCTTATTTGTATCATCTTTTA CACCTATTTTATATATTCTCATCATTCCCTGAGGCATTGCAATGACATTTTGGTTTCGGGTT TCCCTACAATTTCTCCTTTACTGTTGACCTTCAGAGACCCTAAGGGTCCTTGTTCTGTGTT CTTCAACTGTTGAAAGCCAGAGTCACTAAAAATGCCAAACACAGAAGACAGCTTTGCTAAT ACCATTAAATACTTTATTCCATAAATATGTTTTTAAAAGCTTGTATGAACAAGGTATGCTGC TCACTGCTATACTTATAAAAGAGTAAGGTTATAATCACTTGTTGATATGAAAAGATTTCTGG TTGGAATCTGATTGAAACAGTGAGTTATTCACCACCCTCCATTCTCT

엔터키(Carriage return)와 같은 문자가 들어 있을 수도 있으니 다음과 같이 실행해 두자.

명령문	sequence = sequence.replace('\r', '')

다음은 혹시 있을지 모를 공란(' ')에 대해서도 삭제 작업이 필요하다.

명령문	sequence = sequence.replace(' ', '')

다음의 명령문과 같이 리스트의 슬라이싱 기능으로 sequence 시퀀스에 저장된 내용을 3개씩 가져올 수 있다.

명령문	sequence[0:3]
결과	'GGT'

DNA를 아미노산으로 변환하는 알고리즘

다음은 DNA에 대한 아미노산의 정보를 이용하여 dna.txt의 내용을 아미노산 서열로 변환하는 작업을 시작하자.

명령문

```
genetic_code = {
'ATA':'I', 'ATC':'I', 'ATT':'I', 'ATG':'M',
'ACA':'T', 'ACC':'T', 'ACG':'T', 'ACT':'T',
'AAC':'N', 'AAT':'N', 'AAA':'K', 'AAG':'K',
'AGC':'S', 'AGT':'S', 'AGA':'R', 'AGG':'R',
'CTA':'L', 'CTC':'L', 'CTG':'L', 'CTT':'L',
'CCA':'P', 'CCC':'P', 'CCG':'P', 'CCT':'P',
'CAC':'H', 'CAT':'H', 'CAA':'Q', 'CAG':'Q',
'CGA':'R', 'CGC':'R', 'CGG':'R', 'CGT':'R',
'GTA':'V', 'GTC':'V', 'GTG':'V', 'GTT':'V',
'GCA':'A', 'GCC':'A', 'GCG':'A', 'GCT':'A',
'GAC':'D', 'GAT':'D', 'GAA':'E', 'GAG':'E',
'GGA':'G', 'GGC':'G', 'GGG':'G', 'GGT':'G',
'TCA':'S', 'TCC':'S', 'TCG':'S', 'TCT':'S',
'TTC':'F', 'TTT':'F', 'TTA':'L', 'TTG':'L',
'TAC':'Y', 'TAT':'Y', 'TAA':'_', 'TAG':'_',
'TGC':'C', 'TGT':'C', 'TGA':'_', 'TGG':'W',
}
```

TIP 주피터 노트북에서 여러 줄 명령어를 한 번에 인덴트 만들기

① 인덴트 할 여러 줄을 선택한다.

② 오른쪽으로 들여 쓰려면 ctrl +]

③ 왼쪽으로 내어 쓰려면 ctrl + [

다음은 상단의 테이블에서 특정 DNA가 어떤 아미노산인지 출력할 수 있으며 테이블이 사전 형식이므로 다음과 같이 확인할 수 있다[아미노산 서열이 단백질(protein)].

명령문	genetic_code['ATA']
결과	'I'

이제까지 연습한 내용을 다음과 같은 프로그램으로 정리해보자. 먼저 다운로드한 데이터를 가공하는 과정에서 공란, 개행문자, 엔터키를 파일에서 삭제한 후 파일에 저장하는 함수를 작성해보자[다운로드한 'NM_207618.2.fna' 파일의 첫 줄 삭제 코

드 포함].

<table>
<tr><td>명령문</td><td><pre>def read_seq(inputfile):
    with open(inputfile, 'r') as f:
        sequence = f.read()
    sequence = sequence.replace(' ', '')
    sequence = sequence.replace('\n', '')
    sequence = sequence.replace('\r', '')
    return sequence
with open('NM_207618.2.fna', 'r') as inf:
    data = inf.read().splitlines(True)
with open('dna.txt', 'w') as outf:
    outf.writelines(data[1:])
dna = read_seq('dna.txt')
print(dna)</pre></td></tr>
<tr><td>결과</td><td><pre>GGTCAGAAAAAGCCCTCTCCATGTCTACTCACGATACATCCCTGAAAACCACTGAGGAAGTG
GCTTTTCAGATCATCTTGCTTTGCCAGTTTGGGGTTGGGACTTTTGCCAATGTATTTCTCT
TTGTCTATAATTTCTCTCCAATCTCGACTGGTTCTAAACAGAGGCCCAGACAAGTGATTTTA
AGACACATGGCTGTGGCCAATGCCTTAACTCTCTTCCTCACTATATTTCCAAACAACATGAT
GACTTTTGCTCCAATTATTCCTCAAACTGACCTCAAATGTAAATTAGAATTCTTCACTCGCC
TCGTGGCAAGAAGCACAAACTTGTGTTCAACTTGTGTTCTGAGTATCCATCAGTTTGTCAC
ACTTGTTCCTGTTAATTCAGGTAAAGGAATACTCAGAGCAAGTGTCACAAACATGGCAAGT
TATTCTTGTTACAGTTGTTGGTTCTTCAGTGTCTTAAATAACATCTACATTCCAATTAAGGT
CACTGGTCCACAGTTAACAGACAATAACAATAACTCTAAAAGCAAGTTGTTCTGTTCCACT
TCTGATTTCAGTGTAGGCATTGTCTTCTTGAGGTTTGCCCATGATGCCACATTCATGAGCAT
CATGGTCTGGACCAGTGTCTCCATGGTACTTCTCCTCCATAGACATTGTCAGAGAATGCAGT
ACATATTCACTCTCAATCAGGACCCCAGGGGCCAAGCAGAGACCACAGCAACCCATACTATC
CTGATGCTGGTAGTCACATTTGTTGGCTTTTATCTTCTAAGTCTTATTTGTATCATCTTTTA
CACCTATTTTATATATTCTCATCATTCCCTGAGGCATTGCAATGACATTTTGGTTTCGGGTT
TCCCTACAATTTCTCCTTTACTGTTGACCTTCAGAGACCCTAAGGGTCCTTGTTCTGTGTT
CTTCAACTGTTGAAAGCCAGAGTCACTAAAAATGCCAAACACAGAAGACAGCTTTGCTAAT
ACCATTAAATACTTTATTCCATAAATATGTTTTTAAAAGCTTGTATGAACAAGGTATGGTGC
TCACTGCTATACTTATAAAAGAGTAAGGTTATAATCACTTGTTGATATGAAAAGATTTCTGG
TTGGAATCTGATTGAAACAGTGAGTTATTCACCACCCTCCATTCTCT</pre></td></tr>
</table>

다음은 위에서 준비된 dna.txt 파일에 저장된 DNA 정보를 아미노산 시퀀스로 변환하는 코드를 작성해보자. dna.txt 파일에 있는 DNA 코드를 3개씩 끊어서 1개씩의 아미노산 코드로 변환한다.

그런데 NCBI 사이트에서 다운로드한 파일의 일부분만 아미노산의 DNA이므로 어느 부분이 여기에 해당하는지 먼저 조사해야 한다. 해당 파일을 다운로드한 페이지에서 Genomes 항목의 Nucleotide를 클릭해보자. 새로 열린 페이지의 CDS(Coding Sequence) 항목에 보면 21..938 이라고 표기되어 있다. 이것은 유전자의 코딩 시퀀스의 시작과 끝을 나타내는 위치이다. 우리는 0에서부터 시작되는 배열을 사용하기 때문에 시작 지점으로 1을 감소시켜 20에서 938 이전까지를 사용하면 된다. 다음의 코드를 실행해보자.

명령문

```
def convert(seq):
    """DNA 시퀀스를 아미노산 시퀀스로 변환"""
    genetic_code = {
        'ATA':'I', 'ATC':'I', 'ATT':'I', 'ATG':'M',
        'ACA':'T', 'ACC':'T', 'ACG':'T', 'ACT':'T',
        'AAC':'N', 'AAT':'N', 'AAA':'K', 'AAG':'K',
        'AGC':'S', 'AGT':'S', 'AGA':'R', 'AGG':'R',
        'CTA':'L', 'CTC':'L', 'CTG':'L', 'CTT':'L',
        'CCA':'P', 'CCC':'P', 'CCG':'P', 'CCT':'P',
        'CAC':'H', 'CAT':'H', 'CAA':'Q', 'CAG':'Q',
        'CGA':'R', 'CGC':'R', 'CGG':'R', 'CGT':'R',
        'GTA':'V', 'GTC':'V', 'GTG':'V', 'GTT':'V',
        'GCA':'A', 'GCC':'A', 'GCG':'A', 'GCT':'A',
        'GAC':'D', 'GAT':'D', 'GAA':'E', 'GAG':'E',
        'GGA':'G', 'GGC':'G', 'GGG':'G', 'GGT':'G',
        'TCA':'S', 'TCC':'S', 'TCG':'S', 'TCT':'S',
        'TTC':'F', 'TTT':'F', 'TTA':'L', 'TTG':'L',
        'TAC':'Y', 'TAT':'Y', 'TAA':'_', 'TAG':'_',
        'TGC':'C', 'TGT':'C', 'TGA':'_', 'TGG':'W',
    }
    protein = ""
    if len(seq) % 3 == 0: # 데이터의 길이가 3의 배수이면 아래를 실행
        for i in range(0, len(seq), 3):
            codon = seq[i : i+3]
            protein += genetic_code[codon]
    return protein
print(convert(dna[20:938]))
```

결과

```
MSTHDTSLKTTEEVAFQIILLCQFGVGTFANVFLFVYNFSPISTGSKQRPRQVILRHMAVANA
LTLFLTIFPNNMMTFAPIIPQTDLKCKLEFFTRLVARSTNLCSTCVLSIHQFVTLVPVNSGKG
ILRASVTNMASYSCYSCWFFSVLNNIYIPIKVTGPQLTDNNNNSKSKLFCSTSDFSVGIVFL
RFAHDATFMSIMVWTSVSMVLLLHRHCQRMQYIFTLNQDPRGQAETTATHTILMLVVTFVGF
YLLSLICIIFYTYFIYSHHSLRHCNDILVSGFPTISPLLLTFRDPKGPCSVFFNC_
```

그런데 결과의 마지막 문자가 '_' 문자로 출력되었는데, 이것은 DNA의 마지막 코드인 'TGA'를 변환한 것이며 이에 해당하는 아미노산이 없어서 '_'로 정의한 것이다. 따라서, 마지막 3개의 DNA 코드를 제외하면 다음과 같이 올바른 결과를 얻을

수 있다.

명령문	print(convert(dna[20:935]))
결과	MSTHDTSLKTTEEVAFQIILLCQFGVGTFANVFLFVYNFSPISTGSKQRPRQVILRHMAVANA LTLFLTIFPNNMMTFAPIIPQTDLKCKLEFFTRLVARSTNLCSTCVLSIHQFVTLVPVNSGKG ILRASVTNMASYSCYSCWFFSVLNNIYIPIKVTGPQLTDNNNNSKSKLFCSTSDFSVGIVFL RFAHDATFMSIMVWTSVSMVLLLHRHCQRMQYIFTLNQDPRGQAETTATHTILMLVVTFVGF YLLSLICIIFYTYFIYSHHSLRHCNDILVSGFPTISPLLLTFRDPKGPCSVFFNC

변환한 아미노산 서열과 사이트에서 다운로드한 것이 일치하는지를 비교

지금까지 변환한 아미노산의 결과가 실제 정보와 동일한지 확인해 볼 필요가 있다. 먼저 NCBI 사이트에서 아미노산의 데이터를 복사하고 이를 출력해보자.

아미노산 서열에 대한 정보는 바로 앞에서 설명한 CDS를 참조한 페이지 하단에 있다. 이를 단순히 복사하여 현재 작업하고 있는 주피터 노트북의 폴더에 저장하면 된다. 우선 복사한 내용을 메모장에서 'protein.txt'로 저장하면 복사하는 과정에서 공란 등이 입력되겠지만 앞에서 준비한 read_seq() 함수를 사용하면 다음과 같이 문제없이 파일이 준비될 것이다.

명령문	prot = read_seq('protein.txt') print(prot)
결과	MSTHDTSLKTTEEVAFQIILLCQFGVGTFANVFLFVYNFSPISTGSKQRPRQVILRHMAVANA LTLFLTIFPNNMMTFAPIIPQTDLKCKLEFFTRLVARSTNLCSTCVLSIHQFVTLVPVNSGKG ILRASVTNMASYSCYSCWFFSVLNNIYIPIKVTGPQLTDNNNNSKSKLFCSTSDFSVGIVFL RFAHDATFMSIMVWTSVSMVLLLHRHCQRMQYIFTLNQDPRGQAETTATHTILMLVVTFVGF YLLSLICIIFYTYFIYSHHSLRHCNDILVSGFPTISPLLLTFRDPKGPCSVFFNC

얼핏 보니 앞에서 직접 변환한 내용과 비슷해 보이지만 다음과 같이 확실하게 명령문으로 실행해보자.

명령문	prot == convert(dna[20:935])
결과	True

지금까지 유전공학 분야에서 사용할만한 내용의 데이터를 가져와서 가공하고 분석해보았다. 다음은 더욱 적절한 가공과 정확한 분석에 필요한 기능들에 대해 공부해보자.

CHAPTER

09 통계와 수학적 기능을 위한 Numpy

학습목차

Numpy는 과학적인 계산을 위해 파이썬에서 제작한 것이다. Numpy는 n차원 배열의 객체이며, 이산수학과 무작위 수 생성 등의 수많은 작업을 할 수 있는 기능이 제공된다. 또한, Numpy에서는 벡터와 행렬을 위한 Numpy만의 특수한 배열 형식을 제공한다. 동적으로 생성되는 파이썬의 리스트와 달리 Numpy 배열은 정적 메모리 할당과 같이 생성될 때 그 크기가 정해진다.

Numpy가 특별한 또 다른 이유는 바로 딥러닝을 위한 텐서플로우와 잘 어울린다는 것이다. 즉 텐서플로우는 Numpy에서 다루는 데이터 형식을 효과적으로 처리할 수 있도록 호환성과 편리성을 제공하고 있다.

9.1 Numpy의 설치

아나콘다 내비게이터를 사용하고 있다면 Numpy는 일반적으로 많이 사용하는 모듈이기 때문에 기본적으로 설치가 되어 있을 것이다. 혹시 다음과 같이 박스에 체크가 되지 않았다면 체크하여 설치를 실행하면 된다.

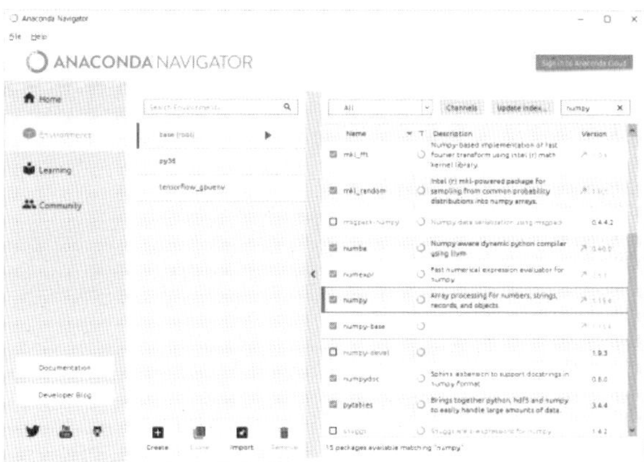

아나콘다 프롬프트 창에서 설치하려면 다음의 ①번 명령문을 실행하면 된다. pip가 최신 버전이 아니면 ②번 명령문을 입력한다.

```
pip install Numpy ---------------------①
python -m pip install —upgrade pip ------②
```

msg 패키지가 필요하다는 에러 메시지가 나오면 msgpack을 인스톨한 후 다시 명령문을 실행해보자.

```
pip install msgpack
```

9.2 Numpy의 기초

Numpy 배열

다음은 Numpy 모듈에서 제공하는 배열의 기능을 살펴보자. Numpy의 zeros()라는 메소드는 괄호 안에 입력된 숫자만큼의 원소를 생성하고 0으로 초기화하는 기능을 제공한다. 이때 한 쌍의 괄호 [ ] 안에 숫자가 1개이면 벡터(1차원)를, 두 쌍의 괄호 안에 숫자가 2개이면 행렬(2차원)을 생성한다. 2차원 이상일 때는 두 쌍의 괄호가 필요하다.

기본적인 파이썬에서는 리스트와 같은 배열에 저장된 값들에 대해 다양한 수학적 기능을 제공해주고 있지 않기 때문에 이러한 기능들을 사용하려면 일일이 함수로 정의해주어야 하는 번거로움이 있다. 예를 들면, 아래의 명령문에서와 같이 리스트 x에 저장된 1, 3, 5에 대해 평균값(mean)을 구해주는 기능이 없다.

명령문	x = [1, 3, 5] x.mean()
결과	에러 발생!

파이썬에서 이러한 수학적인 기능들을 제공하는 특별한 모듈을 가지고 오면 직접 함수로 정의하지 않아도 사용 가능하다. 바로 Numpy가 대표적인 모듈이며 통계나 수학적인 계산이 가능한 기능들을 제공하고 있다. 이를 실행하기 위해 아래와 같은 순서대로 프로그래밍 해보자. 아래 표에서 보는 바와 같이 우선 import 명령문으로 모듈을 가지고 와서 해당 데이터를 Numpy 형식으로 수정한 후 원하는 Numpy의 기능을 수행하면 된다.

순서	①	Numpy 모듈 가져오기!
	②	파이썬의 데이터형(예: 리스트)을 Numpy 형식으로 변환!
	③	Numpy에서 제공하는 기능 수행(예: 평균)
명령문	①	import numpy as np
	②	x = np.array([1, 3, 5])
	③	print(x.mean()) # 3.0 출력

Numpy에서 제공해 주는 배열을 이용하면 배열에 저장된 원소들의 mean 값을 계산해준다. 이를 위해 우선 Numpy를 np라는 이름으로 가지고 온다. 그리고 array()라는 메소드를 사용하여 1차원 배열을 생성할 수 있다. 여기에서는 x라는 객체를 만들어 제공하는 mean()이라는 메소드를 이용하여 해당값을 구할 수 있다. 위의 프로그램을 실행한 후 다음의 명령문을 실행해보자.

명령문	print(x.shape)　　　　　　　# (3,) 출력

여기에서의 shape는 해당 클래스에서 제공해주는 속성(attribute)이다. 1차원 배열로 3개의 원소가 있다는 결과가 나온다. 다음은 Numpy에서 지원하는 2차원 배열을 만들어보자.

명령문	a = np.array([[1, 2, 3], [2, 3, 4]])

a라는 Numpy 배열은 2개의 원소를 가지고 있으며, 이들은 각각 3개의 원소를 가지고 있는 형태이다. 다른 표현으로, "Numpy 형식의 배열 a는 3개의 원소로 구성된 2개의 원소가 있다."라고 표현하면 되겠다.

Quiz 9.1

위의 a배열의 구조를 shape 속성(attribute)을 이용하여 출력하시오.

명령문	a = np.array([[1, 2, 3], [2, 3, 4]]) ____________________________
결과	(2, 3)

다시 설명하지만 shape는 함수가 아니고 Numpy 배열의 객체가 지원해주는 속성이므로 mean() 메소드와 같이 괄호를 사용해서는 안 된다. 실행 결과는 (2, 3)이므로 2x3의 형태인 것을 확인할 수 있다.

Numpy 형식으로 배열의 원소를 입력할 때는 다음의 예시와 같이 리스트 형식으로 입력이 가능하다.

명령문	x = np.array([1, 3, 5])　(O) x = np.array(1, 3, 5)　(X)

여기에 reshape() 메소드를 추가하면 다음과 같이 Numpy의 2차원 배열을 원하는 모양으로 생성할 수 있다.

명령문	x = np.array([1, 3, 5, 7, 9, 11]).reshape(3, 2) print(x)
결과	[[1 3] [5 7] [9 11]]

Numpy 형식의 2차원 배열을 1의 값들로 채우려면 다음과 같이 실행하면 된다.

명령문	`y = np.ones([3, 4])` `print(y)`

결과	`[[1. 1. 1. 1.]`
	` [1. 1. 1. 1.]`
	` [1. 1. 1. 1.]]`

다음의 첫 번째 print()문은 2차원 배열의 첫 번째 원소인 1차원 배열을 출력한다. 두 번째 print()문은 첫 번째 1차원 배열에 저장된 원소들의 평균값(mean)을 실수 형태로 출력한다. 세 번째 print()문은 x 배열 전체의 원소들의 평균값을 구해 출력한다. 네 번째 print()문은 x 배열의 모양(형식)을 출력한다.

명령문	`x = np.array([[1, 3, 5], [2, 4, 6]])`
	`print(x[1])         # [2 4 6] 출력`
	`print(x[1].mean())  # 4.0 출력`
	`print(x.mean())     # 3.5 출력`
	`print(x.shape)      # (2, 3) 출력`

Quiz 9.2

다음의 list1은 파이썬의 2차원 리스트를 나타낸 것이다. 다음의 명령문을 실행할 때 출력되는 결과를 적으시오.

명령문	`list1 = [[1, 11], [2, 12], [3, 13]]` `print(list1[1][1])`
결과	______________________

Numpy 배열의 슬라이싱

다음은 파이썬의 2차원 리스트에서 모든 원소의 두 번째 원소들만 출력해보자. 예를 들면, 다음의 list1에서 3개의 원소는 각각 2개의 원소들로 구성되어 있는데 그들 중 각각 두 번째 원소들인 11, 12, 13만을 출력하는 다음의 명령문을 실행해보자.

명령문	`list1 = [[1, 11], [2, 12], [3, 13]]` `print(list1[:][1])  # 의도하지 않은 결과 출력`
	`print(list1[:, 1])  # Error 발생`

결국 모든 원소에 대한 두 번째 항목의 내용을 따로 접근(access)할 수 없다는 것을 알 수 있다. 다행히 Numpy에서는 각각의 원소의 특정 인덱스 위치에 일괄적으로 접근이 가능하도록 설계되어 있다. 다음의 예제를 살펴보자.

명령문	import numpy as np list1 = [[1, 11], [2, 12], [3, 13]] np_ary = np.array(list1) print(np_ary[:, 1])
결과	[11 12 13]

파이썬의 2차원 리스트를 우선 Numpy의 배열 형식으로 변환한 후 이를 다음과 같이 표현하여 실행하면 된다.

```
print(np_ary[:, 1])
```

이것은 모든 2차원 배열 원소의 1번 인덱스만 출력하라는 의미이다. 그렇다면 다음의 예제를 실행해보자.

명령문	import numpy as np list1 = [[1, 11], [2, 12], [3, 13]] print(np.array(list1[:, 1]))
결과	Error 발생! (list indices must be integers or slices, not tuple) (리스트의 인덱스들은 튜플이어선 안 되며 반드시 정수나 슬라이스여야 한다.)

일반 리스트를 Numpy로 변환해 준 것 같은데 에러가 발생했다. 왜 그럴까? 위의 print()문을 살펴보면 리스트를 Numpy로 변환해주기 전에 슬라이스를 한 것이 문제이다. 따라서 다음과 같이 먼저 Numpy로 변환을 해준 후 슬라이싱을 해야 한다.

명령문	import numpy as np list1 = np.array([[1, 11], [2, 12], [3, 13]]) print(list1[:, 1])
결과	[11 12 13]

이러한 형식은 Numpy에서만 지원해주기 때문에 다음의 예제와 같이 리스트형인 list1에 적용하면 에러가 발생한다. 즉 np.array()로 변환해 주기 전에 '**list1[:, 1]**'에서 문제가 발생하기 때문이다. 따라서 상단의 예제처럼 먼저 리스트를 Numpy 형식으로 수정한 후 적용하기 바란다.

명령문	import numpy as np list1 = [[1, 11], [2, 12], [3, 13]] print(np.array(list1[:, 1]))
결과	Error 발생! (list indices must be integers or slices, not tuple) (리스트의 인덱스들은 튜플이어선 안 되며 반드시 정수나 슬라이스여야 한다.)

Quiz 9.3

다음의 명령문을 실행했을 때 출력되는 결과를 생각하여 빈칸에 적어보자. 만약 에러가 발생한다면 '에러 발생'이라고 적으시오.

명령문	import numpy as np list1 = [[1, 11], [2, 12], [3, 13]] print(np.array(list1[:][1]))
결과	______________________

위의 [Quiz 9.3]은 앞에서 설명한 슬라이싱과 다른 형식이며 이것은 초기에 리스트를 배울 때 사용한 일반적인 슬라이싱 기법이다. 즉 일반적인 슬라이싱한 후 단지 Numpy 배열 형식으로 수정했을 뿐이다. 2가지 문법을 혼돈하지 말자.

Numpy를 이용한 연산

파이썬에서 제공하는 math 모듈은 기본적인 수학적 기능을 제공하는데 이것을 이용하여 다음의 예제를 실행해보자.

명령문	import math math.sqrt(2)
결과	1.4142135623730951

math 모듈에서 제공해주는 sqrt() 함수는 성공적인 동작을 하였다. 그렇다면 이번에는 특정 리스트에 저장된 모든 원소들에 대해 제곱근을 구하려고 한다. 이를 위해 다음의 명령문을 작성해보았는데 어떤 결과가 나올까?

명령문	math.sqrt([2, 3, 4])

입력값에 리스트가 아닌 숫자를 입력하라는 에러 메시지가 발생한다. 그러면 이번에는 Numpy를 활용하여 문제를 해결해보자.

명령문	`import numpy as np` `np.sqrt([2, 3, 4])`
결과	`array([1.41421356, 1.73205081, 2. ])`

위와 같이 정상적인 결과를 얻을 수 있다. 따라서 기본적인 파이썬에서 제공해주는 math 모듈로는 이러한 기능을 수행할 수 없기 때문에 Numpy의 다양한 수학적이거나 통계적인 기능을 활용하면 편리하다.

다음은 행렬(2차원 배열)을 다루는 예제를 살펴보자. 먼저 다음과 같이 Numpy 형식의 1차원 배열을 만들어보자. np.arange(15)는 0~14까지의 정수를 배열 형태로 생성한 후 a에 저장된다.

명령문	`import numpy as np`
	`a = np.arange(15)`
	`print(a)`

결과	`[ 0 1 2 3 4 5 6 7 8 9 10 11 12 13 14]`

다음은 생성된 Numpy의 1차원 리스트를 이용하여 다음의 프로그램 코드와 같이 (3x5)의 2차원 배열로 재구성해보자.

명령문	`import numpy as np`
	`a = np.arange(15).reshape(3, 5)`
	`print(a)`

결과	`[[ 0 1 2 3 4]`
	` [ 5 6 7 8 9]`
	` [10 11 12 13 14]]`

생성된 1차원 배열을 'reshape(3, 5)'에 의해서 (3x5) 형식의 2차원 리스트로 재구성하게 된다.

Quiz 9.4

위에서 생성된 Numpy 배열 a의 원소 중 6의 값을 출력하기 위해 필요한 명령문을 적으시오.

제로 벡터와 제로 행렬

다음의 코드를 실행하면 0으로 초기화된 1차원의 zero_vector가 생성된다.

명령문	import numpy as np zero_vector = np.zeros(3) print(zero_vector)
결과	[0. 0. 0.]

다음의 코드를 실행하면 0으로 초기화된 (4X3) 형식의 2차원 배열이 생성된다.

명령문	zero_matrix = np.zeros((4, 3)) print(zero_matrix)
결과	[[0. 0. 0.] [0. 0. 0.] [0. 0. 0.] [0. 0. 0.]]

다음의 명령문은 Numpy 형식으로 0의 값을 갖는 5개의 1차원 배열을 생성한다.

명령문	zero_vector = np.zeros(5) print(zero_vector)
결과	[0., 0., 0., 0., 0.]

다음의 명령문은 Numpy 형식으로 모든 원소의 값이 0인 (5x3) 형식의 2차원 배열을 생성한다.

명령문	zero_matrix = np.zeros((5, 3)) print(zero_matrix)
결과	[[0., 0., 0.], [0., 0., 0.], [0., 0., 0.], [0., 0., 0.], [0., 0., 0.]]

다음의 코드는 생성한 제로 벡터나 행렬에 새로운 값으로 다시 재설정할 수 있는 예제를 나타낸 것이다.

명령문	import numpy as np my_array = np.zeros(15).reshape(3, 5) my_array += 4 print(my_array)

결과

```
[[4., 4., 4., 4., 4.],
 [4., 4., 4., 4., 4.],
 [4., 4., 4., 4., 4.]]
```

전치행렬

전치행렬(Transpose Matrix)은 행과 열을 교환하여 얻어지는 행렬을 말하며 아래 그림과 같이 행렬의 값들을 주대각선을 기준으로 위치를 바꾼 행렬을 의미한다.

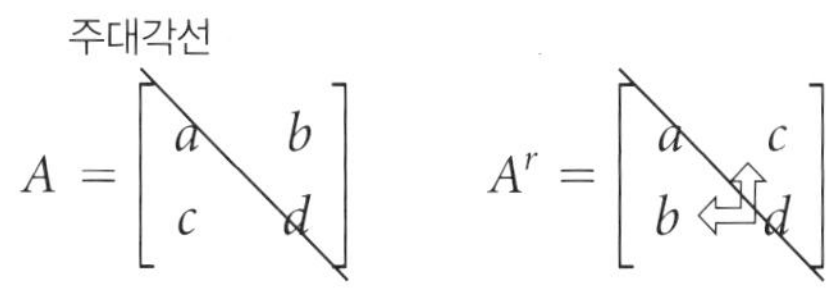

다음의 2차원 리스트를 전치행렬로 변환해보자.

명령문

```
ary = [[1, 2], [3, 4]]
print(ary.transpose())
```

결과

```
# 에러 발생: transpose라는 속성이 없다고 출력됨.
```

일반적인 리스트로는 전치행렬로 변환이 어려우니 이번에는 다음의 프로그램과 같이 Numpy 형식의 2차원 배열을 전치시켜보자.

명령문

```
import numpy as np
ary = np.array([[1, 2], [3, 4]])
print(ary.transpose())
```

결과

```
[[1 3]
 [2 4]]
```

Numpy 배열은 전치행렬로 변환하는 transpose() 메소드가 있어 가능하다.

Quiz 9.5

다음의 리스트 x와 y를 더하면 어떤 결과가 출력되는지 적으시오.

명령문

```
x = [1, 2, 3]
y = [4, 5, 6]
z = x + y
print(z)
```

결과 ____________________

Quiz 9.6

다음의 코드를 실행하면 출력되는 결과를 적으시오.

명령문	`import numpy as np`
	`x = np.array([1, 2, 3])`
	`y = np.array([4, 5, 6])`
	`z = x + y`
	`print(z)`

결과	________________________

일반적인 리스트의 결과와 달리 2개 배열에 저장된 내용을 인덱스별로 합을 구해 출력하게 된다. 이것은 선형대수학의 행렬의 합과도 같은 개념이며, 합뿐만 아니라 다른 사칙연산들도 동일하게 작동한다. 다음의 예제를 살펴보자. 곱셈도 같은 원리로 동작하므로 다음과 같은 결과가 출력된다.

명령문	`import numpy as np`
	`x = np.array([1, 2, 3])`
	`y = np.array([4, 5, 6])`
	`z = x * y`
	`print(z)`

결과	`[ 4 10 18]`

그렇다면, 다음의 명령문을 실행해보자. 어떤 결과가 출력될 것인지 생각해보자.

명령문	`s = [1, 2, 3]`
	`t = s + 1`
	`print(t)`

에러가 발생한다. 3개의 원소로 구성된 1차원 배열에 1을 더할 수 없기 때문이다. 그러면 사람이 직관적으로 생각했을 때 's + 1'이 무엇을 의미하는 것일까? 리스트 s에 저장된 모든 원소에 1을 더하라는 의미일 것이다. 그렇다면 이를 위해선 어떻게 명령문을 수정하면 가능할까? 역시 Numpy를 활용하여 다음과 같이 명령문을 실행해보자.

명령문	`s = np.array([1, 2, 3])`
	`t = s + 1`
	`print(t)`

결과	`[2 3 4]`

Numpy 배열에 1을 더하면 각각의 원소에 1씩을 더할 수 있게 된다.

Quiz 9.7

사칙연산을 이용하여 다음과 같은 출력이 나올 수 있도록 알맞은 연산자를 입력하시오.

명령문	import numpy as np x = np.array([4, 8, 12]) y = np.array([2, 4, 6]) z = x ________ y print(z)
결과	[2. 2. 2.]

앞서 설명한 대로 Numpy의 배열은 일반적인 리스트의 배열과 같이 동작한다. 즉 2차원 배열은 여러 개의 1차원 배열로 구성되어 있으며 다음과 같이 인덱싱과 슬라이싱이 가능하다. 그런데 마지막 print() 명령문을 보면 리스트와 달리 특이한 기능을 가지고 있다. X[:, 1]의 의미는 모든 1차원 항목에 대하여 1번 인덱스에 존재하는 원소들을 의미하므로 [2 5 8]이 출력됨을 주목하자.

명령문	X = np.array([[1, 2, 3], [4, 5, 6], [7, 8, 9]]) print(X[1]) # [4 5 6] 출력 (X배열의 인덱스 1번의 내용을 출력) print(X[:, 1]) # [2 5 8] 출력 (각 1차원 배열의 1번의 내용을 출력)
결과	[4 5 6] [2 5 8]

다음의 예제는 2개의 Numpy 배열 간의 계산도 가능함을 보여준다.

명령문	X = np.array([[1, 2, 3], [4, 5, 6], [7, 8, 9]]) Y = np.array([[2, 3, 4], [5, 6, 7], [8, 9, 10]]) print(X[:, 1]+Y[:, 1])
결과	[5 11 17]

X 배열의 원소인 각 1차원 배열의 1번 인덱스에 저장된 값인 [2, 5, 8]과 Y 배열의 원소인 각 1차원 배열의 1번 인덱스에 저장된 값인 [3, 6, 9]의 합으로 [5 11 17]이 출력된다.

다음은 '리스트 인덱싱' 방법으로 새로운 Numpy 배열에 접근할 수 있다. 즉 i라는 리스트를 배열의 인덱스 값으로 입력하여 다음과 같이 해당 위치에 접근할 수 있다.

명령문	`a = np.array([10, 20, 30, 40, 50, 60, 70])`
	`i = [1, 3, 5]`
	`print(a[i])`

결과	`[20 40 60]`

따라서 a라는 Numpy 배열의 1, 3, 5번 인덱스에 저장된 값이 출력된다. 또한 슬라이싱 기능을 이용하여 다음과 같이 다른 배열 b를 생성할 수도 있다.

Quiz 9.8

다음의 코드를 실행했을 때 출력되는 결과를 생각해서 적어보자.

명령문	`import numpy as np`
	`a = np.array([10, 20, 30, 40, 50, 60, 70])`
	`b = a[1:6:2]`
	`print('b:', b)`
	`b[1] = 10`
	`print('b:', b)`
	`print('a:', a)`

결과	`b: [20 40 60]`
	`b: [ ______________________________ ]`
	`a: [ ______________________________ ]`

앞에서 배운 대로 a[1:6:2]의 의미는 1에서 시작해서 6 이전까지 2의 간격으로 출력하라는 의미이다. 따라서 b의 내용을 출력하면 b: [20 40 60]이 출력된다. 그런데 여기에서 주의해야 할 사항이 한 가지 있다. 이러한 배열 b의 1번 인덱스의 값을 10으로 바꿔주면 당연히 배열 b는 해당값이 40에서 10으로 수정되고, 놀랍게도 복사한 원본인 배열 a의 해당 값마저 수정된다. 따라서 이러한 오류를 방지하기 위해서는 Numpy 형태의 배열 a에서 리스트 b로 복사하기 전에 리스트 b 또한 Numpy 형태로 변환한 후 복사해야 한다. 다음의 코드로 확인해보자.

명령문	import numpy as np a = np.array([10, 20, 30, 40, 50, 60, 70]) b = np.array(a[1:6:2]) print('b:', b) b[1] = 10 print('b:', b) print('a:', a)
결과	b: [20 40 60] b: [20 10 60] a: [10 20 30 40 50 60 70]

배열 a를 슬라이싱으로 복사한 배열 b를 Numpy로 변환한 후 b를 수정하면 배열 a에는 영향을 주지 않게 된다는 것을 확인할 수 있다.

불리언(Boolean)

다음은 Numpy에서 제공하는 Boolean 배열에 대해서 공부해보자.

명령문	a = np.array([10, 20, 30, 40, 50, 60, 70]) b = a > 50 # [False False False False True True True]의 값을 갖는 Numpy 배열이 b의 이름으로 저장됨.

명령문	a = np.array([10, 20, 30, 40, 50, 60, 70]) b = a > 50 print(b)
결과	[False False False False False True True]

두 번째 명령어는 Numpy 배열 a의 원소들이 50을 초과하는지를 검사한다. 초과하면 True 값을, 초과하지 않으면 False 값을 배열 b에 순서대로 저장하게 된다.

상단의 Boolean 배열과 같이 Numpy 배열에서는 내용을 순차적으로 진행하면서 특정한 검사를 수행할 수 있다. 다음의 예제를 실행해보자. Numpy에서는 자체적으로 무작위 값을 생성하는 random 메소드가 지원되며 입력값으로 5를 입력해주면 0에서 1 사이의 무작위의 수 5개를 생성해준다.

명령문	ary = np.random.random(5) print(ary) print(np.all(ary >= 0.3)) print(np.any(ary > 0.7))

결과의 예	[0.47322014 0.08196255 0.31075051 0.94040959 0.05013325] False True

여기에서는 무작위 수 5개를 리스트 형태로 `[0.47322014 0.08196255 0.31075051 0.94040959 0.05013325]` 출력하였다. 두 번째 `print()`문에서는 `all()`이라는 메소드를 사용하여 "`ary` 배열의 모든 원소가 `0.3`보다 크거나 같다."라는 조건을 만족하면 `True`를 출력하며, 그렇지 않으면 `False`를 출력하게 된다. 여기에서는 2개의 원소가 0.3보다 크거나 같지 않기 때문에 `False`가 출력된다. 마지막 `print()`문은 "`ary` 배열에 원소가 0.7보다 큰 수가 있다."를 검사하여 결과를 출력한다. 여기에서는 4번째 항목(0.94040959)이 0.7보다 크기 때문에 `True`를 출력하게 된다.

Quiz 9.9

다음은 5명의 키와 몸무게로 각자의 `bmi()`를 측정하는 프로그램을 작성하고자 한다. 5명의 데이터와 `bmi`를 구하는 식이 다음과 같을 때 정답을 구하는 프로그램을 완성하라[height:(cm), weight(kg)].

bmi() 구하는 식	height = [173, 168, 171, 189, 179] weight = [65.4, 59.2, 63.6, 88.4, 68.7] bmi = (weight/(height**2))*10000
명령문	import numpy as np height = ______________________________ weight = ______________________________ bmi = weight/(height**2)*10000 print(bmi)
결과	[21.85171573 20.97505669 21.75028214 24.74734750 21.44127836]

Quiz 9.10

[Quiz 9.9]의 결과를 이용하여 `bmi`의 값이 21보다 큰 사람에 대한 정보를 얻고자 한다. 각각의 사람에 대해 21을 넘으면 `True`를, 그렇지 않으면 `False`의 결과를 리스트로 출력하는 명령문을 작성하시오.

명령문	______________________________
결과	[True False True True True]

등간격 나누기

Numpy는 시작과 끝의 값을 지정하고 그 사이의 값을 균등하게 배분하는 기능을 제공한다. 여기에서는 관련된 linspace()와 logspace() 메소드를 소개한다.

먼저 linspace() 메소드의 예를 들어보자. 0과 12를 포함한 그 사이의 값들을 선형적으로 분배하여 모두 4개의 원소를 갖는 배열을 다음과 같이 생성할 수 있다.

명령문	np.linspace(0, 12, 4)
결과	array([0., 4., 8., 12.])

명령문	np.linspace(0, 12, 4, retstep=True)
결과	(array([0., 4., 8., 12.]), 4.0)

retstep(return step)이 참이면 샘플 간의 간격을 마지막 값으로 출력하게 된다.

멍령문	np.linspace(0, 12, 3, endpoint=False)
결과	array([0., 4., 8.])

0에서 12까지 3개의 등간격 값들을 얻어내는 코드인데 'endpoint=False'로 설정되어 있기 때문에 우선 4개의 구간으로 나누고 마지막 값을 제외하여 출력한 결과이다. 그리고 endpoint의 디폴트값은 True이다.

다음은 10에서 100까지 5개의 대수(로그) 형태의 간격으로 나누어진 원소들을 배열로 생성해보자.

명령문	np.logspace(np.log10(10), np.log10(100), 5)
결과	array([10. , 17.7827941 , 31.6227766 , 56.23413252 , 100.])

아니면, $\log_{10}(10) = 1$, $\log_{10}(100) = 2$와 같이 로그값을 알고 있다면 그대로 그 값을 입력해도 다음과 같이 위와 같은 결과를 얻을 수 있을 것이다.

명령문	np.logspace(1, 2, 5)
결과	array([10. , 17.7827941 , 31.6227766 , 56.23413252 , 100.])

CHAPTER

10

빅데이터 분석을 위한 Plot 기능

학습목차

빅데이터 분석에 있어서 플랏의 기능은 매우 중요하다. 데이터를 분석하고 가공하기 위해 필요한 기능으로 숫자나 문자로 작성된 데이터를 그래프로 볼 수 있어 매우 중요한 기능이라고 할 수 있다. 파이썬을 위해서 다양한 플랏 관련 라이브러리가 제공되는데 우선 `Matplotlib`를 살펴보자. `Matplot` 기능을 제공하는 `Matplotlib`는 그래프나 그림을 그릴 수 있는 플라팅(plotting) 라이브러리이다. 매우 방대한 크기의 라이브러리이지만 우리가 설계하는 프로그램에서는 일부의 기능만 가져오면 되며 이것은 파이썬에서의 장점이기도 하다. 파이썬에서 제공하는 함수들을 활용하면 매트랩(Matlab)처럼 다룰 수 있으며 제공되는 기능이나 문법(syntax)도 비슷하다. 파이썬에서 `Matplot`의 기능을 인터렉티브하게 사용할 수 있어 생성한 결과를 간편하고도 즉각적으로 확인할 수 있다. 이를 위하여 파이썬에서는 `Pyplot`이라는 모듈을 사용하여 데이터를 시각적으로 표현할 수 있으며 이를 `Matplot`과 인터페이스 역할을 하는 것으로 상태 머신(state machine)이라고도 한다.

10.1 Matplot의 기초

Matplotlib 설치

아나콘다 내비게이터를 사용한다면 다음 그림에서 처럼 왼쪽 메뉴의 Home 아래에 있는 'Environments'를 선택한다. 그러면 나음의 화면이 출력되며 가운데 탭에서 'All'을 선택하고 오른쪽 입력창에서 `matplot`을 검색하면 다음과 같이 `matplotlib`가 보인다. 이때 `matplotlib` 앞의 박스에 체크를 하고 설치하면 주피터 노트북에서 사용할 수 있다.

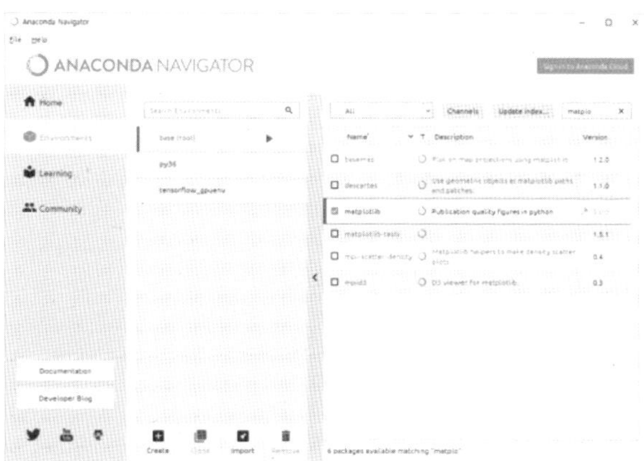

아나콘다 콘솔 창에서 설치한다면 다음의 명령문을 실행한다.

```
python -m pip install -U matplotlib
```

직선 그래프

다음은 matplotlib 라이브러리에서 제공하는 pyplot을 가져와야 하는데 이름이 matplotlib.pyplot으로 너무 길기 때문에 plt라는 변수명으로 대체하는 명령문이 필요하다. 다음은 y라는 리스트를 작성하고 pyplot에서 제공하는 plot()이라는 메소드의 입력값으로 넣어주면 그래프를 그려준다.

그래프를 그리기 전에 다음의 명령문을 삽입하면 한 번의 실행으로 그 그래프의 출력을 볼 수 있다.

```
%matplotlib inline
```

명령문	`%matplotlib inline`
	`import matplotlib.pyplot as plt`
	`y = [1, 2, 3, 4, 5]`
	`plt.plot(y)`
	`plt.show()`

결과	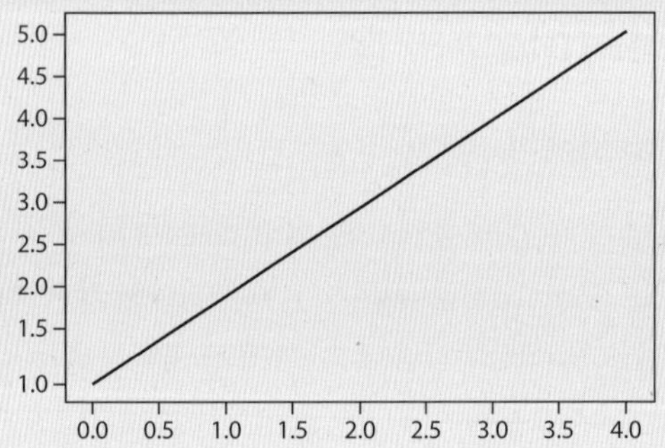

그래프가 출력되기 전에 matplotlib의 2D 라인이라는 문자열이 아래와 같이 출력되는데 이것을 출력하고 싶지 않다면 plot() 메소드의 명령문 마지막에 세미콜론(;)을 넣어주면 다음 예제들과 같이 출력하지 않게 된다.

명령문	`import matplotlib.pyplot as plt`
	`y = [13, 16, 15, 18, 16, 17, 16]`
	`plt.plot(y)`

결과	`[<matplotlib.lines.Line2D at 0x289ebb36898>]` 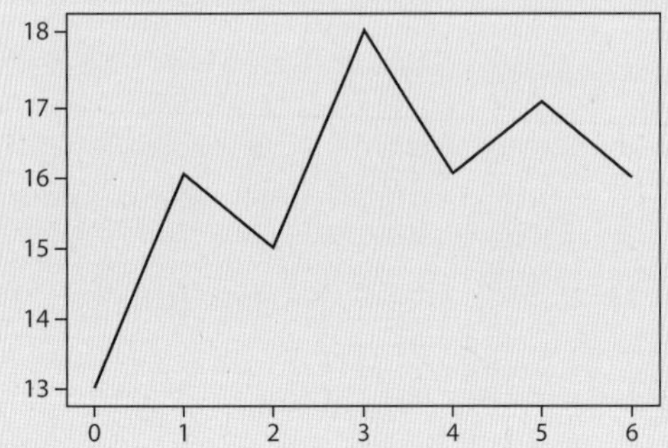

다음은 `plot()` 메소드의 입력 파라미터의 개수가 2개인 경우이다. 여기에서는 첫 번째 항목은 x축 좌표값에 해당하며 두 번째 항목은 y축 좌표값에 해당한다. 다음의 예제를 살펴보자. `range(len(y))`는 `range(7)`이므로 0에서 6까지의 리스트에 해당하기 때문에 여기에서는 x축의 값에 해당한다. 따라서 두 번째 파라미터 y의 값들은 y축에 해당하므로 그래프를 그리면 다음과 같이 출력된다.

명령문	`y = [13, 16, 15, 18, 16, 17, 16]` `plt.plot(range(len(y)), y);`
결과	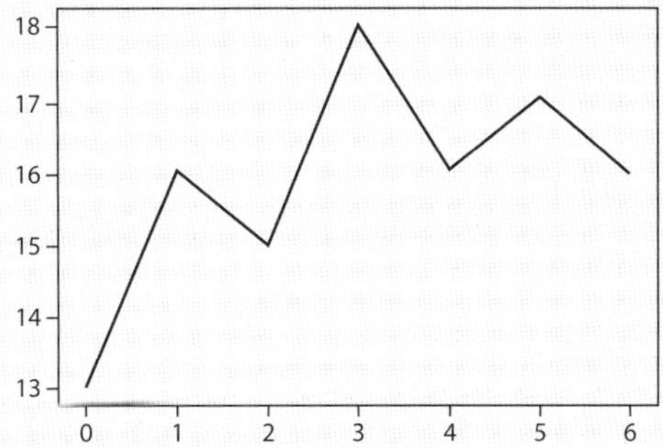

위와 같이 굳이 X축에 해당하는 `range(len(y))`의 값을 넣지 않아도 자동적으로 0에서부터 1의 간격으로 X축을 만들어 준다. 그래서 이번에는 x축에 의미 있는 문자(열)를 넣어보자.

명령문	`x = ['Mon', 'Tue', 'Wed', 'Thur', 'Fri', 'Sat', 'Sun']`
	`y = [13, 16, 15, 18, 16, 17, 16]`
	`plt.plot(x, y);`

결과	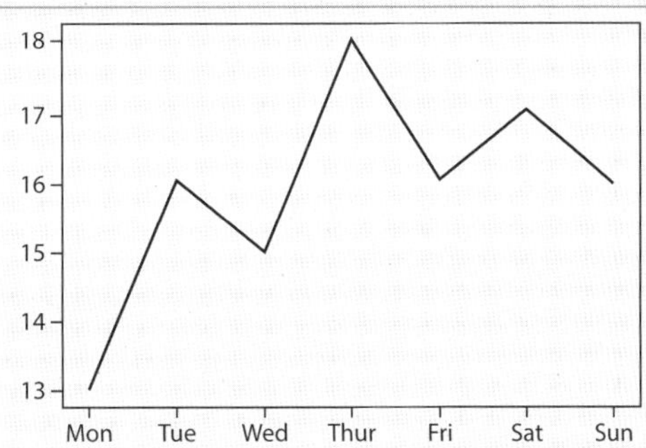

다음은 각각의 x, y축들이 무엇을 의미하는지 라벨(label)을 입력해보자. `pyplot`에는 x축의 라벨을 입력하는 `xlabel()` 메소드와 y축의 라벨을 입력하는 `ylabel()` 메소드가 있다. 그리고 라벨은 문자열이므로 따옴표와 함께 입력하면 된다.

명령문	x = ['Mon', 'Tue', 'Wed', 'Thur', 'Fri', 'Sat', 'Sun']
	y = [13, 16, 15, 18, 16, 17, 16]
	plt.plot(x, y);
	plt.xlabel('Daily')
	plt.ylabel('No. of Books Sold');

결과	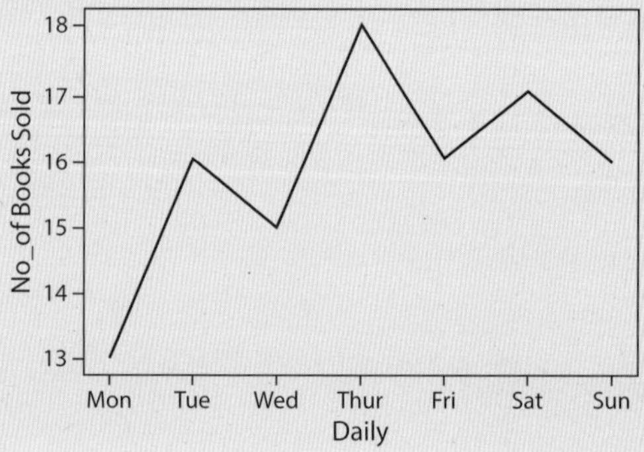

다음은 그래프를 1개 더 추가해보자. 그래프가 2개이므로 y축에 해당하는 값을 추가로 입력한다. 따라서 기존의 y 리스트를 y1으로 변경하고 y2를 다음과 같이 추가한다.

명령문	x = ['Mon', 'Tue', 'Wed', 'Thur', 'Fri', 'Sat', 'Sun'] y1 = [13, 16, 15, 18, 16, 17, 16] y2 = [17, 14, 17, 16, 15, 15, 14] plt.plot(x, y1) plt.plot(x, y2) plt.xlabel('Daily') plt.ylabel('No. of Books Sold');
결과	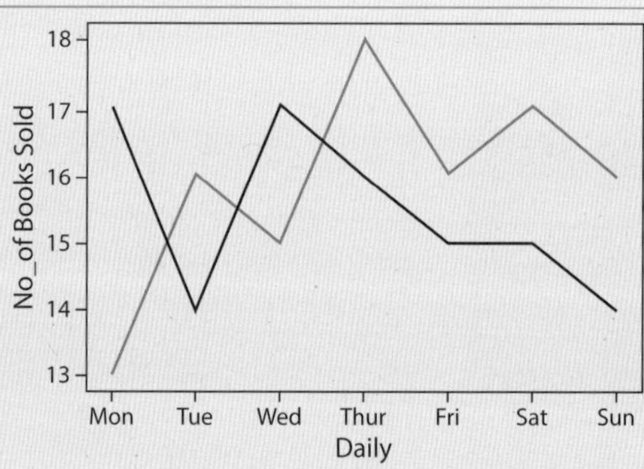

다음은 레전드(legend)를 붙여보자. 레전드는 각각의 그래프가 무엇을 나타내는지 설명하는 범례이기 때문에 각각의 그래프가 무엇인지 `plot()`을 실행할 때 다음과 같이 지정해 주어야 한다. 레전드는 그래프에서 왼쪽 위에 표시되었다.

<table>
<tr><td>명령문</td><td>

```
x = ['Mon', 'Tue', 'Wed', 'Thur', 'Fri', 'Sat', 'Sun']
y1 = [13, 16, 15, 18, 16, 17, 16]
y2 = [17, 14, 17, 16, 15, 15, 14]
plt.plot(x, y1, label='Sold')
plt.plot(x, y2, label='On Shelves')
plt.xlabel('Daily')
plt.ylabel('No. of Books Sold')
plt.legend(loc="upper left")
```

</td></tr>
<tr><td>결과</td><td>
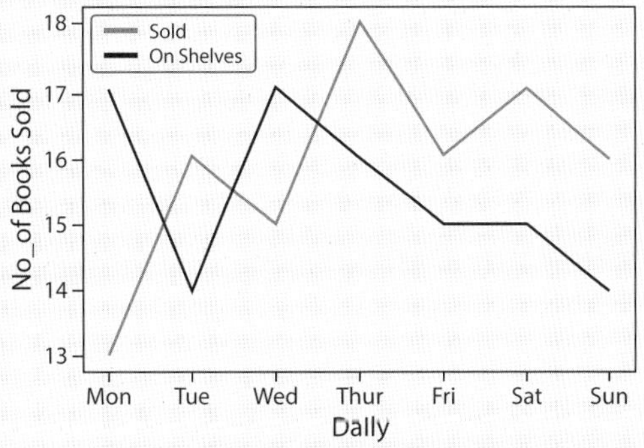

</td></tr>
</table>

마지막으로 제목을 넣어보자. 그래프 상단 중앙에 위치하며 전체 그래프의 제목을 나타낸다.

<table>
<tr><td>명령문</td><td>

```
x = ['Mon', 'Tue', 'Wed', 'Thur', 'Fri', 'Sat', 'Sun']
y1 = [13, 16, 15, 18, 16, 17, 16]
y2 = [17, 14, 17, 16, 15, 15, 14]
plt.plot(x, y1, label='Sold')
plt.plot(x, y2, label='On Shelves')
plt.xlabel('Daily')
plt.ylabel('No. of Books Sold')
plt.legend(loc="upper left")
plt.title('Le Petit Prince: Sold & Left')
```

</td></tr>
<tr><td>결과</td><td>
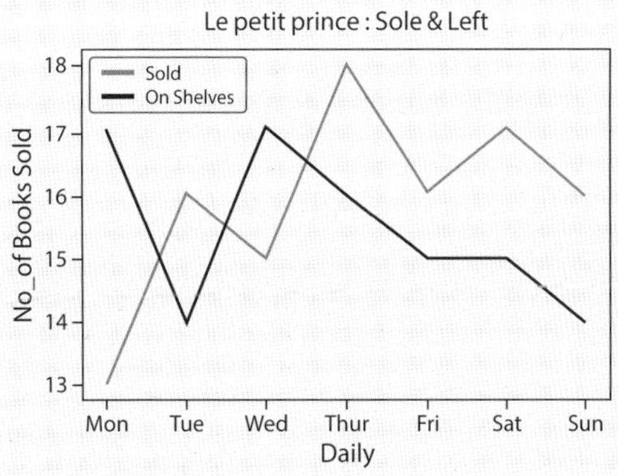

</td></tr>
</table>

점선 그래프

다음은 plot() 메소드에 x축과 y축의 값을 동시에 입력하여 점으로 이루어진 그래프를 작성해보자. plot() 메소드의 옵션으로 'bo'를 입력하면 b(Blue) 색상의 'o'모양으로 점을 표시한다.

명령문	x = [1, 2, 3, 4, 5] y = [1, 4, 9, 16, 25] plt.plot(x, y, 'bo') plt.show()
결과	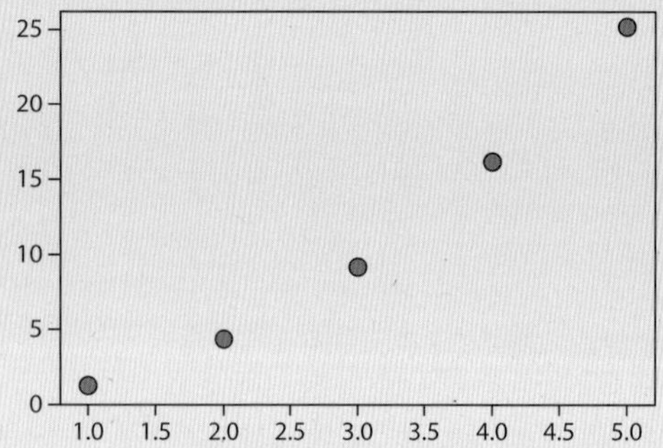

다음은 위의 그래프의 여백을 좀 더 할당하기 위해 axis()라는 메소드를 활용하여 x축과 y축의 범위를 지정해줄 수 있다. 입력값은 모두 4개이며 이들을 한 개의 리스트형으로 입력하면 된다. plt.axis() 메소드는 x축과 y축 그래프의 범위를 지정해주는 기능이며 리스트 형식의 값을 입력한다. [xmin, xmax, ymin, ymax]의 형식으로 입력하면 된다. 예를 들어, [0, 6, 0, 30]이 입력되었다면 x축은 0~6까지, y축은 0~30까지의 범위를 출력하라는 의미이다.

명령문	x = [1, 2, 3, 4, 5] y = [1, 4, 9, 16, 25] plt.plot(x, y, 'bo') plt.axis([0, 6, 0, 30]) plt.show()
결과	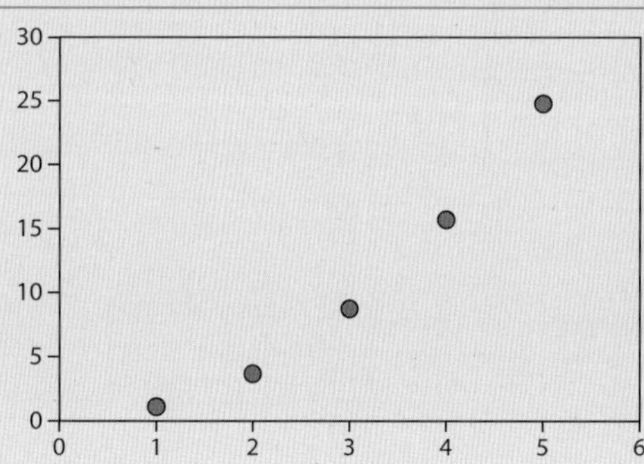

플랏의 다양한 서식들에 관련된 메소드들은 다음의 표와 같다.

서식	메소드
legend 추가	legend()
축 교정	axis()
축의 라벨 설정	xlabel(), ylabel()
그림 저장	savefig()

10.2 Numpy를 이용한 plot 기능

다음은 Numpy를 이용하여 plot 기능을 사용해보자.

명령문

```
import numpy as np
points = np.array([[1,1], [1,2], [1,3], [2,1], [2,2], [2,3], [3,1],
                                                          [3,2], [3,3]])
p = np.array([2.5, 2])
import matplotlib.pyplot as plt
plt.plot(points[:, 0], points[:, 1], "ro")
plt.plot(p[0], p[1], "bo")
```

결과

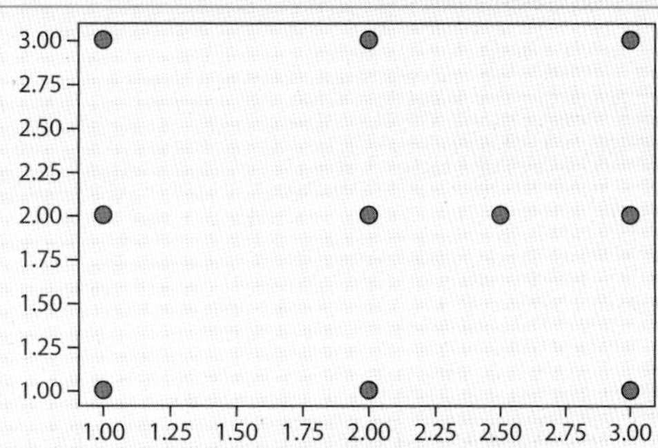

그리고 plot() 메소드의 입력 파라미터의 개수에 따라 세부적인 기능이 달라진다. 먼저 입력값이 1개인 경우를 살펴보자.

명령문

```
import matplotlib.pyplot as plt
import numpy as np
x = np.linspace(0, 5, 10)
y = x**2
plt.plot(x, y)
```

<table>
<tr><td>결과</td><td>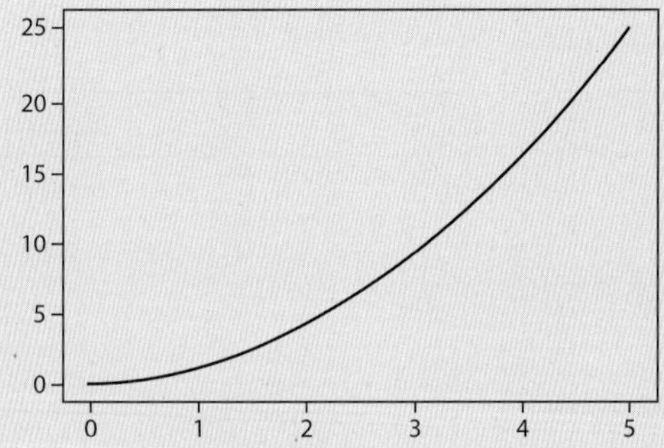</td></tr>
</table>

다음은 `plot()` 메소드의 입력 파라미터의 개수가 다수인 경우의 예이다. 다음의 예는 x와 y의 좌표를 입력하고, 그래프의 라인이 파란색(b)이며 마커 모양이 원(o)인 경우이다. 라인폭(Line Width)을 3으로 설정하고 마커 사이즈(Marker Size)를 5로 설정한 것이다.

<table>
<tr><td>명령문</td><td>x = np.linspace(0, 10, 20)
y = x**2.0
plt.plot(x, y, "bo-", linewidth=3, markersize=5)</td></tr>
<tr><td>결과</td><td>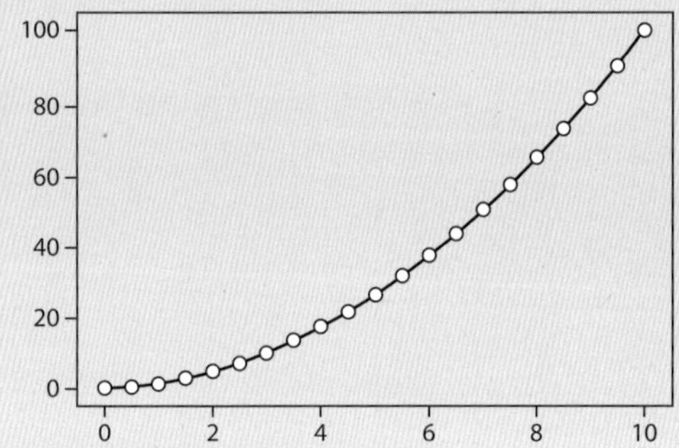</td></tr>
</table>

다음은 위와 같이 x와 y의 좌표를 입력하고, 그래프의 라인이 연두색(g)이며 마커 모양이 네모(s)인 경우이다. 라인폭(Line Width)을 1로 설정하고 마커 사이즈(Marker Size)를 3으로 설정한 예제이다.

<table>
<tr><td>명령문</td><td>plt.plot(x, y, "gs-", linewidth=1, markersize=3)</td></tr>
<tr><td>결과</td><td>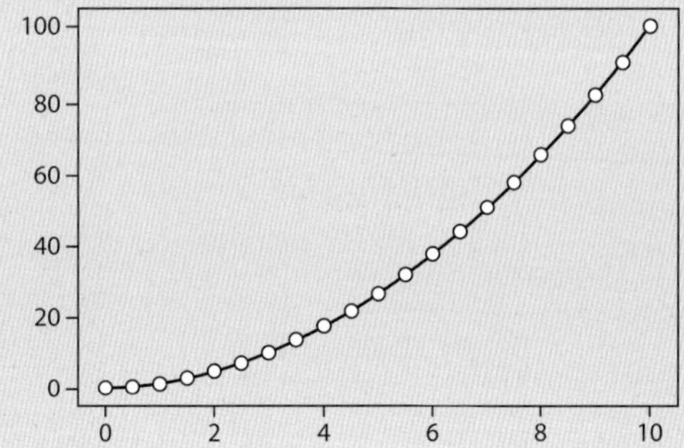</td></tr>
</table>

명령문	x = np.linspace(0, 10, 20) y1 = x**2.0 y2 = x**1.5 plt.plot(x, y1, "bo-", linewidth=2, markersize=12, label="First") plt.plot(x, y2, "gs-", linewidth=2, markersize=12, label="Second") plt.xlabel("X") plt.ylabel("Y") plt.axis([-0.5, 10.5, -5, 105]) plt.legend(loc="upper left") plt.savefig("mplot.pdf")
결과	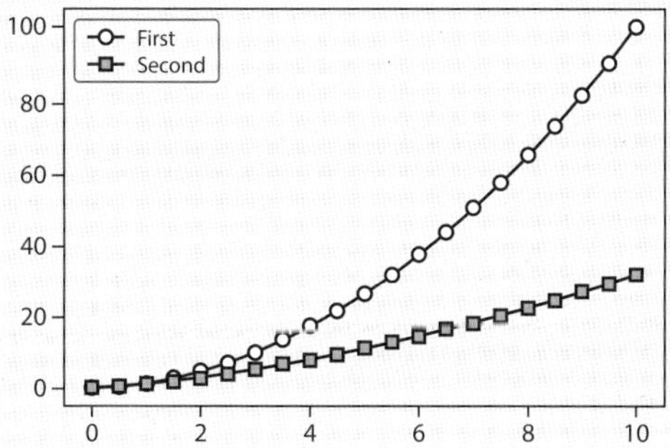

다음은 x = np.linspace(-1, 1, 20) 처럼 linspace() 메소드를 사용하지 않고 로그 함수를 사용하여 x = np.logspace(-1, 1, 20) 로 수정한 다음의 명령문을 실행해보자.

명령문	x = np.logspace(-1, 1, 20) y1 = x**2.0 y2 = x**1.5 plt.plot(x, y1, "bo-", linewidth=2, markersize=5, label="First") plt.plot(x, y2, "gs-", linewidth=2, markersize=5, label="Second") plt.xlabel("X") plt.ylabel("Y") plt.axis([-0.5, 10.5, -5, 105]) plt.legend(loc="upper left") plt.savefig("mplot.pdf")
결과	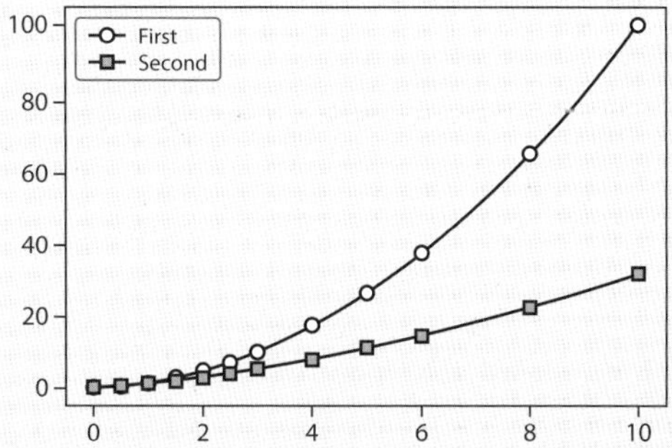

x축을 따라 똑같이 분류된 그래프를 보여준다. 특정 데이터에 대수(logarithm)를 적용하면 그래프를 그리는 데 도움이 된다.

$$y = x^{\alpha}$$

$$\log y = \alpha \cdot \log x$$

$$y' = \alpha \cdot x'$$

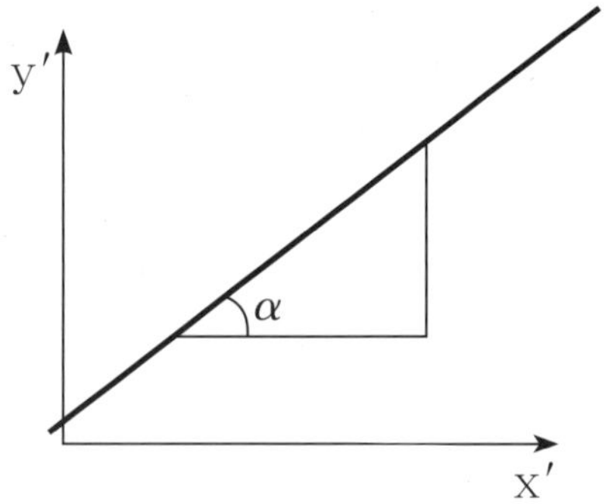

다음은 표준정규분포(Standard Normal Distribution)의 확률로 천개의 무작위 값을 생성하고 이를 그래프로 그려보자. Numpy에서는 해당 기능을 수행하기 위해 standard_normal()과 randn() 같은 메소드들을 지원한다. 이들은 n개의 무작위 샘플을 생성하며, 참고로 생성되는 값들은 $N(\mu, \sigma^2)$에 의해서 다음과 같이 계산된다.

```
sigma * np.random.randn(...) + mu
```

각각의 메소드에 대한 예제를 살펴보자. 먼저 standard_normal() 메소드의 예는 다음과 같다.

명령문	import matplotlib.pyplot as plt import numpy as np x = np.random.standard_normal(size=1000) plt.hist(x)
결과	(array([8., 16., 79., 163., 276., 239., 150., 51., 16., 2.]), array([-3.26202759, -2.59296388, -1.92390018, -1.25483647, -0.58577276, 0.08329094, 0.75235465, 1.42141835, 2.09048206, 2.75954577, 3.42860947]), <a list of 10 Patch objects>)

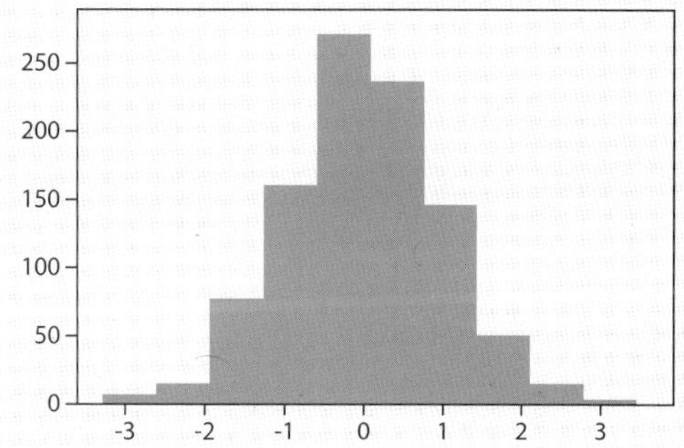

standard_normal(size=1000)에서 'size='는 생략 가능하다. 그리고 hist() 메소드를 실행하면 2개의 배열을 출력하는데, 첫 번째 배열의 값은 각각의 결과(outcome)에 대한 빈도수를 나타낸다.

이것을 빈도수가 아닌 확률로 나타내고 싶으면 다음의 예제와 같이 hist() 메소드의 인자로 'density=True'를 입력하면 된다. 아래에 출력된 내용을 살펴보면 2개의 array 항목들이 나오는데 첫 번째 array는 Y축이 값들을, 두 번째는 X축의 값들의 범위를 나타낸다. 출력 내용 중에 <a list of 10 Patch objects>라는 의미는 모두 10개 구간의 값들을 가지고 있다는 뜻이며, 그렇기 때문에 두 번째 array는 모두 11개의 값들이 포함되어 있다. 예를 살펴보자. 두 번째 array에서 −2.79330512와 −2.18171376은 첫 번째 구간을 의미하며 첫 번째 array에 적힌 0.02452618 값을 갖는다는 의미이다.

명령문	plt.hist(x, density=True)
결과	(array([0.02452618, 0.08502409, 0.16023771, 0.32865082, 0.37279795, 0.34827177, 0.20438484, 0.08502409, 0.0228911 , 0.00327016]), array([-2.79330512, -2.18171376, -1.57012241, -0.95853106, -0.34693971, 0.26465164, 0.87624299, 1.48783434, 2.0994257 , 2.71101705, 3.3226084]), <a list of 10 Patch objects>) 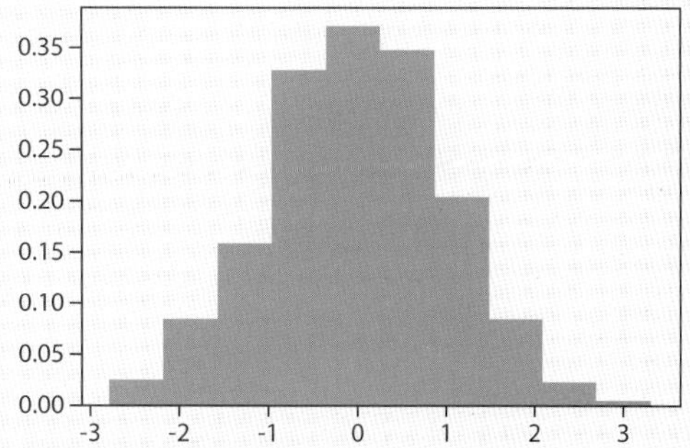

다음은 randn() 메소드의 예를 살펴보자.

<table>
<tr><td>명령문</td><td>import matplotlib.pyplot as plt
import numpy as np
x =np.random.randn(1000)
plt.hist(x)</td></tr>
<tr><td>결과</td><td>((array([1., 2., 14., 62., 155., 310., 268., 140., 34., 14.]),
  array([-4.57504188, -3.79480149, -3.01456111, -2.23432073,
        -1.45408034, -0.67383996, 0.10640043, 0.88664081,
         1.66688119, 2.44712158, 3.22736196]),
 <a list of 10 Patch objects>)
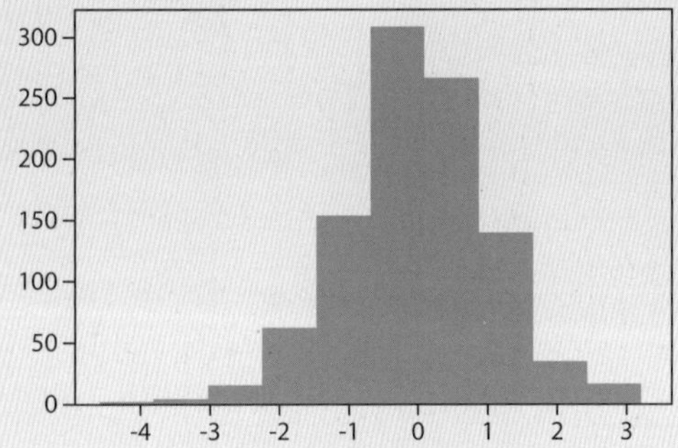
</td></tr>
</table>

파라미터 c처럼 scatter() 함수에는 다음과 같은 다양한 옵션들이 있다.

옵션	내용
s	크기
c	색상
marker	모양(style)
alpha	투명도

s는 도형(Marker)의 크기를, c는 도형의 색상을, marker는 도형의 모양(style)을, alpha는 도형의 투명도를 나타낸다. s는 원의 넓이(πr^2)를 구하는 식을 사용했으며. marker는 도형의 모양을 지정하는데, 예를 들면 '*'는 별을, '^'는 삼각형을, 'o'는 원을 나타낸다. 마지막으로 alpha는 0(투명) ~ 1(불투명) 사이의 값으로 도형의 투명도를 지정해 줄 수 있다. 아래 코드에서는 0.7로 설정했으므로 투명보다는 불투명에 가까운 투명도를 나타낸다.

명령문

```
import numpy as np
import matplotlib.pyplot as plt
x = np.random.rand(30)
y = np.random.rand(30)
colors = np.random.rand(30)
size = np.pi * (np.random.rand(30)*20) **2
plt.scatter(x, y, s=size, c = colors, marker='*', alpha=0.7)
plt.show()
```

결과

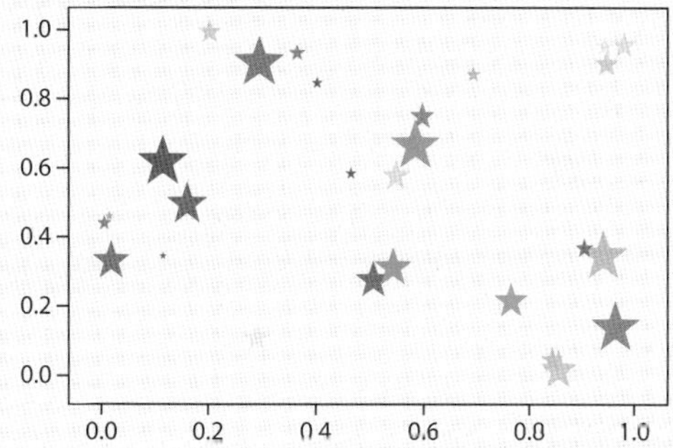

그런데, 하나의 그래프에 출력하려는 도형의 개수가 많을 경우에는 일일이 색상을 할당하기 어렵다. 이런 경우 색상의 목록을 한번만 지정해주고 이를 반복해서 사용하면 된다. 바로 `itertools` 모듈의 `cycle()` 함수에 리스트 형식으로 색상의 목록을 입력해주는 방법이다. 만약 출력하는 도형의 개수가 리스트 목록의 수를 넘어서면 처음으로 돌아가서 다시 순서대로 색상을 할당해준다. 아래 예제에서는 리스트의 함축 기능을 이용하여 100개 도형에 대해 색상 목록을 만들어 놓고, 이 `colors` 리스트를 `scatter()` 함수의 `c` 옵션에 입력하였다. 아래의 코드를 실행해보자.

명령문

```
import numpy as np
import itertools
import matplotlib.pyplot as plt
x = np.random.rand(100)
y = np.random.rand(100)
colors = itertools.cycle(["red", "green", "blue", "yellow",
"pink", "orange", "purple", "brown", "cyan", "magenta"])
colors = [next(colors) for _ in range(100)]
shape - np.pi * (np.random.rand(100)*20) **2
plt.scatter(x, y, s=shape, c=colors, marker='o', alpha=0.5)
plt.show()
```

결과	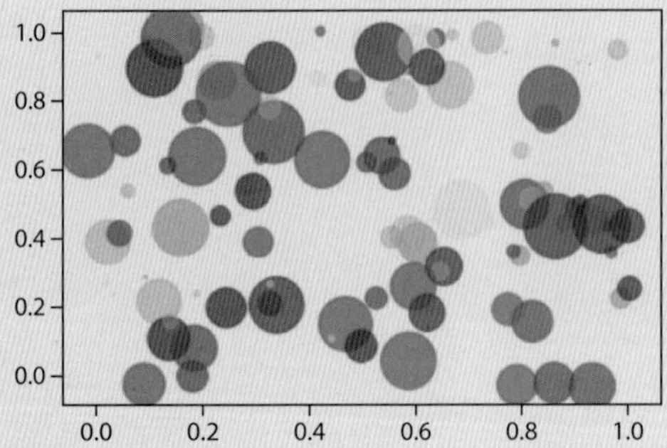

CHAPTER

11

데이터프레임 처리를 위한 Pandas

학습목차

11.1 Pandas의 기초

Pandas의 데이터 형식

Pandas에는 크게 2가지 형태의 데이터 형식이 있다. 바로 시리즈(Series)와 데이터 프레임(Data Frame)이다. 시리즈는 1차원 배열의 개념이며 데이터프레임은 2차원 배열의 개념을 지니고 있다. 먼저 시리즈의 형식부터 살펴보자.

시리즈(Series) 형식

Pandas의 시리즈는 1차원 배열(벡터)의 형태로 색인(index)과 값(data)으로 구성되어 있으며 색인을 이용하여 원하는 데이터에 접근할 수 있다.

다음은 Pandas 모듈을 pd라는 이름으로 가지고 와서 리스트 형식의 데이터들을 Pandas의 시리즈 형식으로 변환하는 명령문이다. 그러면 아래의 결과와 같이 자동으로 0~3까지의 색인을 만들어준다.

명령문	`import pandas as pd` `pd.Series([7, 3, 5, 8])`

결과	`0    7`
	`1    3`
	`2    5`
	`3    8`
	`dtype: int64`

다음은 자동으로 색인을 만들지 않고 원하는 색인의 이름을 입력하는 명령문이다. 이때 사용하는 키워드는 'index'이며 아래와 같이 입력 데이터를 작성하면 된다.

명령문	`x = pd.Series([7, 3, 5, 8], index=['서울', '대구', '부산', '광주'])` `print(x)`

결과	`서울    7`
	`대구    3`
	`부산    5`
	`광주    8`
	`dtype: int64`

Pandas의 시리즈 형식으로 변환된 데이터는 다음과 같이 색인을 나열하여 원하는 값들을 출력할 수 있다.

명령문	x[['서울', '대구']]
결과	서울　　7 대구　　3 dtype: int64

다음과 같이 index를 사용하면 만들어진 시리즈 데이터에서 인덱스만을 출력할 수 있다.

명령문	x.index
결과	Index(['서울', '대구', '부산', '광주'], dtype='object')

다음과 같이 values를 사용하면 만들어진 시리즈 데이터에서 값들만을 출력할수 있다.

명령문	x.values
결과	array([7, 3, 5, 8]), dtype=int64)

또한 sorted() 함수를 사용하여 인덱스나 값들로 정렬할 수 있다.

명령문	print(sorted(x.index)) print(sorted(x.values))
결과	['광주', '대구', '부산', '서울'] [3, 5, 7, 8]

명령문	sorted(x.values)
결과	[3, 5, 7, 8]

명령문	x = x.reindex(sorted(x.index)) x
결과	광주　　8 대구　　3 부산　　5 서울　　7 dtype: int64

다음은 x와 y에 저장되어 있는 인덱스별로 저장된 값들의 합을 구하는 명령문이다. x와 y에 공통된 인덱스가 존재해야 더할 수 있으므로 광주와 대전은 NaN으로 표시된다.

명령문	x = pd.Series([3, 8, 5, 9], index=['서울', '대구', '부산', '광주']) y = pd.Series([2, 4, 5, 1], index=['대구', '부산', '서울', '대전']) x+y

결과	광주 NaN 대구 10.0 대전 NaN 부산 9.0 서울 8.0 dtype: float64

Pandas의 1차원 배열 형식인 Series 객체로부터 유일한 값들만을 반환하는 메소드를 사용한다.

명령문	medal = [1, 3, 2, 4, 2, 3] x = pd.Series(medal) print(pd.unique(x))
결과	[1 3 2 4]

다음의 예제를 통해 숫자뿐만 아니라 문자열도 똑같이 작동함을 살펴보자.

명령문	medal = ['민준', '현우', '서연', '동현', '서연', '현우'] x = pd.Series(medal) print(pd.unique(x))
결과	['민준' '현우' '서연' '동현']

다음은 사전 형식의 데이터를 Pandas의 Series 형식으로 변환하는 예제이다.

명령문	age = {'민준':23, '현우':43, '서연':12, '동현':45} x = pd.Series(age) x
결과	민준 23 현우 43 서연 12 동현 45 dtype: int64

그런데 Pandas 형식을 사용할 때 유념할 점이 있다. 다음의 예제를 살펴보자.

명령문	names = ['민준', '서연', '현우', '민서', '동현', '수빈'] pdata = pd.Series(names) print(pdata)
결과	0 민준 1 서연 2 현우 3 민서 4 동현 5 수빈

여기에서 인덱스 3부터 6번 전까지의 값들을 슬라이싱하여 a의 변수에 저장한 후 출력하면 다음의 결과를 얻을 수 있다.

명령문	a = pdata[3:6] print(a.values)
결과	['민서' '동현' '수빈']

위의 결과에서 a의 변수에 3개의 원소가 존재한다는 것을 확인할 수 있다.

Quiz 11.1

위의 예제를 참고하여 다음의 명령문을 실행하면 어떤 결과가 나올지 빈칸에 적으시오.

명령문	print(a[2])
결과	______________

앞에서 배운 리스트의 개념에 따르면 a 변수의 2번 인덱스에 저장된 값인 '수빈'이 출력되어야 하는데, Pandas의 Series 형태로 된 변수 a에서는 에러가 발생한다. 왜 그럴까? 다음의 명령문을 실행해보자.

명령문	print(a)
결과	3　　민서 4　　동현 5　　수빈

Pandas의 Series 기본 구조에서는 이름 앞에 인덱스 번호가 정해져있다. 앞에서 슬라이싱할 때에 이들의 값들까지 삭제된 것이다. 즉 Series 형식 데이터에서의 인덱스 번호란 자체적으로 내포하고 있는 'index'를 의미하며 일반 배열에서의 인덱스와 다르다. 따라서 표로 정리하면 다음과 같다.

종류	예제	설명
일반적인 인덱스	b = a[1:2] print(b)　　# 4 동현 출력	슬라이싱 시에는 일반 배열의 인덱스 형식으로 동작
Pandas의 인덱스	print(a[5])　# '수빈' 출력	Pandas Series의 인덱스 사용

데이터프레임(DataFrame)

다음은 Pandas의 두 번째 형식인 DataFrame을 살펴보자. 앞에서 설명한 대로

DataFrame은 2차원 배열의 개념을 가지고 있으며 행과 열로 구성되어 있다. 그리고 다음과 같이 일반적으로 열(Column)에 대한 각각의 이름을 부여하게 된다.

명령문

```
data = {'age' : [23, 43, 12, 45],
        'name' : ['민준', '현우', '서연', '동현'],
        'height' : [175.3, 180.3, 165.8, 172.7]}
x = pd.DataFrame(data, columns = ['name', 'age', 'height'])
x
```

결과

	name	age	height
0	민준	23	175.3
1	현우	43	180.3
2	서연	12	165.8
3	동현	45	172.7

다음은 name 칼럼의 내용만 출력하는 방법이다.

명령문

```
x.name
```

결과

```
0    민준
1    현우
2    서연
3    동현
Name: name, dtype: object
```

위의 방법으로는 특정한 위치의 내용들을 출력하기 어렵다. 따라서 Pandas에는 iloc() 메소드를 사용하여 특정한 행이나 위치의 내용들을 지정하여 출력할 수 있다.

명령문

```
ary = [[1, 2], [3, 4], [5, 6]]
data = pd.DataFrame(ary, columns=['First', 'Second'])
data
```

결과

	First	Second
0	1	2
1	3	4
2	5	6

1차원 배열을 이용하면 특정한 행의 값들을 출력할 수 있다. 여기에서는 1번 행의 값을 출력하기 위해 다음과 같은 명령문을 실행한다.

명령문

```
data.iloc[1]
```

결과

```
First     3
Second    4
Name: 1, dtype: int64
```

다음은 모든 행의 마지막 데이터만을 출력하는 명령문이다.

명령문	data.iloc[:, -1]
결과	0 2 1 4 2 6 Name: Second, dtype: int64

그리고 head()와 tail()을 사용하면 처음이나 마지막 행의 결과를 출력할 수 있다. head() 메소드에서 괄호 안에 입력값을 넣으면 첫 행부터 입력한 수만큼의 행이 출력이 되며, 입력하지 않으면 다음과 같이 첫 5줄의 행을 출력하게 된다. 이것은 tail()에서도 같은 원리로 동작한다.

명령문:

```
ary = [[1, 2], [3, 4], [5, 6], [7, 8], [9, 10]]
data = pd.DataFrame(ary, columns=['First', 'Second'])
data.head(3)
```

결과:

	First	Second
0	1	2
1	3	4
2	5	6

명령문:

```
data.tail(3)
```

결과:

	First	Second
2	5	6
3	7	8
4	9	10

Pandas의 DataFrame에서 특정 항목만 선택하여 저장하거나 출력할 수 있다. 여기에서는 boolean 값을 이용하여 True인 것은 선택하고 False인 것은 선택하지 않도록 설정하는 예를 설명한다. DataFrame 형식으로 구성된 data는 2개의 칼럼을 가지고 있으며 첫 칼럼의 이름은 'First', 두 번째 칼럼은 'Second'이다. 이때 'Second' 칼럼 중에 bool 값이 True인 데이터와 출력하고 싶다면 다음과 같이 작성하면 된다.

명령문:

```
ary = [[1, 2], [3, 4], [5, 6], [7, 8], [9, 10]]
data = pd.DataFrame(ary, columns=['First', 'Second'])
```

```
bools = [False, True, True, False, True]
data.Second[bools]
```

결과	1 4 2 6 4 10 Name: Second, dtype: int64

그러면 bools의 1번, 2번, 4번 인덱스 위치의 값들만 True이므로 data의 Second 칼럼의 해당 값들만 출력된 것을 확인할 수 있다.

뿐만 아니라 Pandas에서는 데이터의 값을 수학적인 메소드를 이용하여 계산할 수도 있다.

명령문	print(x.mean(axis=0))
결과	age 30.750 height 173.525 dtype: float64

참고 Pandas의 []는 위치를 나타내는 인덱스 기능 외에도 추가적인 기능이 있다. 아래의 예제와 같이 부울형 리스트를 인덱스 값으로 입력하면 참에 해당하는 행(row)들만 출력하게 된다.

명령문	data = {'age' : [23, 43, 12, 45],
	        'name' : ['민준', '현우', '서연', '동현'],
	        'height' : [175.3, 180.3, 165.8, 172.7]}
	x = pd.DataFrame(data, columns = ['name', 'age', 'height'])
	index = [True, False, True, False]
	print(x[index])

결과	name age height 0 민준 23 175.3 2 서연 12 165.8

Pandas의 데이터형

Pandas에는 여러 유형이 있지만 대표적으로 다음과 같은 형식의 데이터를 저장할 수 있다.

① Objects: 문자 또는 문자열형

② Int64: 정수형

③ Float64: 실수형

Pandas 데이터의 형변환

다음의 코드를 실행하면 data라는 Pandas 형식의 테이블이 출력된다. Pandas의 형식을 출력해야 하므로 여기에서는 print() 함수를 사용하지 않는다.

<table>
<tr><td>명령문</td><td>

```
import pandas as pd
import numpy as np
ary = [[1, 2], [3, 4], [5, 6], [7, 8], [9, 10]]
data = pd.DataFrame(ary, columns=['수온', '상온'])
data
```

</td></tr>
<tr><td>결과</td><td>

	수온	상온
0	1	2
1	3	4
2	5	6
3	7	8
4	9	10

</td></tr>
</table>

다음은 'First' 칼럼의 내용을 정수에서 실수형으로 모두 수정하는 명령문이다. astype() 메소드를 사용하여 원하는 데이터 타입을 'float'와 같이 입력하면 된다.

<table>
<tr><td>명령문</td><td>

```
data['수온'] = data['수온'].astype('float')
data
```

</td></tr>
<tr><td>결과</td><td>

	수온	상온
0	1.0	2
1	3.0	4
2	5.0	6
3	7.0	8
4	9.0	10

</td></tr>
</table>

Pandas에 파일 가져오기

외부의 파일을 가져와서 Pandas 형태로 저장하여 사용할 수도 있다. 엑셀의 csv 파일이나 텍스트가 저장된 txt 파일 등을 가지고 올 수 있는데, 여기에서는 엑셀의 csv 파일을 가져와서 Pandas 형식으로 저장하는 예제를 살펴보자. food.csv 파일을 작업하고 있는 주피터 노트북의 폴더에 저장하고 다음의 코드를 실행해보자. 엑셀 파일이라도 버전이나 자체적인 형식에 의해 다소 문제가 발생할 수도 있다. 다음의 예제에서는 아무 문제없이 전체 내용이 Pandas 형식으로 저장되어 출력된 것을 확인할 수 있다.

명령문

```
import pandas as pd
food = pd.read_csv('food.csv')
food.head()
```

결과

	Series_reference	Period	Data_value	STATUS	UNITS	Subject	Group	Series_title_1
0	CPIM.SE9S01	1999.06	645	REVISED	Index	Consumers Price Index - CPI	Food Price Index for New Zealand, Seasonally a...	Seasonally adjusted
1	CPIM.SE9S01	1999.07	647	REVISED	Index	Consumers Price Index - CPI	Food Price Index for New Zealand, Seasonally a...	Seasonally adjusted
2	CPIM.SE9S01	1999.08	645	REVISED	Index	Consumers Price Index - CPI	Food Price Index for New Zealand, Seasonally a...	Seasonally adjusted
3	CPIM.SE9S01	1999.09	644	REVISED	Index	Consumers Price Index - CPI	Food Price Index for New Zealand, Seasonally a...	Seasonally adjusted
4	CPIM.SE9S01	1999.10	641	REVISED	Index	Consumers Price Index - CPI	Food Price Index for New Zealand, Seasonally a...	Seasonally adjusted

우리나라 공공데이터 공유를 위해 정부에서 만든 www.data.go.kr 사이트가 있다. 여기에서 다양한 분야의 빅데이터를 얻을 수 있는데, 이번에는 이 사이트에서 소스를 얻어 간단한 실습을 해보자. 사이트에서 교통사고에 대한 파일을 다운로드하여 acci.csv의 이름으로 파일을 저장하였다. Pandas로 저장하여 출력하면 다음과 같이 출력된다. 이것을 이용하여 다음의 코드를 실행하면 문제가 발생한다.

명령문

```
import pandas as pd
accident = pd.read_csv('acci.csv')
accident
```

결과

```
에러 발생! 'utf-8' codec can't decode byte 0xc1 in position 0:
                                          invalid start byte
```

그렇다면 코드를 다음과 같이 수정하여 문제를 해결해보자. 코드를 수정하여 실행하면 원하던 결과를 얻을 수 있다. 다음의 출력 결과는 실측 데이터이며 자신이 원하는 데이터를 www.data.go.kr와 같은 인터넷 사이트에서 구할 수 있다.

명령문

```
import pandas as pd
accident = pd.read_csv('acci.csv', engine='python')
accident.head()
```

결과

	교통법규 위반	주야	발생건수	사망자수	부상자수	중상	경상	부상신고
0	과속	주	159	34	334	140	178	16
1	과속	야	218	73	348	200	139	9
2	교차로 통행방법 위반	주	8817	82	14031	3915	9530	586
3	교차로 통행방법 위반	야	5904	29	9728	2401	6884	443
4	기타	주	9388	141	14070	4270	9217	582

만약 한글이 깨져 보인다면 아래의 코드로 실행해보자.

명령문

```
import pandas as pd
acc = pd.read_csv('acci.csv', encoding='CP949')
acc
```

CHAPTER

12

빅데이터 가공 및 분석

학습목차

12.1 빅데이터의 가공

존재하지 않는 값(Missing Values) 처리

측정하거나 수집한 데이터들을 들여다보면 가끔씩 예상치 못한 값들이 포함되어 있을 수 있다. '?', 'N/A(또는 NaN: Not-a-Number)', '0' 또는 빈칸 등이 여기에 해당하며 이것은 해당 데이터가 없다는 의미이다. 이러한 값들은 통계를 처리하는 데 불필요한 요소이므로 적절한 처리 방법을 여기에서 배워보자.

model	num_cpu	num_wheels	max_speed	price
...	...	...	...	...
K720	8	4	35	NaN
...	...	...	...	...

* 존재하지 않는 값: '?', 'N/A', NaN, '0' 또는 빈칸

데이터가 없을 경우 처리하는 방법으로는 다음과 같은 방법들이 있을 것이다.

① 찾아서 복구하는 방법
② 해당 라인(행)을 삭제하는 방법
③ 해당 칼럼(열)이 중요하지 않다면 삭제하는 방법
④ **해당 값**을 다른 값들의 평균을 구해 입력하는 방법(해당 값이 수치값이 아닌 경우(색상, 종류 등)는 빈도수가 가장 많은 것을 선택)

먼저, 열을 삭제하는 아래의 코드를 실행해보자.

명령문

```
import pandas as pd
import numpy as np
from numpy import NaN
data = pd.DataFrame(np.arange(12).reshape(3, 4),
                    columns=['A', 'B', 'C', 'D'])
data.D[2] = 'NaN'
data
```

결과

	A	B	C	D
0	0	1	2	3
1	4	5	6	7
2	8	9	10	NaN

위의 결과에서 NaN이 포함되어 있는 D행을 삭제하려고한다. Pandas에서는 행을 삭제하려면 아래와 같이 drop() 함수를 사용하면 된다.

<table>
<tr><td>명령문</td><td>data.drop(['D'], axis=1)</td></tr>
<tr><td>결과</td><td>

	A	B	C
0	0	1	2
1	4	5	6
2	8	9	10

</td></tr>
</table>

자, 그렇다면 이번에는 다음의 데이터에서 NaN이 포함된 전체 행을 삭제해보자.

max_speed	price
24	23680
35	NaN
46	47350
27	NaN

먼저, 아래의 데이터를 가지고 있는 robots라는 리스트를 작성해보자.

명령문	import pandas as pd robots = [[24, 23680], [35, NaN], [46, 47350], [27, NaN]]
결과	NameError: name ‘NaN’ is not defined

그러면 NaN이 정의가 되지 않았다는 에러 메시지가 출력된다. 기본적으로 파이썬에는 NaN이 정의되어 있지 않기 때문에 아래와 같이 Numpy에서 NaN을 가지고와야한다.

명령문	import pandas as pd from numpy import NaN robots = [[24, 23680], [35, NaN], [46, 47350], [27, NaN]] print(robots)
결과	[[24, 23680], [35, nan], [46, 47350], [27, nan]]

이제, 준비된 리스트를 Pandas로 변환해보자.

명령문

```
import pandas as pd
from numpy import NaN
robots = [[24, 23680], [35, NaN], [46, 47350], [27, NaN]]
data = pd.DataFrame(robots, columns=['max_speed', 'price'])
print(data)
```

결과

```
   max_speed    price
0         24  23680.0
1         35      NaN
2         46  47350.0
3         27      NaN
```

드디어 데이터가 준비가 되었으니 이번에는 NaN이 들어있는 행을 삭제해보자. dropna()라는 메소드를 활용하면 삭제할 수 있는데, 이때 행을 삭제할지 열을 삭제할지를 옵션으로 지정해주어야 한다. 지금은 행을 삭제해야하기 때문에 옵션으로 'axis=0'를 입력하여 아래와 같이 실행하면 된다. 그리고 'inplace=True'는 해당 데이터 세트 자체를 수정하라는 의미이다.

명령문

```
data.dropna(subset=['price'], axis=0, inplace=True)
data
```

결과

	max_speed	price
0	24	23680.0
2	46	47350.0

max_speed	price
24	34680
~~35~~	~~NaN~~
46	47350
~~27~~	~~NaN~~

➡

max_speed	price
24	34680
46	47350

```
dataframes.dropna():     # axis=0 1개의 행 전체를 삭제
                         # axis=1 1개의 열 전체를 삭제
```

다음은 해당 칼럼의 다른 값들의 평균을 구해 NaN를 대체하는 명령문을 작성해보자. data['price'].mean()은 'price' 칼럼의 값들의 평균을 구하는 명령문이다. 그 평균값을 NaN과 교체하는 명령어인 data.replace(NaN, mean)를 실행하면 해당 데이터를 수정할 수 있다.

명령문	`import pandas as pd`
	`from numpy import NaN`
	`robots = [[24, 23680], [35, NaN], [46, 47350], [27, NaN]]`
	`data = pd.DataFrame(robots, columns=['max_speed', 'price'])`
	`mean = data['price'].mean()`
	`data.replace(NaN, mean)`
	`data`

결과	(아래 표)

	max_speed	price
0	24	23680.0
1	35	NaN
2	46	47350.0
3	27	NaN

그런데 명령문을 실행해도 NaN이 평균값으로 바뀌지지 않았다는 것을 볼 수 있다. 무엇이 문제일까? data.replace(NaN, mean)를 실행하면 수정한 내용을 만들어 둘 뿐이지 실제로 data파일을 갱신한 것이 아니다. 따라서, 아래와 같이 수정한 내용을 다시 data에 입력하던지 아니면 'inplace=True' 옵션을 사용하여 실제로 데이터를 수정해야 한다.

명령문	`data = data.replace(NaN, mean)`
	또는
	`data.replace(NaN, mean, inplace=True)`

	`data`
결과	(아래 표)

	max_speed	price
0	24	23680.0
1	35	35515.0
2	46	47350.0
3	27	35515.0

12.2 Binning/Normalization

Binning

Binning은 값들을 다수의 bin으로 그룹화하는 것이며, 일반적으로 숫자의 크기별로 종류를 구분 짓는 것이다. 즉 특정 값들의 집합을 해당 bin에 할당하게 된다. 예를 들면, 다음의 표와 같이 나이를 총 6개의 bin(어린이, 청소년, 청년, 중년, 장년, 노년)으로 분류할 수 있을 것이다.

어린이	청소년	청년	중년	장년	노년
0~12	13~19	20~40	41~60	61~80	81 이상

다음은 bin의 한 예로 아래와 같은 히스토그램을 그려보자. −5에서 5까지의 수를 21개로 균등하게 나누어 다음과 같이 hist() 메소드를 이용하여 출력할 수 있다. bin들의 위치를 제공하기 위해서는 'bins'라는 키워드를 사용해야 한다.

다음은 np.linspace() 메소드를 사용하여 bin을 생성하고자 한다. −5에서 시작하여 5까지 21개의 포인트로 표시하고 싶다면 다음과 같이 실행하면 된다. 21개의 포인트가 있다는 의미는 bin의 개수가 20개라는 의미이다.

명령문

```
import matplotlib.pyplot as plt
import numpy as np
x =np.random.randn(1000)
plt.hist(x, density=True, bins=np.linspace(-5, 5, 21))
```

결과

```
(array([0. , 0. , 0.002, 0.004, 0.002, 0.04 , 0.096, 0.198,
        0.294, 0.356, 0.392, 0.31 , 0.186, 0.084, 0.022, 0.012,
        0.002, 0. , 0. , 0. ]),
array([-5. , -4.5, -4. , -3.5, -3. , -2.5, -2. , -1.5, -1. ,
       -0.5, 0. , 0.5, 1. , 1.5, 2. , 2.5, 3. , 3.5, 4. , 4.5, 5. ]),
<a list of 20 Patch objects>)
```

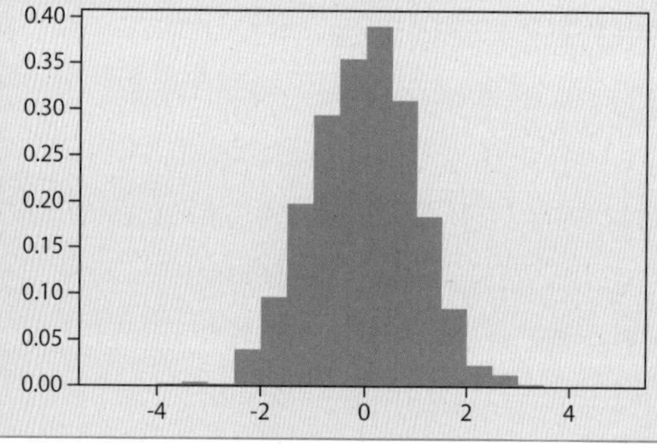

Normalization

선형회귀(Linear Regression)를 사용할 때 2개 속성 간 값의 범위의 격차가 너무 크면 좋지 않은 결과를 초래할 수 있다. 따라서 입력 데이터(feature)의 범위를 조절하는 스케일(scale) 기능을 적용할 수 있다. 이러한 스케일 기능을 수행하는 전처리 메소드들은 일반적으로 지도학습 알고리즘을 적용하기 전의 과정이기 때문에 이를 전처리(preprocessing) 과정이라고 한다.

다음의 예를 살펴보자. 왼쪽의 데이터는 비정규화(not-normalized) 데이터라고 하며 `age`와 `income`이라는 2개의 속성(feature) 간의 값의 차이가 크기 때문에 오른쪽의 표와 같이 정규화(normalize)할 필요가 있다.

age	income
20	100000
30	20000
40	500000

[not-normalized]

➡

age	income
0.2	0.2
0.3	0.04
0.4	1

[normalized: 0~1 사이의 값으로 변환]

정규화(normalization)의 3가지 방식을 소개한다.

❶ Simple Feature Scaling

$$Xnew = \frac{Xold}{Xmax}$$

```
data['수온'] = data['수온']/data['수온'].max()
data['상온'] = data['상온']/data['상온'].max()
data
```

	수온	상온
0	0.2	0.2
1	0.4	0.4
2	0.6	0.6
3	0.8	0.8
4	1.0	1.0

❷ Min-Max

$$Xnew = \frac{Xold\text{-}Xmin}{Xmax\text{-}Xmin}$$

```
data['수온'] = (data['수온']-data['수온'].min())/(data['수온'].max()-
                                                    data['수온'].min())
data['상온'] = (data['상온']-data['상온'].min())/(data['상온'].max()-
                                                    data['상온'].min())
data
```

	수온	상온
0	0.00	0.2
1	0.25	0.4
2	0.50	0.6
3	0.75	0.8
4	1.00	1.0

❸ Z-score

$$\text{Xnew} = \frac{\text{Xold-}\mu}{\sigma}$$

μ: feature의 평균, σ: 표준편차

12.3 Data Formatting

수치값을 카테고리값으로 변환하기

수치(quantitative)값을 카테고리(categorical)값으로 변환해보자. 먼저 0에서 100보다 작은 수 중 8개를 무작위로 선택한 후 각각의 값에 10000을 곱해서 `price`라는 `Numpy` 형식의 배열에 저장해보자. 다음은 이 `price` 배열을 `Pandas`의 데이터프레임 형식으로 정의하여 `cars`라는 배열에 저장해서 출력해보자.

명령문

```
import numpy as np
import pandas as pd
price = np.random.randint(100, size=8)*10000
cars = pd.DataFrame(price, columns=['price'])
cars
```

결과의 예

	price
0	40000
1	870000
2	250000
3	30000
4	990000
5	220000
6	60000
7	840000

그리고 group_names = ['저급', '중급', '고급']으로 정의하고 Pandas의 메소드인 cut()을 다음과 같이 사용하면 값['price']을 참조하여 해당 가격이 '저급', '중급', '고급' 중에 해당하는 가격을 선택하게 된다. 이때 사용하는 기법이 앞에서 공부한 binning이다.

명령문

```
import numpy as np
import pandas as pd
price = np.random.randint(100, size=8)*10000
cars = pd.DataFrame(price, columns=['price'])
```

```
group_names = ['저급', '중급', '고급']
cars['Level'], mybin = pd.cut(cars['price'], 3,
                              labels=group_names, retbins=True)
cars
```

결과의 예

	price	Level
0	90000	저급
1	650000	고급
2	870000	고급
3	820000	고급
4	330000	저급
5	420000	중급
6	210000	저급
7	770000	고급

즉 위의 명령문은 cars 데이터프레임의 price 칼럼을 참조하여 group_names에 명시된 카테고리 이름으로 3개의 빈(bin)을 만들어 분류한 후, 이것을 cars 데이터프레임에 'Level'이라는 칼럼의 이름으로 새로 추가하라는 의미이다.

```
cars['Level'] = pd.cut(cars['price'], 3, labels=group_names)
```

여기에 추가적으로 나눠진 bin들의 범위를 알고 싶으면 다음과 같이 옵션으로 retbins=True를 입력하고, 반환값을 저장할 수 있도록 mybin이라는 변수를 앞에 추가해 적어준다.

```
cars['Level'], mybin = pd.cut(cars['price'], 3, labels=group_names,
retbins=True)
```

위의 결과로 Level들이 결정됐는데 어떤 기준으로 출력되었는지 궁금하면 다음과 같이 bin의 경계를 출력해보자.

명령문	print(mybin)
결과	[89220. 350000. 610000. 870000.]

빈(bin)의 범위는 다음과 같이 나눠졌다는 것을 알 수 있다.

	범위
저급	89220~350000
중급	~ 610000
고급	~ 870000

카테고리(categorical)값을 수치(quantitative)값으로 변환하기

인공지능이나 데이터분석을 위한 대부분의 입력 데이터들은 문자들을 사용하지 않고 수를 이용한다.

동물	손	날개
참새	0	1
원숭이	1	0
사람	1	0

Pandas의 get_dummies() 메소드를 사용하게 되면 다음과 같이 문자형의 데이터를 숫자 형태로 쉽게 변환할 수 있다.

명령문

```
import pandas as pd
import numpy as np
ary = [[1, 1.1, '손'], [2, 2.2, '날개'], [3, 3.3, '손']]
data = pd.DataFrame(ary, columns=['수온', '상온', 'hand'])
pd.get_dummies(data['hand'])
```

결과

	날개	손
0	0	1
1	1	0
2	0	1

이를 가공하여 원래의 데이터에 추가해보자.

<table>
<tr><td>명령문</td><td>

```
import pandas as pd
import numpy as np
ary = [[1, 1.1, '손'], [2, 2.2, '날개'], [3, 3.3, '손']]
data = pd.DataFrame(ary, columns=['수온', '상온', 'hand'])
data = pd.concat([data, pd.get_dummies(data['hand'])], axis=1,
sort=False)
data
```

</td></tr>
<tr><td>결과</td><td>

	수온	상온	hand	날개	손
0	1	1.1	손	0	1
1	2	2.2	날개	1	0
2	3	3.3	손	0	1

</td></tr>
</table>

위와 같이 실행하면 결과를 얻을 수 있다. hand 칼럼은 이제 필요하지 않기 때문에 다음과 같이 삭제하자.

<table>
<tr><td>명령문</td><td>

```
import pandas as pd
import numpy as np
ary = [[1, 1.1, '손'], [2, 2.2, '날개'], [3, 3.3, '손']]
data = pd.DataFrame(ary, columns=['수온', '상온', 'hand'])
data = pd.concat([data, pd.get_dummies(data['hand'])], axis=1,
sort=False)
data.drop(['hand'], axis=1, inplace=True)
data
```

</td></tr>
<tr><td>결과</td><td>

	수온	상온	날개	손
0	1	1.1	0	1
1	2	2.2	1	0
2	3	3.3	0	1

</td></tr>
</table>

CHAPTER 13

빅데이터 분석 과제

학습목차

13.1 NetworkX

NetworkX를 이용하여 노드(node)와 엣지(edge)로 연결된 네트워크를 분석할 수 있다. 다음과 같이 networkx를 nx라는 이름으로 가져와서 그래프를 작성할 수 있는 환경을 준비한다.

명령문	import networkx as nx G = nx.Graph()

노드/엣지의 삽입

다음은 위에서 준비된 빈 그래프에 노드 1개를 만들고 그 내용을 출력해보자. add_node()라는 메소드를 사용하면 노드를 삽입할 수 있으며 값을 입력하면 해당 노드의 라벨(label)로 지정된다. 그리고 그래프에 포함되어 있는 모든 노드를 출력하려면 nodes()라는 메소드를 사용하면 된다.

명령문	G.add_node(1) print(G.nodes())
결과	[1]

숫자뿐만 아니라 문자나 문자열도 라벨로 사용 가능하다. 'Hi'라는 라벨의 노드를 삽입하여 출력해보자.

명령문	G.add_node('P') G.add_node('Hi') print(G.nodes())
결과	[1, 'P', 'Hi']

add_nodes_from() 메소드를 사용하면 리스트 형태의 데이터 입력이 가능하여 한 번에 다수 개의 노드를 삽입할 수 있다.

명령문	G.add_nodes_from([2, 3]) print(G.nodes())
결과	[1, 'P', 'Hi', 2, 3]

Quiz 13.1

지금까지 작성된 그래프 G에 입력된 노드들을 한 줄씩 출력하는 다음의 프로그램을 완성하라.

명령문	for : ______________________________ print(node)
결과	1 P Hi 2 3

Quiz 13.2

지금까지 작성된 그래프 G에 다음과 같이 입력하면 어떤 결과가 나올지 가), 나), 다) 중 정답을 선택하시오.

명령문	G.add_nodes_from([3, 4]) print(G.nodes())
결과	가) 3의 노드가 이미 존재하므로 Error가 발생할 것이다. 나) 3의 노드가 이미 존재하므로 4의 노드만 추가될 것이다. 다) 3의 노드가 1개 더 추가되어 3이 2개가 생길 것이다.

그래프인데 리스트로 보니 답답하다. 이제까지 생성한 노드들을 그림으로 그려보자. `networkx`에서는 그래프를 그림으로 출력할 수 있도록 `draw()`라는 메소드를 제공하고 있다. 지금까지 G라는 이름의 그래프를 만들어 왔으니 이를 `draw()` 메소드에 입력값으로 입력하여 다음과 같이 실행해보자. 이때, `with_labels=True`는 라벨을 노드 위에 같이 출력한다는 의미이다.

명령문	nx.draw(G, with_labels=True, node_color='lightblue')
결과의 예	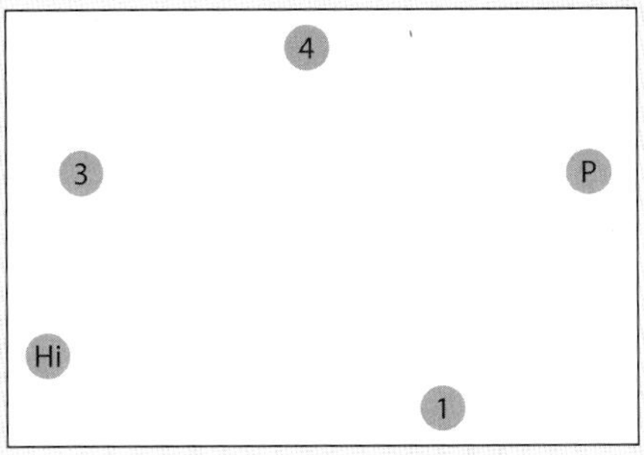

with_labels의 속성이 True이면 라벨을 출력하며, False이면 라벨을 출력하지 않는다. node_color는 라벨의 색상을 설정한다.

자, 그렇다면 이번에는 엣지를 입력해보자. 엣지를 입력하는 메소드는 add_edge()이다. 노드 1과 노드 2를 연결하는 다음의 명령문을 실행해보자. 엣지가 추가되었으니 엣지의 색상을 설정하는 edge_color 또한 추가하여 실행하자.

명령문	G.add_edge(1, 2) nx.draw(G, with_labels=True, node_color='lightblue', edge_color='grey')
결과의 예	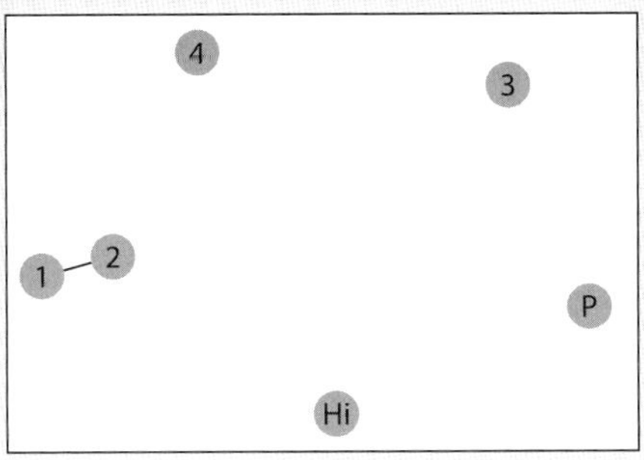

노드 1과 노드 2가 엣지로 연결된 것을 확인할 수 있다. 이것은 그래프뿐만 아니라 연결 상태를 다음과 같이 리스트 형태로 확인할 수 있다.

명령문	print(G.edges())
결과의 예	[(1, 2)]

Quiz 13.3

엣지를 연결할 때 기존에 없던 노드를 다음과 같이 연결하면 어떤 결과를 출력할지 가), 나), 다) 중 정답을 선택하시오.

명령문	G.add_edge(4, 5) print(G.edges())
결과의 예	가) 5의 노드가 존재하지 않아 연결할 수 없으니 Error가 발생할 것이다. 나) 5의 노드가 존재하지 않아 4의 노드를 삭제할 것이다. 다) 5의 노드가 존재하지 않아 5의 노드를 생성한 후 4와 연결할 것이다.

add_nodes_from() 메소드를 이용해 복수 개의 노드들을 리스트 형태로 입력하여 다수 개의 노드를 만들 듯이, add_edges_from() 메소드를 이용하여 복수 개의 엣지들을 한 번에 만들 수 있다. 다음의 예제에서 (1, 2)는 노드 1과 노드 2를 연결하는 엣지를 의미하며 1개 이상의 튜플(tuple)을 리스트 형식으로 묶어 add_edges_from() 메소드에 입력하면 된다. 다음의 명령문을 실행해보자.

명령문	G.add_edges_from([(1, 2), (1, 3), (1, 4), (1, 5)]) print(G.edges())
결과의 예	[(1, 2), (1, 3), (1, 4), (1, 5), (4, 5)]

Quiz 13.4

위의 결과에서 add_edges_from() 메소드를 이용하여 'P'와 'Hi' 노드들을 각각 노드 1과 연결한 후 전체 그래프를 그리는 명령문을 아래에 작성하시오(교재에서는 흑백이지만 출력 결과의 노드 색상은 노란색, 엣지 색상은 빨간색).

명령문	________________ nx.draw(________________)
결과의 예	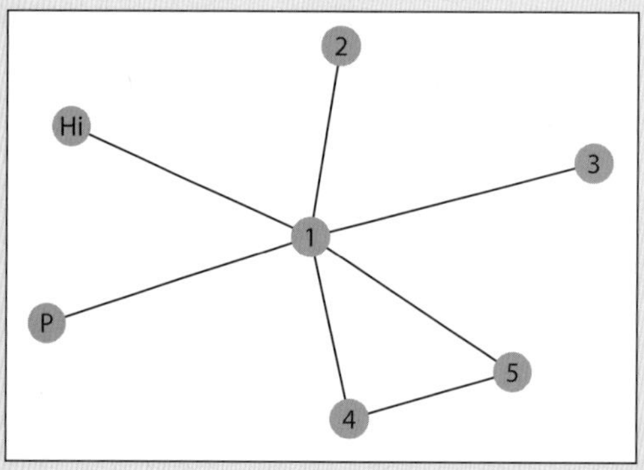

지금까지 노드와 엣지를 따로 삽입하는 방법들을 배웠다. 이번에는 다수의 노드와 엣지들을 동시에 생성하는 방법을 소개한다. networkx의 path_graph()와 add_path() 메소드가 있다. 동시에 일련의 노드들과 그 노드들을 연결하는 엣지들을 한 번에 생성할 수 있다. degree() 메소드는 사전 형식처럼 모든 노드에 대한 차수를 쌍으로 저장해준다.

먼저 다음의 예제와 같이 path_graph(4)라고 명령하면 0~3까지의 노드를 자동생성하고 그들을 잇는 엣지들이 만들어진다.

명령문

```
import networkx as nx
G = nx.path_graph(4)
nx.draw(G, with_labels=True, node_color='lightblue',
                                        edge_color='grey')
```

결과의 예

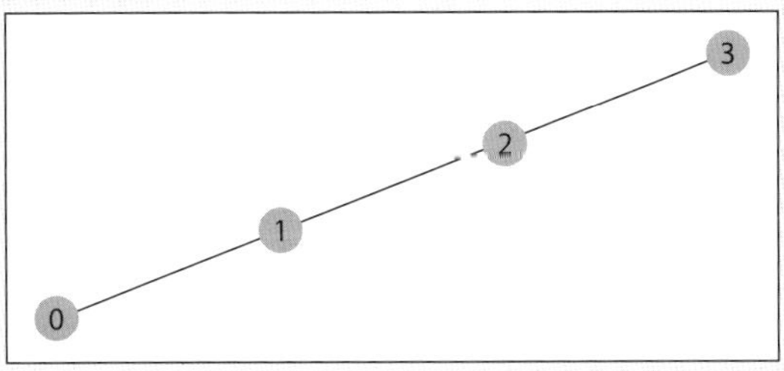

두 번째 방법은 다음의 고드와 같이 G.add_path() 메소드에 입력값으로 '[0,1,2,3]'과 같은 리스트를 입력하면 노드 0에서 노드 3까지의 노드가 생성되면서 각각의 노드를 연결하는 엣지들이 자동으로 생성된다.

명령문

```
import networkx as nx
G = nx.Graph()
nx.add_path(G, [0, 1, 2, 3])
nx.draw(G, with_labels=True, node_color='lightblue',
                                        edge_color='grey')
```

결과의 예

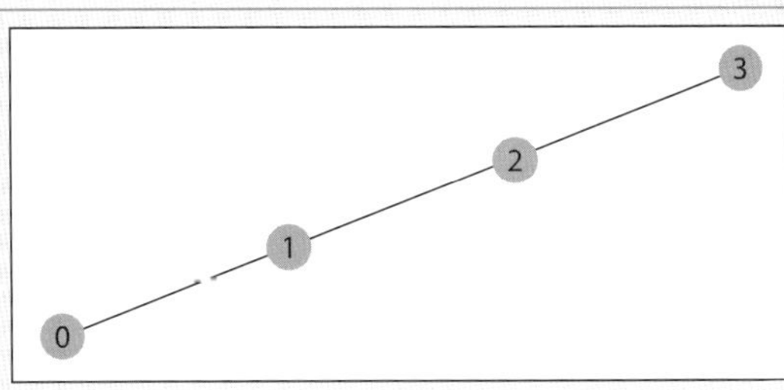

참고로 각각의 노드에 연결된 엣지들은 그 노드의 연결 정도를 나타내는데 이것을 차수(degree)라고 하며 특정 노드에 연결된 엣지의 개수를 의미한다.

모든 노드에 대한 차수를 구하려면 degree() 메소드를 사용하면 된다. 그리고 특정 노드의 차수를 출력하려면 다음과 같이 degree() 메소드에 노드를 입력값으로 입력하면 된다.

<table>
<tr><td rowspan="2">명령문</td><td><pre>import networkx as nx
G = nx.Graph()
nx.add_path(G, [0, 1, 2, 3])</pre></td></tr>
<tr><td><pre>print(G.degree(0))   # 노드 0에 대한 차수만 출력
print(G.degree([0, 1]))   # 노드 0과 노드 1에 대한 차수만 출력
print(G.degree())   # 모든 노드에 대한 차수를 출력</pre></td></tr>
<tr><td>결과의 예</td><td><pre>1
[(0, 1), (1, 2)]
[(0, 1), (1, 2), (2, 2), (3, 1)]</pre></td></tr>
</table>

노드/엣지의 삭제

다음은 필요 없는 엣지를 삭제해보자. 아래의 예제는 노드 1과 2를 연결한 엣지를 삭제하는 명령문이다. (1, 2)의 항목이 삭제된 것을 볼 수 있다. 삭제 후 (0, 1)과 (2, 3)만이 남아 있다.

<table>
<tr><td>명령문</td><td><pre>print(G.edges())
G.remove_edge(1, 2)
print(G.edges())</pre></td></tr>
<tr><td>결과의 예</td><td><pre>[(0, 1), (1, 2), (2, 3)]
[(0, 1), (2, 3)]</pre></td></tr>
</table>

다수 개의 엣지를 삭제하고자 할 때는 다음과 같이 remove_edges_from() 메소드를 사용하면 된다.

<table>
<tr><td>명령문</td><td><pre>print(G.edges())
G.remove_edges_from([(0, 1), (2, 3)])
print(G.edges())</pre></td></tr>
<tr><td>결과의 예</td><td><pre>[(0, 1), (2, 3)]
[]</pre></td></tr>
</table>

이제는 필요 없는 노드를 삭제해보자. 다음은 노드 2를 삭제하는 명령문이다.

<table>
<tr><td>명령문</td><td><pre>print(G.nodes())
G.remove_node(2)
print(G.nodes())</pre></td></tr>
<tr><td>결과의 예</td><td><pre>[0, 1, 2, 3]
[0, 1, 3]</pre></td></tr>
</table>

다음은 다수 개의 노드를 한 번에 삭제하는 다음의 예제를 실행해보자. 노드 0, 1, 3이 모두 없어진 것을 확인할 수 있다.

명령문	`print(G.nodes())`
	`G.remove_nodes_from([0, 1, 3])`
	`print(G.nodes())`

결과의 예	`[0, 1, 3]` `[]`

노드/엣지의 개수

생성한 노드나 엣지들의 개수를 알고 싶다면 `number_of_nodes()`와 `number_of_edges()`를 사용하면 된다.

명령문	`import networkx as nx`
	`G = nx.Graph()`
	`G.add_nodes_from([1, 2, 3, 4, 5])`
	`G.add_edges_from([(1, 2), (1, 3), (1, 4), (1, 5), (4, 5)])`

	`print('No. nodes:', G.number_of_nodes())` `print('No. edges:', G.number_of_edges())`
결과의 예	`No. nodes: 5` `No. edges: 5`

바로 위의 결과에서 다음의 명령문을 실행하면 어떤 결과가 출력될지 생각해보자.

명령문	`G.remove_edge(1, 3)`
	`print('No. nodes:', G.number_of_nodes())` `print('No. edges:', G.number_of_edges())`
결과의 예	`No. nodes: 5` `No. edges: 4`

Quiz 13.5

다음의 코드에서 생성되는 그래프에서 노드 1과 노드 3을 연결하는 엣지를 삭제하는 명령문을 완성하고 그 결과를 빈칸에 적으시오.

명령문	`import networkx as nx`
	`G = nx.Graph()`
	`G.add_nodes_from([1, 2, 3, 4, 5])`
	`G.add_edges_from([(1, 2), (1, 3), (1, 4), (1, 5), (4, 5)])`

	G. ____________________ (____________________)
	print('No. nodes:', G.number_of_nodes()) print('No. edges:', G.number_of_edges())
결과의 예	No. nodes: __________ No. edges: __________

다음의 코드에서 생성되는 그래프에서 노드 3을 삭제하는 명령문을 작성하고 실행하면 어떤 결과가 나올지 생각해보자.

명령문	import networkx as nx G = nx.Graph() G.add_nodes_from([1, 2, 3, 4, 5]) G.add_edges_from([(1, 2), (1, 3), (1, 4), (1, 5), (4, 5)])
	G.remove_node(3)
	print('No. nodes:', G.number_of_nodes()) print('No. edges:', G.number_of_edges())
결과의 예	No. nodes: 4 No. edges: 4

이것을 그래프로 그려보면 왼쪽의 그래프에서 노드 3이 삭제되고, 그러면 노드 3과 노드 1에 연결된 엣지도 자동으로 삭제된다는 것을 확인할 수 있다.

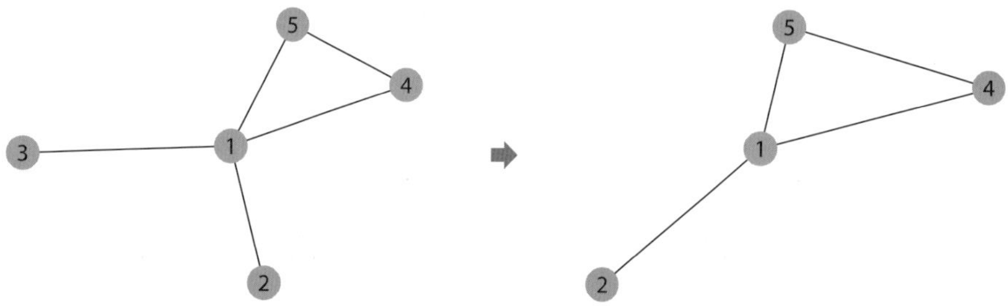

Quiz 13.6

다음의 코드에서 생성되는 그래프에서 노드 4를 삭제하는 명령문을 완성하고 그 결과를 빈칸에 적으시오.

명령문	import networkx as nx G = nx.Graph() G.add_nodes_from([1, 2, 3, 4, 5]) G.add_edges_from([(1, 2), (1, 3), (1, 4), (1, 5), (4, 5)])

	G. ______________ (______________)
	print('No. nodes:', G.number_of_nodes()) print('No. edges:', G.number_of_edges())
결과의 예	No. nodes: __________ No. edges: __________

Quiz 13.7

다음의 코드에서 생성되는 그래프에서 노드 4와 5를 삭제하는 명령문을 완성하고 그 결과를 빈칸에 적으시오.

명령문	import networkx as nx G = nx.Graph() G.add_nodes_from([1, 2, 3, 4, 5]) G.add_edges_from([(1, 2), (1, 3), (1, 4), (1, 5), (4, 5)])
	G. ______________ (______________)
	print('No. nodes:', G.number_of_nodes()) print('No. edges:', G.number_of_edges())
결과의 예	No. nodes: __________ No. edges: __________

최단경로 구하기

NetworkX 구조에서 가중치를 아래와 같이 부여하면 최단경로를 구할 수 있다. 이때 사용하는 가중치는 도로망에서는 걸리는 시간이나 거리를, 인간관계에서는 친밀도를, 또는 개인별 상품의 선호도로 나타낼 수 있다.

명령문

```
import networkx as nx
G = nx.Graph()
G.add_edge('a', 'b', weight=3)
G.add_edge('b', 'c', weight=4)
G.add_edge('c', 'd', weight=3)
G.add_edge('d', 'b', weight=8)
G.add_edge('c', 'a', weight=10)
labels=nx.get_edge_attributes(G, 'weight')
print(labels)
nx.draw(G, with_labels=True, node_color='lightblue',
                                      edge_color='grey')
```

출력결과	{('a', 'b'): 4, ('a', 'c'): 10, ('b', 'c'): 3, ('b', 'd'): 8, ('c', 'd'): 3} 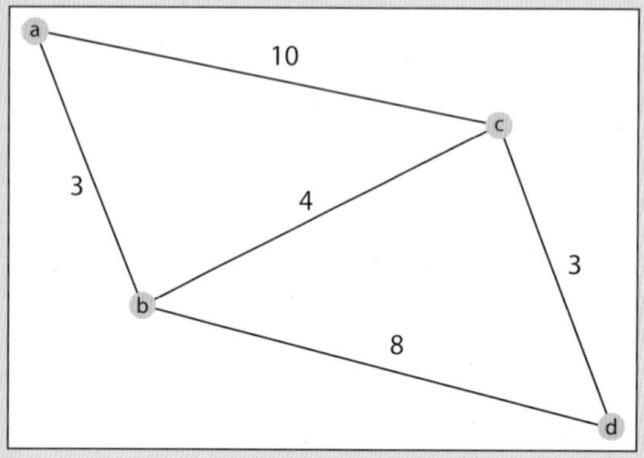 * 가중치(weight)는 출력되지 않으나 참고로 표기함!

다음은 G 그래프에서 'weight'를 기반으로 노드 'a'와 'd' 간의 최단경로를 구해준다.

명령문	nx.shortest_path(G, 'a', 'd', weight='weight')
출력결과	['a', 'b', 'c', 'd']

다음을 연습해보자. 상단의 코드를 활용하여 아래의 출력결과와 같이 가중치를 가지는 그림을 그리고 'a'와 'f'노드의 사이의 최단경로를 구하는 명령어를 작성하시오.

명령문	
출력결과	{('a', 'b'): 4, ('a', 'd'): 8, ('b', 'd'): 3, ('b', 'e'): 10, ('f', 'd'): 12, ('f', 'e'): 7} 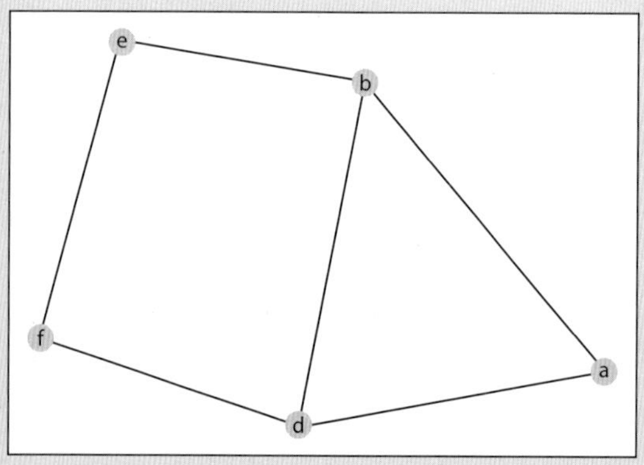 * 최단경로는 ['a', 'b', 'd', 'f']임을 확인하자.

특정 확률분포의 그래프 생성기

다양한 확률분포 모델에 의해 그래프를 생성할 수 있다. 그 중에서 가장 간단한 모델로 erdos_renyi_graph()가 있으며 그밖에도 watts_strogatz_graph(), barabasi_albert_graph(), random_lobster() 등이 있다. 각각의 메소드는 입력 파라미터들이 있고 공통적으로 노드의 개수와 노드 간 연결 확률을 나타내는 값을 입력하며 (각각 N과 p로 정의) 출력으로는 생성된 그래프를 반환한다. 노드 간 연결 확률인 p의 의미는 2개의 노드 사이에 엣지로 연결될 확률이 p라는 의미이므로 p의 값이 크면 연결될 확률이 높은 것이고 값이 작으면 연결 확률이 낮아진다.

그렇다면 25개의 노드에서 0.2의 확률로 엣지를 만들어 다음과 같이 출력해보자.

<table>
<tr><td>명령문</td><td>

```
import networkx as nx
import matplotlib.pyplot as plt
G = nx.erdos_renyi_graph(25, 0.2)
nx.draw(G)
```

</td></tr>
<tr><td>결과의 예</td><td>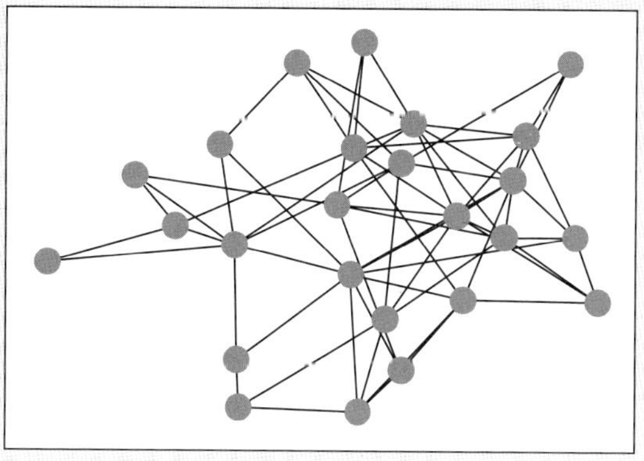</td></tr>
</table>

다음은 다른 종류의 확률 모델들을 각각 출력해보자.

<table>
<tr><td>명령문</td><td>

```
G = nx.watts_strogatz_graph(30, 3, 0.1)
nx.draw(G)
```

</td></tr>
<tr><td>결과의 예</td><td>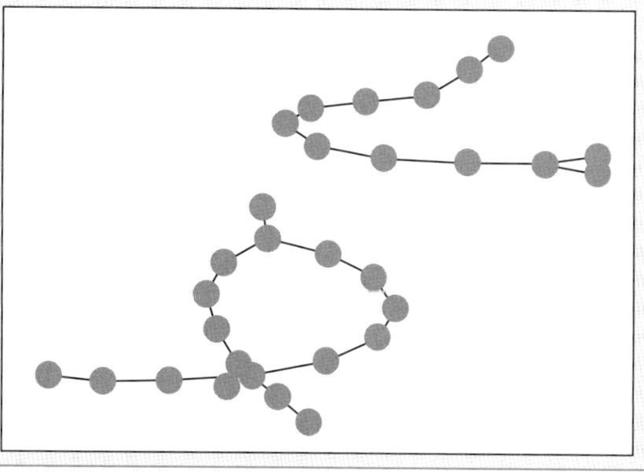</td></tr>
</table>

명령문	G = nx.barabasi_albert_graph(25, 5) nx.draw(G)
결과의 예	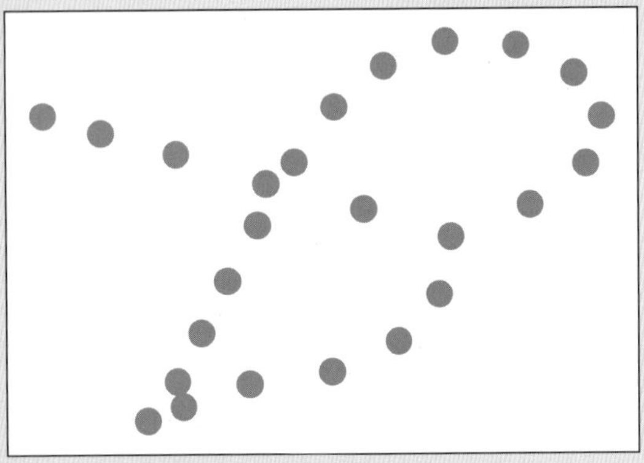

명령문	G = nx.random_lobster(25, 0.9, 0.9) nx.draw(G)
결과의 예	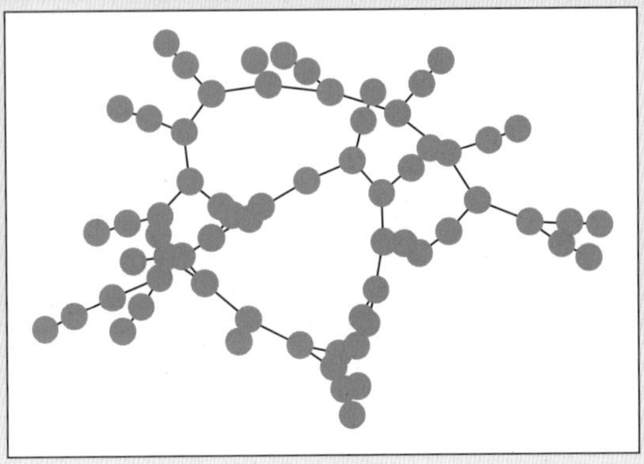

이 중에서 erdos_renyi_graph() 메소드가 가장 간단한 알고리즘이기 때문에 이를 파이썬으로 구현하여 내용을 파악해보자.

먼저 erdos_renyi는 베르누이 시행(Bernoulli trial)에 근거한 방식이다. 예를 들면, 일정한 확률을 주고 동전의 앞면이나 뒷면이 나오게 하는 방법이다. 베르누이의 기능은 scipy.stats에서 제공해주며 rvs() 메소드를 이용하면 특정 확률을 입력하여 결과를 얻어낼 수 있다. 그러면 다음과 같이 6번 동전을 던져 나오는 결과들을 확인해보자. 확률을 0.33으로 설정하였기에 6개 중에 1이 나올 확률은 2번 정도이다.

명령문

```
from scipy.stats import bernoulli
for i in range(6):
    print(bernoulli.rvs(p=0.33))
```

결과의 예	0 1 0 0 1 0

Quiz 13.8

erdos_renyi_graph() 메소드 기능을 하는 다음의 erdosGraph() 함수를 완성하라.

명령문	<pre>import numpy as np
	import networkx as nx
	import matplotlib.pyplot as plt
	from scipy.stats import bernoulli
	def erdosGraph(N, p):
	    G = nx.Graph()
	    G.add_nodes_from(range(N))
	    listG = list(G.nodes())
	    for i, node1 in ________________ :
	        for node2 in ________________ :
	            if (bernoulli.rvs(p=p)):
	                G.add_edge(node1, node2)
	    return G</pre>

	nx.draw(erdosGraph(20, 0.18))
결과의 예	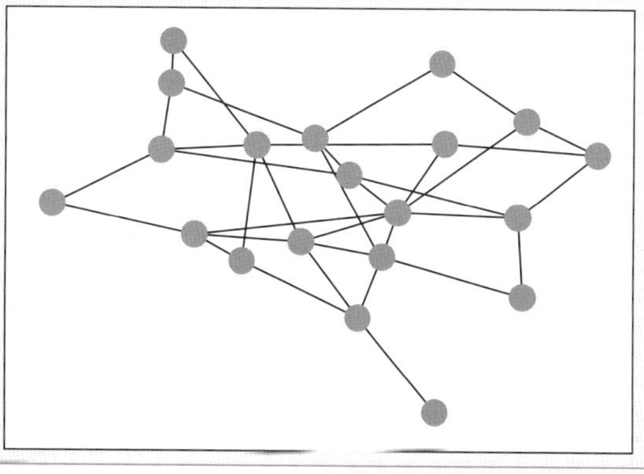

❗ [nx.draw(erdosGraph(20, 0.18)) : 20개의 노드에서 0.18의 확률로 노드 간의 엣지를 생성]

다음은 erdos_renyi의 확률적인 히스토그램을 그려보자.

명령문

```
import numpy as np
import networkx as nx
import matplotlib.pyplot as plt
from scipy.stats import bernoulli
def erdosGraph(N, p):
    G = nx.Graph()
    G.add_nodes_from(range(N))
    listG = list(G.nodes())
    for i, node1 in enumerate(listG):
        for node2 in listG[i+1:]:
            if (bernoulli.rvs(p=p)):
                G.add_edge(node1, node2)
    return G
```

```
G1 = erdosGraph(80, 0.3)
plt.hist(list([d for n, d in G1.degree()]), histtype='step')
```

결과의 예

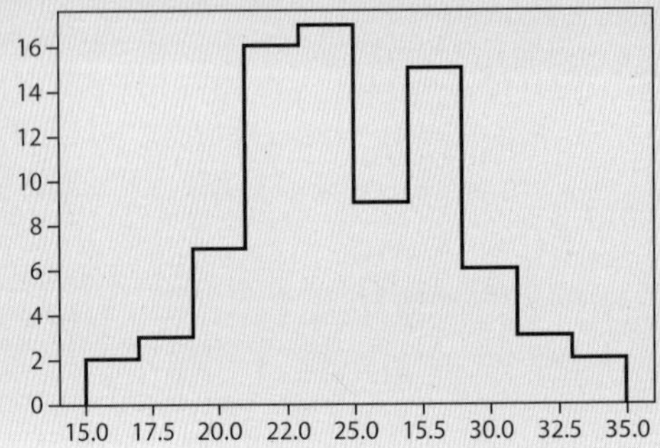

같은 노드의 개수와 같은 확률로 엣지를 만드는 erdos_renyi의 그래프를 3번 반복 해보자.

명령문

```
import numpy as np
import networkx as nx
import matplotlib.pyplot as plt
from scipy.stats import bernoulli
def erdosGraph(N, p):
    G = nx.Graph()
    G.add_nodes_from(range(N))
    listG = list(G.nodes())
    for i, node1 in enumerate(listG):
        for node2 in listG[i+1:]:
            if (bernoulli.rvs(p=p)):
                G.add_edge(node1, node2)
    return G
def pltGraph(G):
    plt.hist(list([d for n, d in G.degree()]), histtype='step')
```

<table>
<tr><td>명령문</td><td>

```
G1 = erdosGraph(80, 0.3)
pltGraph(G1)
G2 = erdosGraph(80, 0.3)
pltGraph(G2)
G3 = erdosGraph(80, 0.3)
pltGraph(G3)
```

</td></tr>
<tr><td>결과의 예</td><td>
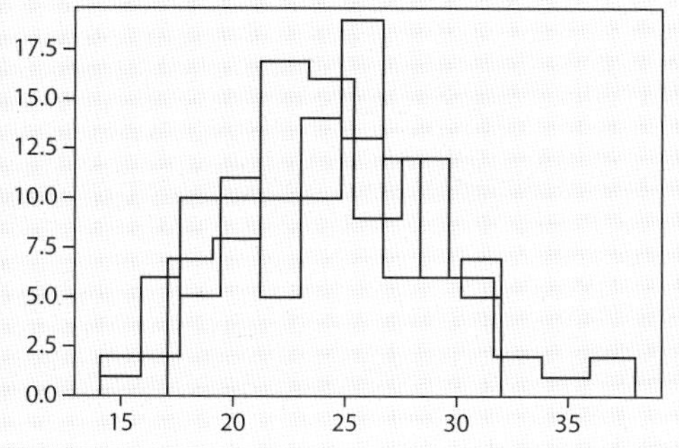

</td></tr>
</table>

엑셀 파일로 그래프 생성

엑셀 파일 생성

x × y 행렬에서 인덱스 번호인 i와 j의 값이 같은 위치, 즉 대각선을 기점으로 대칭의 위치에 있는 값들은 모두 동일한 값으로 배치해야 한다. 여기에서 각 셀마다 저장된 값이 0이 아니면 1이고 0은 연결되지 않음을, 1은 연결됨을 의미한다. 노드 1이 노드 0과 연결이 됐다는 의미는 노드 0도 노드 1과 연결이 됐다는 의미이므로 (1, 0)의 위치에 저장된 값이 1이라면, 반드시 (0, 1)의 위치에 저장된 값도 1이어야 한다. 마찬가지로 (2, 1)의 위치에 0이 저장되었다면 (1, 2)의 위치에도 0이 저장되어야 한다.

0	0	0
0	0	0
0	0	0

➡

0	1	0
1	0	0
0	0	0

위의 내용을 엑셀에서 다음과 같이 입력해보자.

	A	B	C
1	0	1	0
2	1	0	0
3	0	0	0

저장할 때 주의해야 할 점은 다음과 같다. 주피터 노트북을 설치할 때 별다른 지정을 해주지 않았다면 C:\Users\Administrator 내부에 자신의 폴더가 지정되어 있을 것이다. 현재 작업 중인 폴더에 저장해주어야 프로그램 실행 시 엑셀 파일에 접근할 수 있다. 또한 저장할 때에는 파일의 형식을 따로 지정해주어야 하는데, 다음의 그림과 같이 엑셀의 저장 형식을 'CSV(쉼표로 분리)'로 설정한 뒤 저장해주어야 한다.

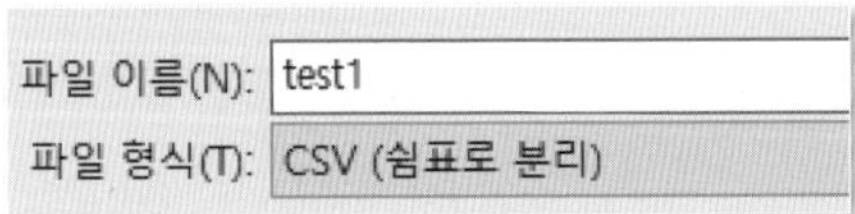

그리고 저장하게 되면 다음과 같은 선택 사항이 출력되는데 이때 '예(Y)'라고 설정하면 된다.

이제 해당 폴더에 엑셀 파일이 저장되었으므로 아래와 같이 실행해보자.

명령문	`import numpy as np`
	`import networkx as nx`
	`K = np.loadtxt("test.csv", delimiter=",")`
	`G = nx.to_networkx_graph(K)`
	`nx.draw(G, with_labels=True, node_color='yellow',`
	`edge_color='red')`

결과의 예	

행렬이 3 x 3이므로 노드는 0, 1, 2이며 (0, 1)과 (1, 0)의 위치에 1이 저장되어 있으므로 노드 0과 노드 1이 연결되었으며, 2는 연결되지 않은 상태로 출력된다.

Quiz 13.9

다음과 같은 그래프를 출력하려면 엑셀에 어떤 내용을 입력해야 하는지 표의 빈칸에 적당한 수를 적어 넣으시오.

명령문

```
import numpy as np
import networkx as nx
K = np.loadtxt("test1.csv", delimiter=",")
G = nx.to_networkx_graph(K)
nx.draw(G, with_labels=True, node_color='yellow',
                                            edge_color='red')
```

0		
	0	
		0

결과의 예

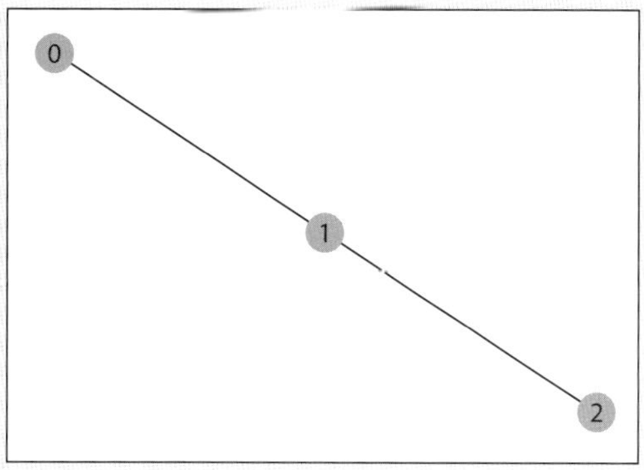

Quiz 13.10

엑셀의 내용을 아래 표에 입력하고 프로그램을 실행했을 때 출력되는 그래프를 빈칸에 그려 넣으시오.

명령문

```
import numpy as np
import networkx as nx
K = np.loadtxt("test2.csv", delimiter=",")
G = nx.to_networkx_graph(K)
nx.draw(G, with_labels=True, node_color='yellow',
                                        edge_color='red')
```

0	1	1
1	0	1
1	1	0

결과의 예

Networkx의 샘플 데이터 세트 1

다음은 운동 클럽 회원의 친밀도를 나타낸 네트워크 데이터 사이트이다. 이 사이트의 자료를 활용한 몇 가지 예제를 살펴보자.

https://networkx.github.io/documentation/stable/auto_examples/graph/plot_karate_club.html

명령문

```
import networkx as nx
G = nx.karate_club_graph()
import matplotlib.pyplot as plt
nx.draw(G, with_labels=True, node_color='lightblue',
                                        edge_color='yellow')
```

결과의 예	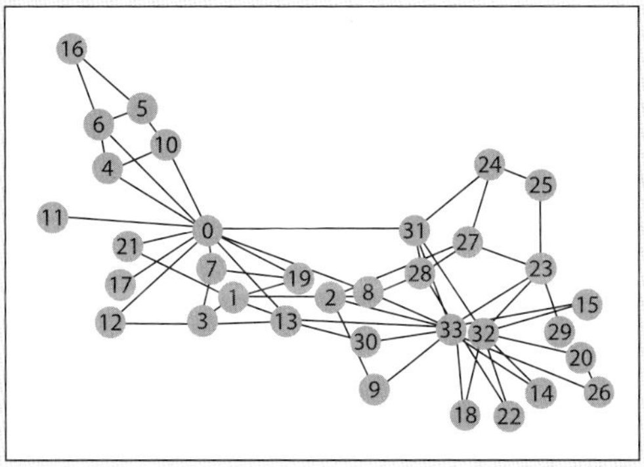

G그래프를 구성하고 있는 각 노드별 연결 정도를 나타내는 차수(degree)를 다음의 코드로 확인할 수 있으며 이것은 사전(dictionary) 형식으로 출력된다. 즉 키(key)는 노드의 ID이며 값은 연결 정도인 차수를 나타내는 것이다.

명령문	`G.degree()`
결과의 예	`DegreeView({0: 16, 1: 9, 2: 10, 3: 6, 4: 3, 5: 4, 6: 4, 7: 4, 8: 5, 9: 2, 10: 3, 11: 1, 12: 2, 13: 5, 14: 2, 15: 2, 16: 2, 17: 2, 18: 2, 19: 3, 20: 2, 21: 2, 22: 2, 23: 5, 24: 3, 25: 3, 26: 2, 27: 4, 28: 3, 29: 4, 30: 4, 31: 6, 32: 12, 33: 17})`

`print()` 명령문을 사용하면 듀플 형태의 원소들로 구성된 리스트 형식이 출력된다.

명령문	`print(G.degree())`
결과의 예	`[(0, 16), (1, 9), (2, 10), (3, 6), (4, 3), (5, 4), (6, 4), (7, 4), (8, 5), (9, 2), (10, 3), (11, 1), (12, 2), (13, 5), (14, 2), (15, 2), (16, 2), (17, 2), (18, 2), (19, 3), (20, 2), (21, 2), (22, 2), (23, 5), (24, 3), (25, 3), (26, 2), (27, 4), (28, 3), (29, 4), (30, 4), (31, 6), (32, 12), (33, 17)]`

또한, 특정 노드의 라벨을 입력하면 해당 노드의 차수(degree)를 알 수 있다. 16번 노드의 차수는 2라는 것을 즉시 확인할 수 있다.

명령문	`G.degree(16)`
결과의 예	`2`

그래프 내에 있는 노드와 엣지에 대한 정보를 계산할 수 있으며 이들 간의 관계인 차수(degree)도 다음의 코드로 확인 가능하다.

명령문	`import numpy as np`
	`import networkx as nx`
	`import matplotlib.pyplot as plt`
	`G = nx.karate_club_graph()`

	`print('노드의 개수: %d' % G.number_of_nodes())`
	`print('엣지의 개수: %d' % G.number_of_edges())`
	`print('평균 차수: %.1f' % np.mean`
	`([d for n, d in G.degree()]))`

결과의 예	노드의 개수: 34 엣지의 개수: 78 평균 차수: 4.6

Quiz 13.11

위의 예제를 활용하여 노드의 차수(x축)에 대한 빈도(y축)를 히스토그램으로 출력하는 코드를 완성하시오.

명령문	`import numpy as np`
	`import networkx as nx`
	`import matplotlib.pyplot as plt`
	`G = nx.karate_club_graph()`

	`plt.xlabel('Degree')`
	`plt.ylabel('Prob. of node degree')`
	`plt.hist(list([ ____________ in G.degree()]), histtype='step')`

결과의 예	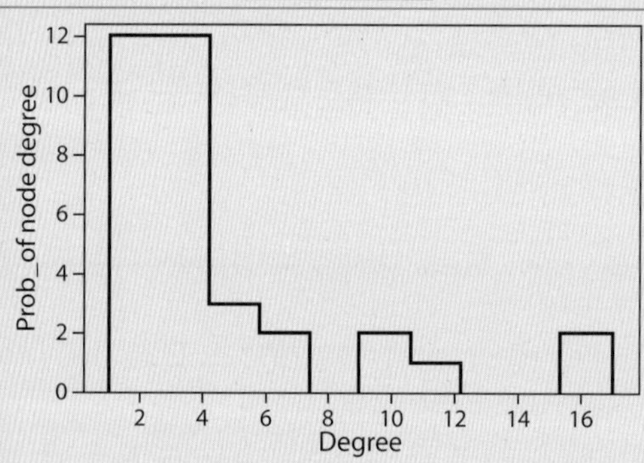

이번에는 클럽에서 가장 영향력이 있는 사람(노드 번호)이 누구인지 알고 싶다. 어떻게 하면 관련 정보를 얻을 수 있을까? 일반적으로 사람들과 관계가 많은 사람을 영향력 있다고 생각할 것이다. 따라서 그래프에서 각 노드가 사람이므로 그 노드에 엣지의 연결이 가장 많은 사람이 가장 영향력 있다고 할 수 있겠다. 즉 `degree()`의 값이 가장 높은 사람을 찾으면 될 것이다.

Quiz 13.12

위의 클럽에서 가장 영향력이 있는 사람(노드 번호)은 누구이며 그 사람이 관계하고 있는 사람의 수(차수)를 출력하는 다음의 프로그램을 완성하라.

명령문

```
import numpy as np
import networkx as nx
import matplotlib.pyplot as plt
G = nx.karate_club_graph()
```

```
pos, degree = _____ ([( _____ , _____ ) for n, d in G.degree()])
```

```
print('노드 :', pos, '차수:', degree)
print(G.degree())
nx.draw(G, with_labels=True, node_size=100, node_color=
        'yellow', edge_color='red')
```

결과의 예

```
노드 : 33 차수: 17
[(0, 16), (1, 9), (2, 10), (3, 6), (4, 3), (5, 4), (6, 4), (7, 4),
(8, 5), (9, 2), (10, 3), (11, 1), (12, 2), (13, 5), (14, 2), (15, 2),
(16, 2), (17, 2), (18, 2), (19, 3), (20, 2), (21, 2), (22, 2), (23,
5), (24, 3), (25, 3), (26, 2), (27, 4), (28, 3), (29, 4), (30, 4),
(31, 6), (32, 12), (33, 17)]
```

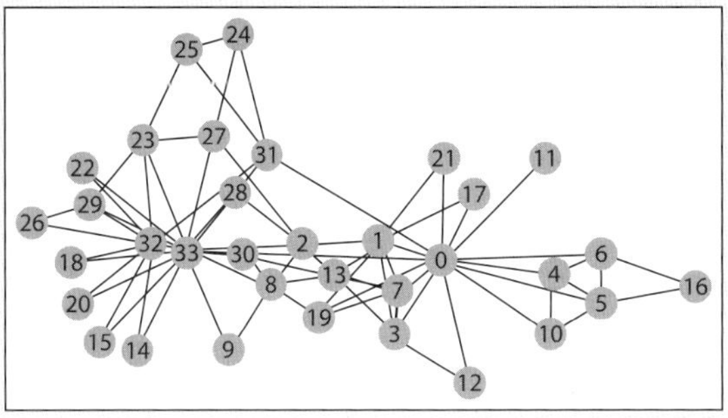

여기에서 노드의 크기를 조절할 수 있는 draw() 메소드의 속성에 대해 추가적으로 설명하고자 한다. 지금까지 draw() 메소드의 속성으로 with_labels, node_color, edge_color 등을 사용했는데 이번에는 node_size를 살펴보자. node_size를 명시하지 않으면 디폴트값은 300이다. 즉 이제까지 300 크기의 노드를 출력한 것이며 다음은 기본 크기의 1/3배인 100으로 설정해서 해당 그래프를 출력해보자.

명령문

```
import networkx as nx
G = nx.karate_club_graph()
nx.draw(G, with_labels=True, node_size=100,
        node_color='yellow', edge_color='red')
```

결과의 예

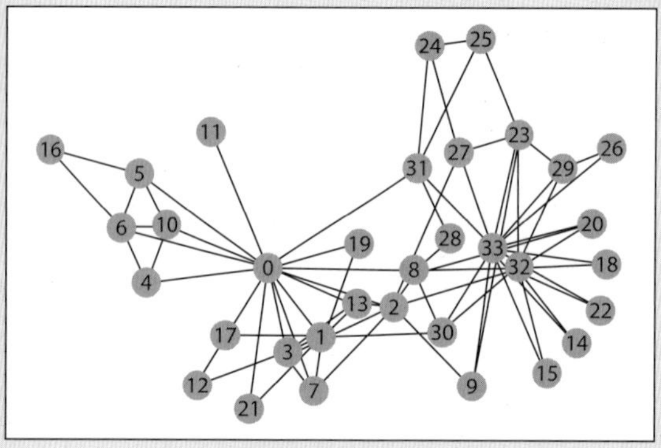

다음은 노드의 크기를 엣지의 연결 정도에 비례하여 출력해보자. 각각의 노드는 각기 다른 차수로 연결되어 있기 때문에 차수가 높은 노드를 크게, 차수가 낮은 노드를 작게 출력하여 상관 관계를 손쉽게 구분할 수 있으면 데이터 분석에 도움이 될 것이다. 앞에서 설명한 것처럼 `degree()` 메소드는 사전 형식으로 모든 노드에 대한 차수를 쌍으로 저장해준다. 따라서 `degree=[d for n, d in G.degree()]`의 코드처럼 `G.degree()`에서 반환하는 데이터를 각각 `n`과 `d`에 저장하여 `d`만을 `degree` 변수에 리스트형으로 저장한다. 이때 `n`은 노드 번호이고 `d`는 차수이다. 다음으로 `draw()` 메소드 내부의 `node_size=[n*100 for n in degree]`와 같이 `degree` 리스트에 저장된 차수들을 100씩 곱해서 노드의 크기로 설정해주면 된다. 예를 들어 차수가 5라면 500으로, 1이면 100으로 노드의 크기가 결정된다.

명령문

```
import networkx as nx
G = nx.karate_club_graph()
degree = [d for n, d in G.degree()]
nx.draw(G, with_labels=True, node_size=[n*100 for n in degree],
                        node_color='yellow', edge_color='red')
```

결과의 예

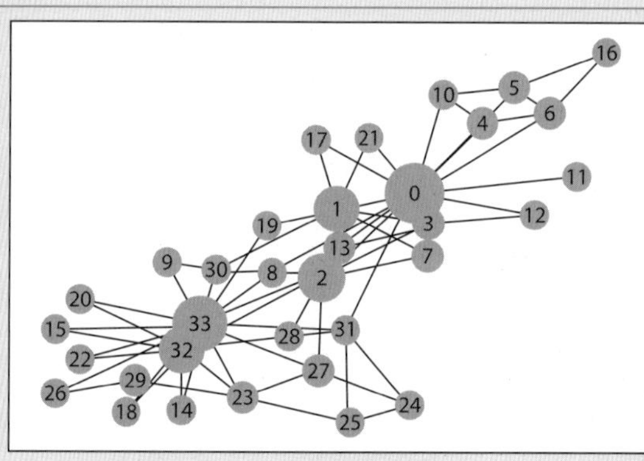

Networkx의 샘플 데이터 세트 2

다음의 사이트에서 미국 대학교 풋볼 팀의 대전 빈도에 대한 데이터 세트를 가져와서 그래프로 작성해보자.

http://www-personal.umich.edu/~mejn/netdata/football.zip

명령문

```
import numpy as np
import networkx as nx
import matplotlib.pyplot as plt
import zipfile
zf = zipfile.ZipFile('football.zip')
txt = zf.read('football.txt').decode()
gml = zf.read('football.gml').decode()
gml = gml.split('\n')[1:]
G = nx.parse_gml(gml)
```

```
nx.draw(G, with_labels=True, node_color="yellow",
                                          edge_color="green")
plt.savefig('football.pdf')          # pdf문서 생성하기
```

결과의 예

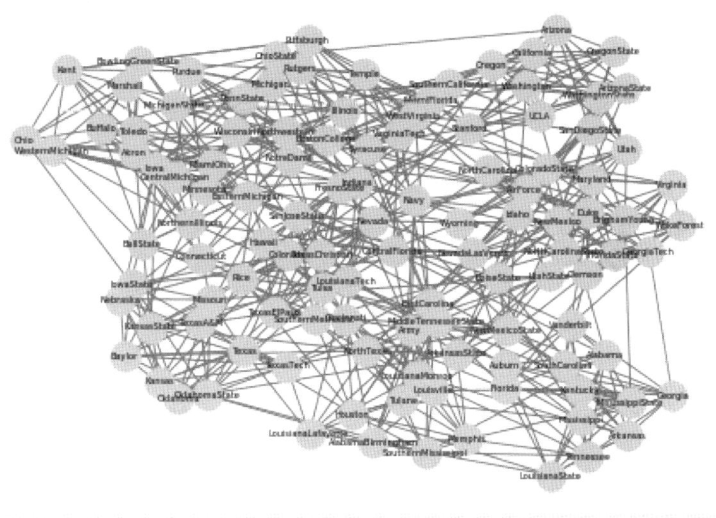

Quiz 13.13

싱단의 풋볼 네이터로부터 모든 노드에 대한 차수(degree)를 알고 싶다. 노드와 해당 노드의 차수에 대한 정보를 튜플 형태의 리스트로 출력하는 다음의 명령문을 빈칸에 작성하시오.

명령문	______________________
결과의 예	[('BrighamYoung', 12), ('FloridaState', 12), ('Iowa', 12), ('KansasState', 12), ... ('Arkansas', 10), ('Hawaii', 11)]

Quiz 13.14

상단의 풋볼 데이터에서 다음의 출력 결과와 같은 정보를 얻고 싶다. 빈칸에 알맞은 명령문을 넣으시오.

<table>
<tr><td rowspan="2">명령문</td><td><pre>import numpy as np
import networkx as nx
import matplotlib.pyplot as plt
import zipfile
zf = zipfile.ZipFile('football.zip')
txt = zf.read('football.txt').decode()
gml = zf.read('football.gml').decode()
gml = gml.split('\n')[1:]
G = nx.parse_gml(gml)</pre></td></tr>
<tr><td><pre>print('No. of nodes: %d' % ____________________)
print('No. of edges: %d' % ____________________)
print('Avg. of degrees: %.1f' % np.mean(_________________))</pre></td></tr>
<tr><td>결과의 예</td><td><pre>No. of nodes: 115
No. of edges: 613
Avg. of degrees: 10.7</pre></td></tr>
</table>

다음과 같이 어떤 소셜 네트워크 집단이 있다고 가정하자. 어떤 사람은 다른 사람들과 긴밀한 관계를 유지하는가 하면 어떤 사람은 타인과 전혀 소통을 하지 않는다. 다음에서 제시하는 데이터 세트에서는 사람들이 어떤 관계를 맺고 있는지 알아보고 가장 큰 네트워크를 형성한 그룹과 그렇지 않은 그룹들을 분리해서 분석하는 실습을 해보자.

명령문

```
import numpy as np
import networkx as nx
K = np.loadtxt("social.csv", delimiter=",")
G = nx.to_networkx_graph(K)
nx.draw(G, with_labels=True, node_color='yellow',
                                          edge_color='red')
```

결과의 예

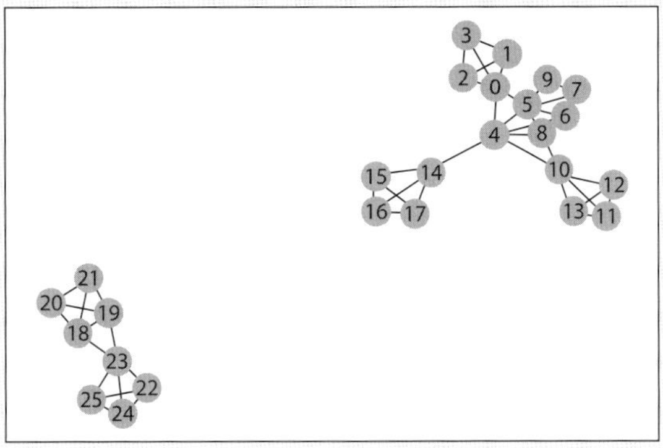

social.csv 이름의 엑셀 파일에서 ','를 제외시켜 Numpy 형식으로 변환한 내용을 K 변수에 저장한다. 이것을 networkx 형태의 그래프로 생성하기 위해 to_networkx_graph()라는 메소드를 사용하면 K 변수에 저장된 내용대로 그래프가 생성된다. 그런데 여기에서 출력된 그래프가 다음의 예제처럼 2개, 즉 다수 개일 수도 있다. 그렇다면 다수 개의 부분그래프(sub graph)를 따로 분리하여 다각도로 데이터를 살펴볼 필요가 있다.

한 개의 데이터 세트에서 다수 개의 그래프를 분리하려면 networkx에서 제공하는 connected_component_subgraphs() 메소드를 활용하면 된다. 이것은 그래프의 제너레이터(generator) 형식을 반환하며 입력된 그래프 내에서 연결된 부분그래프들의 리스트이다. 부분그래프의 개수를 알기 위해서는 반환된 제너레이터 형식을 다음과 같이 리스트로 변환하여 len() 함수를 사용해야 한다. 예상한 것처럼 2가 출력되었다.

명령문

```
K = np.loadtxt("social.csv", delimiter=",")
G = nx.to_networkx_graph(K)
ksub = (G.subgraph(c) for c in nx.connected_components(G))
klist = list(ksub)
print(len(klist))
```

결과의 예

```
2
```

각각의 그래프를 klist 이름의 리스트로 저장했지만 정작 안에 원소는 networkx의 그래프라는 객체이므로 직접 눈으로 관찰하려면 각각의 객체를 그래프로 출력해야 관찰할 수 있다. 자, 그러면 먼저 첫 번째 부분그래프를 출력해보자. 위에서 확인한 것처럼, `klist`에는 2개의 객체가 저장되어 있으며 첫 번째 그래프는 `klist[0]`이다.

명령문

```
import numpy as np
import networkx as nx
K = np.loadtxt("social.csv", delimiter=",")
G = nx.to_networkx_graph(K)
ksub = (G.subgraph(c) for c in nx.connected_components(G))
klist = list(ksub)
```

```
nx.draw(klist[0], with_labels=True, node_color='yellow',
                                    edge_color='red')
```

결과의 예

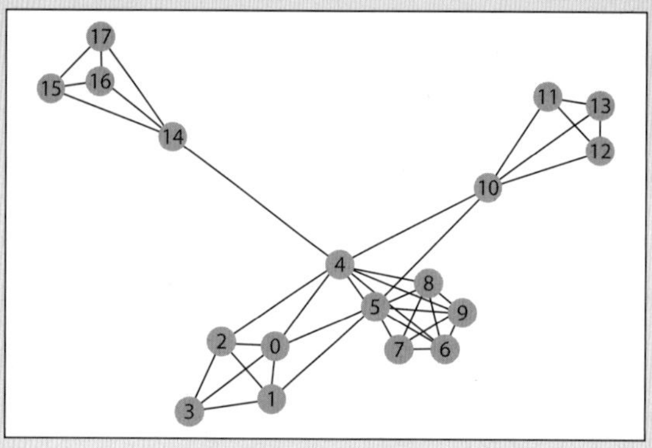

Quiz 13.15

위의 코드에서 두 번째 부분그래프를 그리는 `draw()` 메소드를 완성하라.

명령문

```
nx.draw( ____________ , with_labels=True, node_color='yellow',
                                    edge_color='red')
```

결과의 예

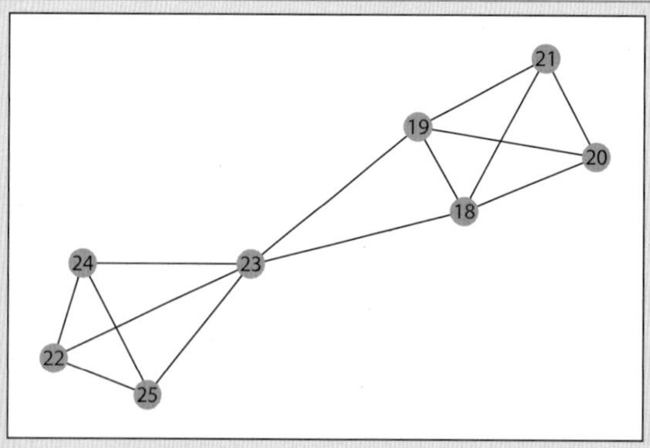

만약 다수의 부분그래프들이 존재할 때에 가장 노드 수가 많은 그래프를 그리려면 어떻게 하면 될까? max() 함수를 사용하는 방법이 있다. 여러 개의 부분그래프 중에서 가장 큰 그래프를 찾기 위해 다음과 같이 프로그램을 작성해보자.

명령문

```
import numpy as np
import networkx as nx
K = np.loadtxt("social.csv", delimiter=",")
G = nx.to_networkx_graph(K)
maxG = max((G.subgraph(c) for c in nx.connected_components(G)),
                                                          key=len)
nx.draw(maxG, with_labels=True, node_color='yellow',
                                                  edge_color='red')
```

결과의 예

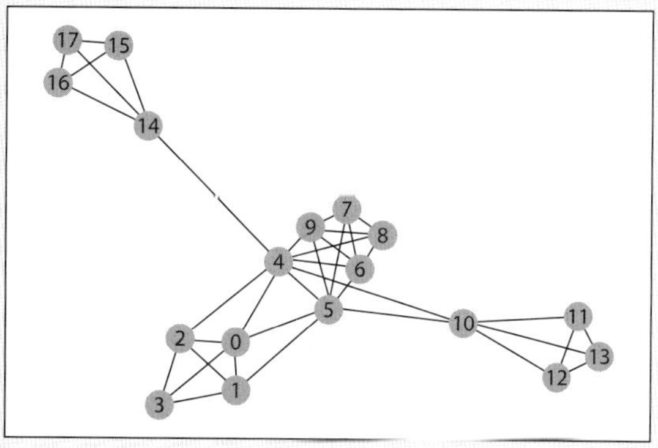

Quiz 13.16

상단에서 작성한 코드에서처럼 'social.csv' 파일에 다수의 부분그래프들이 존재할 때에 가장 노드 수가 적은 그래프를 그리고자 한다. 이를 위한 다음의 명령문을 완성하라.

명령문

```
import numpy as np
import networkx as nx
K = np.loadtxt("social.csv", delimiter=",")
G = nx.to_networkx_graph(K)
minG = _______ (_________________________________________ )
nx.draw(minG, with_labels=True, node_color='yellow',
                                                  edge_color='red')
```

결과의 예	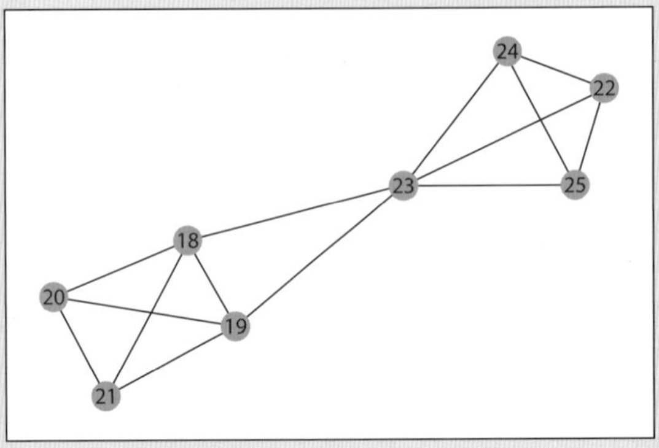

Quiz 13.17

두 번째 엑셀파일인 'social2.csv'에는 몇 개의 부분그래프들이 있는지 조사하는 코드를 빈칸에 완성하시오(각각의 부분그래프들도 출력하여 확인).

명령문	`import numpy as np`
	`import networkx as nx`
	`K = np.loadtxt("social2.csv", delimiter=",")`
	`G = nx. ________________________(K)`
	`ksub = nx. ________________________( )`
	`klist = __________(ksub)`
	`print(len(klist))`

부분그래프 개수	3

Quiz 13.18

[Quiz 13.17]의 코드를 실행한 후 생성된 부분그래프 중에서 3번째 그래프에 포함되어 있는 모든 노드들에 대한 차수(degree)를 다음의 결과와 같이 출력하고 그래프를 그리는 명령문을 완성하라.

명령문	`print( ________________ . ________________ )` `nx.draw( __________ , with_labels=True, node_color='yellow')`

결과의 예

```
[(17, 3), (18, 3), (19, 3), (20, 3)]
```

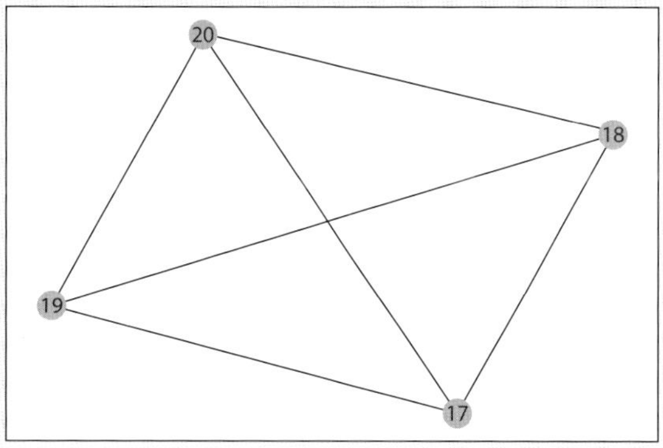

Quiz 13.19

'social2.csv'로부터 만들어진 부분그래프들 중 가장 큰 그래프를 그리는 다음의 코드를 완성하라.

명령문

```
import numpy as np
import networkx as nx
K = np.loadtxt("social2.csv", delimiter=",")
G = nx.to_networkx_graph(K)
```

```
maxG = ___________ (nx. ___________ , key=len)
nx.draw(maxG, with_labels=True, node_color='yellow',
                                        edge_color='red')
```

결과의 예

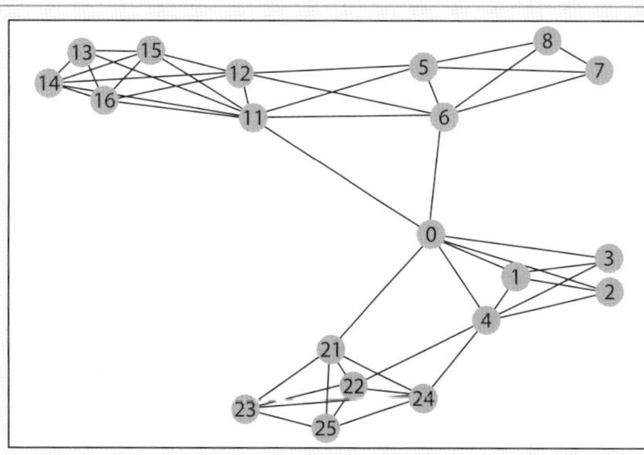

13.2 GPS를 이용한 철새 이동 파악

다음은 LifeWatch INBO 프로젝트에서 제공하는 데이터를 활용한다.

시간 측정 기능 소개

명령문	import pandas as pd birdata = pd.read_csv('bird_tracking.csv') birdata.columns
결과	Index(['altitude', 'date_time', 'device_info_serial', 'direction', 'latitude', 'longitude', 'speed_2d', 'bird_name'], dtype='object')

명령문	birdata.date_time[0:3]
결과	0 2013-08-15 00:18:08+00 1 2013-08-15 00:48:07+00 2 2013-08-15 01:17:58+00 Name: date_time, dtype: object

Quiz 13.20

'Sanne' 새가 비행할 때 최초로 측정된 날짜와 시간을 출력하고 싶다. 필요한 명령문을 작성하시오.

명령문	ix = birdata.bird_name == "Sanne" date = ______________________ print(date[:1])
결과	40916 2013-08-15 00:01:08+00

Quiz 13.21

'Sanne' 새의 마지막 측정 날짜와 시간을 출력하는 코드를 완성하라.

명령문	date = birdata.date_time[ix] print(date[____________])
결과	61919 2014-04-30 23:59:34+00

[Quiz 13.20]과 [Quiz 13.21]을 통해 'Sanne' 새의 비행 기간은 다음과 같고 2013년 8월에 출발하여 2014년 4월에 도착했다는 것을 알 수 있다.

```
40916 2013-08-15 00:01:08+00
61919 2014-04-30 23:59:34+00
```

시간 출력

명령문	`import datetime as dt` `dt.datetime.today()`
결과	`datetime.datetime(2018, 12, 3, 11, 6, 10, 948917)`

시간 측정

먼저 현재 시간을 측정하여 다음과 같이 `time1`에 저장한다.

명령문	`time1 = dt.datetime.today()`

다음은 잠시 후 다시 현재 시간을 측정하여 `time2`에 저장하고, time2에서 첫 번째 측정한 시간인 time1을 뺀 결과를 출력해보자.

명령문	`time2 = dt.datetime.today()` `time2 - time1`
결과	`datetime.timedelta(seconds=3, microseconds=371813)`

3초가 조금 더 경과한 것으로 출력되었다.

다음은 앞서 `birdata`에서 가져온 자료를 활용하여 다음과 같이 실행해보자.

명령문	`import pandas as pd`
	`birdata = pd.read_csv('bird_tracking.csv')`
	`import datetime as dt`

	`date_str = birdata.date_time[0]` `print(date_str)`
결과	`2013-08-15 00:18:08+00`

마지막 '`+00`'은 언제나 같은 값이므로 생략하고 출력해보자.

명령문	`date_str[:-3]`
결과	`2013-08-15 00:18:08`

연도부터 초까지 날짜와 시간을 나타낸 결과임을 확인할 수 있다. 그런데 여기에서 출력된 내용은 문자열이기 때문에 두 시점 사이의 기간을 알고 싶을 때 이를 활용할 수 없다. 따라서 이를 위해서는 저장된 문자열을 날짜와 시간을 나타내는 데이터형으로 변환해야 한다. 이때 사용하는 메소드가 `datetime` 모듈에서 제공하는 `datetime` 클래스의 `strptime()`이다. 따라서 다음과 같이 해당하는 문자열(`date_str[:-3]`)을 날짜와 시간 형식('`%Y-%m-%d %H:%M:%S`')으로 설정할 수 있다. 이를 실행하면 다음과 같은 결과가 출력된다.

명령문	`dt.datetime.strptime(date_str[:-3], '%Y-%m-%d %H:%M:%S')`
결과	`datetime.datetime(2013, 8, 15, 0, 18, 8)`

이것을 다음과 같이 a라는 변수에 저장하고 출력해보자.

명령문

```
a = dt.datetime.strptime(date_str[:-3], '%Y-%m-%d %H:%M:%S')
print(a)
```

결과

```
2013-08-15 00:18:08
```

명령문

```
timestamps = []
for k in range(len(birdata)): timestamps.append(dt.datetime.
strptime (birdata.date_time.iloc[k][:-3], '%Y-%m-%d %H:%M:%S'))
timestamps
```

결과

```
[datetime.datetime(2013, 8, 15, 0, 18, 8),
 datetime.datetime(2013, 8, 15, 0, 48, 7),
...
 datetime.datetime(2013, 8, 27, 1, 19, 57),
 datetime.datetime(2013, 8, 27, 1, 49, 50),
...]
```

명령문

```
birdata['timestamp'] = pd.Series(timestamps,
                                 index = birdata.index)
birdata.timestamp[1]-birdata.timestamp[0]
```

결과

```
Timedelta('0 days 00:29:59')
```

명령문

```
a = birdata.timestamp[1]-birdata.timestamp[0]
print(a)
```

결과

```
0 days 00:29:59
```

다음과 같이 `birdata`의 인덱스(index)를 출력해보자.

명령문	birdata.index
결과	RangeIndex(start=0, stop=61920, step=1)

목록번호(RangeIndex)가 0에서 시작하여 61920 전까지 1의 간격으로 기록되어 있다는 것을 나타낸다. 이러한 목록에 Pandas의 Series 기능을 이용하여 다음과 같이 birdata에 'timestamp'의 이름으로 새로운 칼럼을 추가해 넣을 수 있다.

명령문	birdata.head()

결과

	altitude	date_time	device_info_serial	direction	latitude	longitude	speed_2d	bird_name	timestamp
0	71	2013-08-15 00:18:08+00	851	-150.469753	49.419859	2.120733	0.150000	Eric	2013-08-15 00:18:08
1	68	2013-08-15 00:48:07+00	851	-136.151141	49.419880	2.120746	2.438360	Eric	2013-08-15 00:48:07
2	68	2013-08-15 01:17:58+00	851	160.797477	49.420310	2.120885	0.596657	Eric	2013-08-15 01:17:58
3	73	2013-08-15 01:47:51+00	851	32.769360	49.420359	2.120859	0.310161	Eric	2013-08-15 01:47:51
4	69	2013-08-15 02:17:42+00	851	45.191230	49.420331	2.120887	0.193132	Eric	2013-08-15 02:17:42

우선 주어진 데이터 세트에 기록된 새들의 정보부터 확인해보자. 몇 마리의 새가 본 측정에 참여했는지 궁금하다. 어떻게 이를 알아낼 수 있을까? 위의 예제에서 출력된 내용을 살펴보면 bird_name이라는 칼럼의 항목을 볼 수 있다. 여기에 'Eric'이라는 새의 이름이 있다. 그러면 이 데이터 세트에 기록된 새들의 이름들을 모두 조사해보자. 어떤 방법을 사용하면 좋을까? Pandas에서 제공해 주는 unique()라는 메소드를 활용하면 명령문 한 줄로 간단하게 알아볼 수 있다. 다음의 코드에서와 같이 birdata 데이터 세트의 bird_name 칼럼의 데이터를 pandas(pd)의 unique() 메소드에 입력하면 그중에 유일한(unique) 값들만을 반환해준다.

명령문

```
import pandas as pd
birdata = pd.read_csv('bird_tracking.csv')
```

```
bird_names = pd.unique(birdata.bird_name)
print(bird_names)
```

결과

```
['Eric' 'Nico' 'Sanne']
```

다음의 결과는 새의 이동을 측정하기 시작한 시점에서부터 측정할 때마다의 시간을 누적시킨 수치이다. elapsed[0]은 새가 비행하기 시작한 시간을, elapsed[1]은 처음부터 첫 번째 구간의 시간을, elapsed[100]은 처음부터 100개 구간의 시간을 출력하게 된다. 다음의 마지막 결과는 새가 비행한 지 1일 5시간 24분 41초가 경과했다는 의미이다.

명령문	import pandas as pd
	birdata = pd.read_csv('bird_tracking.csv')
	import datetime as dt
	timestamps = []
	for k in range(len(birdata)):
	    timestamps.append(dt.datetime.strptime
	        (birdata.date_time.iloc[k][:-3], '%Y-%m-%d %H:%M:%S'))
	birdata['timestamp'] = pd.Series(timestamps, index = birdata.
	index)

	times = birdata.timestamp[birdata.bird_name == 'Eric'] elapsed = [time - times[0] for time in times] elapsed[100]
결과	Timedelta('1 days 05:24:41')

elapsed는 리스트 형태의 배열로 구성되어 있기 때문에 1개씩 출력하려면 다음과 같이 실행하면 된다.

명령문	print(elapsed[0]) print(elapsed[1]) print(elapsed[100])
결과	0 days 00:00:00 0 days 00:29:59 1 days 05:24:41

다음은 초기 100개 구간의 시간을 날짜 일수로 알고 싶을 때 실행하는 명령문이다. 1일이 조금 넘는 기간임을 알 수 있다.

명령문	elapsed[100] / dt.timedelta(days=1)
결과	1.225474537037037

Quiz 13.22

위의 예제의 결과를 날짜 일수가 아닌 시간으로 알고 싶다면 어떤 명령문을 실행해야 할지 괄호 안에 적으시오.

명령문	elapsed[100] / dt.timedelta(________________ =1)
결과	29.41138888888889

아래와 같은 명령문을 실행하면 'Eric' 새의 비행 횟수가 2만 회에 가까우며 총 250일 이상 비행한 기록을 볼 수 있다.

명령문	```import matplotlib.pyplot as plt```
	```import numpy as np```
	```plt.plot(np.array(elapsed) / dt.timedelta(days=1))```
	```plt.xlabel('Observation')```
	```plt.ylabel('Elapsed(days)')```

결과	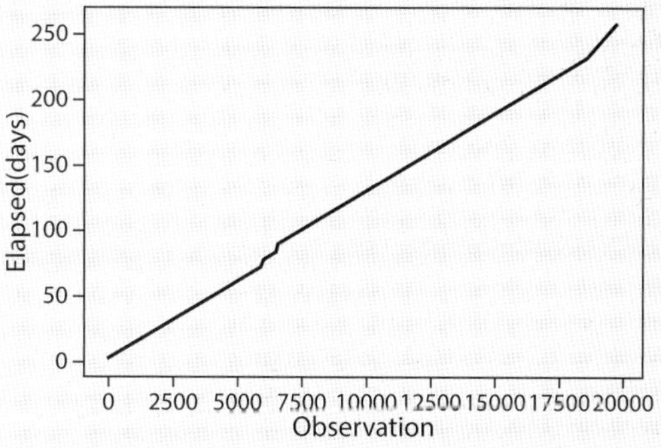

다음은 Eric 새의 비행 속도를 추적하고자 한다. 이를 위해 birdata의 speed_2d 칼럼을 이용하여 Eric의 비행 속도를 speed라는 배열에 저장하여 처음 5개의 데이터만 출력해보자.

명령문	```import pandas as pd```
	```birdata = pd.read_csv('bird_tracking.csv')```
	```ix = birdata.bird_name == "Eric"```
	```speed = birdata.speed_2d[ix]```
	```print(speed.head())```

결과	0 0.150000 1 2.438360 2 0.596657 3 0.310161 4 0.193132

Quiz 13.23

다음은 speed에 저장된 내용을 그래프로 그려보자.

명령문	```import pandas as pd```
	```import matplotlib.pyplot as plt```
	```plt.plot(range(50), speed[:50]);```
	```plt.xlabel('Observation')```
	```plt.ylabel('Flying Speed');```

결과	______________

Quiz 13.24

위의 예제와 `birdata`의 `speed_2d` 칼럼을 이용하여 'Eric'이라는 새의 비행 속도를 그래프로 그리는 다음의 코드를 완성하라(처음부터 50개의 데이터만 그래프로 그리도록 작성).

명령문	`import matplotlib.pyplot as plt`
	`speed = birdata. ______________ [birdata.bird_name == 'Eric']`
	`plt.plot(range(50), ______________ );`
	`plt.xlabel('Observation')`
	`plt.ylabel('Flying Speed');`

결과	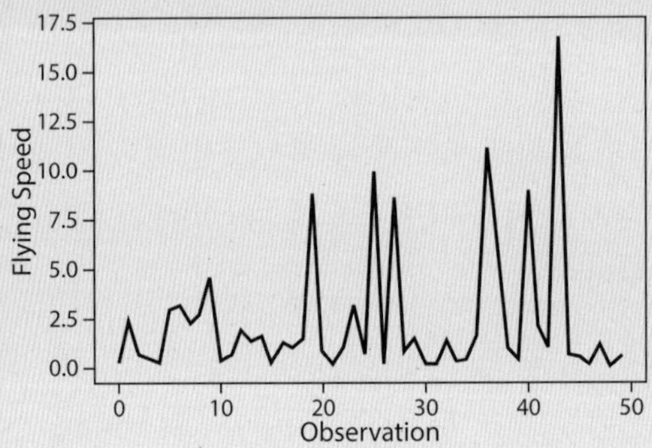

다음은 새들의 경로를 살펴보자. bird_tracking 파일에는 3마리 새의 정보가 담겨 있다. 이 새들의 경로를 그래프로 그려보고자 한다. 실제로 이 3마리 새들이 비행한 그림을 지도와 함께 볼 수 있다. 그러기 위해서는 cartopy를 설치하여 실제 지도 위에서 비행한 경로를 출력해야 한다.

먼저 cartopy를 아래와 같이 설치하자(설치 방법은 230페이지에 설명되어 있다).

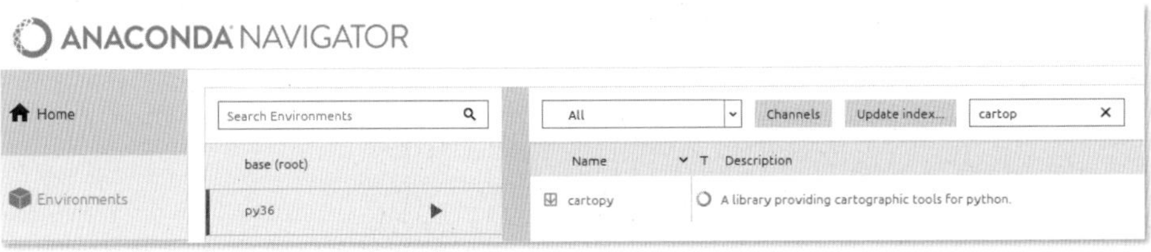

평균 속도는 보통 2m/s 정도인 것을 볼 수 있으며 빠를 때는 9m/s라는 것을 볼 수 있다.

다음은 speed 리스트의 인덱스 218번에 저장된 속도를 출력하게 된다.

명령문	import pandas as pd birdata = pd.read_csv('bird_tracking.csv') speed = birdata.speed_2d[birdata.bird_name == 'Eric'] speed[218]
결과	0.6842385276730749

다음은 speed의 인덱스 219번에 저장된 속도를 출력해보자. 이번에는 숫자가 아닌 nan이 출력되었다.

명령문	speed[219]
결과	nan

앞에서 nan에 대해서 배웠다. 어떤 이유에서든 관련 데이터가 없다는 의미이다. 'Eric'의 전체 비행 데이터 중 몇 번의 nan이 발생했는지 조사하고 싶다. 이를 위해 어떻게 프로그램을 작성할지 생각해보자.

그 전에 nan을 검사하는 isnan()이라는 메소드가 Numpy에서 지원되므로 다음과 같이 명령문을 실행해보자. 우선, speed에 저장되어 있는 모든 'Eric'의 속도 데이터에 대해 nan인지를 테스트한 결과를 다시 speed에 저장한다. 각각의 속도가 nan이면 True를, 그렇지 않으면 False를 Numpy 배열 형식으로 저장하게 된다.

명령문	import pandas as pd birdata = pd.read_csv('bird_tracking.csv') speed = birdata.speed_2d[birdata.bird_name == 'Eric'] import numpy as np speed = np.array(speed) print(np.isnan(speed))
결과	[False False False ... False False False]

speed의 배열에 nan이 있는지 검사하는 방법을 소개한다. 다음과 같이 명령문을 작성해 실행해보자. any()라는 메소드를 사용하여 True가 1개라도 존재하면 True를 반환하게 되므로 간편하게 검사할 수 있다.

명령문	np.isnan(speed).any()
결과	True

다음은 nan이 가장 먼저 나오는 위치를 찾는 프로그램을 작성해보자.

<table>
<tr><td rowspan="2">명령문</td><td><pre>import pandas as pd
birdata = pd.read_csv('bird_tracking.csv')
speed = birdata.speed_2d[birdata.bird_name == 'Eric']
import numpy as np
speed = np.array(speed)
np.isnan(speed)
print(np.isnan(speed))</pre></td></tr>
<tr><td><pre>def getnan(s):
    for i, n in enumerate(s):
        if np.isnan(n):
            return i
ind = getnan(speed)
print(ind)</pre></td></tr>
<tr><td>결과</td><td><pre>[False False False ... False False False]
219</pre></td></tr>
</table>

다음은 speed 배열에 nan이 모두 몇 개 존재하는지를 출력하기 위해 다음과 같이 명령문을 작성해보자.

명령문	len(np.isnan(speed))
결과	19798

프로그램의 결과는 'Eric' 새에 대한 모든 데이터의 개수이지 nan의 개수가 아니다. 따라서 위의 결과는 올바르지 않으며 nan의 총 개수를 직접 구해야 한다. 따라서 다음의 Quiz를 풀어보자.

Quiz 13.25

위의 프로그램을 수정하여 nan이 저장되어 있는 모든 인덱스 번호를 nanlist라는 리스트에 저장한 후 nan의 총 개수를 출력하는 프로그램을 완성하라.

<table>
<tr><td>명령문</td><td><pre>import pandas as pd
birdata = pd.read_csv('bird_tracking.csv')
speed = birdata.speed_2d[birdata.bird_name == 'Eric']
import numpy as np
speed = np.array(speed)
np.isnan(speed)</pre></td></tr>
</table>

명령문	nanlist = []
	def getnan(s):
	    for i, n in ________________ (s):
	        if np.isnan(n):
	            ________________ .append(i)
	getnan(speed)
	print('nan의 총개수:', len(nanlist))
	print(nanlist)

결과	nan의 총개수: 85 [219, 1005, 1231, 1254, 1530, 1730, 2469, 3218, 3405, 3412, 3429, 3435, … 19545, 19620, 19621, 19753, 19771, 19778]

cartopy 설치

아나콘다 내비게이터에서 앞에서 배운 대로 카타피(cartopy)를 설치하자.

아나콘다 프롬프트 창에서 설치한다면 다음의 명령문을 실행하면 된다.

```
conda install -c scitools cartopy
```

설치를 마쳤다면 확인하는 의미에서 카타피를 이용하여 지도를 그려보자. 여기에서 나타내는 숫자들의 의미는 다음과 같다. 지구는 둥글기 때문에 지정한 곳을 시작점으로 하여 360° 축척으로 위치를 표시할 수 있다.

위치뿐만 아니라 이동 거리로도 표시할 수 있는데, 지구의 둘레가 40,000km라고 한다면, 1° = 400km 정도라고 생각하면 되겠다.

명령문

```
import cartopy.crs as ccrs
import cartopy.feature as cfeature
import matplotlib.pyplot as plt
import pandas as pd
proj = ccrs.Mercator()
plt.figure(figsize=(10, 10))
ax = plt.axes(projection=proj)
ax.set_extent((-25.0, 20.0, 52.0, 10.0))
ax.add_feature(cfeature.LAND)
ax.add_feature(cfeature.OCEAN)
ax.add_feature(cfeature.COASTLINE)
ax.add_feature(cfeature.BORDERS, linestyle=':');
```

```
birdata = pd.read_csv('bird_tracking.csv')
bird_names = pd.unique(birdata.bird_name)
for name in bird_names:
    ix = birdata['bird_name'] == name
    x, y = birdata.longitude[ix], birdata.latitude[ix]
    ax.plot(x, y, '.', transform=ccrs.Geodetic(), label=name)
plt.legend(loc='upper left');
```

결과

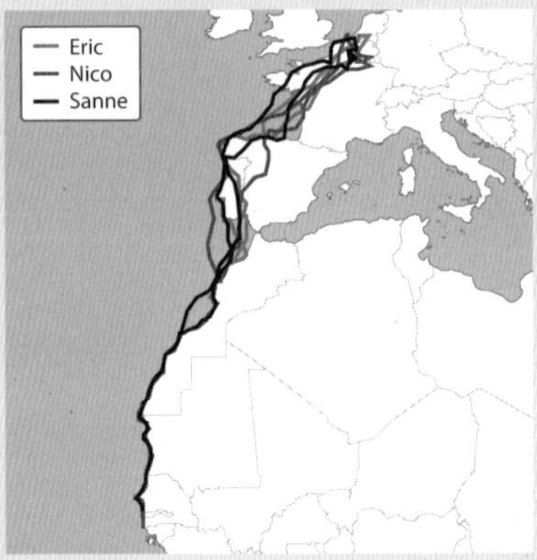

cfeature의 LAND는 육지를 출력하고, OCEAN은 바다의 색상을 입히며, COASTLINE은 해안선을 나타내며, BORDERS은 육지의 지역별 경계를 표시한다. 그리고, 그 지도위에 3마리 새의 전체 경로를 겹치면 된다.

출력된 지도를 보면 3마리 새의 이동 경로가 복잡해 보인다. 그래서 이번에는 Eric 새의 경로만을 출력해보자. 어떻게 코드를 작성하면 될까?

위의 코드는 모든 3마리 새에 대하여 지도에 표시했으나 이번에는 'Eric'의 내용만 표시하면 되기 때문에 for문을 없애고 아래와 같이 간단히 수정하면 된다.

명령문

```
import cartopy.crs as ccrs
import cartopy.feature as cfeature
import matplotlib.pyplot as plt
import pandas as pd
proj = ccrs.Mercator()
plt.figure(figsize=(10, 10))
ax = plt.axes(projection=proj)
ax.set_extent((-25.0, 20.0, 52.0, 10.0))
ax.add_feature(cfeature.LAND)
ax.add_feature(cfeature.OCEAN)
ax.add_feature(cfeature.COASTLINE)
ax.add_feature(cfeature.BORDERS, linestyle=':');
```

```
birdata = pd.read_csv('bird_tracking.csv')
bird_names = pd.unique(birdata.bird_name)
ix = birdata['bird_name'] == 'Eric'
x, y = birdata.longitude[ix], birdata.latitude[ix]
ax.plot(x, y, '.', transform=ccrs.Geodetic(), label='Eric')
plt.legend(loc='upper left');
```

결과

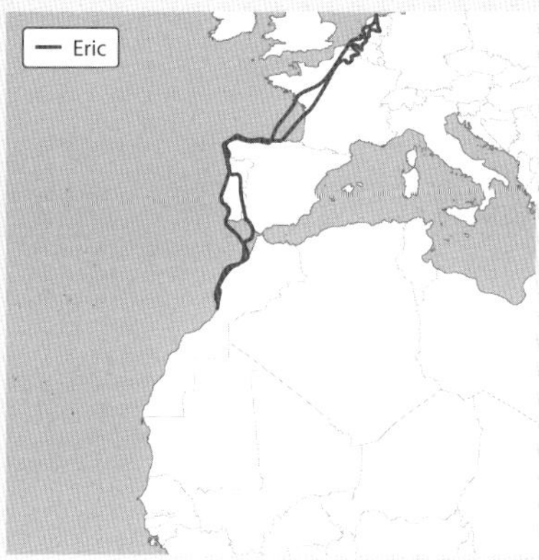

그런데 3마리 새의 이동 경로가 복잡해 보인다. 그래서 이번에는 `Eric` 새의 경로만을 출력해보자. 어떻게 코드를 작성하면 될까?

명령문

```
import pandas as pd
import matplotlib.pyplot as plt
import numpy as np
birdata = pd.read_csv('bird_tracking.csv')
x, y = birdata.longitude, birdata.latitude
plt.figure(figsize=(7, 7))
plt.plot(x, y, '.');
```

결과	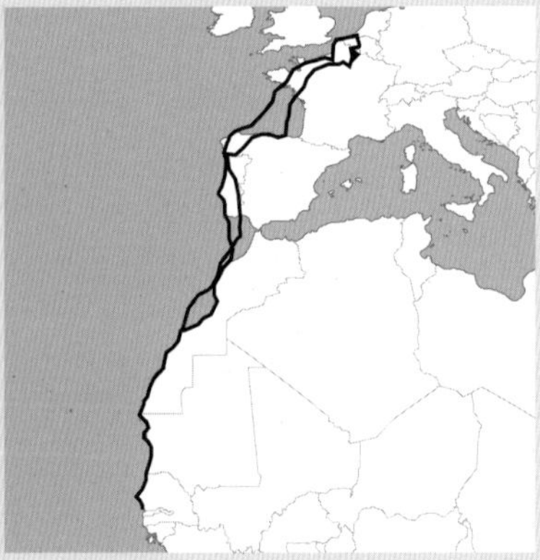

명령문

```python
import pandas as pd
birdata = pd.read_csv('bird_tracking.csv')
import matplotlib.pyplot as plt
import numpy as np
ix = birdata.bird_name == "Eric"
x, y = birdata.longitude[ix], birdata.latitude[ix]
plt.figure(figsize=(7, 7))
plt.plot(x, y, '.');
```

결과

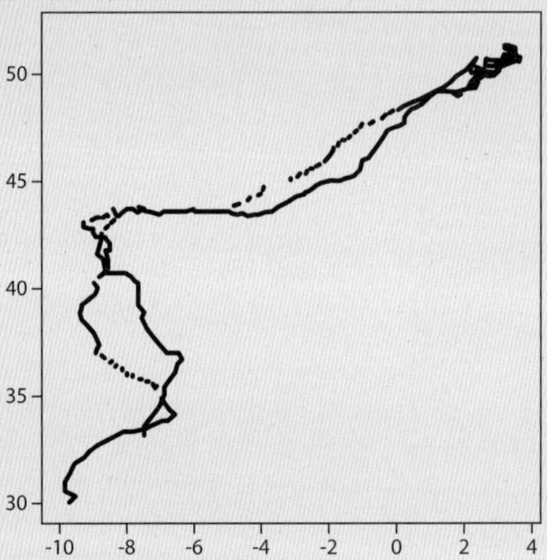

처음에 철새들의 GPS 이동 경로 데이터를 받고 철새들의 이동에 관한 내용인 것으로 알았으나 데이터를 분석하다 보니 철새들의 이동보다는 철새들의 생활습성을 관찰할 수 있었다. 즉 장거리 이동보다는 한곳에 머무는 기간이 훨씬 길게 측정이 됐다는 점을 알게 되었고, 측정된 철새의 이동이 편도가 아니라 왕복이라는 것도 알 수 있었다. 그리고 주어진 데이터로 철새들의 이동은 258일 23:33:21 기간 동안 추적한 것으로 나타났다.

배열 형태로 저장된 위도와 경도에서 'Eric' 새가 인덱스 번호의 시작인 0부터 17000까지 남하한 궤적을 그림으로 볼 수 있으며 이후부터 18600까지는 북상한 것으로 결과를 확인 할 수 있다.

<table>
<tr><td>명령문</td><td>

```
%matplotlib inline
import pandas as pd
import matplotlib.pyplot as plt
from scipy.spatial import distance
import cartopy.crs as ccrs
import cartopy.feature as cfeature
proj = ccrs.Mercator()
plt.figure(figsize=(10, 10))
ax = plt.axes(projection=proj)
ax.set_extent((-25.0, 20.0, 52.0, 10.0))
ax.add_feature(cfeature.LAND)
ax.add_feature(cfeature.OCEAN)
ax.add_feature(cfeature.COASTLINE)
ax.add_feature(cfeature.BORDERS, linestyle=':')
birdata = pd.read_csv('bird_tracking.csv')
bird_names = pd.unique(birdata.bird_name)
ix = birdata['bird_name'] == 'Eric'
x, y = birdata.longitude[ix], birdata.latitude[ix]
ax.plot(x[0:17000], y[0:17000], '.', transform=ccrs.Geodetic());
ax.plot(x[17101:18600], y[17101:18600], '.', transform=ccrs.
                                                Geodetic());
```

</td></tr>
<tr><td>결과</td><td>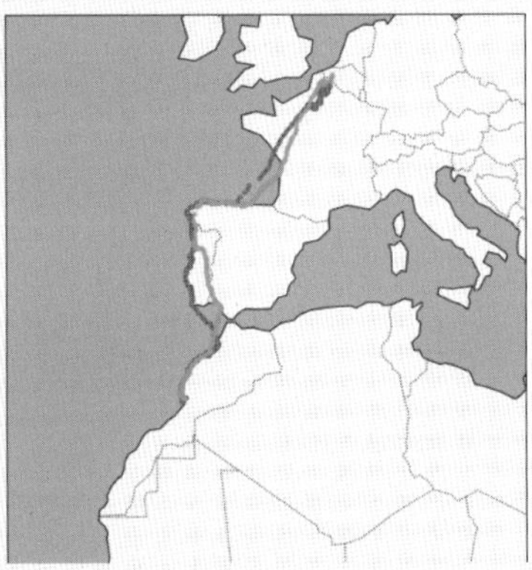</td></tr>
</table>

요약 문제

가장 부지런한 새를 조사하시오(제한시간 30분).

① 가장 부지런한 새는 가장 먼저 이동을 시작하고 가장 멀리 이동한 새를 의미한다.

② 지도를 이용하여 이동한 거리를 눈으로 확인하면서 조사한다.

명령문	

명령문

```
import pandas as pd
import matplotlib.pyplot as plt
from scipy.spatial import distance
import cartopy.crs as ccrs
import cartopy.feature as cfeature
proj = ccrs.Mercator()
plt.figure(figsize=(10, 10))
ax = plt.axes(projection=proj)
ax.set_extent((-25.0, 20.0, 52.0, 10.0))
ax.add_feature(cfeature.LAND)
ax.add_feature(cfeature.OCEAN)
ax.add_feature(cfeature.COASTLINE)
ax.add_feature(cfeature.BORDERS, linestyle=':')
def euc(a, b) :
    return distance.euclidean(a, b)
birdata = pd.read_csv('bird_tracking.csv')
bird_names = pd.unique(birdata.bird_name)
sindex = 2500                          # start index
eindex = 7500                          # end index
ix = birdata['bird_name'] == 'Eric'
x, y = birdata.longitude[ix], birdata.latitude[ix]
i = [x[sindex], y[sindex]]
j = [x[eindex], y[eindex]]
ax.plot(x[sindex:eindex], y[sindex:eindex], '.', transform=ccrs.
Geodetic());
print('Eric', euc(i, j))
ix = birdata['bird_name'] == 'Nico'
x, y = birdata.longitude[ix], birdata.latitude[ix]
start = len(x)
dest = len(y)
i = [x[start+sindex], y[start+sindex]]
j = [x[dest+eindex], y[dest+eindex]]
ax.plot(x[sindex:eindex], y[sindex:eindex], '.', transform=ccrs.
Geodetic());
print('Nico', euc(i, j))
```

<table>
<tr><td></td><td>

```
ix = birdata['bird_name'] == 'Sanne'
x, y = birdata.longitude[ix], birdata.latitude[ix]
#print(x.get_value[40920])
start = start + len(x)
dest = dest + len(x)
i = [x[start+sindex], y[start+sindex]]
j = [x[dest+eindex], y[dest+eindex]]
ax.plot(x[sindex:eindex], y[sindex:eindex], '.', transform=ccrs.
Geodetic());
print('Sanne', euc(i, j))
```

</td></tr>
<tr><td>결과</td><td>

```
Eric 19.586199378586844
Nico 32.60667661083755
Sanne 0.0044727258858547145
```

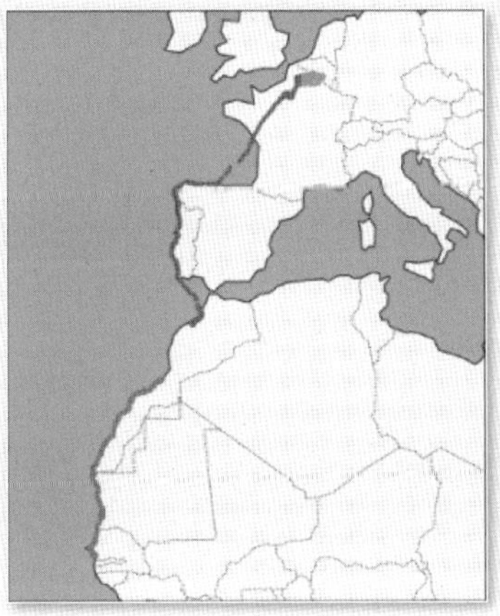

</td></tr>
</table>

이동한 거리를 그림으로 조사해보면 다음의 index가 새들이 다시 북쪽으로 돌아가기 시작하는 시점이다. 가장 아래에 있는 새가 'Sanne'이며 그 바로 위에 있는 새가 'Nico'이다. 이들은 도착한 남단에서 원래 위치로 출발하는 그림이며 중간 지점에 내려와 있던 'Eric'은 벌써 처음 출발했던 원래 지점으로 도착한 상태이다.

명령문	sindex = 16000 eindex = 19000
결과	

이제 대충 눈으로 확인했으니 정확히 어느 새가 가장 멀리 이동했는지 계산해보자.

명령문

```
longest = 0
distlist = []
def euc(a, b) :
    return distance.euclidean(a, b)
ix = birdata['bird_name'] == 'Eric'
x, y = birdata.longitude[ix], birdata.latitude[ix]
i = [x[0], y[0]]
for ind in range(len(x)-1):
    j = [x[ind+1], y[ind+1]]
    newlength = euc(i, j)
    distlist.append(newlength)
    if (euc(i, j) > longest):
        longest = newlength
print('Longest=', longest)
```

결과

```
Longest= 22.599112725372304
```

명령문

```
bird_names = pd.unique(birdata.bird_name)
bird_dist = {}
def euc(a, b) :
    return distance.euclidean(a, b)
start = 0
end = 0
count = 0
```

명령문	`for bird_name in bird_names:`
	`    ix = birdata['bird_name'] == bird_name`
	`    x, y = birdata.longitude[ix], birdata.latitude[ix]`
	`    longest = 0`
	`    i = [x[start], y[start]]`
	`    for ind in range(len(x)-1):`
	`        j = [x[start+ind+1], y[start+ind+1]]`
	`        newlength = euc(i, j)`
	`        distlist.append(newlength)`
	`        if (euc(i, j) > longest):`
	`            longest = newlength`
	`    bird_dist[bird_names[count]] = longest`
	`    count = count + 1`
	`    start = start + len(x)`
	`    dest = dest + len(x)`
	`print(bird_dist)`

결과	{'Eric': 22.599112725372304, 'Nico': 43.44920181082738, 'Sanne': 40.87144067458034}

Quiz 13.26

위의 결과를 Pandas 형태로 변환하여 다음과 같이 출력되는 명령문을 작성하시오.

결과	Eric 22.599113 Nico 43.449202 Sanne 40.871441

Quiz 13.27

지구의 둘레가 40,000km라고 가정할 때, 새들의 이동거리를 km 단위로 환산하여 다음과 같이 사전형인 `bird_distkm`에 저장하여 출력하는 프로그램을 작성하시오.

결과	{'Eric': 2511.012525041367, 'Nico': 4827.689090091932, 'Sanne': 4541.271186064482}

PART III

인공지능

Big Data Analytics &
Artificial Intelligence
Starting with Python

CHAPTER

14 기계학습의 기본 개념

학습목차

인공지능의 개념

미국 UC 버클리대의 언어 철학자인 존 서얼(John Searle)은 그의 논문에서 컴퓨터가 튜링 테스트를 통과하더라도 결코 지능을 가질 수 없으며 현재의 인공지능이 인간의 지능을 넘어 설 것이라는 이론에 반박하였다. 그 반박의 근거로 '중국어 방'을 예로 들었다. '중국어 방'이란 밀폐된 방안에 중국어를 모르는 영국인이 들어가 있고 밖에서 중국인이 중국어 문장을 방에 집어넣으면 방 안에 있는 영국인이 그 답변에 해당하는 문장을 방 밖으로 전달하는 시스템이다.

그 영국인은 방 안에 적혀진 규칙에 의해서 해당하는 중국어를 전달할 뿐이기 때문에 중국인은 방 안의 사람이 중국어를 매우 잘한다고 느낄 것이지만 정작 그 영국인은 중국어를 전혀 이해하지 못한다. 이러한 중국어 방이 인공지능 시스템이라면 튜링 테스트를 통과할 것이지만 지능을 가지고 있다고는 할 수 없는 것이다.

실제로 현재의 딥러닝을 포함한 대부분의 인공지능 시스템은 확률적인 가중치로 결과를 도출하기 때문에 본 저자도 존 시얼의 이론에 동의하고 있다. 그러나 현재 인공지능이 급속도로 발전하고 있고 또한 초기 단계이기 때문에 미래에는 어떻게 변할지 크게 장담하기는 어려울 것으로 생각한다.

인공지능의 분류

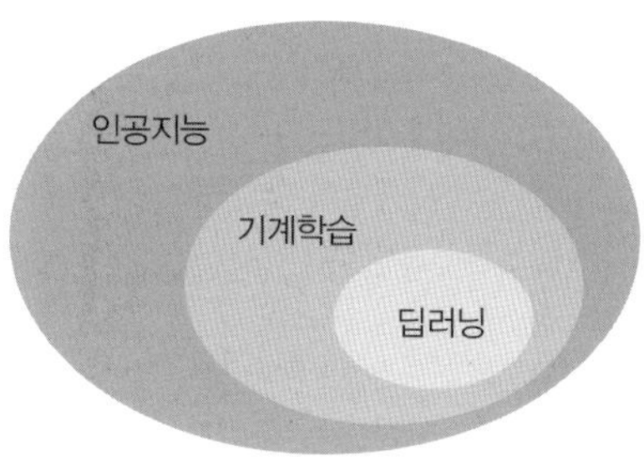

인공지능의 분류

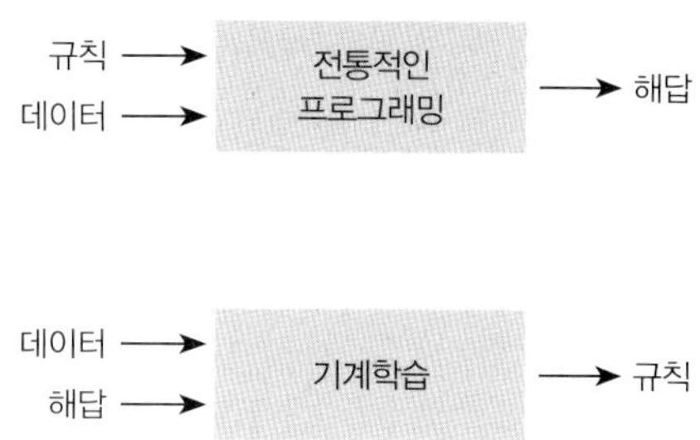

기존 AI vs. 기계학습

인공지능은 크게 기존의 인공지능, 머신러닝, 딥러닝의 3가지로 분류할 수 있다. 또한, 인공지능은 최상위의 개념으로 최근 각광을 받고 있는 딥러닝을 포함하는 기계학습(머신러닝: Machine Learning)뿐만 아니라 규칙을 프로그래밍(Rule-Based Programming)하는 전통적인 방식을 포함하는 개념이다. 다시 말하면, 기계학습(딥러닝)은 전통적인 프로그래밍과 다른 방식이며 데이터를 기계학습(딥러닝)에 입력하면 규칙을 얻는 방식이다.

예를 들면, 수천수백 장의 개와 고양이 사진을 기계학습으로 학습시키면 규칙이 얻어지고, 얻어진 규칙에 알고 싶어 하는 사진을 입력하면 그 사진의 주인공이 개인지 고양이인지를 기계가 구별할 수 있는 것이다. 이와 같이 기계학습은 개와 고양이를 구분하는 '분류(Classification)'의 문제뿐만 아니라 일기예보에서 기온과 같이 수를 예측할 수 있는 '회귀(Regression)'의 문제에도 적용할 수 있다.

이러한 분류와 회귀의 문제들을 해결할 수 있는 기계학습의 종류로는 의사결정트리(Decision Tree), 서포트 벡터 머신(SVM), 인공신경망(Artificial Neural Network)등 다수의 종류가 있다. 특히, 이러한 인공신경망 모델을 딥러닝(Deep Learning)이라고 한다. 자, 그렇다면 지금부터 기계학습과 딥러닝의 세계로 들어서 보자.

체스 챔피언과 최초로 대결한 게임의 기술을 인공지능의 초기 단계라고 한다면, 2016년 바둑기사 이세돌과 경기한 알파고의 인공지능(Artificial Intelligence) 기술은 인공지능의 최근 기술로 기계학습(Machine Learning) 또는 딥러닝(Deep Learning)이라고 할 수 있다. 초기 단계에 속하는 체스 게임의 기술은 프로그래머가 게임의 규칙을 일일이 알려주는 규칙기반(Rule-based) 시스템이기 때문에 다른 분야에서는 적용할 수가 없다.

기본적인 인공지능을 이해하기 위해서 사과와 오렌지를 구분하는 과제를 많이 거론하곤 한다. 2장의 사진을 비교하여 사과와 오렌지를 구분하는 프로그램을 작성한다고 할 때, 과일의 색상이 붉으면 사과라고 할 것이며 주황색이면 오렌지라고 판단할 것이다. 그런데 사진이 흑백이거나 사과의 색이 푸른 경우는 어떻게 할 것인가? 모든 상황에 대한 규칙들을 일일이 프로그래머가 작성해야 하는데 이에 완전히 대비하지 못한다면 올바르지 못한 예측 결과를 얻게 될 것이다. 뿐만 아니라 다른 과일들을 구분하기 위해서는 또 다시 무수한 규칙들을 작성해야만 한다.

이처럼 인간의 손으로 일일이 규칙을 정립하지 않더라도 자동으로 동작하는 알고리즘이 필요하게 되었으며 이후에 기계가 스스로 규칙을 학습하는 기계학습 방식이 나오게 되었다. 이것은 갓 태어난 아기가 경험을 통하여 세상의 지식을 축적하는 방식과 유사하다. 얼마 전 구글의 비밀 연구소인 '구글X'에서 유튜브 동영상을 이용하여 고양이의 이미지를 구분할 수 있는 기계학습의 기술을 개발해냈다. 표준 기계학습 방식을 통해 기계가 스스로 이미지에 이름을 붙여 분류할 수 있다. 즉 프로그래머가 고양이를 찾으라고 지시하지 않아도 동영상에 나오는 이미지와 음성 정보를 통하여 자동으로 이미지에 대한 정보를 축적할 수 있는 것이다.

14.1 기계학습의 단계

기계학습을 위해서는 다음의 4가지 단계가 필요하다.

① 훈련 데이터 수집(Collecting Big Data)
② 입력 데이터 준비 및 분석(Big Data Preparation and Analysis)
③ 학습(Training)
④ 예측 및 테스트(Prediction and Testing)

훈련 데이터를 수집한 후 올바른 **예측**을 위해 효과적인 **학습**을 하려면 **입력 데이터의 준비 및 분석**을 제대로 수행해야 한다. 입력 데이터의 준비와 분석에서 중요한 부분은 바로 학습의 입력으로 사용할 입력 데이터의 특징(feature)을 설정하는 것이다. 다음은 이러한 특징에 관한 내용을 살펴보자.

개와 고양이를 구분하는 기계학습을 준비한다고 하자. 입력 데이터의 준비 및 분석을 위해 개와 고양이를 구분할 수 있는 특징이 무엇이 있을까? 큰 개보다 더 큰 고양이를 본 적이 없기 때문에 일반적으로 개는 고양이보다 큰 것 같다. 그러므로 다음과 같이 프로그램을 작성하고 실행해보자.

<table>
<tr><td>명령문</td><td>
<pre>
import numpy as np
import matplotlib.pyplot as plt
dogs = 1000   # 1000마리
cats = 1000
dog_height = 35 + (5 * np.random.randn(dogs))
cat_height = 30 + (5 * np.random.randn(cats))
plt.xlabel('Height')
plt.ylabel('Number of Species')
plt.hist([dog_height, cat_height], label=['Dogs', 'Cats'],
                        stacked=True, color=['r', 'y'])
plt.legend()
plt.show()
</pre>
</td></tr>
<tr><td>결과</td><td>
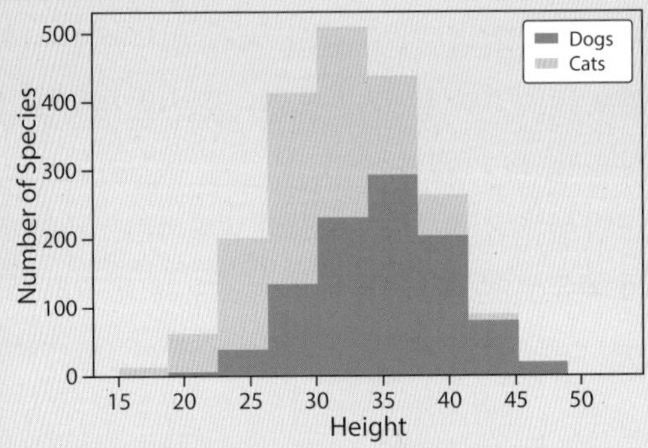

</td></tr>
</table>

우선 개와 고양이를 각각 1000마리씩 설정하고 개는 키가 35cm, 고양이는 30cm를 기준으로 `Numpy`에서 제공해주는 표준정규분포를 이용하여 개와 고양이들의 키를 설정하였다.

키가 30cm 이하인 동물의 대부분은 고양이이며, 40cm 이상은 대부분 개인 것으로 출력되었다. 그러나 30cm~35cm인 것은 50% 정도씩 할당되어 있기 때문에 키를 가지고 개와 고양이를 구분한다는 것은 적절하지 않다는 것을 알 수 있다. 이처럼 어떠한 특징의 선택은 기계학습의 예측 결과에 지대한 영향을 미칠 수 있다는 것을 알 수 있다.

그렇다면 다음은 특징을 선택할 때 고려해야 할 사항들을 살펴보자. 먼저, 위의 예

제와 같이 50%에 가까운 확률을 가지는 특징들은 제외해야 한다. 또한 개체들을 구분하는 데 효과가 없는 중복된 특징들도 제외시켜야 한다. 개와 고양이의 이동 속도, 털의 길이, 눈의 색상들은 거의 비슷하므로 이러한 특징들은 적용하지 않도록 한다. 따라서 프로그래머는 이러한 사항들을 고려하여 확실하게 개체들을 독립적으로 구분할 수 있는 특징들을 선택해야 하며 다수 개의 특징들을 사용한다면 더욱 효과적인 결과를 가져올 수 있다. 이러한 예제를 이용하여 직접 기계학습을 할 수 있는 프로그램을 작성하는 방법을 배워보도록 하자.

기초적인 인공지능 설명을 위해 사과와 오렌지를 구분하는 문제들이 자주 거론되는데 우리도 어떠한 특징들을 선택해야 할지 생각해보고 이를 직접 기계학습을 시켜보자. 일반적으로 사과가 오렌지보다 무겁고 표면이 매끄러운 반면, 오렌지는 울퉁불퉁하다. 그래서 몇 개의 사과와 오렌지에 대한 특징을 다음의 표와 같이 작성해보았다. 다음의 표를 살펴보면 크게 **특징**과 **결과**로 나뉘어 있는 것을 볼 수 있다. **특징(feature)은 훈련(training)을 위한 입력(input)**이며 **라벨(label)은 그 결과**이다. 뒤에서 설명하겠지만 이것은 대표적인 지도학습(Supervised Learning)의 방식이며, 이는 특정한 특징(feature)들은 해당 결과(label)라는 것을 지도하듯이 학습을 시키는 것이다. 즉 "무게가 250g이고 표면이 울퉁불퉁하면 오렌지이다."라고 학습시키는 것이다.

특징(feature)		결과(label)
무게(weight)	표면 상태(texture)	
270g	울퉁불퉁	오렌지
250g	울퉁불퉁	오렌지
220g	매끈	사과
240g	매끈	사과

훈련 데이터 수집(Collecting Training Data)

기계학습을 위해 먼저 훈련 데이터를 수집해야 한다. 학습 데이터가 많을수록 분류자의 성능이 높아지지만 여기에서는 기계학습의 쉬운 예제를 위해 4개의 데이터만을 사용해보자. 2개의 오렌지와 2개의 사과 데이터들이다. 이들 각각의 데이터들은 모두 2가지의 특징(feature)들과 1가지의 결과인 라벨(label)을 가지고 있다. 즉 대상의 특징으로 처음 2개의 칼럼을 입력값으로 사용하고 마지막 1개의 칼럼을 출력값으로 사용한다.

위에서 주어진 데이터로부터 기계학습을 한다는 것은 과일의 특징을 입력으로 받고 이것이 사과인지 오렌지인지를 추측하는 함수를 작성하는 것이다.

앞의 표에서 주어진 데이터의 내용들을 가지고 다음과 같이 실제 파이썬으로 작성해보자.

Scikit Learn 설치

인공지능을 위한 다양한 API와 예제들을 제공해주고 있는 Scikit Learn을 사용하고자 한다. 이것은 아나콘다에서도 잘 동작하므로 기존의 아나콘다 콘솔에서 다음과 같이 Scikit Learn을 설치해보자. 아나콘다를 활용하면 플랫폼에 상관없고 동작에도 문제가 없다.

아나콘다 내비게이터에서 사용한다면 다음과 같이 설치하면 된다.

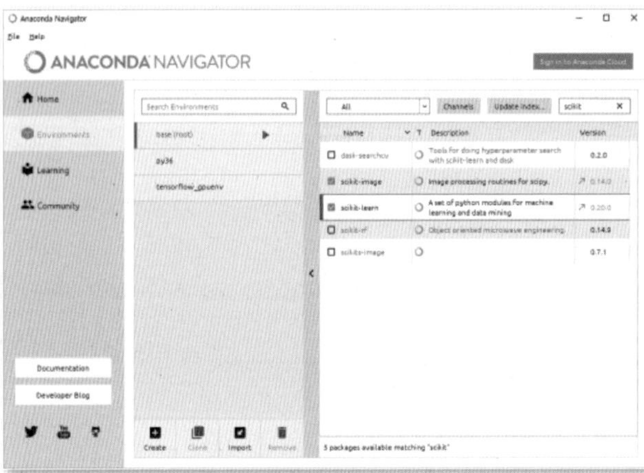

아나콘다 프롬프트 창에서 설치한다면 다음과 같이 실행하자.

```
conda install scikit-learn 또는 pip install -U scikit-learn
```

입력 특징은 모두 2개로 무게와 표면 상태이다. 이를 2차원 리스트로 `features` 변수에 저장하고 결과는 `labels` 변수에 리스트형으로 저장한다.

명령문 1	features = [[270, "울퉁불퉁"], [250, "울퉁불퉁"], [220, "매끈"], [240, "매끈"]] labels = ["오렌지", "오렌지", "사과", "사과"]

입력 데이터 준비 및 분석(Big Data Preparation and Analysis)

수집한 데이터들을 기계학습에 사용하려면 적용하는 기계학습 모델에 맞게 준비해야 한다. 지금 사용하려는 기계학습의 방식은 분류자를 이용하는 방식이기 때문에 표면의 상태를 문자열에서 숫자로 변환해야 한다. 따라서 features에서 "울퉁불퉁"은 0으로, "매끈"은 1로 지정하며 labels에서도 "오렌지"는 0으로 "사과"는 1로 설정한다.

명령문 2	`features = [[270, 0], [250, 0], [220, 1], [240, 1]]` `labels = [0, 0, 1, 1]`

이렇게 하면 위의 명령문 2는 기계학습을 위한 데이터가 준비된 것이다.

학습(Training)

인공지능의 모델을 크게 분류와 회귀 방식으로 나눌 수 있는데, 대부분의 기계학습 모델들이 분류와 회귀 문제를 처리할 수 있다. 결정트리 방식 또한 분류와 회귀문제를 해결할 수 있으며 이를 위해 sklearn 패키지에서는 각각 DecisionTreeClassifier()와 DecisionTreeRegressor()의 이름으로 기계학습 모델을 제공하고 있다. 먼저 분류를 위한 모델을 알아보자.

> **참고** **결정트리 학습**
>
> 결정트리 학습 모델(Decision Tree Learning Model)은 어떤 항목에 대한 목표값을 연결해주는 예측 모델로써 결정트리를 사용하는 방식이다. 결정트리는 의사결정 규칙과 그 결과들을 트리 구소로 생성하여 의사결정을 지원하는 역할을 한다. 즉 트리구조를 이용하여 목표에 가장 가까운 결과를 얻을 수 있도록 동작하는 방식이다.

먼저 sklearn 모듈에서 제공하는 DecisionTreeClassifier() 메소드를 이용하여 분류자를 생성한다. 초기에는 아무런 규칙이 없으나 입력된 훈련 데이터의 규칙을 파악하여 규칙을 생성하게 된다. 이것은 clf.fit(features, labels)에 의해 실행되며, features와 labels로 훈련한 결과를 tree 형태의 구분자로 생성하는 것이다. 예를 들면 "오렌지가 사과보다 무거운 경향이 있고, 표면이 울퉁불퉁하다"라는 규칙을 생성하게 된다.

명령문

```
from sklearn import tree
features = [[270, 0], [250, 0], [220, 1], [240, 1]]
labels = [0, 0, 1, 1]          # 오렌지(0), 사과(1)
clf = tree.DecisionTreeClassifier()
clf = clf.fit(features, labels)
```

예측 및 테스트(Prediction and Testing)

드디어 앞에서 준비한 구분자를 이용하여 우리가 입력하는 데이터가 어떤 결과를 예측할지 살펴보자. 다음의 질문을 명령문으로 작성해보자.

질문	무게가 245g이고 표면 상태가 '매끈'한 것(과일)은?

답은 다음과 같다.

명령문	print(clf.predict([[245, 1]]))
결과	[1]

`predict([[245, 1]])` 메소드를 실행하면 답은 '사과'를 의미하는 `[1]`이 출력된다.

14.2 트리 분류자의 시각화

graphviz 설치

아나콘다 내비게이터에서는 다음과 같이 설치하면 된다.

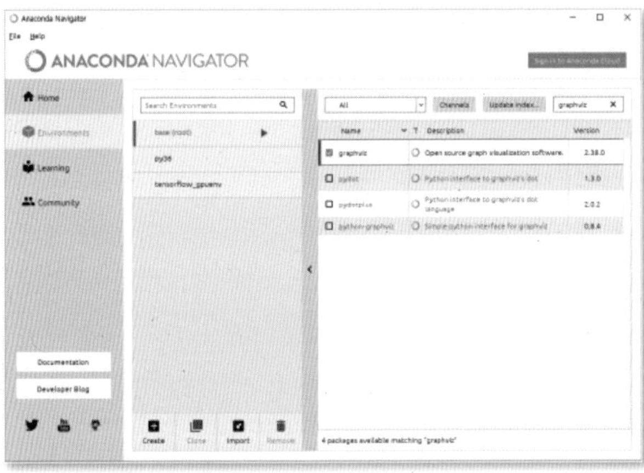

아나콘다 프롬프트 창에서 설치하려면 다음과 같이 설치하면 된다. anaconda py36 프롬프트 창에서 실행하면 `jupyter notebook`에서 동작하지 않는다.

윈도우즈	pip install graphviz 또는 conda install -c anaconda graphviz 또는 conda install python-graphviz
리눅스(우분투)	sudo apt-get install -y graphviz libgraphviz-dev

참고 **만약 에러가 발생하면?**

다음의 사이트에서 다운로드(graphviz-2.38.zip)하여 설치한 후 path를 추가하자.

```
https://graphviz.gitlab.io/_pages/Download/Download_windows.html
```

1. 다운로드: https://graphviz.gitlab.io/_pages/Download/Download_windows.html
2. 설치: python graphviz package
3. 경로설정

   경로 추가: C:\Program Files (x86)\Graphviz2.38\bin

❗ 시스템이나 버전에 따라 명령어에 차이가 있을 수 있으니 실행되지 않는 경우 구글링하여 찾아보자.

다음과 같이 실행하면 생성된 트리 분류자의 형태를 출력할 수 있다. 데이터의 내용이 작기 때문에 생성된 트리도 간단하다.

명령문

```
import graphviz
dot_data = tree.export_graphviz(clf, out_file=None)
graph = graphviz.Source(dot_data)
graph.render()
dot_data = tree.export_graphviz(clf, out_file=None,
        filled=True, rounded=True, special_characters=True)
graph = graphviz.Source(dot_data)
graph
```

결과 1

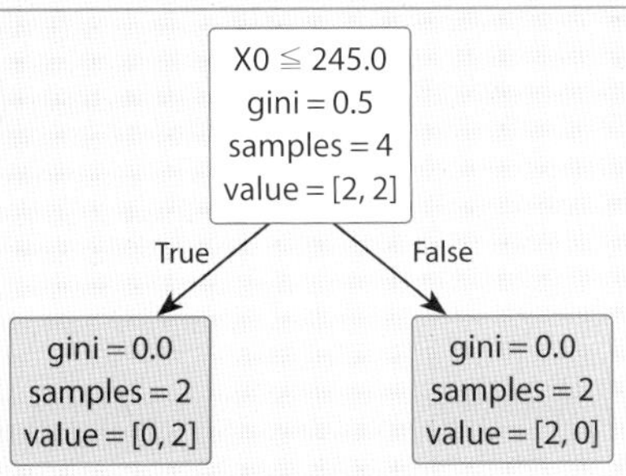

여기에서 출력된 결정트리는 입력 데이터로부터 만들어진 것이며 이것은 정확한 결과를 예측하기 위해 최적의 질문에 의해 생성된 트리구조이다.

위 그래프의 부모노드(root)에 **X0 <= 245.0**의 의미는 무게가 245.0보다 같거나 작으면 왼쪽 자식노드로 가고, 그렇지 않은 것은 오른쪽 자식노드로 진행한다는 의미이다. 부모노드의 **samples = 4**는 데이터 샘플이 모두 4개이며 2개의 자식노드는 각각 2개씩으로 표기되어 있다. 왼쪽 노드에는 **value = [0, 2]**로 사과에 해당하는 것이 2개이며, 오른쪽 노드에는 **value = [2, 0]**로 오렌지에 해당하는 것이 2개라는 의미이다.

즉 해당 예제에서는 결정트리를 만드는 과정에서 과일의 표면 상태보다는 무게가 과일을 구분하는 더 중요한 요소로 동작한다는 것을 확인할 수 있다. 그런데 여기에서 주시해야 하는 것은 입력 데이터가 충분하지 않기 때문에 위에서 출력된 트리와 다른 다음과 같은 형태의 결과가 출력될 수도 있다.

결과 2

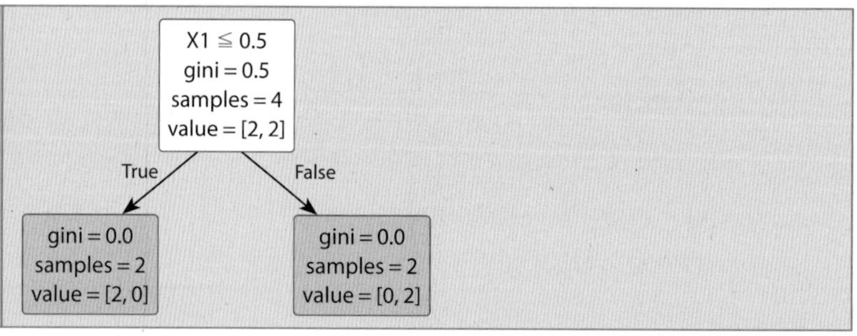

위 그래프의 부모노드에서 보는 것처럼 **X1<=0.5** 즉 표면 상태를 나타내는 `X1`의 값이 0.5보다 작거나 같으면 오렌지로, 그렇지 않으면 사과로 분류되는 내용이다. 이것은 입력 데이터 `features`와 출력 데이터인 `labels`로 결정트리를 만드는 `fit()` 메소드를 실행하는 과정 중에 매번 결과가 달라질 수 있다. 부모노드에서 **gini = 0.5**의 의미는 주어진 그래프를 사용하게 되면 적중하지 않을 확률이 0.5(50%)라는 의미이다. 역으로 50%의 적중률이 있다는 의미이기도 하다. 이것은 첫 번째 출력 그래프나 두 번째 출력 그래프 모두 동일하게 50%의 적중률이기 때문에 둘 중 어느 결과가 출력될 수 있다. 따라서 높은 적중률을 가지는 트리를 생성하기 위해서는 훨씬 더 많은 데이터로 훈련시켜야 한다.

위의 예와 같이 적은 입력 데이터도 정확한 예측을 어렵게 하는 요소이기도 하지만 적절하지 않은 질문 또한 불확실성을 높이게 된다. 따라서 최적의 질문을 선택하기 위해 지니 불순도(Gini Impurity)와 정보 획득(Information Gain)이라는 계산법을 사용하며, 위의 트리에서도 나타나는 **gini**의 값들이 여기에 해당한다.

Quiz 14.1

사과와 오렌지를 구분하는 다음의 코드에서 자신만의 `training data`를 만들고 이를 그래프로 작성해보자.

명령문

```
from sklearn import tree
input_data = [ ______________________________________ ]
fruits = [0, 0, 0, 1, 1, 1]
clf = tree.DecisionTreeClassifier()
clf = clf. ____________ ( ____________ , ____________ )
```

```
print(clf. ______________________ ([ ____________ ]))
```

결과가 1이 나왔기 때문에 **"무게가 250g이며 표면 상태가 매끄러운 것"**은 사과로 출력된 것이다. 데이터의 개수가 적기 때문에 표면 상태가 울퉁불퉁한 것이 사과로 나올 수도 있다. 따라서 더욱 정확한 인식을 예측하기 위해서는 빅데이터가 필요하며 다음 장에서는 실제로 좀 더 큰 데이터를 활용하여 실습하고자 한다.

명령문

```
import graphviz
dot_data = tree.export_graphviz(clf, out_file=None)
graph = graphviz.Source(dot_data)
graph.render()
dot_data = tree.export_graphviz(clf, out_file=None,
            filled=True, rounded=True, special_characters=True)
graph = graphviz.Source(dot_data)
graph
```

결과

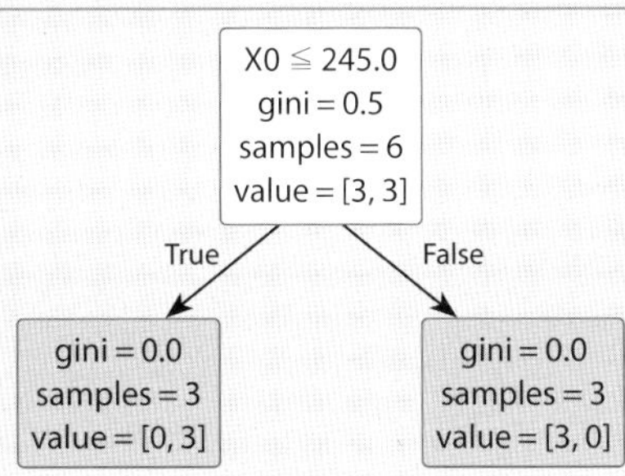

CHAPTER

15

기계학습 모델 (Machine Learning Models)

학습목차

지금부터 기계학습의 종류와 작동 원리들을 공부해보자. 기계학습을 위한 오픈소스인 scikit-learn과 TensorFlow를 이용한다. 기계학습은 다음과 같이 지도학습과 자율학습으로 구분된다.

기계학습의 종류	학습 방법	예측 방식	
지도학습 (Supervised Learning)	입력과 출력 사용	분류	출력이 예/아니오, 또는 파란색/연두색과 같은 질적인 범주(라벨)를 예측.
		회귀	출력이 몸무게나 키와 같은 양이나 수(value)의 연속적인 값을 예측.
자율(비지도)학습 (Unsupervised Learning)	입력만 사용	군집화	k-mean와 같은 군집화 모델을 이용하여 입력에 대한 결과값을 예측.

15.1 지도학습의 개요

지도학습은 사람이나 알고리즘이 지도하듯이 입력(features)과 출력(label)의 예제들을 학습시켜 이들 간의 상관관계를 모델링하는 방식이다. 즉 주어진 알고리즘을 이용하여 특정 입력 데이터는 특정 출력이라는 상관관계를 파악하고 이를 모델로 만든다. 생성한 모델에 새로운 데이터를 입력하면 입력 데이터에 대한 예측값을 얻을 수 있다.

지도학습에는 크게 2가지 방식이 있다. 이것은 지도학습의 결과인 예측값에 의해 구분되어진 것이며, 질적인(qualitative)값과 수적인(quantitative)값으로 분류된다. 질적인 값이 출력되는 것은 **분류(Classification)방식의 모델**이라고 하며 수적인 값이 출력되는 것을 **회귀(Regression)방식의 모델**이라고 한다. 다시 말해서, 사용하는 인공지능의 모델이 분류방식인지 회귀방식인지를 구분하는 기준은 입력값이 아니라 출력값에 따라 결정되는 것이다.

분류방식은 일반적으로 출력이 예/아니오, 또는 파란색/연두색과 같은 질적인 범주(라벨)를 예측하며 회귀방식은 주로 출력이 몸무게나 키와 같은 양이나 수(value)의 연속적인 값을 예측하는 데 적용한다.

그런데 분류(카테고리) 간에 수를 지정하여 연속적인 수도 분류 값으로 변환하는 경우도 있다. 즉 회귀(연속적인)의 문제들을 분류의 문제로 변환할 수 있는 것이다. 예를 들면, 사람들의 월급은 연속적인 값들이지만 이것을 저소득자/중간소득자/고소득자의 3가지로 분류할 수 있다. 다음의 예와 같이 소득금액의 크기를 분류할 때 특정 금액을 경계로 연속적인 수를 분류화할 수 있다.

소득자 분류	월급
고소득자	500만원 이상
중간소득자	200~500만원
저소득자	200만원 이하

손실함수

위에서 설명한 2개의 모델은 모두 입력변수 X와 출력변수 Y를 이용하여, Y를 예측하기 위한 X에 대한 함수 f를 구하는 작업을 수행하는 것이다.

```
Y = f(X)
```

최고의 예측은 손실함수(Loss Function)의 성능에 따라 좌우된다. 즉 입력값인 X에 따라 결정되는 예측값 Y가 실제 측정된 결과값의 Y와 얼마나 떨어져 있는지를 계산하는 성능에 좌우된다. 손실함수의 종류에는 가장 많이 사용되는 평균 제곱 오차함수(Quadratic Loss Function)가 있다.

입력값에 해당하는 X를 비종속적인 변수(Independent Variable)라고 하며 출력값(예측값)에 해당하는 Y를 종속적인 변수(Dependent Variable)라고 한다. Y는 어떠한 상태나 목표값을 나타내며 X는 그 목표값에 대한 이유나 까닭에 해당된다.

15.2 지도학습의 구조 및 방식

다음의 그림은 일반적인 지도학습 중 분류 방식의 과정을 도식화한 것이다. 우선 입력과 결과의 데이터 세트를 학습 데이터와 테스트 데이터 부분으로 나눈다. 물론 이들 데이터들은 각각 입력과 결과를 가지고 있다. 학습을 많이 시킬수록 예측률이 높아지므로 보통은 학습 데이터로 가장 많이 할당을 하며 테스트 데이터는 말 그대로 테스트에만 활용하기 때문에 일부분을 떼어 놓는다. 그러고 나서, 학습 데이터를 분류자에 적용하여 예측 모델을 생성하게 된다. 마지막으로 생성한 예측 모델이 제대로 작동하는지를 검사하기 위해 초기에 준비한 테스트 데이터의 입력으로 예측값을 계산하고 이것을 테스트 데이터의 결과값과 비교한다. 이후에 다양한 분류자의 유형을 공부하고 관련 예제들을 이용하여 직접 실습하고자 한다.

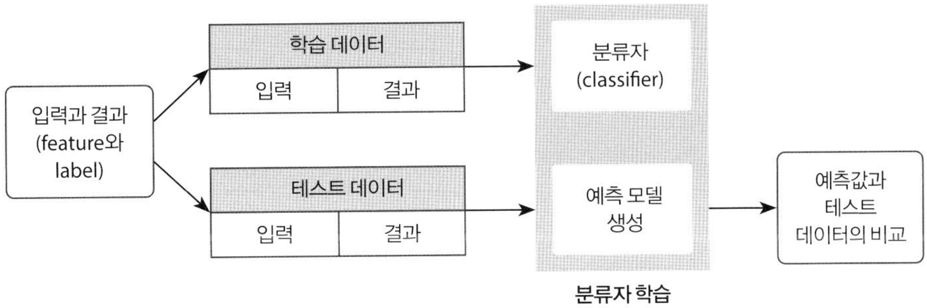

그림 15.1 지도학습(분류 방식)의 구조 및 정확도 분석과정

15.3 지도학습 모델의 종류

아래에 소개하는 지도학습 알고리즘들은 선형회귀 방식을 제외하고는 분류와 회귀 방식에 모두 사용할 수 있다.

① 결정트리(Decision Tree)
② 최근접 이웃 탐색(Nearest Neighbor Search)
③ 서포트 벡터 머신(SVM: Support Vector Machine)
④ 선형회귀(Linear Regression)

결정트리(Decision Tree)

결정트리 학습 모델(Decision Tree Learning Model)은 어떤 항목에 대한 관측값과 목표값을 연결해 주는 예측 모델로써 결정트리를 사용하는 방식이다. 결정트리(Decision Tree)는 의사결정 규칙과 그 결과들을 트리 구조로 생성하여 의사결정을 지원하는 역할을 한다. 즉 트리 구조를 이용하여 목표에 가장 가까운 결과를 얻을 수 있도록 동작하는 방식이다.

데이터 준비 및 분석

이미 앞 절에서 기본적인 결정트리의 학습 모델을 공부하였다. 그러나 앞에서 사용한 입력 데이터는 너무 작고 예측에 어려움이 있었기 때문에 좀 더 크고 인공지능 분야에서 많이 거론되고 있는 예제를 살펴보고자 한다. 바로 아이리스(붓꽃)의 세부 분류를 판단하는 것이다. 아이리스에는 세토사(Setosa), 버시컬러(Versicolor), 버지니카(Virginica)의 3가지 종류가 있다. 이들은 4개의 특징(feature)인 꽃잎과 꽃받침의 각각의 길이와 폭에 의해서 분류된다. 결론적으로, 이 주제는 이들 4개의 특징(feature)을 입력값으로 하여 해당 아이리스의 종류인 라벨(label)로 학습시키면서 모델을 생성한 후 특정 꽃잎과 꽃받침의 길이를 입력하면 어떤 종류의 아이리스 꽃인지를 예측하는 문제이다.

여기에서는 앞에서 언급한 결정트리 방식을 활용하여 아이리스 데이터에 적용하고자 한다. 그전에 먼저 기계학습의 준비 단계로 데이터의 분석을 수행해야 한다. 여러분이 처음 접하는 빅데이터를 정확히 파악해서 가공할 수 있어야 기계학습의 입력값으로 사용할 수 있다.

지금 분석할 아이리스 데이터는 인터넷에서 구할 수 있으며 모두 150개의 아이리스 꽃의 정보를 가지고 있기 때문에 빅데이터는 아니고 장난감 같이 조그마하다고 해서 토이 데이터 세트(Toy Dataset)라고 한다. 150개의 아이리스 꽃의 리스트는 앞에서부터 50개씩 세토사, 버시컬러, 버지니카 순서대로 나열되어 있다. 지금은 이 정도만 설명하고 실제로 제공되는 아이리스 토이 데이터 세트의 내용이 어떻게 구성되어 있는지를 세부적으로 살펴보도록 하자.

우선 sklearn 사이트에서 제공하는 아이리스 토이 데이터 세트를 가져와서 데이터의 일부를 출력하는 코드를 다음과 같이 작성해보자.

명령문

```
from sklearn.datasets import load_iris # iris 데이터 세트 가져오기
iris = load_iris()          # iris 토이 데이터 세트를 iris변수에 저장
print(iris.feature_names) # 특징(feature)들을 출력
print(iris.target_names)  # 학습 라벨에 해당하는 target을 출력
print(iris.data[0])         # 첫 번째 데이터에 저장된 feature값 출력
print(iris.target[0])       # 첫 번째 데이터에 저장된 target값 출력
```

결과

```
['sepal length (cm)', 'sepal width (cm)', 'petal length (cm)',
                                                 'petal width (cm)']
['setosa' 'versicolor' 'virginica']
[5.1 3.5 1.4 0.2]
0
```

위의 코드에서 `print(iris.feature_names)`의 출력 결과를 보면 특징들의 이름을 출력한 것이며 모두 꽃받침의 길이, 폭과 꽃잎의 길이, 폭들을 cm로 저장해두었다는 의미이다. 그리고 출력 결과인 라벨에 해당하는 값들은 'setosa', 'versicolor', 'virginica' 순서대로 저장되어 있는 것을 확인할 수 있다. 그리고 `print(iris.data[0])`는 첫 번째 데이터에 저장된 `feature` 값을 출력한 것인데 4개의 실수들은 앞에서 출력한 `feature_names`에 해당하는 4가지 길이를 출력한 것이다. 마지막으로 `print(iris.target[0])`는 첫 번째 데이터에 저장된 `target` 값을 출력한 것인데

0의 값을 가지고 있다. 이것은 무엇일까? 결론적으로 세토사(0), 버시컬러(1), 버지니카(2)로 각각의 종류에 대해 값을 정해둔 것이다. 여기에서 값이 0이므로 세토사에 대한 정보라는 것을 알 수 있다.

자, 그렇다면 다음은 아이리스 데이터 세트에 저장된 내용을 모두 출력해보자.

명령문	`from sklearn.datasets import load_iris`
	`iris = load_iris()`
	`for i in range(len(iris.target)):`
	`    print("Example %d: label %s, features %s" % (i, iris.`
	`                                    target[i], iris.data[i]))`

결과	`Example 0: label 0, features [5.1 3.5 1.4 0.2]`
	`Example 1: label 0, features [4.9 3. 1.4 0.2]`
	`(중간 생략)`
	`Example 50: label 1, features [7. 3.2 4.7 1.4]`
	`Example 51: label 1, features [6.4 3.2 4.5 1.5]`
	`(중간 생략)`
	`Example 148: label 2, features [6.2 3.4 5.4 2.3]`
	`Example 149: label 2, features [5.9 3. 5.1 1.8]`

출력된 Example의 번호를 보니 0에서 149까지 모두 150개의 데이터가 저장된 것을 볼 수 있으며 label이 앞에서부터 0, 1, 2순으로 지정되어 있는 것을 볼 수 있다. 결론적으로 모두 50개씩 세토사, 버시컬러, 버지니카 순서대로 나열되어 있는 것을 확인할 수 있다.

훈련 데이터(Training Data)와 테스트 데이터가 따로 준비된 것이 아니기 때문에 전체 데이터 집합에서 3개는 테스트 데이터로 사용하고 나머지를 훈련 데이터로 활용하고자 한다. 테스트 데이터는 배열의 0번, 50번, 100번 인덱스에 저장된 데이터로 각각 세토사, 버시컬러, 버지니카의 첫 번째 정보들이다.

명령문	`import numpy as np`
	`from sklearn.datasets import load_iris`
	`from sklearn import tree`
	`iris = load_iris()`
	`test = [0, 50, 100]`
	
	`# training data 준비 과정`
	`train_data = np.delete(iris.data, test, axis=0)`
	`                        # 세 개의 데이터들을 데이터 변수에서 제거`
	`train_target = np.delete(iris.target, test)`
	`                        # 세 개의 데이터들을 타겟 변수에서 제거`

	`# testing data 준비 과정`
	`test_data = iris.data[test]`
	`test_target = iris.target[test]`
	
	`# 결정트리 생성`
	`clf = tree.DecisionTreeClassifier()`
	`clf.fit(train_data, train_target)`
	
	`# 출력`
	`print(test_target)`
	`print(clf.predict(test_data))`

결과	`[0 1 2] # 기존의 아이리스 데이터 세트에 저장된 내용을 출력` `[0 1 2] # 결정트리를 이용한 예측 결과를 출력`

출력 결과에서 보는 바와 같이 기존의 데이터 세트에 저장된 내용과 생성된 결정트리로 예측한 결과가 일치하였다. test_target에 저장된 3개의 데이터들은 학습에 사용된 것이 아닌 새로운 데이터였으며 이를 성공적으로 인식한 것이다. 그래도 여전히 빅데이터로 학습시킨 것이 아니기 때문에 예측률에 한계는 있을 것이다.

참고

다음의 iris.target에서 test_idx 항목을 제외한 train_target은 iris.target과 마찬가지로 1차원 리스트로 구성되어 있다. 따라서 지정된 test_idx의 내용을 선택적으로 삭제한 뒤 train_target에 저장하게 되는 것이다.

명령문	`train_target = np.delete(iris.target, test_idx)`

그러나 iris.data에서 가져온 train_data는 iris.data와 마찬가지로 여러 개의 feature들로 구성되어 있기 때문에 2차원 리스트로 구성되어 있다. 따라서 행을 의미하는 axis=0을 사용해야 지정한 3개의 목록을 지울 수 있다. 그렇지 않으면 2차원 배열의 원소들을 1차원 배열로 flatten한 이후에 삭제하게 되므로(150항목 * 4feature - 3(test_idx)) = 597의 원소를 생성하게 된다.

명령문	`train_data = np.delete(iris.data, test_idx, axis=0)`

Flatten

flatten의 개념 설명을 위해 다음의 예를 살펴보자. 첫 번째 예는 2차원 Numpy 배열이며 이를 flatten 한다면 다음과 같은 출력을 얻을 수 있다. 즉 행(row) 방향으로 2차원 배열을 1차원 배열로 변환한 것이라고 볼 수 있다.

명령문	a = np.array([[1, 2], [3, 4]]) print(a.flatten()) # 또는 print(a.flatten('C'))
결과	[1, 2, 3, 4]

다음은 `flatten()` 메소드를 이용하여 열(column) 방향으로 `flatten` 기능을 수행할 수 있다. `flatten()` 메소드의 입력값으로 'F'를 사용하면 된다.

명령문	print(a.flatten('F'))
결과	[1, 3, 2, 4]

`train_data = np.delete(iris.data, test_idx, axis=0)`에서 "`axis=0`"은 행 단위로 데이터를 삭제하게 되며, `train_data = np.delete(iris.data, test_idx, axis=1)`에서 "`axis=1`"은 열 단위로 데이터가 삭제된다.

명령문

```
import numpy as np
from sklearn.datasets import load_iris
from sklearn import tree
iris = load_iris()
test_idx = [0, 50, 100]
train_data = np.delete(iris.data, test_idx, axis=0)
print(train_data.shape)
print(train_data)
```

결과

```
(147, 4)
[[4.9 3.  1.4 0.2]
[4.7 3.2 1.3 0.2]
[4.6 3.1 1.5 0.2]
...
[6.5 3.  5.2 2. ]
[6.2 3.4 5.4 2.3]
[5.9 3.  5.1 1.8]]
```

출력 결과에서 보는 바와 같이 전체 아이리스 데이터 150개 중 `test_idx`에 지정된 3개의 행만을 삭제하여 (147, 4)의 결과가 출력되었다.

명령문

```
import numpy as np
from sklearn.datasets import load_iris
from sklearn import tree
iris = load_iris()
test_idx = [0, 50, 100]
train_data = np.delete(iris.data, test_idx, axis=1)
print(train_data.shape)
print(train_data)
```

결과	(150, 3) [[3.5 1.4 0.2] [3. 1.4 0.2] [3.2 1.3 0.2] ... [3. 5.2 2.] [3.4 5.4 2.3] [3. 5.1 1.8]]

출력 결과에서 보는 바와 같이 전체 아이리스 데이터 150개 중 `test_idx`에 지정된 3개의 열 항목만을 삭제하는데 0의 열만 있고 50과 100의 열은 없으므로 0의 열만 삭제되어 행별로 3개씩의 데이터만 남게 된다. 따라서 아이리스 데이터의 개수 150개는 그대로 존재하게 되어 (150, 3)의 결과가 출력된다.

다음은 `np.delete()` 함수 내에서 axis를 설정하지 않아 모든 데이터가 `flatten`되어 버린 경우이다. 이렇게 되면 총 150개의 데이터가 각각 4개씩의 속성을 가지고 있기 때문에 총 600개의 개별적인 데이터로 구성되며, 여기에서 3개의 데이터가 삭제되어 결국 총 597개의 데이터가 남게 된다.

따라서 처음 의도한대로 해당 열을 삭제하기 위해서는 '`axis=0`'을 사용해야 한다.

명령문	import numpy as np
	from sklearn.datasets import load_iris
	from sklearn import tree # 구분자 훈련을 위한 import
	iris = load_iris()
	test_idx = [0, 50, 100] # 3종류의 꽃 리스트에서 가장 앞에 있는 1개씩의 데이터 3개!
	train_target = np.delete(iris.target, test_idx)
	                         # 세 개의 요소들을 타겟 변수에서 제거
	train_data = np.delete(iris.data, test_idx)
	                         # 세 개의 요소들을 데이터 변수에서 제거
	print(train_data.shape)
	for i in range(len(train_data)):
	    print("%dth, %s" % (i, train_data[i]))

결과	(597,) 0th, 3.5 1th, 1.4 2th, 0.2 3th, 4.9 ... 593th, 5.9

	594th, 3.0 595th, 5.1 596th, 1.8

Quiz 15.1

위의 예제 코드에서 테스트 데이터로 [6.5, 3.3, 4.8, 2.0]을 입력하면 어떤 예측 결과가 나올지 다음의 코드를 완성하고 결과를 확인해보자.

문제

```
import numpy as np
from sklearn.datasets import load_iris
from sklearn import tree
iris = load_iris()
test = [0, 50, 100]
train_data = np.delete(iris.data, test, axis=0)
train_target = np.delete(iris.target, test)
clf = tree.DecisionTreeClassifier()
clf.fit(train_data, train_target)
_______________________________________________
print(clf.predict(test_data))
```

결과 ______________________

이후에는 생성된 결정트리 모델의 예측률을 측정할 것이다. 지금은 왜 이런 모호한 결과를 출력했는지 그래프로 살펴보자.

명령문

```
from sklearn.datasets import load_iris
import matplotlib.pyplot as plt
iris = load_iris()
sepal = iris.data[:, 0:2]
kind = iris.target
plt.xlabel('Sepal Length')
plt.ylabel('Sepal Width')
plt.plot(sepal[kind==0][:, 0], sepal[kind==0][:, 1],
                                        "ro", label='Setosa')
plt.plot(sepal[kind==1][:, 0], sepal[kind==1][:, 1],
                                    "bo", label='Versicolor')
plt.plot(sepal[kind==2][:, 0], sepal[kind==2][:, 1],
                                     "yo", label='Virginica')
plt.legend()
```

결과

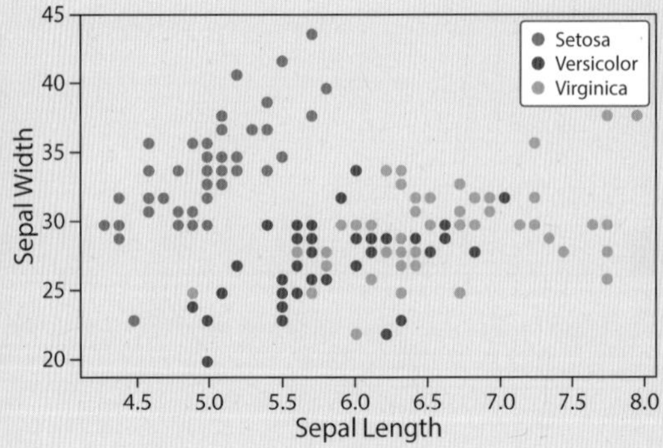

다음의 그래프는 4개의 특징(feature) 중에 앞의 2개, 꽃받침의 길이와 폭만을 사용하여 나타낸 것이다. 위의 [Quiz 15.1]에서는 각각 6.5cm와 3.3cm인데 이것은 버시컬러와 버지니카의 데이터가 일부 섞여있는 지역이다. 물론 꽃잎의 길이와 폭 또한 예측률을 높이는 데 도움이 되겠지만 여전히 토이 데이터 세트의 한계점을 내포하고 있다.

다음은 아이리스 데이터 세트로 생성된 결정트리를 도식화해보자.

명령문

```
import graphviz
dot_data = tree.export_graphviz(clf, out_file=None)
graph = graphviz.Source(dot_data)
graph.render("iris")
dot_data = tree.export_graphviz(clf, out_file=None,
                                feature_names=iris.feature_names,
                                class_names=iris.target_names,
                                filled=True, rounded=True,
                                special_characters=True)
graph = graphviz.Source(dot_data)
graph
```

결과

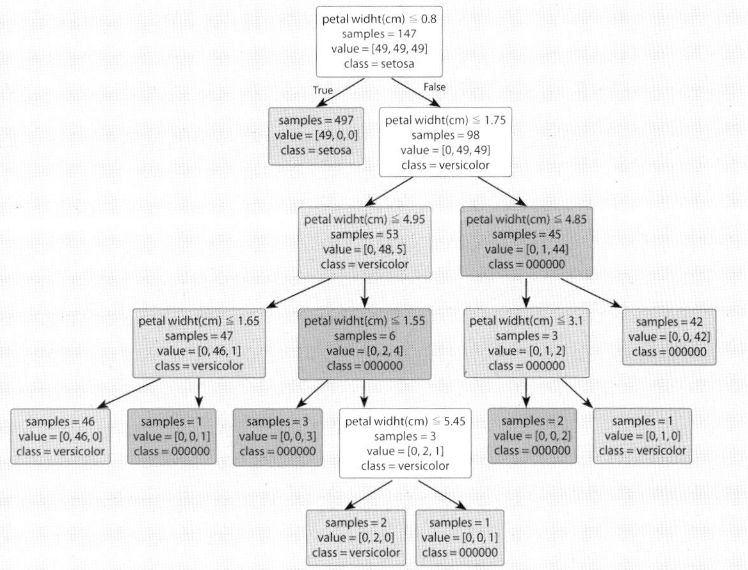

명령문

```
from six import StringIO
import graphviz
dot_data = StringIO()
tree.export_graphviz(clf, out_file=dot_data,
                              feature_names = iris.feature_names,
                              class_names=iris.target_names,
                              filled=True, rounded=True,
                              impurity=False)
graph = graphviz.Source(dot_data.getvalue())
graph.render("iris", view=True)
```

결과

```
'iris.pdf' 가 생성됨  # render() 함수에 이름만 넣으면 자동으로 pdf 생성
```

다음은 생성된 결정트리를 살펴보자. 먼저 트리의 최고 부모노드에서 꽃잎의 폭(petal width)이 0.8cm보다 작거나 같은지를 확인하고 작으면 왼쪽 노드로 진행한다. 놀랍게도 이 하나의 테스트로 세토사를 구분할 수 있다고 판단한 것이다. 트리의 최고 부모노드에서의 첫 판단이 거짓이면 오른쪽 노드로 진행하게 되며 이때는 꽃잎의 폭이 1.75cm보다 작거나 같으면 왼쪽 노드로, 그렇지 않으면 오른쪽 노드로 진행하게 되면서 노드마다 정해진 질문을 노드의 종단까지 진행하게 된다. 다음의 예제를 보면서 트리를 따라가보자. 진행 순서는 다음과 같다.

① `petal width`가 0.8 이상인지 확인

② 4번째 `feature`가 `petal width`이므로 4번째 값을 참조(1.4) 그렇다면

③ 1.4 <= 0.8은 거짓이므로 오른쪽 다음의 `False`로 향함

④ petal width(1.4)가 1.75보다 작으므로 참이라 왼쪽으로 진행

⑤ petal length(4.7)가 4.95보다 작으므로 참이라 다시 왼쪽으로 진행

⑥ petal width(1.4)가 1.65보다 작으므로 참이라 왼쪽으로 진행

⑦ 더 이상의 확인 사항 없이 이 경우는 두 번째 꽃의 종류인 versicolor(1)임을 확인

명령문	print(test_data[1], test_target[1]) print(iris.feature_names, iris.target_names)
결과	[7. 3.2 4.7 1.4] 1 ['sepal length (cm)', 'sepal width (cm)', 'petal length (cm)', 'petal width (cm)'] ['setosa' 'versicolor' 'virginica']

다음은 주어진 데이터를 일정 비율로 나누어 저장하고자 한다. 이것은 아이리스 데이터 세트를 일정한 비율로 훈련 데이터와 테스트 데이터로 분류할 때 사용할 것이다. 이때 필요한 함수는 sklearn에서 제공하는 train_test_split()이다. 아이리스 데이터 세트에 적용하기 전에 먼저, 원리를 이해하기 위해 간단한 예제를 실습해 보자.

명령문	import numpy as np from sklearn.model_selection import train_test_split y = range(6) print(list(y)) print(train_test_split(y))
결과	[0, 1, 2, 3, 4, 5] # 리스트 y에 저장된 내용 출력 [[0, 3, 5, 4], [1, 2]] # 출력의 예시

먼저 sklearn에서 제공하는 train_test_split() 함수를 가져와서 리스트 y를 입력하면 무작위로 2개의 부분으로 데이터를 분할하여 출력한다. train_test_split()의 입력 속성으로 test_size가 있는데 지정해주지 않으면 0.25의 디폴트 값을 가지기 때문에 여기에서는 (6-(6*0.25)) : (6*0.25)개의 비율로 나누어져서 각각 4개와 2개로 분류된 것을 확인할 수 있다. 따라서 다른 비율을 주려면 다음과 같이 test_size를 설정해주면 된다. 다음의 코드와 같이 train_test_split() 함수에 test_size를 0.5로 설정하면 50%의 비율로 데이터를 2개로 분리하게 된다.

명령문	import numpy as np from sklearn.model_selection import train_test_split y = range(6) print(list(y)) print(train_test_split(y, test_size=0.5))
결과	[[1, 0, 2], [3, 4, 5]] # 출력의 예시

이번에는 2개의 배열을 생성하여 각각 같은 비율로 분리하는 예제를 살펴보자. np.arange(12)는 0에서 11까지의 정수로 구성된 배열을 생성하고 여기에 reshape((6, 2))을 적용하면 6x2 형태의 2차원 배열로 재구성하게 된다. 이것을 X에 할당한 것이 첫 번째 배열이며 range(6)의 내용을 저장하고 있는 y가 두 번째 배열이다.

명령문	import numpy as np from sklearn.model_selection import train_test_split X = np.arange(12).reshape((6, 2)) y = range(6) print(X) print(list(y))
결과	[[0 1] [2 3] [4 5] [6 7] [8 9] [10 11]] [0, 1, 2, 3, 4, 5]

이러한 X와 y 배열을 각각 33%의 확률로 분리하는 다음의 명령문을 살펴보자. 이때 주의해야 할 사항은 reshape((6, 2))에서 6과 range(6)의 6처럼 2개의 값이 일치해야 한다는 것이다.

명령문	import numpy as np from sklearn.model_selection import train_test_split X = np.arange(12).reshape((6, 2)) y = range(6) X_train, X_test, y_train, y_test = train_test_split(X, y, test_ size=0.33) print(X_train) print(y_train) print(X_test) print(y_test)

결과	

	`[[10 11]`
	` [ 8 9]`
	` [ 2 3]`
	` [ 6 7]]            # X_train에 저장된 내용의 예시`
	`[5, 4, 1, 3]         # y_train에 저장된 내용의 예시`
	`[[4 5]`
	` [0 1]]              # X_test에 저장된 내용의 예시`
	`[2, 0]               # y_test에 저장된 내용의 예시`

위에서처럼 성공적으로 데이터를 분류했다면 이제 학습과 테스트에 사용할 준비가 된 것이다. X_train은 특성(feature)값이며 y_train은 이 특성에 맞는 결과인 라벨로 생각하면 된다. 이 두 개의 데이터로 학습을 시키면 결정트리가 생성되고, 생성된 결정트리에 X_test를 입력하여 예측 결과를 계산한다. 마지막으로 이 예측한 결과를 정답인 y_test와 비교하여 성능을 평가하는 것이다.

학습 및 예측

이제는 실제로 아이리스 데이터 세트를 특정 비율로 나눈 후 학습과 테스트를 수행하고 그 결과를 성능 평가를 통해 확인해보자.

명령문

```
from sklearn import datasets
iris = datasets.load_iris()
X = iris.data
y = iris.target
from sklearn.model_selection import train_test_split
X_train, X_test, y_train, y_test = train_test_split
                                                (X, y, test_size=.5)
from sklearn import tree
clf = tree.DecisionTreeClassifier()
clf.fit(X_train, y_train)
predictions = clf.predict(X_test)
print('예측:\n', predictions)
print('정답(y_test):\n', y_test)
```

출력의 예

```
예측:
[0 0 1 1 2 1 1 0 1 0 2 2 1 0 0 2 0 2 0 2 1 2 0 1 2 2 2 1 1 2
2 0 0 1 0 2 2 0 1 1 0 0 2 2 2 1 2 0 2 1 0 2 0 2 2 1 1 1 0 0 0
0 0 2 1 0 0 2 0 2 2 0 1 1 1]
정답(y_test):
[0 0 1 1 2 1 1 0 1 0 2 2 1 0 0 2 0 2 0 2 1 2 0 1 2 2 1 1 1 2
2 0 0 1 0 1 2 0 2 1 0 0 2 2 2 1 2 0 2 1 0 1 0 2 2 1 1 1 0 0 0
0 0 2 1 0 0 2 0 2 2 0 1 1 1]
```

test_size=.5는 훈련(train)과 테스트를 위한 데이터를 각각 50%씩 분리한 것이기 때문에 총 150개의 데이터 중에 75개씩 배분된다는 의미이다.

먼저 predict(X_test) 메소드는 테스트를 위해서 준비된 75개에 대한 정보로 '예측' 결과를 계산한 후 그 결과를 출력한다. 마지막으로 앞에서 미리 준비해 준 y_test와 비교할 수 있도록 내용을 출력하였다. 출력된 결과를 눈으로 확인해 보면 대부분 일치하지만 간혹 일치하지 않는 데이터도 존재한다는 것을 확인할 수 있다.

테스트

많은 데이터를 눈으로 일일이 확인하는 것이 어렵기 때문에 정확히 예측률을 계산할 필요가 있을 것이다. 다음의 코드를 사용하여 예측률을 계산해보자. 역시 sklearn에서 제공하는 accuracy_score 함수를 활용하여 다음의 코드와 같이 간단히 결과를 계산할 수 있다.

명령문	from sklearn.metrics import accuracy_score a = [1, 2, 3, 4, 5, 6, 7, 8, 9, 10] b = [1, 2, 4, 4, 5, 6, 7, 8, 9, 10] print(accuracy_score(a, b))
결과	0.9 # 10개 중 1개가 다르기 때문에 90%의 정확도를 나타낸다.

그렇다면, 이번에는 조금 전에 얻은 아이리스의 데이터로 예측률을 계산해보자.

명령문	from sklearn.metrics import accuracy_score print(accuracy_score(y_test, predictions))
출력의 예	0.9466666666666667

결과는 90%는 넘으나 100%는 아니라는 것을 알 수 있다. 결론적으로 정리한다면, 아이리스 데이터 세트를 sklearn에서 제공하는 DecisionTreeClassifier()를 사용한 결정트리 방식은 비교적 괜찮은 인식률에 속한다고 할 수 있겠다. 결정트리의 학습방식 이외에도 다양한 학습 모델이 존재하므로 학습시키려는 데이터 세트의 종류에 맞는 학습 모델을 선택해야 한다. 이것은 정확한 빅데이터 분석에 의해서 결정되어지며 이러한 결정이 기계학습의 성능에 지대한 영향을 미친다.

회귀 방식의 결정트리 모델

지금까지는 다수 중에 하나를 선택하는 분류 모델의 결정트리 방식을 공부했다면, 이번에는 어떤 값을 결과로 출력하는 회귀 모델의 결정트리 방식을 살펴보자. 이를 위하여 sklearn 패키지에서 제공하는 tree의 DecisionTreeRegressor()를 사용하면 된다.

실습을 위해 다음의 문제를 생각해보자. 먼저, 학습 데이터는 BMI 수치를 근거로 키와 체중을 계산했을 때 정상 범위에 들어가는 사람들의 데이터들이다. 즉, 어떤 사람의 키가 150cm일 때 체중이 51.1kg이라면 정상 범주에 들어가며, 또 다른 사람의 키가 156cm이고 체중이 55.3kg인 경우도 정상 범주에 들어간다는 의미이다. 이들 데이터로 학습을 종료한 후에는 자신의 키를 입력했을 때 정상 범주에 들어가는 적정한 체중을 제시할 수 있게 된다.

- 속성: 키(cm)
- 목표값: 몸무게(kg)

명령문	`X = [[150], [156], [161], [167], [170], [174], [179]]` `y = [51.1, 55.3, 59.4, 64.2, 66.5, 69.3, 74.2]`

	`from sklearn.tree import DecisionTreeRegressor`
	`regr = DecisionTreeRegressor()`
	`regr.fit(X, y)`

	`y_pred = regr.predict([[175]])` `print(y_pred)`
출력의 예	[69.3]

`predict()` 함수에 자신의 키(cm)를 입력하면 된다. 위는 키가 175cm일 때 적정 체중은 69.3kg 정도라는 것을 알려주는 예제이다.

그런데, 여기에서 깊이 주의해야 할 것이 하나 있다. 이후에 배울 신경망을 포함하여 대부분의 인공지능 모델에 1개의 속성값으로 결과를 예측할 때가 있다. 이때 절대로 1차원 배열로 입력해서는 안 되며 위의 예제와 같이 반드시 2차원 배열로 입력해야 한다는 것을 명심하자.

참고 아래 두 코드의 결과는 동일하다.

명령문	`from sklearn import tree.DecisionTreeRegressor` `regr = tree.DecisionTreeRegressor()`
명령문	`from sklearn.tree import DecisionTreeRegressor` `regr = DecisionTreeRegressor()`

실전예제

앞서 공부한 아이리스(붓꽃) 데이터를 사용하는 예제들은 해당 사이트에서 이미 인공지능에 사용할 수 있도록 전처리된 상태이기 때문에 단순하게 호출하여 사용하면 된다. 그러나 현실 세계로부터 수집되고 인공지능의 학습을 위해 정제되지 않은 실제의 데이터들은 기계학습에 입력하기 전에 가공(전처리)해야 한다. 일반적으로 인공지능의 학습을 위해 1개 이상의 속성(feature)과 1개의 목표값을 위해 데이터를 선택해야 한다는 것을 우리는 잘 알고 있다. 인터넷에서 수집한 데이터가 엑셀 파일로 작성된 경우, 판다스의 데이터프레임 형식으로 변환한 후 처리하면 편리하다. 예제를 통하여 실제로 공공 DB에서 다운로드한 파일을 이용해 학습할 데이터를 선택 및 가공한 후 기계학습에 입력해보자.

대부분 목표값은 1개이기 때문에 특별한 처리가 필요하진 않지만, 속성은 대부분 2개 이상일 수 있기 때문에 원하는 컬럼들을 적절하게 선택할 수 있어야 한다. 이를 위해 크게 2가지 방식을 설명하고자 한다. 첫 번째는 연속된 컬럼들을 속성으로 사용할 때이며, 두 번째는 선택적으로 컬럼을 속성으로 사용하는 경우이다.

이것은 앞에서 공부한 그림 15.1 지도학습(분류 방식)의 구조 및 정확도 분석 과정에서 가장 앞단의 '입력과 결과' 부분에 해당한다. 물론 분류 방식에서뿐만 아니라 회귀 방식에서도 동일하다. 마지막으로 속성(들)과 목표값을 얻은 후에는 그림 15.1의 다음 단계에서 보는 바와 같이 이들을 다시 각각 학습과 테스트 데이터로 분리한다.

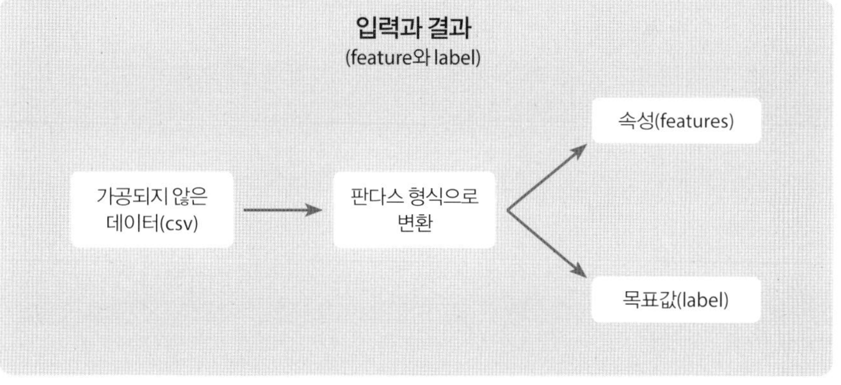

그렇다면 실습을 위해 공공포털사이트에서 csv 형식으로 다운로드한 실제 부산 지역의 교통사고 데이터를 이용하여 교통사고를 예측해보자. 기계학습의 학습 데이터로 입력하기 위해서는 상단의 그림과 같이 pandas의 데이터프레임 형식으로 변환한 후 필요한 컬럼들을 선택하여 속성과 목표값으로 설정해주어야 한다. 이것을 여러분들이 할 수 있다면 인터넷으로부터 얻은 다양하고 현실적인 데이터를 이용하여 실용적인 결과를 도출할 수 있을 것이다.

단, 본 예제를 쉽게 단순화하기 위해 앞에서 공부한 정규화(Normalization) 과정은 생략한다. 이후에 여러분들이 속성 간의 값의 편차가 큰 데이터를 사용할 경우에는 정규화를 통해 좀 더 정확한 예측 결과를 얻기 바란다.

연속된 컬럼들을 속성으로 지정할 경우

먼저 연속된 컬럼들을 속성으로 사용할 때는 원하는 컬럼들이 연결되어 있기 때문에 원하는 부분을 슬라이싱하면 된다. 우선 아래와 같이 다운로드한 csv 파일을 pandas의 데이터프레임으로 변환한 후 출력해보자. 0에서 15까지 16개의 데이터에 8개의 컬럼으로 구성되어 있는 것을 볼 수 있다.

명령문

```
import pandas as pd
data = pd.read_csv('acci.csv', encoding='CP949')
data.tail()
```

출력

	법규위반	주야	발생건수	사망자수	부상자수	주상	경상	부상신고
11	안전거리 미확보	야	9867	40	17422	3025	13644	753
12	안전운전 의무 불이행	주	62608	1740	91076	28081	58472	4523
13	안전운전 의무 불이행	야	62783	2132	92942	26451	62209	4282
14	중앙선 침범	주	6825	243	12427	4658	7339	430
15	중앙선 침범	야	6193	202	11008	3846	6770	392

다음은 여러분이 이 데이터를 가지고 무엇을 할 것인지를 결정해야 한다. 즉, 무엇을 예측하고 싶은지를 먼저 정하고, 이를 위해 어떤 속성들을 사용할지를 결정해야 한다. 예를 들면, '사망자수' ~ '부상신고'까지 5개의 컬럼들을 속성으로 지정하고 목표값을 '발생건수'로 지정할 수 있다. 우선 컬럼을 선택하기 위해 pandas의 `iloc`을 이용하면 되는데, 배열 기호 안의 내용이 2개이며 각각 행과 열을 의미한다는 것을 우리는 알고 있다. 즉, 속성의 선택을 위해 아래와 같이 실행하면 모든 행 중에 3에서부터 마지막까지의 열(컬럼)을 선택하게 되어 X는 데이터프레임 형식이 된다.

- 속성[5개]: '사망자수'~'부상신고'
- 목표값: '발생건수'

앞서 공부한 것처럼, `iloc[]` 배열에서 콤마(,)를 기점으로 앞의 내용은 행이고 뒤의 내용은 열이다. 행에 대한 내용이 '`:`'이라는 것은 '모든 행에 대해서'라는 의미이며, 뒷부분 '`3:`'은 3번 열에서부터 마지막까지의 열을 의미한다. 즉, '법규위반'은 0번 열이기 때문에 속성 선택을 위해 3번 열에서 마지막까지를 의미한다. 종합적으로 아래 명령문은 '모든 행에 대해 3번에서 마지막까지의 열'을 의미한다.

명령문

```
X = data.iloc[:, 3:]
```

목표값은 2번 열에 있는 '발생건수'이므로 아래와 같이 작성하면 된다.

명령문

```
y = data.iloc[:, 2]
```

그리고 확인을 위해 마지막 행을 학습 데이터에서 제외하는 코드는 다음과 같다. 예를 들면, X에는 '처음부터 마지막 전까지의 행 중에서, 3번에서 마지막까지의 열'의 내용이 저장될 것이다.

명령문

```
X = data.iloc[:-1, 3:]
y = data.iloc[:-1, 2]
```

그런데, 일반적으로 기계학습이나 딥러닝에서 학습 데이터의 기본 형식은 numpy의 배열 형식을 입력하게 되어 있어서, 데이터프레임 형식의 X를 numpy 배열로 변환해야 한다. 이를 위해 pandas 형식에서 제공하는 values를 다음 명령문의 왼쪽이나 오른쪽 코드로 사용하면 된다.

명령문

왼쪽	오른쪽
`X = data.iloc[:, 3:]` `X = X.values`	`X = data.iloc[:, 3:].values`

여기에서 중요한 사항이 또 하나 있다. 일반적으로 기계학습이나 딥러닝의 학습 데이터로 numpy의 배열 형식을 사용하지만, pandas의 형식으로도 입력할 수 있다는 것을 알아두자. 따라서, 위의 명령문과 같이 코드를 변환하지 않고 준비된 pandas 형식을 그대로 기계학습 모델에 입력할 수 있다. 끝으로 predict() 함수에 입력되는 값들은 테스트를 위해 남겨둔 엑셀파일의 마지막 데이터에 해당한다. 이것을 실행하면 학습 데이터가 턱없이 부족한 상황에서도 실제 데이터인 6193건에 비교적 가까운 6825건의 결과를 얻을 수 있다.

명령문

```
import pandas as pd
data = pd.read_csv('acci.csv', encoding='CP949')
X = data.iloc[:-1, 3:]
y = data.iloc[:-1, 2]
from sklearn.tree import DecisionTreeRegressor
regr = DecisionTreeRegressor()
regr.fit(X, y)
y_pred = regr.predict([[202, 11008, 3846, 6770, 392]])
print(y_pred)
```

출력

```
[6825.]
```

선택적 컬럼들을 속성으로 지정할 경우

이번에는 연속되지 않고 원하는 컬럼들만을 선택해서 속성으로 지정하는 방법을 알아보자. 연속되지 않은 '발생건수', '부상자수', '중상', '경상' 컬럼들을 속성으로 선택하고 '사망자수'를 목표값으로 설정하는 예제는 다음과 같다.

- 속성[4개]: '발생건수', '부상자수', '중상', '경상'
- 목표값: '사망자수'

명령문	`import pandas as pd`
	`data = pd.read_csv('acci.csv', encoding='CP949')`
	`X = data[['발생건수', '부상자수', '중상', '경상']]`
	`y = data['사망자수']`
	`X = X.iloc[:-1, :]`
	`y = y.iloc[:-1]`
	`from sklearn.tree import DecisionTreeRegressor`
	`regr = DecisionTreeRegressor()`
	`regr.fit(X, y)`
	`y_pred = regr.predict([[6193, 11008, 3846, 6770]])`
	`print(y_pred)`

출력	[141.]

엑셀 파일의 마지막 데이터에서 해당 4개의 속성을 입력하면 사망자수로 141이 출력된다. 다행이 적은 학습 데이터에도 불구하고 실제 데이터 202명과 크게 차이가 나지 않는 것을 볼 수 있다.

최근접 이웃 탐색(Nearest Neighbor Search) 모델

K-최근접 이웃(k-NN: k-NearestNeighbors) 모델

K-최근접 이웃 모델(k-NN)은 분류나 회귀에 사용되는 방식이다. 두 경우 모두 입력이 특정 공간 내에서 예측하고자 하는 대상과 가장 가까운 k개의 대상을 찾도록 훈련하는 방식이다. 출력은 k-NN이 분류로 사용되었는지 또는 회귀로 사용되었는지에 따라 달라진다. k-NN 분류에서 출력은 소속된 항목이다. 객체는 k개의 최근접 이웃 사이에서 가장 공통적인 항목에 할당되는 객체로 과반수 의결에 의해 분류된다. k-NN 회귀에서 출력은 객체의 특성값이다. 이 값은 k개의 최근접 이웃이 가진 값의 평균이다. 다음의 예제에서처럼 k가 5로 설정됐다면, 화살표 가운데 있는 점을 중심으로 가장 가까이에 있는 5개의 이웃한 점들을 선택하여 어느 분류(클러스터)에 속하는지를 판별하는 것이다. 여기에서는 검은 점이 3개이고 흰 점이 2개

이므로 검은 점의 분류에 속한다고 판단하는 것이다.

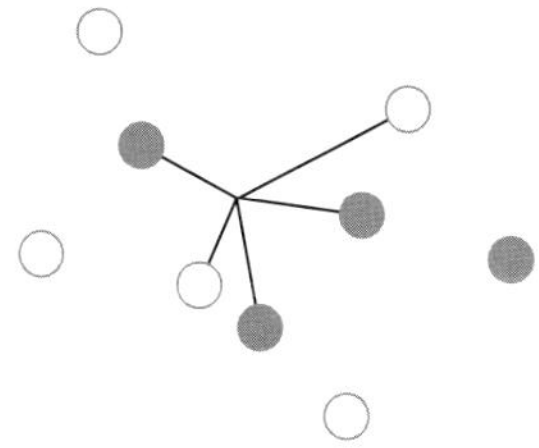

K = 5일 때

다음은 sklean에서 제공하는 KNeighborsClassifier를 이용하여 기계학습을 하고자 한다.

명령문	`X = [[0], [1], [2], [3], [4], [5]]`
	`y = [0, 0, 0, 1, 1, 1]`
	`from sklearn.neighbors import KNeighborsClassifier`
	`neigh = KNeighborsClassifier(n_neighbors=3)`
	`neigh.fit(X, y)`

결과	`KNeighborsClassifier(algorithm='auto', leaf_size=30, metric='minkowski', metric_params=None, n_jobs=None, n_neighbors=3, p=2, weights='uniform')`

출력된 내용에서와 같이 KNeighborsClassifier에서 제공하는 기능들은 다음과 같다. 우선 사용하는 algorithm(알고리즘)은 auto(자동)로 설정되어 있다. 여기에서는 몇 개의 알고리즘이 제공되지만 'auto'로 설정해두면 입력되는 데이터의 종류에 가장 적합한 알고리즘을 자동으로 선택하게 된다. leaf_size가 클수록 학습 속도를 높일 수 있으나 대신 메모리를 상대적으로 할당하게 된다. 다른 파라미터들도 존재하지만 가장 중요한 것은 프로그래머가 직접 입력한 n_neighbors=3 항목이다. KNeighborsClassifier에서 k개의 대상을 찾도록 설정하는 부분으로 예측률에 영향을 미치게 된다.

명령문	`print(neigh.predict([[2.8]]))` `print(neigh.predict_proba([[2.8]]))`
결과	`[1]` `[[0.33333333 0.66666667]]`

predict() 메소드를 활용하여 특성(feature)값 2.8을 입력한 경우 출력(label)을 1로 예측한 결과이며, predect_proba()의 특성값 2.8은 3개의 이웃(neighbor) 중에 라벨 0에 가까운 것이 1개로 비율이 약 33.3%이며 라벨 1에 가까운 것이 2개로 약

66.7%라는 의미이다.

또 다른 예를 살펴보자.

명령문	`print(neigh.predict([[2.3]]))` `print(neigh.predict_proba([[2.3]]))`
결과	`[0]` `[[0.66666667 0.33333333]]`

`predict()` 메소드를 활용하여 특성(feature)값 2.3을 입력한 경우 출력(label)을 0으로 예측한 결과이며, `predect_proba()`의 특성값 2.3은 3개의 이웃(neighbor) 중에 라벨 0에 가까운 것이 2개로 비율이 약 66.7%이며 라벨 1에 가까운 것이 1개로 약 33.3%라는 의미이다. 출력된 결과에서처럼 지금의 예제는 입력값이 너무 적어 예측률이 매우 저조하다. 다음은 아이리스 데이터 세트를 이용하여 K-최근접 이웃 학습 모델을 적용해보자.

명령문

```
from sklearn import datasets
iris = datasets.load_iris()
X = iris.data
y = iris.target
from sklearn.model_selection import train_test_split
X_train, X_test, y_train, y_test = train_test_split
                                        (X, y, test_size=.5)
from sklearn.neighbors import KNeighborsClassifier
clf = KNeighborsClassifier()
clf.fit(X_train, y_train)
```

```
predictions = clf.predict(X_test)
print('예측:\n', predictions)
print('정답(y_test):\n', y_test)
```

출력의 예

```
예측:
[2 2 2 0 1 0 2 1 0 1 2 0 0 1 2 1 2 2 0 0 0 1 1 0 1 0 0 0 1 0
1 1 1 2 0 1 2 0 0 0 2 1 2 2 0 2 0 1 1 0 2 0 2 2 2 0 2 2 0 1 2
1 2 2 2 2 0 1 1 0 0 2 0 1 1]
정답(y_test):
[2 2 2 0 1 0 2 1 0 1 2 0 0 1 2 1 2 2 0 0 0 1 1 0 1 0 0 0 1 0
1 1 1 2 0 1 2 0 0 0 1 1 1 2 0 2 0 1 1 0 2 0 2 2 2 0 2 1 0 1 2
1 2 2 2 2 0 1 1 0 0 2 0 1 1]
```

앞에서는 `KNeighborsClassifier()` 메소드의 입력 파라미터 중 하나인 `n_neighbors`를 3의 값으로 설정했는데 위의 코드에서는 관련 파라미터가 생략되었다. `n_neighbors`의 값을 설정해주지 않는다면 기본(디폴트)값은 5이다. 즉 k=5의 의미로 5개의 이웃에 대한 정보만을 측정하여 학습에 사용하겠다는 의미이다.

다음의 표에서 보는 바와 같이 K-최근접 이웃 방식도 앞에서 공부한 결정트리 모델과 똑같은 과정과 구조로 학습이 수행된다는 것을 알 수 있다. 이번에는 단지 `DecisionTreeClassifier`를 사용했던 결정트리 모델을 단순히 `KNeighborsClassifier`로 바꾸어 주기만 하면 된다. 전반적인 구조가 모듈별로 되어 있으므로 개념만 이해하면 누구나 쉽게 학습 모델을 바꾸어 적용할 수 있다. 이후에 공부하는 다른 모델들도 비슷한 구조로 되어 있다는 것을 유념하자.

결정트리 방식	K-최근접 이웃 방식
from sklearn import tree clf = tree.DecisionTreeClassifier() clf.fit(X_train, y_train) predictions = clf.predict(X_test)	from sklearn.neighbors import KNeighborsClassifier clf = KNeighborsClassifier() clf.fit(X_train, y_train) predictions = clf.predict(X_test)

다음은 아이리스 데이터 세트에 대한 K-최근접 이웃 방식의 정확도를 확인하기 위해 다음의 코드를 추가로 실행해보자.

명령문	from sklearn.metrics import accuracy_score print(accuracy_score(y_test, predictions))
결과	0.9866666666666667 # 높은 예측 결과를 보임.

앞에서 실습한 `sklearn`에서 제공하는 결정트리 방식에서는 약 95%의 인식률로 결과가 나타났는데, K-최근접 이웃 방식에서는 약 98%로 좀 더 높은 인식률을 보이는 것으로 나타난다.

회귀 방식의 K-최근접 이웃 모델

이제는 결정트리 모델에 이어서 K-최근접 이웃(K-NN)모델의 회귀 방식을 살펴보자. 역시 회귀 문제를 해결해야 하므로 K개의 가장 근접한 데이터들의 값들을 이용하여 평균값을 알아낼 수 있다.

이를 위해 앞에서 공부했던 같은 예제에 적용하여 결과를 비교해보자. 역시 `sklearn` 패키지에서 제공하는 `neighbors`의 `KNeighborsRegressor`를 사용하면 된다. 앞에서 다루었던 BMI 수치를 근거로 키를 입력하면 정상 범주의 적정 체중을 알려주는 모델에 다음과 같이 적용해보자. 나의 키가 175cm일 때 적정 체중이 70kg라는 결과가 나온다.

- 속성: 키(cm)
- 목표값: 몸무게(kg)

<table>
<tr><td rowspan="3">명령문</td><td><pre>X = [[150], [156], [161], [167], [170], [174], [179]]
y = [51.1, 55.3, 59.4, 64.2, 66.5, 69.3, 74.2]</pre></td></tr>
<tr><td><pre>from sklearn.neighbors import KNeighborsRegressor
regr = KNeighborsRegressor(n_neighbors=3)
regr.fit(X, y)</pre></td></tr>
<tr><td><pre>y_pred = regr.predict([[175]])
print(y_pred)</pre></td></tr>
<tr><td>출력의 예</td><td>[70.]</td></tr>
</table>

실전예제

회귀 방식의 결정트리 모델에서 다루었던 것과 같은 교통사고 데이터를 이용하여 회귀 방식의 K-NN 모델에 적용해보자. 회귀 방식의 K-NN모델이기 때문에 KNeighborsRegressor() 함수를 사용하는 것을 제외하고는 거의 동일하다. 앞의 예제와 동일하게 '사망자수' ~ '부상신고'까지 5개의 컬럼들을 속성으로 지정하고 목표값을 '발생건수'로 지정한 후 학습을 수행해보자.

- 속성[5개]: '사망자수' ~ '부상신고'
- 목표값: '발생건수'

<table>
<tr><td>명령문</td><td><pre>import pandas as pd
data = pd.read_csv('acci.csv', encoding='CP949')
X = data.iloc[:-1, 3:]
y = data.iloc[:-1, 2]
from sklearn.neighbors import KNeighborsRegressor
regr = KNeighborsRegressor(n_neighbors=3)
regr.fit(X, y)
y_pred = regr.predict([[202, 11008, 3846, 6770, 392]])
print(y_pred)</pre></td></tr>
<tr><td>출력의 예</td><td>[6267.33333333]</td></tr>
</table>

Quiz 15.2

회귀 방식의 K-NN을 적용하기 위해 'acci.csv' 파일의 속성과 목표값을 아래와 같이 설정하는 기계학습 프로그램을 작성하시오. 그리고 마지막에는 Pandas의 마지막 데이터를 테스트 데이터로 남겨두고 predict() 함수를 이용하여 예측하는 코드를 작성하고 그 결과를 출력해보자.

* 속성[4개]: '발생건수', '부상자수', '중상', '경상'
* 목표값: '사망자수'

나만의 분류자 모델

이제부터는 아이리스 데이터 세트를 이용하여 직접 분류자를 생성해보자. 아이리스 꽃의 3가지 종류를 입력에 상관없이 무작위로 할당하는 알고리즘을 가진 나만의 분류자 myKNN을 소개한다.

<table>
<tr><td>명령문</td><td>

```
import random
class myKNN():
    def fit(self, X_train, y_train):
        self.X_train = X_train     # X_train 데이터를 그대로 저장!
        self.y_train = y_train     # y_train 데이터를 그대로 저장!
    def predict(self, X_test):
        predictions = []
        for row in X_test:
            label = random.choice(self.y_train)
            predictions.append(label)
        return predictions
```

</td></tr>
<tr><td></td><td>

```
from sklearn import datasets
iris = datasets.load_iris()
X = iris.data
y = iris.target
from sklearn.model_selection import train_test_split
X_train, X_test, y_train, y_test = train_test_split
                                        (X, y, test_size=.5)
```

```
# from sklearn.neighbors import KNeighborsClassifier 사용하지 않고
clf = myKNN()                   # 나만의 분류자를 사용
clf.fit(X_train, y_train)
predictions = clf.predict(X_test)
from sklearn.metrics import accuracy_score
print(accuracy_score(y_test, predictions))
```

</td></tr>
<tr><td>출력의 예</td><td>0.3333333333333333   # 낮은 예측 결과를 보임</td></tr>
</table>

random.choice(self.y_train)는 3가지 종류의 꽃을 무작위로 선택하여 결과로 할당하는 코드이므로 33% 정도의 적중률이 예상되며 결과 역시 0.33에 가까운 값이

출력된다.

유클리디언 방식의 분류자 모델

다음은 유클리디언 방식의 분류자 모델을 만들어 사용하고자 한다. 유클리드 거리(Euclidean distance)는 두 점 사이의 거리를 계산할 때 사용하는 방법이며, 다음의 요약 문제를 살펴보자.

요약 문제

유클리드 거리

점(x1, y1)과 점(x2, y2) 사이의 거리를 구하는 공식과 그래프는 다음과 같다.

$$d = ((x1 - x2)^2 + (y1 - y2)^2)^{1/2}$$

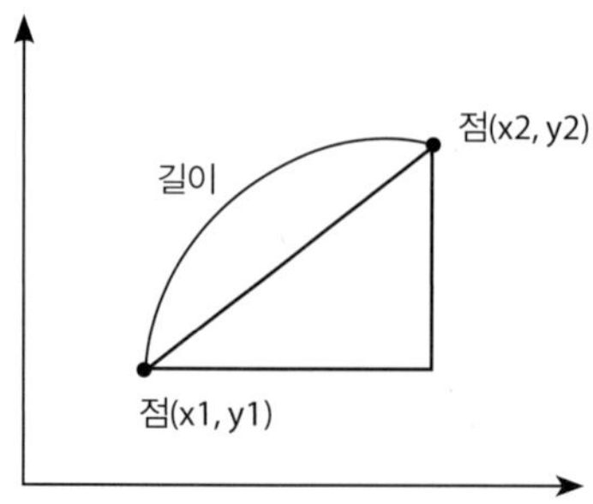

명령문	`import numpy as np`
	`def euc(p1, p2):`
	`    return np.sqrt(np.sum(np.power(p2-p1, 2)))`
	`p1 = np.array([1, 1])`
	`p2 = np.array([4, 4])`
	`euc(p1, p2)`

결과	4.242640687119285

또는 다음과 같이 `scipy`에서 지원해주는 `euclidean()` 메소드를 활용하는 방법도 있다.

명령문	`from scipy.spatial import distance`
	`def euc(a,b) :`
	`    return distance.euclidean(a, b)`
	`p1 = np.array([1, 1])`
	`p2 = np.array([4, 4])`
	`euc(p1, p2)`

결과	4.242640687119285

또한 다음의 예와 같이 다차원적인 데이터에 대해서도 계산이 가능하다.

<table>
<tr><td>명령문</td><td><pre>from scipy.spatial import distance
def euc(a, b) :
    return distance.euclidean(a, b)
p1 = np.array([1, 1, 3, 3])
p2 = np.array([4, 4, 5, 5])
euc(p1, p2)</pre></td></tr>
<tr><td>결과</td><td>5.0990195135927845</td></tr>
</table>

아이리스 데이터 세트에서도 위의 예제와 같이 입력값, 즉 특징(feature)들이 모두 4개씩 존재하므로 이를 활용하여 다음의 예제를 수행하자.

이러한 유클리디언 개념을 이용하여 아이리스 데이터 세트의 특징(feature)들을 분류자에 적용해보자. 아이리스 데이터 세트에서 특징은 모두 4개로 다음의 `euc(row, self.X_train[i])` 명령문에서는 4차원적으로 가장 가까운 값을 계산하게 된다.

명령문

```
from scipy.spatial import distance
def euc(a, b) :
    return distance.euclidean(a, b)
class eucKNN():
    def fit(self, X_train, y_train):
        self.X_train = X_train
        self.y_train = y_train
    def predict(self, X_test):
        predictions = []
        for row in X_test:
            label = self.closest(row)
            predictions.append(label)
        return predictions
    def closest(self, row):
        best_dist = euc(row, self.X_train[0])
        best_index = 0
        for i in range(1, len(self.X_train)):
            dist = euc(row, self.X_train[i])
            if dist < best_dist:
                best_dist = dist
                best_index = i
        return self.y_train[best_index]
from sklearn import datasets
iris = datasets.load_iris()
X = iris.data
y = iris.target
from sklearn.model_selection import train_test_split
```

	`X_train, X_test, y_train, y_test = train_test_split`
	`(X, y, test_size=.5)`
	`clf = eucKNN()`
	`clf.fit(X_train, y_train)`
	`predictions = clf.predict(X_test)`
	`from sklearn.metrics import accuracy_score`
	`print(accuracy_score(y_test, predictions))`

결과의 예	`0.9466666666666667          # 높은 예측 결과를 보임.`

앞에서 적용한 나만의 분류자인 myKNN보다는 훨씬 높은 예측률을 가지고 있다는 것을 확인할 수 있다.

서포트 벡터 머신

서포트 벡터 머신(SVM: Support Vector Machine)은 지도학습 모델의 하나로 분류와 회귀 방식 모두에 사용할 수 있다. 먼저 분류 방식의 SVM을 살펴보자.

분류 SVM

입력 데이터가 비선형적인 경우에는 선형적인 모델에 적용할 수가 없다. 다행히 서포트 벡터머신은 선형과 비선형 분류 모델에 모두 사용할 수 있다. 아래의 왼쪽 그림은 분류 문제 해결을 위한 선형분류 SVM 방식을 나타낸 것이다. 가운데 선을 경계로 2개 영역의 분류를 위해 최대의 간격(margin)을 띄울 수 있도록 학습을 진행하게 된다. 이때 결정된 경계를 결정경계(Decision Boundary) 또는 하이퍼플레인(초평면)이라고 한다. 그리고 오른쪽 그림은 분류 문제 해결을 위한 비선형분류 SVM 방식을 나타낸 것이다.

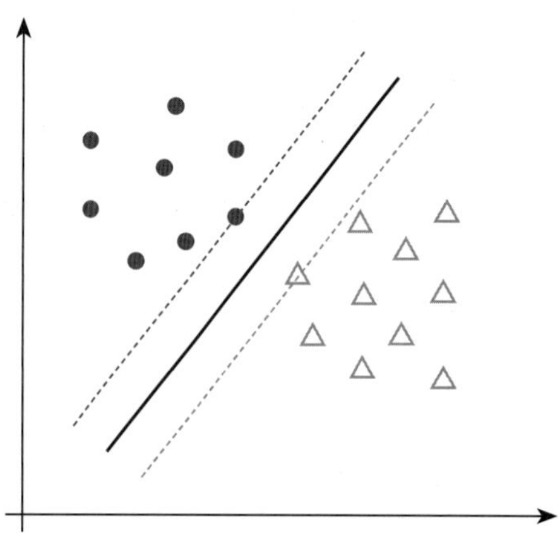

[선형분류 SVM]

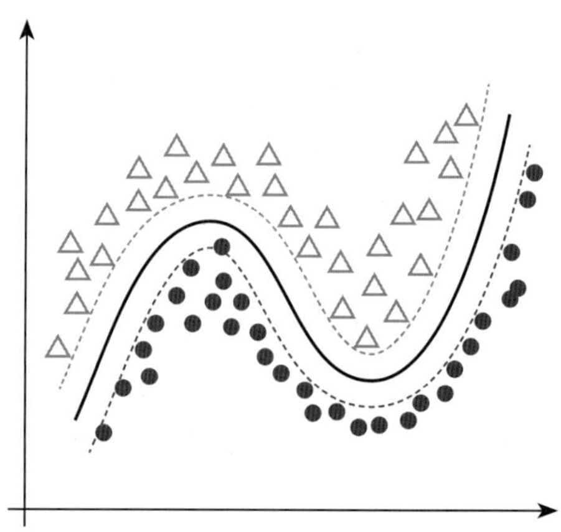

[비선형분류 SVM]

다음은 아이리스 데이터 세트를 서포트 벡터 머신(SVM)에 적용하는 코드를 작성해보자. sklearn 패키지에서 분류를 위한 svm 모델을 제공하고 있는데 이것이 바로 SVC() 함수이다. SVM 방식에서는 결정경계를 지정한다고 했는데, 두 개 군집의 데이터들이 확연하게 구분되어있지 않다면 이러한 경계를 결정하기 위해서는 일정 한도의 오류를 허용해야만 한다. 이런 오류의 정도를 조절하기 위한 SVC() 함수의 입력 파라미터로는 gamma와 C값들이 있다.

명령문	from sklearn import datasets iris = datasets.load_iris() X = iris.data y = iris.target from sklearn.model_selection import train_test_split X_train, X_test, y_train, y_test = train_test_split (X, y, test_size=.5)
	from sklearn import svm clf = svm.SVC(gamma=0.001, C=100.) clf.fit(X_train, y_train) predictions = clf.predict(X_test) print(y_test) from sklearn.metrics import accuracy_score print(accuracy_score(y_test, predictions))
결과의 예	0.9866666666666667 # 높은 예측 결과를 보임.

gamma와 C의 값을 크게 설정할수록 오류를 허용하지 않게 된다. 오류를 허용하지 않는다는 것은 결정경계를 벗어나는 데이터가 없도록 학습한다는 의미이다. 이것은 아래 그림의 과대적합(Overfitting)의 예시와 같다. 학습하는 데이터에 대해 최적화된 것이므로 높은 성능을 가지고 있을 것 같지만 일반적인 범위를 과도하게 벗어난 부분들이 존재할 수 있기 때문에 테스트 데이터처럼 예측하고자 하는 새로운 데이터에 대해서는 오히려 잘못된 결과를 초래할 수 있다.

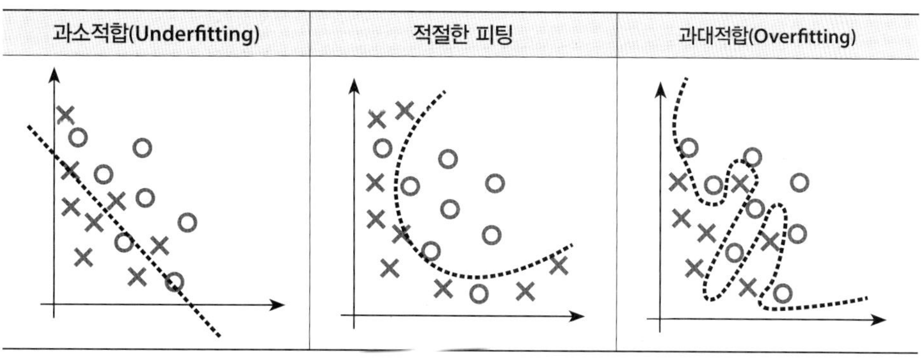

반면, gamma와 C값을 낮게 설정하게 되면 충분한 학습이 이루어지지 않고 앞의 그림의 과소적합(Underfitting)과 같은 결과를 얻게 되어 높은 성능을 얻을 수가 없다. 이들의 최적값은 학습하는 데이터의 특성에 따라 달라지므로 값을 조절하면서 찾아야 한다.

회귀 SVM

회귀 방식의 서포트 벡터 머신은 아래 그림과 같이 주어진 데이터를 학습하여 결정 경계를 만든다. 그림에서 x축은 속성이며 y축은 목표값으로 생각하면 된다.

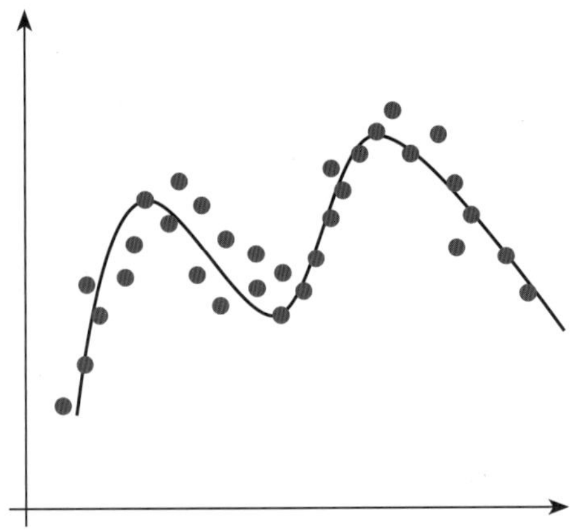

[비선형회귀 SVM]

이해를 돕기 위해 앞에서 배운 간단한 예제를 가지고 회귀 방식의 SVM 모델로 아래의 코드를 작성해 보자.

- 속성: 키(cm)
- 목표값: 몸무게(kg)

명령문	
명령문	X = [[150], [156], [161], [167], [170], [174], [179]] y = [51.1, 55.3, 59.4, 64.2, 66.5, 69.3, 74.2]
	from sklearn.svm import SVR regr = SVR(gamma=0.001, C=100.) regr.fit(X, y)
	y_pred = regr.predict([[175]]) print(y_pred)
출력의 예	[70.17372352]

앞서 공부한 교통사고 데이터를 이용하여 회귀 방식의 SVM 모델에 적용해보자.

회귀 방식의 SVM 모델이기 때문에 `SVR()` 함수를 사용하는 것을 제외하고는 거의 동일하다. 엑셀 파일 'acci.csv'에서 속성을 '발생건수', '부상자수', '중상', '경상'으로 설정하고, 목표값을 '사망자수'로 학습하고 예측하는 프로그램을 작성해보자.

- 속성[4개]: '발생건수', '부상자수', '중상', '경상'
- 목표값: '사망자수'

<table>
<tr><td>명령문</td><td><pre>import pandas as pd
data = pd.read_csv('acci.csv', encoding='CP949')
X = data[['발생건수', '부상자수', '중상', '경상']]
y = data['사망자수']
X = X.iloc[:-1, :]
y = y.iloc[:-1]
from sklearn.svm import SVR
regr = SVR(gamma=0.001, C=100.)
regr.fit(X, y)
y_pred = regr.predict([[6193, 11008, 3846, 6770]])
print(y_pred)</pre></td></tr>
<tr><td>출력의 예</td><td>[114.6348695]</td></tr>
</table>

Quiz 15.3

회귀 방식의 SVM을 적용하기 위해 'acci.csv' 파일의 속성과 목표값을 아래와 같이 설정하는 기계학습 프로그램을 작성하시오. 그리고 마지막에는 Pandas의 마지막 데이터를 테스트 데이터로 남겨두고 `predict()` 함수를 이용하여 예측하는 코드를 작성하시오.

- 속성[5개]: '사망자수' ~ '부상신고'
- 목표값: '발생건수'

선형회귀(Linear Regression)

선형회귀 분석은 변수늘 사이의 관계를 분석하는 통계학적 방법을 사용한다. 이러한 방식은 알고리즘이 비교적 간단하며 다양한 문제에 적용할 수 있다는 장점을 가지고 있다.

예를 들면, 이미 보유하고 있는 입력 데이터(Training Set)와 출력 데이터로 인공지능을 학습시킬 수 있으며 이들 사이의 관계를 나타내는 하나의 직선 방정시 형태의 모델을 구할 수 있다. 여기에 새로운 입력값을 적용하면 예측값에 해당하는 출력값을 얻을 수 있어 예측이 가능해진다.

$$Y = ax + b$$

변수: a, b

더욱 정확한 예측을 위하여 error를 최소화하는 a와 b의 최적의 값을 설정해야 한다. 이를 위해 Cost function이 필요하며 이것은 a와 b가 주어진 학습 데이터인 Training set을 가장 적은 오차로 표현하고 있는지 확인하는 함수이다. 다른 용어로는 Loss function 또는 Objective function이라고도 한다. Linear Regression 기법에서는 오차를 최소화하기 위해서 평균 제곱 오차(Mean Squared error) 방식을 사용할 수 있다. 이것은 훈련 데이터의 값을 입력하여 계산되어진 출력값과 해당 입력값에 대한 실제 출력값의 차이를 제곱하여 평균을 구하는 방법이다. 이때 계산되어진 값이 0에 가까울수록 더욱 정확한 함수(직선)라는 것을 알 수 있다. 이러한 방식을 Gradient descent 방식이라고 하며 최적의 a와 b의 값을 구하기 위한 방법이다. 이러한 방식은 초기 시작점에서 시작하여 값이 최소화 되는 방향으로 파라미터를 반복적으로 수정하게 된다.

- y: 입력값에 따라 계산되어진 예측값
- y_data: 정해진 결과값

명령문	`loss = tf.reduce_mean(tf.square(y - y_data))`

선형회귀 모델을 위해 `sklearn` 패키지에서는 `LinearRegression()` 함수를 제공하고 있다. 앞에서 실습한 예제를 아래와 같이 적용해보자.

- 속성: 키(cm)
- 목표값: 몸무게(kg)

명령문

```
X = [[150], [156], [161], [167], [170], [174], [179]]
y = [51.1, 55.3, 59.4, 64.2, 66.5, 69.3, 74.2]
from sklearn.linear_model import LinearRegression
regr = LinearRegression()
regr.fit(X, y)
y_pred = regr.predict([[175]])
print(y_pred)
```

출력의 예

```
[70.53479053]
```

다음은 앞에서 사용했던 교통사고 데이터를 선형회귀 모델에 적용해보자.

- 속성[5개]: '사망자수' ~ '부상신고'
- 목표값: '발생건수'

명령문	`import pandas as pd`
	`data = pd.read_csv('acci.csv')`
	`X = data.iloc[:-1, 3:]`
	`y = data.iloc[:-1, 2]`
	`from sklearn.linear_model import LinearRegression`
	`regr = LinearRegression()`
	`regr.fit(X, y)`
	`y_pred = regr.predict([[202, 11008, 3846, 6770, 392]])`
	`print(y_pred)`

출력의 예	`[7073.70407033]`

Quiz 15.4

'acci.csv' 파일로 선형회귀 모델의 실습을 위해 아래의 속성과 목표값을 이용한 기계학습 모델을 작성하고 마지막 데이터에 대해 그 예측 결과를 출력해보자.

- 속성[4개]: '발생건수', '부상자수', '중상', '경상'
- 목표값: '사망자수'

	발생건수	사망자수
정답	6193	202
결정트리		
K-NN		
SVM		
선형회귀		

Quiz 15.5

지금까지 'acci.csv' 파일을 학습데이터로 회귀 방식의 4가지 기계학습 모델들(결정트리, K-NN, SVM, 선형회귀)에 적용해보았다. 그 결과를 아래 표에 기재하여 어느 모델이 가장 해당 데이터에 적합했는지를 평가해보자.

	발생건수	사망자수
정답	6193	202
결정트리		
K-NN		
SVM		
선형회귀		

참고

텐서플로우 설치

아나콘다 내비게이터에서 설치 시 다음의 그림을 참조하여 설치한다.

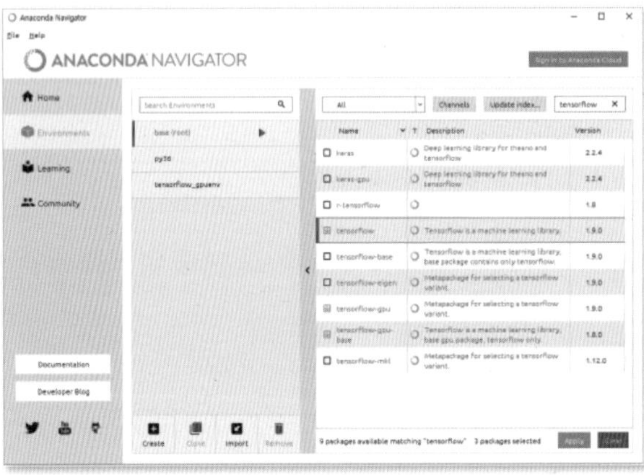

아나콘다 콘솔 창에서 설치한다면 다음의 명령문을 실행한다.

```
pip install —upgrade "tensorflow==1.7.*"
또는 conda install tensorflow
```

명령문

```
""" [1] 케라스 버전을 위한 데이터 준비 """
import numpy as np
import matplotlib.pyplot as plt
points = 500
vectors = []
for i in range(points):
x1= np.random.normal(0.0, 0.5)
y1= x1 * 0.3 + 0.5 + np.random.normal(0.0, 0.05)
vectors.append([x1, y1])
x_data = [v[0] for v in vectors]
y_data = [v[1] for v in vectors]
```

```
plt.scatter(x_data, y_data, color='yellow', label='Training
Data')
```

출력결과

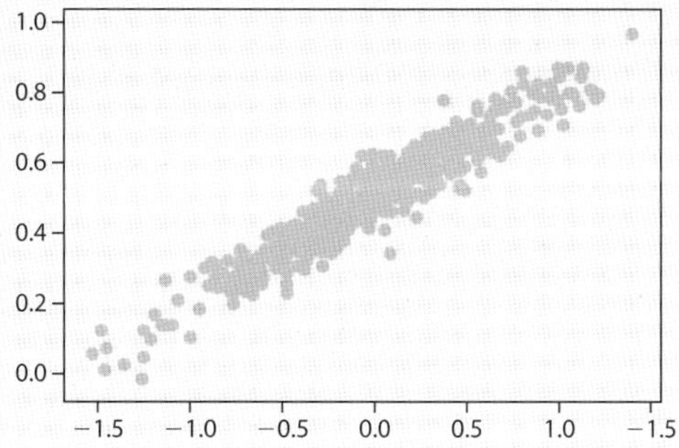

명령문

```
""" [2] 딥러닝 모델링 """
from tensorflow.keras import models
from tensorflow.keras import layers
model = models.Sequential()
model.add(layers.Dense(units=1, input_shape=[1]))
model.compile(loss='mse', optimizer='SGD') # 'mean_squared_
error'
history = model.fit(x_data, y_data, epochs=100,
verbose=False)
```

```
""" [3] 경계선 그래프 """
weights, bias = model.get_weights()
result_line = x_data * weights[0] + bias
plt.scatter(x_data, y_data, color='yellow', label='Training
Data')
plt.plot(x_data, result_line, color='red', label='Result
Line')
plt.legend()
plt.show()
```

출력결과

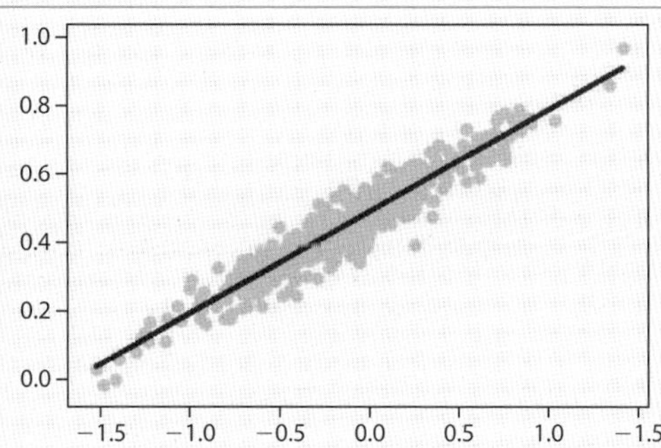

명령문	""" [4] 딥러닝 모델 테스트 """ test = np.array([[-1], [0], [1]]) pred = model.predict(test) print(pred)
출력결과	[[0.1900233] [0.5015793] [0.81313527]]

x축의 값을 입력하면 예측값인 y값을 출력하게 됨.

15.4 비지도학습의 개요 및 구조

개요

비지도학습의 대표적인 알고리즘은 군집(clustering)화하는 방식의 K-평균(k-Means) 방식이 있다. 이것은 클러스터링 방식으로 K-평균 클러스터 방식이라고도 하며 출력의 데이터 없이 입력만을 가지고 학습하여 결과(라벨)를 생성하는 방법이다. 다음은 앞에서 배운 아이리스 꽃의 데이터 세트를 이용하여 3가지 아이리스 꽃의 분류를 생성해보자. 물론 아이리스 데이터 세트에는 출력이 있지만 없는 것처럼 사용하지 않고 꽃의 분류를 얻어 보고 결과가 일치하는지 확인해보자. 우선 아이리스 데이터 세트를 이용하여 꽃잎(petal)의 길이(length)와 폭(width)만을 이용하여 다음의 그래프를 만들어보자.

명령문

```
from sklearn import cluster, datasets
import matplotlib.pyplot as plt
iris = datasets.load_iris()
X = iris.data[:, 2:]
y = iris.target
plt.xlabel('Petal Length')
plt.ylabel('Petal width')
plt.axis([0, X[:, 0].max()+0.2, 0, X[:, 1].max()+0.2])
plt.plot(X[:, 0], X[:, 1], 'bo')
```

결과

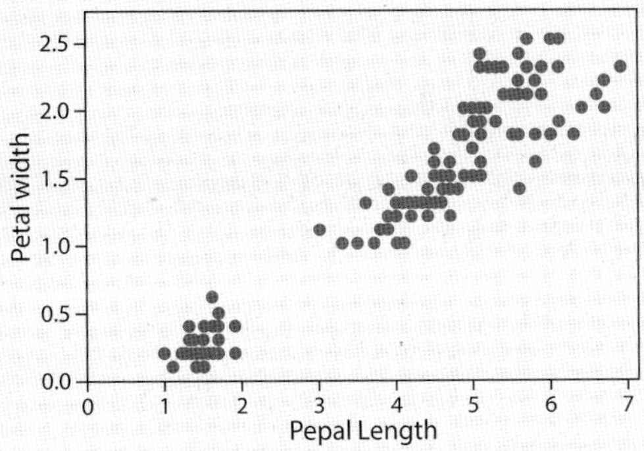

위의 결과 그래프와 같이 출력에 대해서 아는 바가 없다고 가정했으며 결과는 3개의 아이리스 꽃에 대한 모든 데이터가 섞여서 출력되어 구분할 수 없는 상황이다. 어쨌든, 이미 결과를 가지고 있으니 우리는 학습에서 제대로 분류가 되었는지 확인하기 위해 결과를 다음의 그래프와 같이 표시해보자.

명령문

```
from sklearn import cluster, datasets
import matplotlib.pyplot as plt

iris = datasets.load_iris()
X = iris.data[:, 2:]
y = iris.target
plt.scatter(X[:, 0], X[:, 1], c=y, cmap='viridis', edgecolor='k')

plt.xlabel('Petal Length')
plt.ylabel('Petal width')
plt.axis([0, X[:, 0].max()+0.2, 0, X[:, 1].max()+0.2])

plt.show()
```

결과

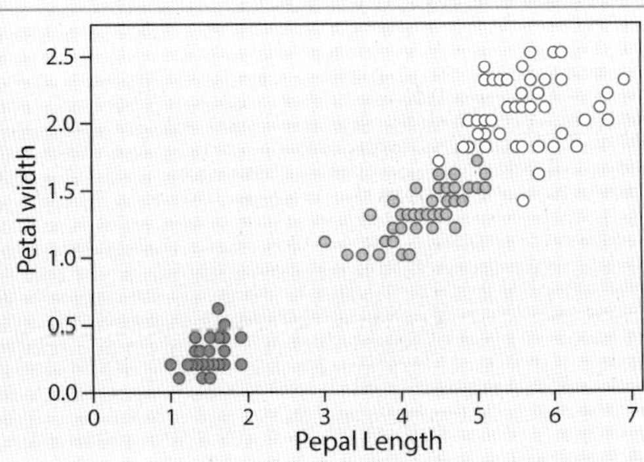

```
plt.scatter(X[:, 0], X[:, 1], c=y, cmap='viridis', edgecolor='k')
```

scatter() 함수의 파라미터를 살펴보자. 위의 예제에는 모두 5개의 파라미터들이 있으며 처음 2개 항목은 각각 X축과 Y축의 값들을 나타내며 c는 색상이나 색상의 순서를 설정하는 부분인데, 여기에서는 아이리스 데이터 세트에서 3가지 꽃의 종류를 나타내는 0, 1, 2의 값을 가지므로 각각을 cmap에 'viridis'라는 색상 체계로 값을 지정하게 된다. 마지막 항목은 edgecolor로 점의 테두리의 색상을 지정한다.

K-평균(k-Means) 방식

비지도학습의 대표적인 방식인 K-평균 모델은 입력 데이터를 K개의 클러스터로 분류하며 각 데이터들이 어느 클러스터에 속하는지를 판단하기 위해 먼저 각 클러스터에 임의의 중심값을 선택한다. 그리고 그 중심에서 각 데이터의 거리를 반복적으로 계산해서 각 데이터의 가장 가까운 중심을 갱신해나가는 방식이다. 이해를 돕기 위해 직접 코드를 작성해보도록 하자.

다음은 sklearn에서 제공하는 KMeans를 이용하여 K-평균 모델을 실습한다. 다음의 코드에서 KMeans(n_clusters=2, random_state=0)가 K-평균 모델을 적용하는 부분인데 여기에서는 2개의 입력 파라미터를 사용하였다. 먼저, n_clusters에는 학습 시 입력 데이터를 몇 개의 클러스터로 분리할 것인지를 지정하는 부분이다. 이후에 예측 결과를 분석하여 몇 개의 클러스터가 적절한지를 판단할 필요가 있을 것이다. 다음은 2개의 클러스터로 지정한 예제이다. random_state는 각 클러스터의 중심의 위치를 무작위로 설정하는 부분이다. 뒤에 따라오는 .fit(X)는 앞에 설정된 내용과 입력 데이터 X를 입력값으로 k-평균 클러스터를 실행하라는 의미이다.

<table>
<tr><td>명령문</td><td><pre>from sklearn.cluster import KMeans
import numpy as np
X = np.array([[1, 5], [3, 4], [2, 3],
              [5, 3], [6, 2], [5, 1]])
kmeans = KMeans(n_clusters=2, random_state=0).fit(X)
print(kmeans.labels_)
print(kmeans.cluster_centers_)</pre></td></tr>
<tr><td>결과</td><td><pre>[1 1 1 0 0 0]   # 속성 kmeans.labels_ 에 생성된 라벨 출력
[[5.33333333 2.]   # 라벨 1의 중간점을 각각 출력
[2. 4.]]   # 라벨 0의 중간점을 출력</pre></td></tr>
</table>

fit() 메소드를 실행하면 각 입력 데이터에 대해 할당된 클러스터들이 배열 형태로 lables_에 저장이 되며 출력값은 [1 1 1 0 0 0]이다. 즉 X 배열의 첫 번째 3개의

데이터는 각각 클러스터 1에 해당하며 나머지 3개의 데이터는 클러스터 0에 해당한다는 의미이다. 그리고 `cluster_centers_`는 각 클러스터의 중심점(centroid)을 계산하여 2차원 배열 형태로 저장한 것이다.

참고로 다음의 2개의 명령문은 동일한 기능을 수행한다.

명령문 1	`kmeans = KMeans(n_clusters=2, random_state=0).fit(X)`
명령문 2	`kmeans = KMeans(n_clusters=2, random_state=0)` `k_means.fit(X)`

좀 더 이해를 돕기 위해 이것을 그래프로 그려보자.

명령문

```
import matplotlib.pyplot as plt
y = kmeans.labels_
ycenter = kmeans.cluster_centers_
plt.scatter(X[:, 0], X[:, 1], c=y, cmap='viridis', edgecolor='k')
plt.scatter(ycenter[:, 0], ycenter[:, 1], c=[0, 1], s = 200,
                                        cmap='viridis', edgecolor='k')
```

결과

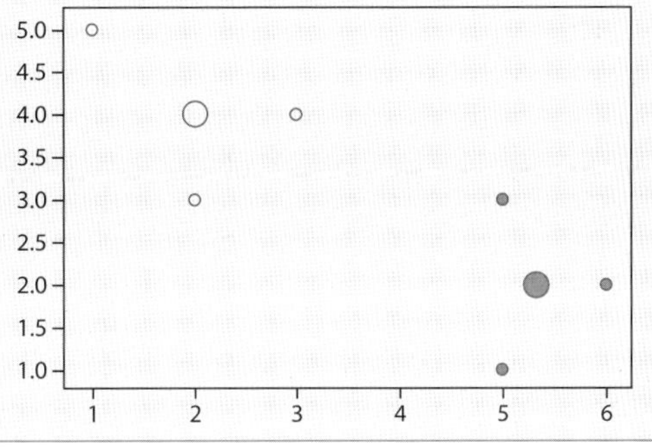

`scatter()`를 이용하여 한 번은 입력 데이터들을, 다른 한 번은 중심점을 출력하기 위해 2번 실행한 코드이다. 앞에서 설명한 대로 k-평균 모델은 각각의 클러스터들에서 임의의 중심점으로 출발하여 위의 그래프와 같이 최종 중심점을 구하게 된다.

이제는 학습한 결과를 이용하여 새로운 점들이 어느 클러스터에 속하는지를 예측할 수 있다. 다음의 코드는 2개의 점 (1, 4)와 (4, 2)가 어느 클러스터에 속하는지를 예측하고 그래프로 출력하는 코드이다.

명령문

```
from sklearn.cluster import KMeans
import numpy as np
X = np.array([[1, 5], [3, 4], [2, 3],
              [5, 3], [6, 2], [5, 1]])
kmeans = KMeans(n_clusters=2, random_state=0).fit(X)
```

```
x = np.array([[1, 4], [4, 2]])
y_pred = kmeans.predict(x)
print(y_pred)
plt.scatter(X[:, 0], X[:, 1], c=y, cmap='viridis', edgecolor='k')
plt.scatter(x[:, 0], x[:, 1], c=y_pred, cmap='magma', s = 200,
                                                    edgecolor='k')
```

결과

```
[1 0]                         # predict() 메소드 실행으로 예측 라벨 출력
```

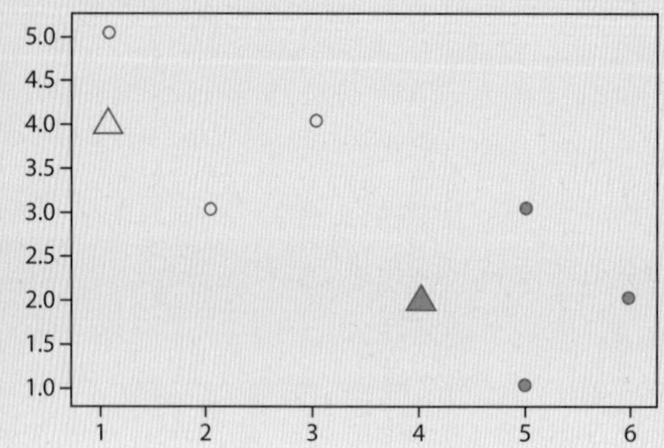

삼각형으로 출력되는 내용이 테스트하는 점들이며 이들은 각각 2개의 다른 클러스터에 해당함을 그래프에서 확인할 수 있다.

Quiz 15.6

위의 코드를 활용하여 다음과 같이 데이터들이 제공될 때 관련 코드를 작성하고 질문에 답하시오.

데이터 세트	[[1, 5], [3, 8], [3, 5], [10, 13], [9, 12], [11, 14], [5, 3], [7, 2], [5, 1]]
테스트 데이터	[[1, 4], [6, 5], [8, 10]]

① k-평균 모델에서 k=2, 즉 클러스터를 2개로 생성할 때, 각 입력 데이터에 대한 할당된 클러스터들을 배열로 출력하시오.

② k-평균 모델에서 k=2, 즉 클러스터를 2개로 생성할 때, 각 클러스터의 중심점(centroid)들을 배열 형태로 출력하시오.

③ k-평균 모델에서 k=2, 즉 클러스터를 2개로 생성할 때, 입력된 데이터 세트와 테스트 데이터를 그래프로 나타내시오(단, 테스트 데이터는 삼각형으로 표시).

④ k-평균 모델에서 k=3, 즉 클러스터를 3개로 생성할 때, 각 입력 데이터에 대한 할당된 클러스터들을 배열로 출력하시오.

⑤ k-평균 모델에서 k=3, 즉 클러스터를 3개로 생성할 때, 각 클러스터의 중심점 (centroid)들을 배열 형태로 출력하시오.

⑥ k-평균 모델에서 k=3, 즉 클러스터를 3개로 생성할 때, 입력된 데이터 세트와 테스트 데이터를 그래프로 나타내시오(단, 테스트 데이터는 삼각형으로 표시).

참고

k-평균 모델에서 k=2, 즉 클러스터를 2개로 생성할 때

프로그램

```
from sklearn.cluster import KMeans
import numpy as np
X = np.array([[1, 5], [3, 8], [3, 5],
              [10, 13], [9, 12], [11, 14],
              [5, 3], [7, 2], [5, 1]])
kmeans = KMeans(n_clusters=3, random_state=0).fit(X)
y = kmeans.labels_
print(kmeans.labels_)
print(kmeans.cluster_centers_)
x = np.array([[1, 4], [6, 5], [8, 10]])
y_pred = kmeans.predict(x)
import matplotlib.pyplot as plt
plt.scatter(X[:, 0], X[:, 1], c=y, cmap='viridis', edgecolor='k')
plt.scatter(x[:, 0], x[:, 1], c=y_pred, cmap='viridis',
                          marker='^', s = 200, edgecolor='k')
plt.axis([0, 12, 0, 15])
plt.show()
```

k-평균 모델에서 k=3, 즉 클러스터를 3개로 생성할 때

`kmeans = KMeans(n_clusters=2, random_state=0).fit(X)` 명령문에서 `n_clusters`의 값을 2에서 3으로만 수정하면 코드가 완성된다.

이번에는 실제 아이리스 꽃의 데이터 세트를 비지도학습 방법인 K-평균 모델을 적용해보자. 우리가 이미 알고 있는 것처럼 아이리스 꽃의 종류가 3가지이므로 다음의 코드에서 `cluster.KMeans(n_clusters=3)`로 지정하고 실행하면 3가지로 분류됨을 확인할 수 있다. 우리가 모르는 데이터 세트에 대해서는 다양한 값을 자동이나 수동의 방법으로 확인할 필요가 있을 것이다. 두 번째 줄에 출력된 결과는 아이리스 데이터 세트에 존재하는 실제 결과(라벨)이며 `[setosa(0), versicolor(1), virginica(2)]` 예측된 결과의 숫자와 같지는 않지만 비지도학습의 클러스터링 방식으로 3가지 종류를 정확하게 구분한 것을 확인할 수 있다.

명령문	`from sklearn import cluster, datasets`
	`iris = datasets.load_iris()`
	`X_iris = iris.data`
	`y_iris = iris.target`
	`k_means = cluster.KMeans(n_clusters=3)`
	`k_means.fit(X_iris)`
	`print(k_means.labels_[::10])`
	`print(y_iris[::10])`

결과	`[1 1 1 1 1 2 2 2 2 2 0 0 0 0 0]` `[0 0 0 0 0 1 1 1 1 1 2 2 2 2 2]`

명령문

```
from sklearn import cluster, datasets
import matplotlib.pyplot as plt
iris = datasets.load_iris()
X = iris.data[:, 2:]
y = iris.target
X1 = iris.data[[1, 50, 100], 2:]
y1 = iris.target[[1, 50, 100]]
k_means = cluster.KMeans(n_clusters=3).fit(X)
y_pred = k_means.predict(X1)
plt.scatter(X[:, 0], X[:, 1], c=y, cmap='viridis', edgecolor='k')
plt.scatter(X1[:, 0], X1[:, 1], c=y_pred, cmap='viridis',
                                                s = 200, edgecolor='k')
plt.xlabel('Petal Length')
plt.ylabel('Petal width')
plt.axis([0, 8, -0.5, 3.5])
plt.show()
```

결과

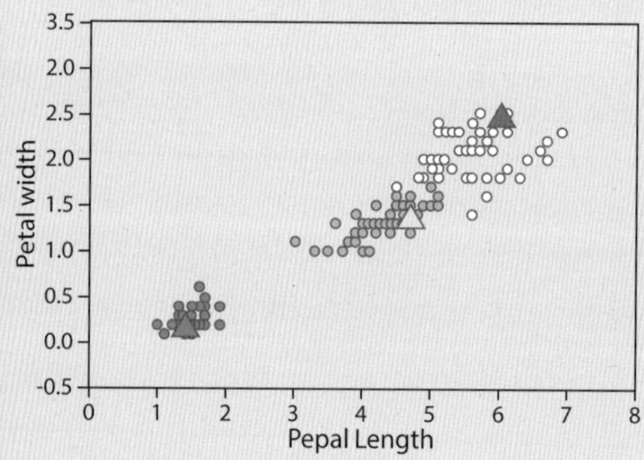

15.5 과제

위스키 데이터 세트에 기계학습 적용하기

위스키 과제를 위해 whiskies.txt와 regions.txt의 2가지 텍스트 파일이 필요하다. whiskies.txt 파일에는 86가지 위스키의 12가지 향미에 대한 내용이 저장되어 있으며, regions.txt에는 그 86가지 위스키가 제조된 지역이 순서대로 저장되어 있다. 이들을 읽어 와서 Pandas 형식으로 저장하는 다음의 코드를 작성해보자.

먼저 whiskies.txt 파일을 Pandas 형식으로 whisky 변수에 저장한 후 앞부분의 데이터만 출력해보자.

명령문

```
import numpy as np
import pandas as pd
whisky = pd.read_csv("whiskies.txt")
print(whisky.head())
```

결과

```
   RowID Distillery Body Sweetness Smoky Medicinal Tobacco Honey Spicy \
0  1     Aberfeldy  2    2         2     0         0       2     1
1  2     Aberlour   3    3         1     0         0       4     3
2  3     AnCnoc     1    3         2     0         0       2     0
3  4     Ardbeg     4    1         4     4         0       0     2
4  5     Ardmore    2    2         2     0         0       1     1

   Winey Nutty Malty Fruity Floral    Postcode   Latitude Longitude
0  2     2     2     2      2        \tPH15 2EB   286580   749680
1  2     2     3     3      2        \tAB38 9PJ   326340   842570
2  0     2     2     3      2        \tAB5 5LI    352960   839320
3  0     1     2     1      0        \tPA42 7EB   141560   646220
4  1     2     3     1      1        \tAB54 4NH   355350   829140
```

Quiz 15.7

regions.txt에 저장된 내용을 **'Region'** 이름의 칼럼으로 whisky에 추가해서 출력하는 명령문을 완성하라.

명령문

```
import numpy as np
import pandas as pd
whisky = pd.read_csv("whiskies.txt")
whisky ____________ = pd.read_csv("regions.txt")
print(whisky.head())
```

결과	<pre> RowID Distillery Body Sweetness Smoky Medicinal Tobacco Honey Spicy \
	0 1 Aberfeldy 2 2 2 0 0 2 1
	1 2 Aberlour 3 3 1 0 0 4 3
	2 3 AnCnoc 1 3 2 0 0 2 0
	3 4 Ardbeg 4 1 4 4 0 0 2
	4 5 Ardmore 2 2 2 0 0 1 1
	
	   Winey Nutty Malty Fruity Floral Postcode Latitude Longitude \
	0 2 2 2 2 2 \tPH15 2EB 286580 749680
	1 2 2 3 3 2 \tAB38 9PJ 326340 842570
	2 0 2 2 3 2 \tAB5 5LI 352960 839320
	3 0 1 2 1 0 \tPA42 7EB 141560 646220
	4 1 2 3 1 1 \tAB54 4NH 355350 829140
	
	      Region
	0 Highlands
	1 Speyside
	2 Highlands
	3 Islay
	4 Highlands</pre>

whisky에 저장된 내용 중 칼럼들에 대한 내용만 출력하려고 한다. 모두 18개이며 3번째 항목부터 14번째 항목이 향미를 나타내는 칼럼이고, 그 이후의 칼럼들은 위스키가 생산되는 장소에 관련된 정보들이다.

명령문	whisky.columns
결과	Index(['RowID', 'Distillery', 'Body', 'Sweetness', 'Smoky', 'Medicinal', 'Tobacco', 'Honey', 'Spicy', 'Winey', 'Nutty', 'Malty', 'Fruity', 'Floral', 'Postcode', 'Latitude', 'Longitude', 'Region'], dtype='object')

region.txt 파일에서 Pandas의 형태로 읽어온 데이터를 다음과 같이 출력해보자.

명령문	print(whisky["Region"])
결과	0 Highlands 1 Speyside 2 Highlands ...

```
83      Speyside
84      Speyside
85      Highlands
```

모두 86개의 위스키가 각각 만들어지는 장소가 출력이 된다. 이러한 장소들을 살펴보면 중복되는 장소들이 있다.

Quiz 15.8

whisky의 'Region'을 참조하여 모두 몇 군데의 장소들이 존재하는지 각각의 이름을 출력하는 다음의 코드를 완성하라(Pandas 형식의 테이블에서 유일한 값들을 반환하는 기능을 이용한다).

명령문	print(pd. ______________ (whisky. ______________))
결과	['Highlands' 'Speyside' 'Islay' 'Islands' 'Lowlands' 'Campbelltown']

Pandas에서 제공하는 iloc() 메소드를 이용하면 데이터 프레임의 위치를 나타내는 인덱스 번호로 데이터를 참조할 수 있다. 다음의 예제에서처럼 총 86개의 항목 중 0에서 3 전까지의 목록을 보여주려면 다음과 같이 명령문을 실행하면 된다.

명령문

```
whisky.iloc[0:3]
```

결과

	RowID	Distillery	Body	Sweetness	Smoky	Medicinal	Tobacco	Honey	Spicy	Winey	Netty	Malty	Fruity	Floral	Postcode	Latitude	Longitude	Regio
0	1	Aberfeldy	2	2	2	0	0	2	1	2	2	2	2	2	\tPH15 2EB	286580	749680	Highland
1	2	Aberlour	3	3	1	0	0	4	3	2	2	3	3	2	\tAB38 9PJ	326340	842570	Speysid
2	3	AnCnoc	1	3	2	0	0	2	0	0	2	2	3	2	\tAB5 5LI	352960	839320	Highland

칼럼도 파이썬의 슬라이싱 기능을 이용하여 선택적으로 출력할 수 있다. 다음의 명령문은 앞의 3개의 항목 중 2에서 14 전까지의 칼럼을 출력하는 예이다. 따라서 앞에 위치한 2개의 칼럼인 RowID와 Distillery 항목이 제외되며 14부터의 칼럼도 출력되지 않는다.

명령문

```
whisky.iloc[0:3, 2:14]
```

결과

	Body	Sweetness	Smoky	Medicinal	Tobacco	Honey	Spicy	Winey	Nutty	Malty	Fruity	Floral
0	2	2	2	0	0	2	1	2	2	2	2	2
1	3	3	1	0	0	4	3	2	2	3	3	2
2	1	3	2	0	0	2	0	0	2	2	3	2

Quiz 15.9

`iloc()` 메소드를 이용하여 `whisky`의 목록 중 마지막 3개의 데이터에 대해 모든 향미들을 출력하는 명령어를 작성하시오.

명령문

```
whisky.iloc[ ____________ , ____________ ]
```

결과

	Body	Sweetness	Smoky	Medicinal	Tobacco	Honey	Spicy	Winey	Netty	Malty	Fruity	Floral
83	0	3	1	0	0	2	2	1	1	2	1	2
84	2	2	1	0	0	1	0	1	2	1	0	0
85	2	3	0	0	1	0	2	1	1	2	2	1

다음으로 위스키의 특성(feature)들은 인덱스 2에서 14 전까지이므로 이들만을 flavor 라는 이름으로 저장하고 출력해보자. 0에서 85까지 모두 86개의 위스키에 대한 12개의 향미(flavor)들이 나열된다(아래 출력 결과에서 마지막 3개의 향미는 생략함).

명령문

```
flavors = whisky.iloc[:, 2:14]
print(flavors)
```

결과

```
     Body Sweetness Smoky Medicinal Tobacco Honey Spicy Winey Nutty \
0    2    2         2     0         0       2     1     2     2
1    3    3         1     0         0       4     3     2     2
2    1    3         2     0         0       2     0     0     2
...
83   0    3         1     0         0       2     2     1     1
84   2    2         1     0         0       1     0     1     2
85   2    3         0     0         1       0     2     1     1
```

위스키의 향미(flavor) 간에는 어떠한 상관관계가 있을지 모른다. 예를 들면, 향미의 하나인 단맛(Sweetness)이 높으면 또 다른 향미인 꿀맛(Honey)의 정도가 높을 수 있다. 따라서 이들 12가지 향미 간의 상관관계의 정도를 측정하려고 한다.

`pandas`의 `DataFrame`에 `corr()`라는 메소드를 이용하여 칼럼 간의 상관관계를 계산할 수 있다. `corr()` 함수는 피어슨(Pearson)의 상관계수를 이용한 것이며 두 변수 사이의 선형적인 관계를 계산하는 방식이다. 그리고 입력된 데이터에서 칼럼(column)의 상관관계를 계산하게 된다. 다음의 명령문으로 향미 간의 상관관계를 계산하여 결과가 출력된다.

명령문

```
corr_flavors = pd.DataFrame.corr(flavors)
print(corr_flavors)
```

결과

```
           Body      Sweetness Smoky     Medicinal Tobacco   Honey  \
Body        1.000000 -0.136518  0.524032  0.354050  0.168718  0.082031
Sweetness -0.136518  1.000000 -0.405897 -0.392017 -0.147871  0.132558
Smoky       0.524032 -0.405897  1.000000  0.686071  0.365501 -0.195318
Medicinal  0.354050 -0.392017  0.686071  1.000000  0.425106 -0.396629
Tobacco     0.168718 -0.147871  0.365501  0.425106  1.000000 -0.275490
Honey       0.082031  0.132558 -0.195318 -0.396629 -0.275490  1.000000
Spicy       0.188500 -0.054200  0.231745  0.044903  0.054068  0.139563
Winey       0.408576  0.115727 -0.028190 -0.202651  0.009097  0.362021
Nutty       0.126323 -0.032493 -0.023132 -0.113671 -0.117717  0.188492
Malty      -0.116859 -0.001516 -0.192875 -0.258959 -0.059347  0.310184
Fruity     -0.013205  0.019820 -0.312970 -0.330975 -0.235145  0.108822
Floral     -0.461203  0.144987 -0.431663 -0.511323 -0.212375  0.183029

           Spicy     Winey     Nutty     Malty     Fruity    Floral
Body        0.188500  0.408576  0.126323 -0.116859 -0.013205 -0.461203
Sweetness -0.054200  0.115727 -0.032493 -0.001516  0.019820  0.144987
Smoky       0.231745 -0.028190 -0.023132 -0.192875 -0.312970 -0.431663
Medicinal  0.044903 -0.202651 -0.113671 -0.258959 -0.330975 -0.511323
Tobacco     0.054068  0.009097 -0.117717 -0.059347 -0.235145 -0.212375
Honey       0.139563  0.362021  0.188492  0.310184  0.108822  0.183029
Spicy       1.000000  0.092704 -0.042856  0.036303  0.144714  0.034663
Winey       0.092704  1.000000  0.198467  0.112368  0.090694 -0.126932
Nutty      -0.042856  0.198467  1.000000  0.066157  0.071765  0.018302
Malty       0.036303  0.112368  0.066157  1.000000  0.207288  0.106309
Fruity      0.144714  0.090694  0.071765  0.207288  1.000000  0.262336
Floral      0.034663 -0.126932  0.018302  0.106309  0.262336  1.000000
```

이것은 두 변수, 즉 두 개의 향미(flavor) 사이의 관계의 정도를 계산한 것이다. 위에서 보는 바와 같이 모두 12개의 향미이기 때문에 (12×12)의 배열이 생성되며 출력값의 범위는 −1~1이다. 상관관계가 높으면 +1에 가까우며 상관관계가 멀면 −1에 가깝다. 주대각선으로는 행과 열이 모두 같은 향미이므로 1.0이 출력된 것을 볼 수 있다. 결과를 보면 앞에서 예상대로 Honey와 Sweetness 사이의 관계가 0.132558로 비교적 큰 값이 출력됨을 볼 수 있다. 그리고 Smoky와 Sweetness는 −0.405897의 값으로 낮은 상관관계를 보였으며 Body와 Floral도 −0.461203로 낮은 값을 보였다.

수치로 보기 어렵다면 다음과 같이 그림을 그려보거나 png 파일을 생성해보자.

명령문

```
import matplotlib.pyplot as plt
plt.pcolor(corr_flavors)
plt.colorbar()
# plt.savefig("whiskey1") # whiskey1.png 파일 생성
```

결과

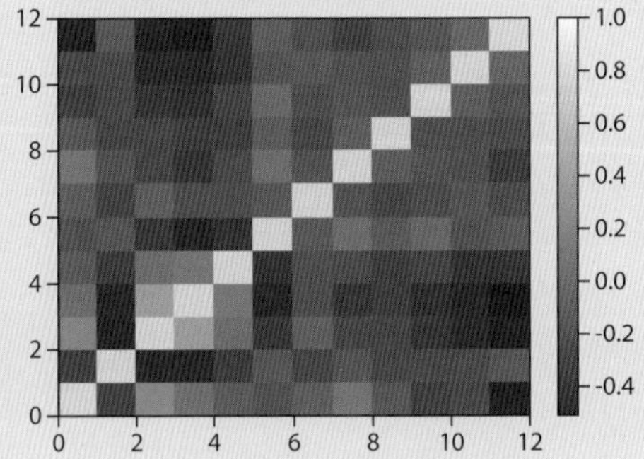

다음으로 위스키 증류기(distillery)의 종류나 성능에 따라 향미에 얼마나 차이가 있는지 조사하고 싶다. 이를 위해서는 위에서 사용한 flavors의 테이블을 전치(transpose)시켜서 상관관계를 계산해야 한다. 따라서 다음과 같이 명령문을 수정하여 실행해보자.

명령문

```
corr_whisky = pd.DataFrame.corr(flavors.transpose())
print(corr_whisky)
```

결과

```
          0         1         2         3         4              5        ~      85
0   1.000000  0.708632  0.697354 -0.147311  0.731902  3.890863e-01   ...   0.267222
1   0.708632  1.000000  0.503074 -0.228591  0.511834  4.009832e-01   ...   0.483030
2   0.697354  0.503074  1.000000 -0.140435  0.557020  3.896275e-01   ...   0.303273
...
83  6.204367e-01  0.570914  0.165436  0.385987  0.669456  1.000000e+00 ...  0.414634
84  3.043478e-01  0.157174 -0.091090  0.114437  0.626628  1.692100e-01 ...  0.282017
85  2.820167e-01  0.489355  0.354507  0.267222  0.382546  4.146341e-01 ...  1.000000
```

명령문

```
corr_whisky = pd.DataFrame.corr(flavors.transpose())
plt.figure(figsize=(10, 10))
plt.pcolor(corr_whisky)
plt.colorbar()
```

결과

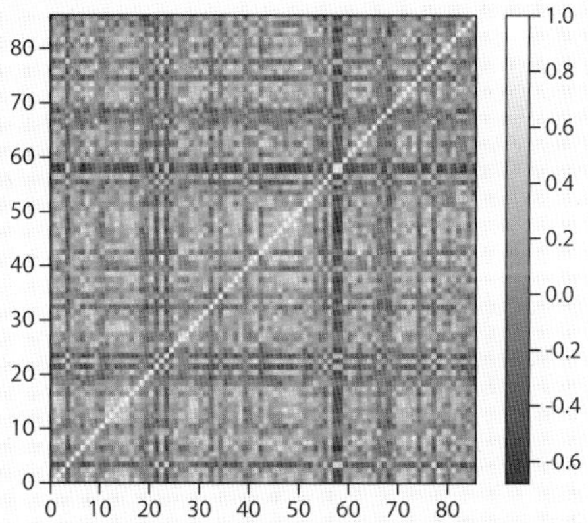

모두 86개의 증류기끼리 비교하여 향미의 차이를 계산한 그래프이다. 전체적으로 비슷한 관계를 가지고 있지만 58번 정도의 증류기에서 제조된 향미가 일정하지 않은 결과를 보인다. 즉 상관관계의 수치가 낮은 편이기 때문에 일정한 수준의 제품이 생산되지 않았다는 의미로 풀이될 것이다.

Quiz 15.10

58번 정도의 증류기에서 제조된 품질의 일관성이 떨어진다. 정확히 데이터를 비교하기 위해 56에서 59번까지의 상관관계의 값들을 다음의 출력 결과와 같이 모두 출력하는 코드를 완성하라.

명령문

```
print(corr_whisky[ ______________ ])
```

결과

```
           0         1         2         3         4         5         6  \
56  0.697097  0.793052  0.647298 -0.216957  0.452911  0.601929  0.589506
57 -0.204157 -0.447100 -0.330173  0.873670  0.022798  0.048479 -0.678258
58 -0.176519 -0.441798 -0.168280  0.846044  0.126155  0.201196 -0.609896
59  0.605408  0.557071  0.533500 -0.174170  0.254514  0.744161  0.449586

           7         8         9    ...           76        77        78  \
56  0.777778  0.643268  0.612372    ...     0.783349  0.111111  0.601929
57 -0.268462 -0.215866  0.205499    ...    -0.192775  0.671156 -0.460547
58 -0.185695 -0.059726  0.284287    ...    -0.145464  0.639617 -0.335326
59  0.655610  0.481980  0.401478    ...     0.635851  0.062439  0.642685

          79        80        81        82        83        84        85
56  0.696311  0.453990  0.443607  0.612372  0.676753  0.481543  0.572637
57 -0.245350  0.264072 -0.331756 -0.041100 -0.628902  0.169675 -0.251561
58 -0.145464  0.252911 -0.247127  0.113715  0.493013  0.335326 -0.203005
59  0.489116  0.566934  0.462959  0.315447  0.438810  0.169128  0.614335
```

[Quiz 15.10]의 결과를 살펴보면 56번과 59번에 저장된 데이터들은 대부분 양의 값을 갖지만 57번과 58번 증류기는 대부분 음의 값을 갖고 있으므로 일정한 향미와 거리가 있다는 것을 알 수 있다. 그렇다면 다음의 Quiz들을 풀어보자.

Quiz 15.11

위스키 데이터 세트에 저장된 모든 종류의 증류기 이름들을 한 번씩 순서대로 출력하는 프로그램을 완성하라(pandas 형식의 테이블에서 유일한 값들을 반환하는 기능을 이용한다).

명령문	dists = pd. ______________ (whisky. ______________) print(dists)
결과	['Aberfeldy' 'Aberlour' 'AnCnoc' 'Ardbeg' 'Ardmore' 'ArranIsleOf' 'Auchentoshan' 'Auchroisk' 'Aultmore' 'Balblair' 'Balmenach' 'Belvenie' 'BenNevis' 'Benriach' 'Benrinnes' 'Benromach' 'Bladnoch' 'BlairAthol' 'Bowmore' 'Bruichladdich' 'Bunnahabhain' 'Caol Ila' 'Cardhu' 'Clynelish' 'Craigallechie' 'Craigganmore' 'Dailuaine' 'Dalmore' 'Dalwhinnie' 'Deanston' 'Dufftown' 'Edradour' 'GlenDeveronMacduff' 'GlenElgin' 'GlenGarioch' 'GlenGrant' 'GlenKeith' 'GlenMoray' 'GlenOrd' 'GlenScotia' 'GlenSpey' 'Glenallachie' 'Glendronach' 'Glendullan' 'Glenfarclas' 'Glenfiddich' 'Glengoyne' 'Glenkinchie' 'Glenlivet' 'Glenlossie' 'Glenmorangie' 'Glenrothes' 'Glenturret' 'Highland Park' 'Inchgower' 'Isle of Jura' 'Knochando' 'Lagavulin' 'Laphroig' 'Linkwood' 'Loch Lomond' 'Longmorn' 'Macallan' 'Mannochmore' 'Miltonduff' 'Mortlach' 'Oban' 'OldFettercairn' 'OldPulteney' 'RoyalBrackla' 'RoyalLochnagar' 'Scapa' 'Speyburn' 'Speyside' 'Springbank' 'Strathisla' 'Strathmill' 'Talisker' 'Tamdhu' 'Tamnavulin' 'Teaninich' 'Tobermory' 'Tomatin' 'Tomintoul' 'Tormore' 'Tullibardine']

[Quiz 15.11]의 결과를 보면 whisky 파일에 있는 86가지의 증류기 이름들을 확인할 수 있다. 그렇다면 위에서 거론된 문제의 57번과 58번 증류기의 이름을 확인하려면 어떻게 해야할까?. 다음의 Quiz를 풀어보자.

Quiz 15.12

인덱스 57번과 58번에 저장된 증류기의 이름을 출력하는 다음의 코드를 완성하라.

명령문	print(whisky.iloc[______________])
결과	57 Lagavulin 58 Laphroig Name: Distillery, dtype: object

지금부터는 위스키 데이터 세트를 가지고 기계학습을 실습해보자. 여기에서 사용할 학습 방법은 비지도학습(Unsupervised Machine Learning) 방식의 하나인 이중 클러스터링(Co-Clustering) 방식이다. `sklearn`에서 지원해주는 `SpectralCoclustering`을 사용하며 행과 열의 관계를 기반으로 예측하는 방식이다.

각 지역에서 생산된 위스키들은 그 지역의 특유한 향미를 가지고 있다고 가정하고 위의 6개 지역에서 생산하는 위스키의 특성을 학습시킨 후 결과를 살펴보자.

명령문

```
from sklearn.cluster.bicluster import SpectralCoclustering
model = SpectralCoclustering(n_clusters=6, random_state=0)
model.fit(corr_whisky)
print(model.rows_)
```

결과

```
[[False False False False False  True False False False False False  True
  False  True False False  True False  True False False False False False
  False False False False False False False False  True  True  True False
  False False  True False  True False False False False  True False  True
   True False False False False False  True False False False False  True
  False False False False False False False False False  True False False
   True False False False False False False False  True False False  True
  False  True]
 [False False False False False False False False False False False False
  False False False False False False False  True False False False False
  False False False False False False False False False False False False
  False False False  True False False False False False False False False
  False False False False False False False  True False False False False
  False False False False False False  True False  True False False False
  False False False False False False False False False False False False
  False False]
...
]]
```

출력되는 내용은 86개의 항목을 가지고 있는 6개의 2차원 리스트로 구성되어 있다. 이 6개의 항목들은 각 지역을 의미하며 만약 86개의 증류기 중에서 그 해당 지역에서 제조되었다고 예측했다면 `True`를, 그렇지 않다면 `False`를 출력한 것이다. 이것은 위스키의 상관관계 값을 통하여 예측한 결과들이다.

다음의 코드를 실행하면 각각의 위스키가 어느 지역에서 제조되었는지를 숫자로 나타낼 수 있다. 아래는 86개의 위스키가 어느 지역에서 생산되었는지를 나타내는 결과이다. 총 6개 지역이며 0~5까지의 지역을 나타낸 것이다.

명령문	model.row_labels_
결과	array([5, 2, 3, 4, 5, 0, 3, 2, 5, 3, 2, 0, 5, 0, 5, 5, 0, 5, 0, 1, 3, 4, 3, 4, 3, 3, 2, 2, 3, 2, 3, 5, 0, 0, 0, 5, 2, 3, 0, 1, 0, 3, 2, 2, 2, 0, 5, 0, 0, 3, 3, 2, 2, 2, 0, 1, 5, 4, 4, 0, 3, 5, 2, 5, 5, 2, 1, 5, 1, 0, 2, 5, 0, 5, 2, 5, 3, 4, 5, 3, 0, 3, 2, 0, 2, 0])

물론 각각 어느 지역인지를 알 수는 없지만 다음의 내용을 실행하면 지역별 생산된 위스키의 개수를 구할 수 있다.

명령문	np.sum(model.rows_, axis=1)
결과	array([20, 5, 19, 17, 6, 19])

다음의 코드를 살펴보면 초기에 `region.txt`에 저장된 데이터와는 차이가 다소 있다는 것을 알 수 있다.

명령문	print(whisky['Region'].value_counts())
결과	Speyside 43 Highlands 25 Islay 7 Islands 6 Lowlands 3 Campbelltown 2 Name: Region, dtype: int64

CHAPTER

16

딥러닝

학습목차

16.1 딥러닝의 개요

딥러닝을 인공신경망(Artificial Neural Network)이라고 하며 이는 인간의 두뇌의 작동원리를 응용하여 고안한 방식이다. 딥러닝은 다중계층으로 이루어진 신경망의 구조이며 입력되는 훈련데이터로 딥러닝을 훈련시킨다. 신경망(Neural Network)은 말 그대로 인간의 뇌신경 세포를 모방하여 만든 수학적 모델이며 개략적인 구조는 아래와 같다.

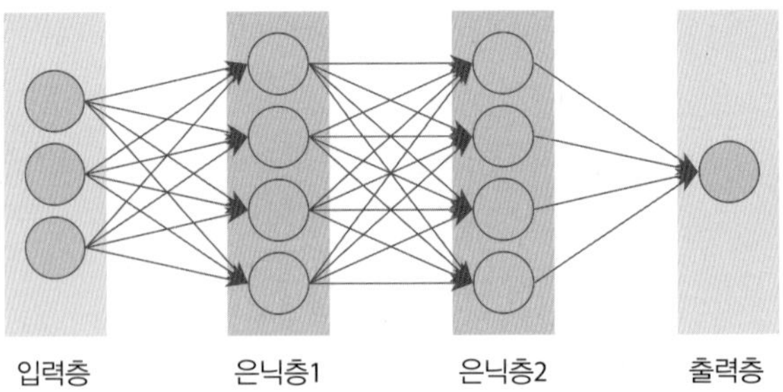

딥러닝의 신경망은 층(또는 레이어)으로 구성된 계층구조로 이루어져 있다. 데이터가 처음으로 입력되는 입력층(Input Layer)과 마지막 결과가 출력되는 출력층(Output Layer)이 있는데 그 사이에 선택적으로 복수 개의 은닉층을 가질 수 있다. 그리고 위의 그림에서 동그라미는 노드(Node)를 나타내며 이것은 뇌신경망의 신경세포에 비유할 수 있다. 즉, 노드에 입력된 데이터에 적절한 가중치를 결정함으로써 딥러닝 모델의 성능을 향상시키는 것이다.

다음은 이러한 가중치를 계산하기 위해 필요한 세부적인 구조를 그림으로 나타낸 것이다.

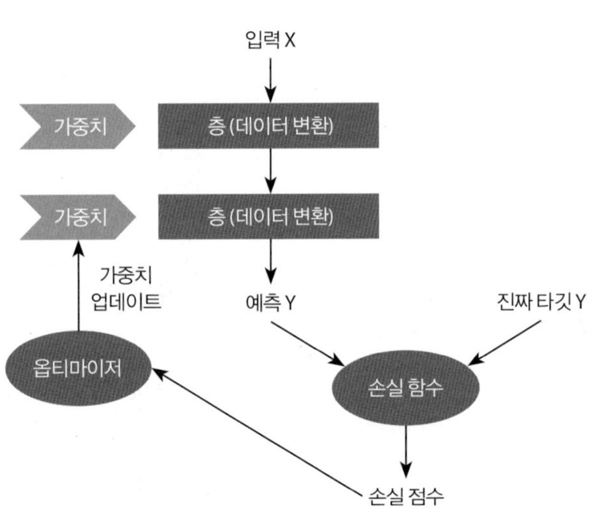

이러한 가중치의 계산을 위해 세 가지의 함수가 필요한데 이들은 각각 활성화함수(Activation Function), 손실함수(Loss Function), 그리고 최적화함수(Optimization Function)이다. 초기화된 가중치는 입력이 반복됨에 따라 더욱 적합한 값을 가질 수 있도록 첫 예측값 Y와 진짜 타깃 Y의 오차를 최소화해야 한다. 이를 위해 **손실함수**(Loss Function)로 그 오차를 구하고, 이러한 오차를 줄이기 위해 **최적화함수**(Optimizer Function)를 사용하여 가중치를 최적화할 수 있도록 적절하게 조절하고 이 값을 토대로 다음 계층의 입력값을 **활성화함수**(Activation Function)로 계산하여 다음 입력으로 사용한다. 이를 반복하면 딥러닝의 신경망 모델을 최적화시키게 되는 것이다.

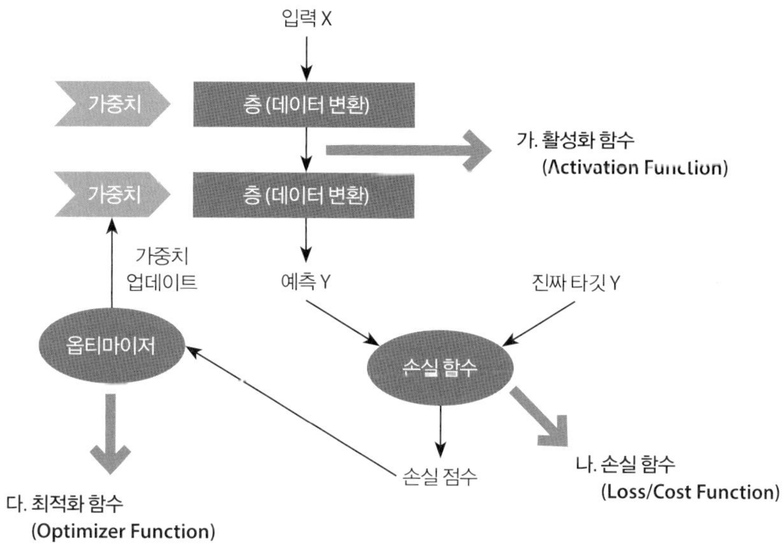

이들 함수들을 위해 다양한 종류의 세부 함수들이 존재하며 이들의 종류와 기본적인 특성의 올바른 이해가 이후 딥러닝 예제에서 적절히 적용할 수 있다.

함수들의 분류 및 종류

활성화함수

활성화함수(Activation Function)는 인공신경망 내부에서 입력받은 데이터를 근거로 다음 계층으로 출력할 값을 결정하는 기능을 수행한다. 활성화함수는 신경망을 구성할 때 설정하며 각각의 레이어를 정의할 때 세부적인 함수를 선택하게 된다.

일반적으로 은닉계층에서는 'sigmoid' 함수를 사용하기도 하는데 이 함수는 학습하는 과정에서 0에 가까워지는 Vanishing Gradient 문제가 발생하기 때문에 이러한 문제를 개선한 'relu'를 일반적으로 사용한다. 'relu'는 양수면 그대로 반환하지만 음수이면 0을 반환하는 특성을 가지고 있다.

한편, 신경망의 결과를 출력하는 마지막 출력계층에서의 활성화함수는 다음과 같이 반드시 목표값에 부합하는 함수를 선택해야만 한다.

해당 계층	딥러닝 목표	활성화함수
은닉 계층	-	relu/sigmoid
출력 계층	이진분류	sigmoid
	다중분류	softmax

손실함수

손실함수(Loss/Cost Function)는 비용함수(Cost Function)라고도 하며 예측 값(측정 값)과 실제 값 차이를 구하기 위한 함수이다. 손실함수는 신경망을 컴파일할 때 설정하며 다음과 같이 신경망의 목표와 일치하는 함수를 선택해야 한다.

설정 시기	딥러닝 목표	활성화함수
컴파일 시	회귀분석	cross-entropy
	이진분류	binary_crossentropy
	다중분류	categorical_crossentropy

최적화함수

최적화함수(Optimizer Function)는 손실함수의 결과값을 최소화하는 함수이며 기본적으로 경사하강법(Gradient Descent)을 사용한다. 최적화함수 또한 컴파일 과정에서 정의하며 다양한 방식들이 있다. 경사하강법을 개선한 확률적 경사하강법(SGD: Stochastic Gradient Descent)이 있고, SGD를 개선한 RMSProp 방식이 있다.

텐서플로우와 케라스

텐서플로우를 사용하는 딥러닝 모델의 학습수행 과정은 이전에 공부한 기계학습의 방식과 비교하면 다소 복잡하다고 할 수 있다. 왜냐하면, 앞에서 설명한 대부분의 기계학습 방식들은 스킷런(Scikit-learn)과 같이 이미 정형화된 모델들을 그대로 가져와서 사용하지만, 딥러닝 모델들은 프로그래머가 직접 모델을 만들고 기능들을 추가할 수 있기 때문이다. 따라서, 본 교재에서는 텐서플로우(Tensorflow)를 쉽게 사용할 수 있도록 개발된 케라스(Keras)를 사용할 것이며 기본적인 개념들만 이해한다면 생각보다 쉽게 딥러닝 모델을 만들고 활용할 수 있다. 또한, 딥러닝 모델의 학습수행 과정도 다음과 같이 간단하며 케라스를 사용하는 각 단계의 명령문들도 대부분 짧고 간결한 편이다.

1. 모델의 구조 생성: 신경망 모델의 구조를 생성
2. 컴파일 설정: 준비된 모델에 적용할 학습방식을 설정
3. 학습 수행: 학습 데이터를 설정된 컴파일 방식으로 학습

딥러닝 모델의 학습 수행 과정에서 첫 번째 단계는 모델의 구조 생성으로 단수 또는 복수 개의 계층(Layer)으로 구성된 신경망 모델의 구조를 생성한다. 케라스에서는 models라는 신경망 모델을 사용하여 신경망의 계층(Layer)을 생성하는데 해당 모델을 `models.Sequential()` 함수로 설정하면 설정하는 모든 레이어들을 선형적인 순서대로 나열하겠다는 의미이다.

다음의 예제에서는 단 1개의 레이어로 이루어진 신경망을 만들어 보자. 케라스의 모델에서 지원해주는 `add()` 함수를 사용하면 계층을 생성할 수 있으며, 케라스의 layer에서 지원해주는 `Dense()` 함수를 이용하면 해당 계층을 설정할 수 있다. 이 `Dense()` 함수에서 첫 번째 인자는 출력 뉴런의 수를 의미하며 여기에 1로 설정해준다면 (샘플의 개수, 1)의 배열 형식으로 출력하라는 의미이다. 이 예제에서 데이터가 2개의 군집으로 이루어져 있고 입력되는 데이터가 2개 값이라면 아래와 같이 신경망을 구성해야 한다. `Dense()` 함수의 첫 번째 인자가 1인데 이것은 출력 단자의 개수이며, 두 번째 인자는 입력 데이터의 개수가 2개라는 의미이며, 마지막 인자는 활성화함수(activation)를 'sigmoid' 함수를 채택했다는 의미이다.

모델의 구조 생성	`from keras import models`
	`from keras import layers`
	`model = models.Sequential()`
	`model.add(layers.Dense(1, input_dim=2, activation='sigmoid'))`

이 신경망의 결과 2개 군집 중의 하나이기 때문에 1개의 단자로 2개의 군집을 표현할 수 있으므로 출력 단자는 1로 설정한 것이다. 대부분의 경우에 출력의 결과는 0 또는 1에 가까운 실수형 값으로 0에 가까운 실수는 0번 군집을 의미하며 1에 가까운 군집은 1번 군집을 의미한다. 참고로, 'input_dim=2' 대신에 'input_shape(2,)'를 사용해도 무방하다.

또한, 이 예제는 이진분류이기 때문에 마지막 계층의 활성화 함수는 'sigmoid' 함수를 사용하였다. 그런데, 이 예제는 계층이 단일 계층으로 구성되어 있기 때문에 입력 계층이자 출력 계층이 된다.

만약, 2개의 계층을 생성하려면 다시 한 번 model의 `add()` 함수를 사용하여 추가하면 된다. 만약 아래와 같이 2개의 계층을 가지게 되면 첫 번째 계층은 입력 계층이고 두 번째 계층은 출력 계층이 되는 것이다. 따라서, 여기에서는 신경망의 출력이 두 번째 계층이므로 출력을 반드시 1로 설정해주어야 하며 'sigmoid' 활성화함수도 첫 번째 계층이 아닌 두 번째 계층으로 이동해 주어야 한다. 이제는 첫 번째 계층이 출력 계층이 아니므로 출력단자의 수를 아래와 같이 4의 값으로 자유로이 설정할 수 있으며, 마지막 계층의 입력으로 사용된다. 여기서 특이한 점은 마지막 출력 계층에서 '`input_dim=4`' 또는 '`input_shape(4,)`'와 같이 입력을 설정해 주지 않아도 자동으로 입력의 차원을 인지한다.

모델의 구조 생성

```
from keras import models
from keras import layers
model = models.Sequential()
model.add(layers.Dense(4, input_dim=2))
model.add(layers.Dense(1, activation='sigmoid'))
```

다음은 2번째 과정인 컴파일 설정을 살펴보자. 모델에서 지원해 주는 `compile()` 함수를 사용하여 최적화 함수와 손실함수를 설정한다. 이 예제는 이진분류라고 했기 때문에 손실함수는 반드시 '`binary_crossentropy`'를 사용해야 한다.

컴파일 설정

```
model.compile(optimizer='SGD', loss='binary_crossentropy')
```

세 번째 마지막 단계인 학습 수행에서는 준비된 학습 데이터를 입력으로 학습을 수행하게 된다.

명령문

```
history = model.fit(X_train, y_train)
```

생각보다 많이 간단하다는 것을 볼 수 있을 것이다. 이후에는 실질적인 데이터를 가지고 직접 프로그램을 실행할 것이다.

신경망의 데이터 구조

신경망에 입력되는 텐서의 형식은 처리하는 데이터의 구조에 따라 조금씩 다르다. 기본적으로 신경망에서는 1개 이상의 텐서로 입력받아 1개 이상의 텐서로 출력하게 되어 있으며 아래 표에서와 같이 3D 시퀀스데이터 처리를 위해 (samples, timesteps, features)의 3D 텐서로 저장하여 입력해야 한다. 예를 들면, 데이터는 보통 RNN 방식의 LSTM같은 순환층(Recurrent Layer)을 사용한다. 또한, 4D 형식의 이미지데이터 처리는 일반적으로 2D 합성곱 층(Conv2D)을 사용한다.

	처리 데이터 구조	텐서 형식
1	2D 텐서 벡터 데이터 처리	(sample, features)
2	3D 텐서 시퀀스 데이터 처리	(sample, timesteps, features)
3	4D 텐서 이미지 데이터 처리	2D 합성곱층(Conv2D)

Quiz 16.1

1. 다음은 붓꽃(Iris) 데이터셋을 위한 Keras 신경망을 구성하고자 한다. 밑줄 친 부분의 값을 입력하시오. [샘플: 150, 꽃 종류: 3, 꽃잎의 길이: 4]
2. 필요한 활성화함수를 적으시오.

<table>
<tr><td>신경망
구조 생성</td><td>

```
from keras import models
from keras import layers
model = models.Sequential()
model.add(layers.Dense(8, input_shape=( _______ , _______ ),
activation='relu'))
Model.add(layers.Dense( _______ , activation = ______________))
```

</td></tr>
</table>

Quiz 16.2

다음은 붓꽃(Iris) 데이터셋을 위한 Keras 신경망을 구성하고자 한다.

적절한 손실함수를 적으시오.

<table>
<tr><td>컴파일
설정</td><td>

```
model.compile(optimizer='rmsprop',
        loss=' ______________________________ ')
```

</td></tr>
</table>

16.2 문제 유형별 딥러닝 모델

어떠한 문제를 인공지능으로 해결하기 위해선 우선 그 문제의 유형을 파악해야 한다. 앞서 기계학습에서 설명한 대로 그 문제의 유형은 크게 분류와 회귀로 구분할 수 있다. 본 절에서는 분류에 해당하는 이진분류와 다중분류, 그리고 회귀문제를 케라스의 딥러닝 예제를 통하여 공부하고자 한다.

1 이진분류 모델

이진분류(Binary Classification)는 딥러닝의 결과가 둘 중에 하나를 예측하는 모델이다. 딥러닝의 이진분류를 이해하기 위해 Keras를 이용한 신경망 예제로 살펴보고자 한다. 본 예제에서 사용할 데이터는 외부의 빅데이터를 사용하지 않고 확률적인 분포를 이용하여 임의의 2개 군집 데이터를 생성하고 이를 분류하고자 한다. 이러한 데이터의 생성을 위해 스킷런에서 제공하는 `make_blobs()` 함수를 아래와 같이 사용한다.

데이터 생성 및 출력

```
import matplotlib.pyplot as plt
from sklearn.datasets import make_blobs
data, labels = make_blobs(n_samples=10000, n_features=2,
                                        centers=2, random_state=0)
plt.scatter(data[:, 0], data[:, 1], c=labels)
plt.show()
```

결과

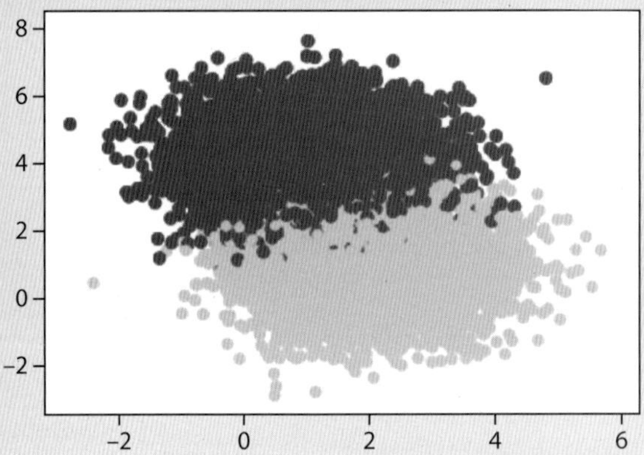

인공지능 전문가라면 반드시 갖추어야 할 능력 중에 하나가 일명 구글링(Googling)이라고 할 수 있을 것이다. 구글링은 바다와 같은 정보에서 원하는 정보를 수집하고 심심치 않게 바뀌는 API의 변화를 실시간에 가깝게 참조하여 버그를 수정할 수 있기 때문일 것이다. 이러한 숙달된 구글링 능력향상이 전문가로 가는 지름길이라고 생각한다. 본 교재의 내용을 이제까지 열심히 공부한 사람이라면 `make_blobs()` 함수를 구글링을 통하여 관련 파라미터들의 기능을 찾아 볼 수 있을 것이다.

파라미터	내 용
n_samples	만들고자 하는 샘플의 총 개수
n_features	각 샘플들에 대한 속성(feature)의 개수
centers	중심(군집)의 개수
random_state	무작위의 수를 생성하기 위한 생성기의 종류

파라미터 'n_samples'는 만들고자 하는 샘플의 총 개수이며 'n_features'는 각 샘플들의 속성의 개수, 'centers'는 군집의 개수, random_state은 무작위의 수를 생성하는 생성기의 종류를 선택할 수 있기 때문에 정수 값에 따라서, 다른 분포의 데이터를 생성할 수 있다.

Quiz 16.3

sklearn의 make_blobs() 함수를 이용하여 4개의 군집을 3차원 그래프로 아래와 같이 출력하고 싶다. 밑줄 친 부분의 내용을 완성하시오(단, random_state=1).

<table>
<tr><td>문제</td><td><pre>
import matplotlib.pyplot as plt
from mpl_toolkits.mplot3d import Axes3D
from sklearn.datasets import make_blobs
data, labels = make_blobs(n_samples=10000, n_features= _____,
                          centers= _____, random_state=1)
fig = plt.figure()
ax = fig.add_subplot(111, projection='3d')
ax.scatter(data[:, 0], data[:, 1], __________, c=labels)
plt.show()
</pre></td></tr>
<tr><td>결과</td><td>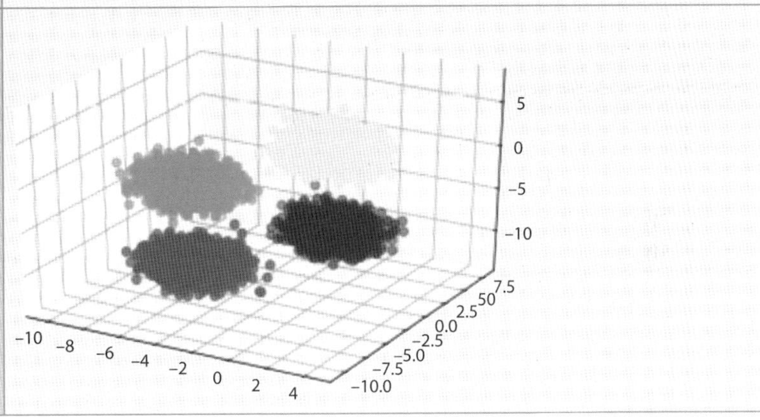
</td></tr>
</table>

make_blobs() 함수의 반환 데이터는 2가지이며 첫 번째는 n_features개로 이루어진 n_samples개의 배열이며, 두 번째는 각 샘플들의 소속군집(cluster membership)을 나타내는 n_samples 개수의 정수형 라벨로 구성된 배열이다. 여기에서 n_features는 2로 각각 x축과 y축 값을 나타낸다. 이때 생성된 데이터의 타입은 numpy형식의 배열이다. 딥러닝의 신경망의 입력은 기본적으로 numpy의 배열형식이라는 것을 기억해두자.

다음은 첫 5개의 data와 라벨을 각각 출력한 것이다. 첫 데이터를 살펴보면 특성

(feature)에 해당하는 x축과 y축의 값 [0.80901751 3.69975424]는 라벨이 0이란 의미이고, 4번째 데이터 [3.00805773 0.69934352]는 라벨이 1이란 의미이다. 즉 0이라는 군집(클러스터)은 왼쪽 상단에 위치하고, 1이라는 군집은 오른쪽 하단이라는 것을 알 수 있다.

명령문	print(data[:5]) print(labels[:5])
결과	[[0.80901751 3.69975424] [1.17304017 5.27341106] [2.50904929 5.7731461] [3.00805773 0.69934352] [1.834194 5.44488919]] [0 0 0 1 0]

자, 다음은 위에서 준비한 데이터를 딥러닝의 입력값으로 사용하기 위해 훈련 데이터와 테스트 데이터로 분류해보자. 아래의 명령문은 테스트 데이터를 20%만 사용하고 나머지를 훈련 데이터로 분류하는 명령문이다.

데이터 수집 및 분류

```
from sklearn.model_selection import train_test_split
X_train, X_test, y_train, y_test = train_test_split(data,
                                        labels, test_size=0.2)
```

다음은 Keras를 이용한 딥러닝의 신경망을 층(레이어) 구조를 만드는 코드이며 여기에서는 단 1개의 레이어로 이루어진 신경망을 만들어 본다. 먼저, Keras에서 레이어를 만들기 위해서는 Keras의 models를 import하고 그 모델에서 제공하는 `Sequential()` 메소드를 이용하여 해당 모델은 순차적으로 계층을 쌓아가는 방식이라고 설정해 둔다. 다음은 `add()` 메소드를 사용하여 개별적인 계층을 생성할 수 있으며 `Dense()`를 사용하여 그 계층의 세부적인 항목을 설정할 수 있다. 이 `Dense()` 메소드에 첫 번째 인자는 출력 뉴런의 수를 의미하며 여기에서 1로 설정해 준다면 (샘플의 수, 1)의 배열형식으로 출력하라는 의미이다. 본 예제에서는 데이터가 2개의 군집으로 이루어져 있기 때문에 1개의 값으로 2개의 군집을 분류할 수 있다. 즉, 출력되는 값은 0 또는 1에 가까운 실수형 값이기 때문이다.

아래의 예제는 계층이 1개로 구성되어 있기 때문에 입력층인 동시에 출력층이 된다. 따라서, 본 예제에서는 입력값이 x축과 y축의 2개의 값이므로 2개의 뉴런이 필요하다. 따라서, `input_dim`의 파라미터에 2로 설정을 하면 된다. 다음은 초기에 설명한 딥러닝의 주요 함수 3개 중의 하나를 여기에서 설정해야 해야 하는데 바로 활성화함수이다. 활성화함수는 자신이 설계하는 딥러닝의 특성에 맞게 설정해야 하며 초기에 설명한 대로 이진분류에서는 'sigmoid'를 사용해야 한다. 따라서, 아래와 같이 activation='sigmoid'라고 설정해 주면 활성화함수 설정이 완료된다.

신경망 구조 생성

```
from keras import models
from keras import layers
model = models.Sequential()
model.add(layers.Dense(1, input_dim=2, activation='sigmoid'))
```

이제 신경망의 구조가 설정되었으므로 아래의 명령문을 실행하면 설정한 내용을 확인할 수있다. 우선 레이어가 1개이며 출력 형식(Output Shape)과 파라미터의 수를 보여준다.

신경망 구조 요약

```
model.summary()
```

결과

```
Model: "sequential"
_________________________________________________________________
Layer (type)            Output Shape              Param #
=================================================================
dense (Dense)          (None, 1)                  3
=================================================================
Total params: 3
Trainable params: 3
Non-trainable params: 0
_________________________________________________________________
```

(None, 1)이라는 출력형식에서 None은 입력 샘플수가 정해지지 않았고 계속해서 입력을 받을 수 있다는 의미이며 1은 출력값이 1개라는 의미이다. 그리고 파라미터의 수는 아래와 같이 계산한다.

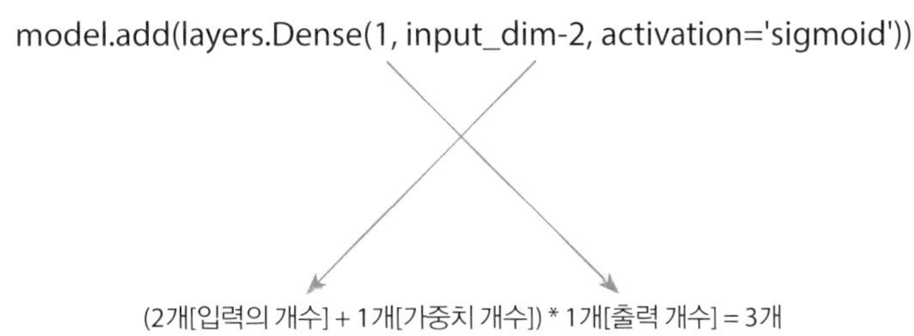

Quiz 16.4

아래와 같이 신경망을 구성할 때 출력되는 파라미터의 개수를 구하시오.

명령문	`model.add(layers.Dense(3, input_dim=4, activation='sigmoid'))`
답)	___________ 개

참고로, GPU를 사용하는 컴퓨터에서 위의 명령문을 실행했을 때 에러가 발생한다면 아래와 같이 keras앞에 tensorflow를 붙여 사용하기 바란다. GPU를 사용하지 않는 환경에서도 아래의 코드는 작동할 것이다. 따라서, 이후에 나오는 코드는 아래와 같이 사용한다.

명령문

```
from tensorflow.keras import models
from tensorflow.keras import layers
```

다음은 모델의 컴파일 설정 단계로 나머지 2개의 주요 함수를 모델의 compile() 메소드를 이용하여 설정한다. 즉, 최적화함수와 손실함수이다. 앞서 소개한 최적화 함수 중에 어떤 것을 사용해도 무방하며 다만 어떤 방식이 본 데이터에 적합한지는 반복적인 훈련과 성능분석을 통해 찾아가야 한다. 지금은 'SGD'를 사용해보자.

반면, 손실함수는 활성화함수와 마찬가지로 반드시 출력결과에 적합한 모델을 사용해야만 한다. 본 예제는 이진분류 모델을 사용하기 때문에 'binary_crossentropy'를 사용해야 한다.

다음은 훈련한 이후의 신경망의 정확도를 평가하기 위하여 metrics=['accuracy'] 라는 추가적인 옵션 기능을 사용해보자. 일반적으로 성능을 측정하기 위해 정확도를 나타내는 'accuracy'나 손실의 정도를 측정하기 위해 'mae'를 사용한다. 여기에서는 정확도를 측정하기 위해 'accuracy'를 사용해보자(참고로 'accuracy'를 사용했을 경우 에러가 발생한다면 'acc'를 사용하면 된다).

모델 컴파일

```
model.compile(optimizer='SGD', loss='binary_crossentropy',
                                    metrics=['accuracy'])
```

드디어 모델을 훈련할 준비를 완료하였다. 이제는 Keras의 모델에서 제공하는 fit() 메소드를 활용하여 다음과 같이 준비하면 된다. 먼저, 특성(feature)과 라벨에 해당하는 X_train과 y_train을 순서대로 입력하고 반복횟수에 해당하는 epochs와 한 번에 몇 개의 샘플로 가중치를 갱신할 것인지를 지정하는 batch_size를 설정하면 된다. 일반적으로 반복횟수(epochs)가 거듭될수록 신경망의 성능이 향상될 수 있겠지만 너무 횟수가 많아지면 시간도 많이 소요될 뿐 아니라 과대적합(Overfitting)이 발생할 수 있으므로 반복적인 훈련을 통하여 적정한 횟수를 설정해야 한다. 참고로 훈련을 시작하여 적정 수준의 성능이 얻어지면 훈련을 멈추게 하는 기능도 추가할 수 있으나 이것은 뒤에서 설명하기로 한다.

훈련 설정 및 실행	`model.fit(X_train, y_train, epochs=40, batch_size=100)`
결과	Train on 8000 samples Epoch 1/40 8000/8000 [==============================] - 0s 41us/sample - loss: 0.5423 - accuracy: 0.6919 (이후 생략)

훈련을 마쳤다면 이제는 성능을 평가할 차례이다. Keras의 모델에서 제공하는 `evaluate()`이라는 메소드에서 앞서 준비한 test 데이터로 성능을 측정해보면 아래와 같이 17%의 손실과 93.4%의 정확도를 알이 볼 수 있다.

성능평가	`result = model.evaluate(X_test, y_test)` `result`
결과	2000/2000 [==============================] - 0s 18us/sample - loss: 0.1701 - accuracy: 0.9340 [0.17013697040081024, 0.934]

본 예제의 이해를 돕기 위해 훈련한 신경망이 어떤 결과를 나타냈는지 그래프를 그려보자. 그래프는 훈련된 신경망에서 계산된 가중치와 바이어스 값을 이용하여 훈련 데이터(`X_train`)의 그래프에 이진분류의 결과를 표시해 보고자 한다. Keras의 모델에서는 각각의 레이어에서 생성된 가중치와 바이어스값을 알려주는 `get_weights()`라는 메소드를 제공한다. 만약 신경망의 구조가 다수 개의 레이어로 구성되어 있다면 레이어별로 반환값들을 받아야 하지만 지금의 모델은 레이어가 한 개이기 때문에 아래의 코드와 같이 한 개의 레이어에 대한 가중치와 바이어스 값만 받으면 된다. 이들 값들은 신경망의 훈련을 마친 상태의 값들이기 때문에 훈련 데이터에 의해서 최적화된 값들이다.

명령문	`weights, bias = model.get_weights()`
	`print(weights)`
	`print(bias)`

결과	[[1.6304798] [-1.5141025]] [1.0195876]

다음은 획득한 가중치와 바이어스로 $y = ax + b$ 공식에 대입하기 위해 a와 b의 값을 아래와 같이 구한다.

명령문

```
a = -(weights[0]/weights[1])/(weights[0]/bias)
b = -weights[0]/weights[1]
```

마지막으로 훈련 데이터 X_train을 그래프에 분포시키고 그 위에 이진분류를 위한 분기선을 표시한다.

명령문

```
import numpy as np
x = np.linspace(np.amin(X_train[:, 0]), np.amax(X_train[:, 0]))
plt.figure()
y = [a*i + b for i in x]
plt.plot(x, y, color='red', label='Boundary')
plt.scatter(X_train[:, 0], X_train[:, 1], c=y_train, s=20)
plt.legend()
```

결과

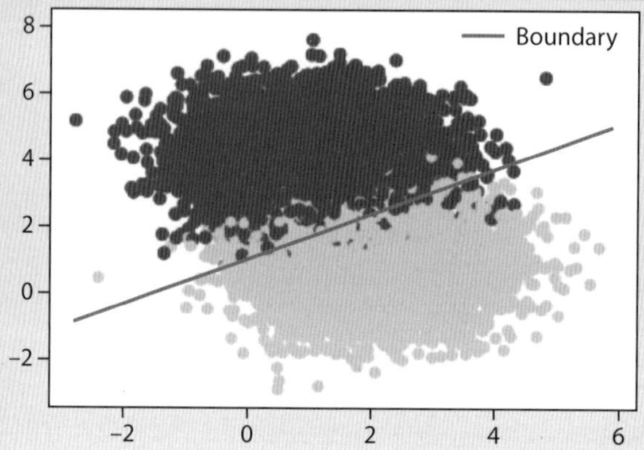

자, 다음은 상단에서 얻어진 그래프를 염두에 두고, 임의의 데이터를 입력해서 어떤 군집에 속하는지 예측해보자. 앞서 언급했듯이 딥러닝의 신경망에 입력되는 데이터는 기본적으로 numpy의 배열형식이다. 따라서, 아래와 같이 3개의 샘플 데이터를 신경망에 입력하면 예측값으로 3개의 실수가 각각 출력된다. 이들 결과를 살펴보면 0에 가까운 수는 0의 군집에 속하며 1에 가까운 수는 1의 군집에 포함된다는 의미이다.

명령문

```
test = np.array([[2, -2], [2, 2.5], [2, 4]])
pred = model.predict(test)
print(pred)
```

결과

```
[[0.9993309 ]
[0.6213521 ]
[0.14481477]]
```

Quiz 16.5

입력 샘플들의 두 번째 원소인 y값이 2보다 커질수록 예측값이 1에 가까운지 0에 가까운지를 프로그램을 실행하여 적어보자.

Quiz 16.6

그렇다면 1에 해당하는 군집은 그래프에서 왼쪽 상단에 있는 것인지 오른쪽 하단에 있는 것인지 적어보자.

2 다중분류 모델

다중분류(Multiple Classification)와 이진분류의 공통점은 여러 개 중에 한 가지를 선택한다는 것이다. 그리니, 2개 중에 1가지를 선택하기 위해선 1개의 출력 단자만 필요하지만 그 이상의 종류 중에 하나를 선택하려면 2개 이상의 출력단자가 필요하다는 차이점이 있다. 이번 절에서는 딥러닝 다중분류의 예로 기계학습에서 다루었던 붓꽃(아이리스) 토이셋(toy set)을 사용할 것이다. 앞에서와 마찬가지로 이 데이터를 스킷런 사이트에서 다운로드하여 다음과 같이 훈련 데이터와 테스트 데이터로 분류한다.

여기에서 `test_size`를 0.2로 설정한다면 테스트 데이터를 20%로 선택하고 나머지 80%를 훈련 데이터로 분류하라는 의미이며 순서는 무작위로 선택하게 된다. 따라서, 실행할 때마다 결과가 다르게 나올 것이며 토이 데이터셋이기 때문에 예측율의 편차도 클 것을 염두에 두자.

데이터 수집 및 분류

```
from sklearn import datasets
iris = datasets.load_iris()
X = iris.data
y = iris.target
from sklearn.model_selection import train_test_split
X_train, X_test, y_train, y_test = train_test_split(X, y,
                                                    test_size=0.2)
```

Quiz 16.7

위에서 준비한 훈련데이터의 샘플의 개수와 특성(features)의 개수(꽃잎과 꽃받침의 폭과 넓이)가 몇 가지인지를 조사하기 위한 아래의 명령문을 완성하시오.

명령문	print(X_train.__________)
결과	(120, 4)

Quiz 16.8

테스트 데이터에서 첫 번째 샘플의 특성들(꽃잎과 꽃받침의 폭과 넓이)의 값과 해당 라벨을 출력하는 아래의 명령어들을 완성하시오[※참고: 타깃에 해당하는 라벨은 아이리스꽃의 종류가 세토사(Setosa), 버시컬러(Versicolor), 버지니카(Virginica)의 3가지이고 출력이 0이므로 첫 번째 샘플은 세토사이다].

명령문	print(__________________) print(__________________)
결과	[4.7 3.2 1.3 0.2] 0

그런데, 기계학습에서는 이들 라벨 값들을 그대로 사용하면 되지만 딥러닝에서는 라벨 리스트를 텐서로 변환하든지 아니면 원-핫 인코딩(One-Hot Encoding)기법으로 변환해서 입력해야 한다. 여기에서는 원-핫 인코딩하는 방법을 사용해 보고자 한다. 케라스에서 지원해주는 원-핫 인코딩 함수 `to_categorical()`를 사용하여 아래와 같이 변환하면 된다.

원-핫 인코딩	from keras.utils.np_utils import to_categorical y_train = to_categorical(y_train) y_test = to_categorical(y_test)

원-핫 인코딩 방식으로 변환한 후 다시 첫 번째 값을 출력해보면 아래와 같이 변화되어 있는 모습을 볼 수 있다.

명령문	print(y_train[0])
결과	[1. 0. 0.]

다음은 아이리스꽃 데이터의 훈련을 위해 신경망의 구조를 설계하고자 한다. 앞서 설명한 이진분류와 달리 이 아이리스꽃은 3가지 종류 중 1가지를 예측하는 딥러닝 모델이기 때문에 다중 분류 모델이어야 한다. 즉 출력 단자가 3개이어야 하는 것이다.

이진분류의 예에서처럼 단일 레이어를 생성할 수도 있지만 이번에는 2개의 레이어로 구성된 딥러닝 모델을 만들어 보자. 그렇다면, 중간 레이어인 은닉 레이어가 없이 입력 레이어와 출력 레이어로만 구성된 구조가 될 것이며 방법과 순서는 이진분류의 예제와 흡사하여 `Dense()` 함수를 사용하여 2개 계층의 레이어를 작성하면 된다.

그림으로 나타내면 아래와 같이 4개의 특성(feature)을 입력으로 받고 라벨이 3개 중에 1개 이므로 각각에 대한 결과값을 출력한 후 1에 가까운 값이 정답에 해당하게 된다. 결과에 대한 내용은 훈련 후 테스트를 통해 다시 확인해보자.

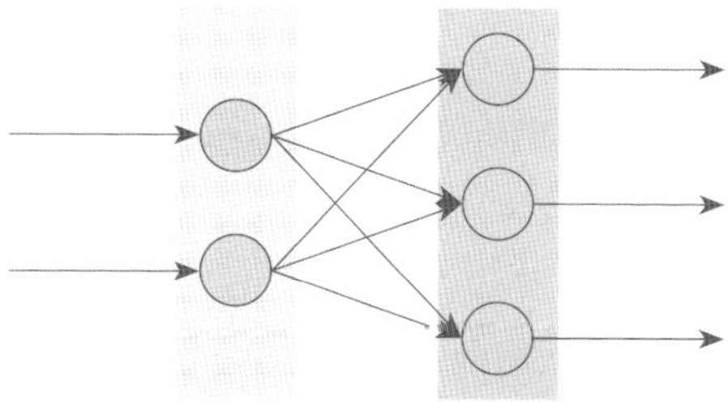

우선, 입력 레이어에서는 입력 특성(feature)이 4가지이므로 입력차원을 의미하는 `input_dim`을 4로 설정하면 된다. 그런데, 여기에서 `input_dim` 대신 입력형식을 지정하는 `input_shape`을 사용할 수 있다. 즉, `input_shape=(4, )`으로 대체 가능하며 여기에서 `(4, )`는 입력형식을 `(*, 4)` 형태의 배열로 설정하겠다는 의미이다. 즉, 샘플의 개수를 정하지 않고 각각의 샘플들은 4개의 특성을 지닌다는 의미이다. 이번 예제에서는 `input_dim`이 아닌 `input_shape`을 사용해보자.

그리고, 출력 레이어에서는 출력이 3개 이므로 출력 뉴런의 개수를 3으로 설정하고, 다중분류이므로 활성화함수는 이진분류 방식의 'sigmoid'가 아닌 'softmax'를 사용해야 한다는 것을 유의하자.

신경망 구조 생성	`from tensorflow.keras import models`
	`from tensorflow.keras import layers`
	`model = models.Sequential()`
	`model.add(layers.Dense(2, input_shape=(4, )))`
	`model.add(layers.Dense(3, activation='softmax'))`

이제 신경망의 구조가 설정되었으므로 아래의 명령문으로 파라미터의 수를 확인해보자.

신경망 구조 요약	`model.summary()`
결과	Model: "sequential" ____ Layer (type) Output Shape Param # === dense (Dense) (None, 2) 10 ____ dense_1 (Dense) (None, 3) 9 === Total params: 19 Trainable params: 19 Non-trainable params: 0 ____

이제는 레이어가 2개이기 때문에 파라미터의 수를 레이어 단위로 계산해야 한다. 그렇다면, 입력 계층부터 생각해보자.

(None, 2)라는 출력 형식에서 None은 입력 샘플 수가 정해지지 않았고 계속해서 입력을 받을 수 있다는 의미이며 2는 출력 단자의 개수가 2개라는 의미이다. 그리고 파라미터의 수는 아래와 같이 계산한다.

model.add(layers.Dense(2, input_dim=4))

(4개[입력의 개수] + 1개[가중치 개수]) * 2개[출력 개수] = 10개

[입력 계층의 파라미터 개수 계산]

다음은 마지막 출력 계층을 살펴보자. (None, 3)라는 출력형식에서 None은 입력 샘플수가 정해지지 않았고 3은 출력 단자의 개수가 3개라는 의미이다. 그리고 입력 개수는 따로 설정하지 않아도 자동적으로 이전 계층의 출력 개수로 설정된다고 하였고 여기에서는 2개이다.

model.add(layers.Dense(3, activation='softmax'))

(2개[입력의 개수] + 1개[가중치 개수]) * 3개[출력 개수] = 9개

[출력 계층의 파라미터 개수 계산]

결론적으로, 출력 결과에서와 같이 본 신경망에서 필요한 파라미터의 총 개수는 입력계층에서 10개와 출력 계층에서 9개를 더한 19개가 된다.

다음은 딥러닝 모델의 설정에서 중요한 2개의 함수를 `compile()` 메소드를 이용하여 설정한다. 즉, 최적화함수와 손실함수이다. 앞서 소개한 최적화함수 중에 어떤 것을 사용해도 무방하며 다만 어떤 방식이 본 데이터에 적합한지는 반복적인 훈련과 성능분석을 통해 찾아가야한다. 지금은 'rmsprop'를 사용해보자.

반면, 손실함수는 활성화함수와 마찬가지로 반드시 출력 결과에 일치하는 모델을 사용해야만 한다. 본 예제는 다중분류 모델을 사용하기 때문에 'categorical_crossentropy'를 사용해야 한다.

모델 컴파일	model.compile(optimizer='rmsprop', loss='categorical_crossentropy')

다음은 모델을 훈련할 차례이다. 앞의 예제와 마찬가지 방식이며 fit() 메소드를 활용하여 실행하면 된다.

훈련 설정 및 실행	history = model.fit(X_train, y_train, epochs=100)
결과	Train on 105 samples Epoch 1/100 105/105 [==============================] - 0s 4ms/sample - loss: 1.2509 - accuracy: 0.3524 (중략) Epoch 100/100 105/105 [==============================] - 0s 38us/sample - loss: 0.6952 - accuracy: 0.7619

아래의 평가에 의해 75%정도의 정확도로 확인이 되었다. 아이리스 데이터는 워낙 훈련 데이터의 양이 적기 때문에 실행 할 때마다 정확도의 편차가 심한 편이다. 즉, 무작위 순서의 데이터로 훈련하기 때문에 신경망의 성능이 좋을 수도 있고 나쁠 수도 있다.

성능평가	results = model.evaluate(X_test, y_test)
결과	45/45 [==============================] - 0s 2ms/sample - loss: 0.7199 - accuracy: 0.7556

다음은 테스트 데이터로 준비한 `X_test`를 이용하여 훈련한 신경망으로 예측하고 그 결과를 살펴보자. 우선, `X_test`의 첫 번째 데이터에 대한 결과를 예측하기 위해

아래의 명령문을 실행해 보면 에러가 발생할 것이다.

성능예측	prediction = model.predict(X_test[0]) print(prediction)
결과의 예	에러발생!

그 이유는, 신경망의 입력계층 생성에서 설명했듯이 입력이 (*, 4)형식의 배열이어야 하는데 X_test[0]는 4개의 원소로 이루어진 1차원 배열이라 신경망의 입력에 부합하지 못하기 때문이다. 따라서, 2차원 배열 형식이 될 수 있도록 아래와 같이 입력해야 한다.

명령문	print(X_test[:1]) prediction = model.predict(X_test[:1]) print(prediction)
결과의 예	[[5.1 3.3 1.7 0.5]] [[0.7275376 0.18827665 0.08418572]]

위의 결과를 살펴보면 prediction에 3개의 실수값들이 저장된 것을 볼 수 있다. 첫 번째 값은 3개 중에 가장 1에 가깝고 나머지 2개값들은 0에 가깝다. 첫 번째가 72.7%의 확률로 정답으로 간주하면 된다. 결론적으로 꽃잎과 꽃받침의 길이와 폭이 각각 5.1, 3.3, 1.7, 0.5일 때, 꽃의 종류는 세토사(0), 버시컬러(1), 버지니카(2) 중 세토사라는 예측결과임을 볼 수 있다.

참고로, 스킷런 사이트에서 데이터를 가지고 올 때마다 무작위의 순서로 훈련 데이터와 테스트 데이터를 나누기 때문에 실행할 때마다 결과가 달라지겠지만, 그렇지 않고 바로 위의 명령문만 반복적으로 실행한다면 당연히 똑같은 결과를 보게 될 것이다. 왜냐하면 이미 훈련을 마친 신경망에 똑같은 입력 데이터를 입력하기 때문이다.

Quiz 16.9

다음의 데이터를 신경망에 입력하여 결과를 예측하기 위해 아래의 명령문을 완성하시오.

<table>
<tr><td rowspan="2">입력 데이터</td><td colspan="2">꽃잎</td><td colspan="2">꽃받침</td></tr>
<tr><td>7.2</td><td>3.6</td><td>6.1</td><td>2.5</td></tr>
<tr><td>명령문</td><td colspan="4">my_test = ______________________

prediction = model.predict(______________)
print(prediction)</td></tr>
</table>

Quiz 16.10

y_test의 첫 5개의 샘플 데이터를 출력하였다. 그 각각의 의미를 설명하시오.

(매번 실행결과는 다를 수 있음.)

명령문	print(y_test[:5])
결과	[[0. 1. 0.] [0. 1. 0.] [0. 1. 0.] [0. 1. 0.] [0. 0. 1.]]
의미	

Quiz 16.11

출력결과와 같이 출력이 될 수 있도록 밑줄 그은 부분의 코드를 완성하시오. 첫 번째 열은 결과라벨을 출력한 것이며, 두 번째 열은 예측한 결과를 출력한 것이다(단, 둘 다 모두 3개의 값들 중 최대 인덱스값을 출력해야 하기 때문에 numpy에서 제공하는 argmax() 함수를 사용하도록 하자).

명령문	prediction = model.predict(______________) import numpy as np print('[결과라벨] [예측라벨]') for i in range(5): print(' ', np.argmax(______________), end=' : ') print(np.argmax(______________))
출력의 예	[결과라벨] [예측라벨] 0 : 0 1 : 2 0 : 0 0 : 0 2 : 2

3 회귀 모델

회귀(Regression) 모델은 분류모델과 달리 다수 중에 선택하는 것이 아니라 특정한 값을 예측하는 모델이다. 본 예제는 다양한 종류의 자동차 특성을 입력하면 자동차의 연비를 예측하는 모델을 만들고자 한다. 추가적으로, 이번 예제에서 새롭게 시도하는 두 가지 내용이 있는데 첫 번째는 신경망 모델의 구조에서 은닉 레이어를 추가하는 것이고, 또 다른 하나는 딥러닝의 입력으로 판다스 형식의 데이터를 입력하는 것이다.

데이터 수집	`import pandas as pd`
	`column_names = ['연비', '기통수', '배기량', '마력', '중량', '가속력', '연식', '제조국가']`
	`dataset = pd.read_csv('automobile.csv', names=column_names, comment='\t', sep=" ", skipinitialspace=True)`
	`dataset.head(3)`

결과	(아래 표)

	연비	기통수	배기량	마력	중량	가속력	연식	제조국가
0	18.0	8.0	307.0	130.0	3504.0	12.0	70.0	1.0
1	15.0	8.0	350.0	165.0	3693.0	11.5	70.0	1.0
2	18.0	8.0	318.0	150.0	3436.0	11.0	70.0	1.0

판다스의 read_csv() 메소드의 옵션은 다음과 같다. 'sep'은 구분자를 의미하며 sep=" "은 공란을 구분자로 사용하겠다는 의미이다. commnet='\t'는 탭문자 이후의 내용을 파싱하지 말라는 의미이다.

표 16.1 판다스의 read_csv() 메소드의 옵션

파라미터	설 명
sep=" "	구분자
comment	지정 문자 이후 파싱금지
skipinitialspace	구분자 다음의 공란을 생략하지 않으면 NaN으로 읽혀짐

혹시 준비한 dataset에 'nan' 데이터가 존재하는지 조사하여 있다면 제거해야 신경망의 성능을 향상시킬 수 있다. 이를 조사하기 위해 칼럼별로 'nan' 데이터의 개수의 합을 출력하는 명령문을 작성해보자.

명령문	`dataset.isnull().sum()`
결과	연비 8 기통수 0 배기량 0 마력 6 중량 0 가속력 0 연식 0

	제조국가 0 dtype: int64

다른 칼럼들은 없으나 연비와 마력 칼럼에서 nan이 각각 8개와 6개를 찾았다. 참고로 `isnull()` 대신 `isna()` 함수를 사용해도 무방하다. 자, 그렇다면 'nan' 데이터를 삭제하기 위해 앞에서 이미 학습한 dropna()를 아래와 같이 실행해보자.

명령문	`dataset = dataset.dropna()`

Quiz 16.12

다음은 '제조국가'를 pandas의 `replace()` 함수를 이용하여 데이터를 다음과 같이 수정하고자 한다. 밑줄 친 부분의 코드를 완성하시오('제조국가'의 값으로 저장된 1.0, 2.0, 3.0의 값들은 각각 '미국', '유럽', '일본'을 의미함).

명령문

```
code = [1, 2, 3]
nations = ['미국', '유럽', '일본']
dataset['제조국가'].replace( ________ , ________ , inplace=True)
dataset.iloc[17:20]
```

결과

	연비	기통수	배기량	마력	중량	가속력	연식	제조국가
23	21.0	6.0	200.0	85.0	2587.0	16.0	70.0	미국
24	27.0	4.0	97.0	88.0	2130.0	14.5	70.0	일본
25	26.0	4.0	97.0	46.0	1835.0	20.5	70.0	유럽

Quiz 16.13

이번에는 앞의 퀴즈에서 대체한 국가명을 원-핫 인코딩 방식으로 변환하여 dataset에 새로운 칼럼으로 추가하는 아래의 코드를 완성하시오(원-핫 인코딩 기능은 판다스의 `get_dummies()` 메소드에서 지원).

명령문

```
dataset = pd.concat([dataset, pd.get_dummies(_,
dtype=float)], axis=1, sort=False)
dataset.iloc[17:20]
```

결과

	연비	기통수	배기량	마력	중량	가속력	연식	제조국가	미국	유럽	일본
23	21.0	6.0	200.0	85.0	2587.0	16.0	70.0	미국	1.0	0.0	0.0
24	27.0	4.0	97.0	88.0	2130.0	14.5	70.0	일본	0.0	0.0	1.0
25	26.0	4.0	97.0	46.0	1835.0	20.5	70.0	유럽	0.0	1.0	0.0

상단의 퀴즈를 통해 '제조국가'의 내용을 원-핫 인코딩으로 추가했기 때문에 '제조국가' 칼럼을 삭제해보자. 여러분들이 퀴즈를 통해 원-핫 인코딩하지 않아도 딥러닝 모델에 크게 영향을 미치지 않으므로 퀴즈를 수행하지 않고 계속 진행해도 된다. 따라서, 원-핫 인코딩의 여부를 떠나서 '제조국가' 칼럼을 다음과 같이 삭제하자.

명령문	`dataset.pop('제조국가')` `dataset.head(3)`

결과:

	연비	기통수	배기량	마력	중량	가속력	연식	미국	유럽	일본
0	18.0	8.0	307.0	130.0	3504.0	12.0	70.0	1.0	0.0	0.0
1	15.0	8.0	350.0	165.0	3693.0	11.5	70.0	1.0	0.0	0.0
2	18.0	8.0	318.0	150.0	3436.0	11.0	70.0	1.0	0.0	0.0

자, 이제는 딥러닝의 훈련을 위해 전체 데이터 중 일부를 훈련 데이터로 분리해보자. 그렇다면, 현재 준비한 데이터의 총 샘플의 수를 조사해야 한다. 현재까지 준비한 데이터의 형식은 무엇인가? 바로, 판다스의 데이터프레임 형식이다. 판다스의 데이터프레임의 행의 개수가 곧 신경망의 데이터로 입력되는 샘플의 수이다.

명령문	`len(dataset.index)`
결과	392

행의 수가 총 392라는 것을 알아내었다. 이중에서 훈련 데이터로 350개의 샘플을 추출해 내는 명령문을 작성해보자.

명령문	`train_data = dataset.sample(350)` `len(train_data.index)`
결과	350

다음은 나머지를 테스트 데이터로 만들어 보자. 아래를 실행하면 생성한 `test_data`가 모두 42개 샘플로 구성된 것을 알 수 있다.

명령문	`test_data = dataset.drop(train_data.index)` `len(test_data.index)`
결과	42

다음은 라벨에 해당하는 데이터를 준비해보자. 앞에서 언급했듯이 본 예제는 다양한 종류의 자동차 특성을 입력하면 자동차의 연비를 예측하는 모델이기 때문에 연비가 라벨에 해당한다. 따라서, 아래와 같이 `train_data`와 `test_data`의 '연비' 칼럼만 `y_train`과 `y_test`로 저장하자.

명령문

```
y_train = train_data['연비']
y_test = test_data['연비']
y_test.head(3)
```

결과의 예

```
31   10.0
60   31.0
63   26.0
Name: 연비, dtype: float64
```

'연비'는 목표값(라벨)이기 때문에 속성값에 해당하는 `train_data`와 `test_data`에서 제외시켜야 한다. 아래와 같이 해당 속성(칼럼)을 삭제하면 된다.

명령문

```
train_data.pop('연비')
test_data.pop('연비')
train_data[:3]
```

결과의 예

	기통수	배기량	마력	중량	가속력	연식	미국	유럽	일본
381	4.0	140.0	82.0	2865.0	10.4	82.0	1.0	0.0	0.0
165	8.0	318.0	150.0	4498.0	14.5	75.0	1.0	0.0	0.0
105	6.0	250.0	100.0	3278.0	18.0	73.0	1.0	0.0	0.0

자, 이제는 딥러닝의 신경망 모델을 만들 준비가 완료되었다. 이번에는 입력 레이어와 출력 레이어뿐만 아니라 중간 계층인 은닉 레이어를 추가해보자. 먼저, 입력 레이어는 특성(feature)의 개수를 `input_dim`에 입력하는데 이것은 `len(train_data.keys()))`로 구할 수 있으며 현재는 10개의 칼럼이다.

다음, 활성화함수는 'relu'로 설정한다. 'relu' 방식은 음수의 값은 0을 반환하고, 양수는 그 값을 그대로 반환하는 방식이다. 중간 계층인 은닉 레이어에서는 입력을 따로 정의해 줄 필요 없이 이전 레이어의 출력 뉴런의 값을 참조하여 자동으로 설정됨으로 은닉 레이어에서의 출력 뉴런의 수만 맞춰 주면 된다. 끝으로 출력 레이어는 예측값에 해당하는 1개의 값만 필요하므로 출력 뉴런의 수는 1이 된다.

신경망 구조 생성

```
from tensorflow.keras import models
from tensorflow.keras import layers
model = models.Sequential()
model.add(layers.Dense(32, activation='relu',
                              input_dim=len(train_data.keys())))
model.add(layers.Dense(64, activation='relu'))
model.add(layers.Dense(1))
```

Quiz 16.14

위의 신경망의 구조에서 필요한 파라미터의 개수를 계산하시오. 아래의 계산식에서 밑줄 친 부분을 채워 넣으시오.

신경망 파라미터 개수 계산	입력계층	(___개[입력개수]+___개[가중치개수]) * ___개[출력개수]	___개
	은닉계층	(___개[입력개수]+___개[가중치개수]) * ___개[출력개수]	___개
	출력계층	(___개[입력개수]+___개[가중치개수]) * ___개[출력개수]	___개
	신경망에 필요한 총 파라미터의 개수		___개

다음은 `model.summary()`를 이용하여 퀴즈의 결과와 비교해보자.

신경망 구조 요약	`model.summary()`
결과	(아래 출력)

```
Model: "sequential"
_________________________________________________________________
Layer (type)                 Output Shape              Param #
=================================================================
dense (Dense)                (None, 32)                320
_________________________________________________________________
dense_1 (Dense)              (None, 64)                2112
_________________________________________________________________
dense_2 (Dense)              (None, 1)                 65
=================================================================
Total params: 2,497
Trainable params: 2,497
Non-trainable params: 0
_________________________________________________________________
```

다음은 모델 컴파일을 설정하는 부분이다. 앞의 분류 문제에서는 'metrics'를 'accuracy'로 설정했지만 여기에서는 mae(Mean Absoulte Error)를 설정하여 평균 에러 값을 구할 수 있도록 해보자. 이후에 훈련된 신경망에서 예측한 값의 오차를 'mae' 값을 이용하여 가늠할 수 있다.

모델 컴파일	`model.compile(optimizer='rmsprop', loss='mse', metrics=['mae'])`

`fit()` 함수에서 '`validation_split`'을 0.2로 설정한다는 것은, 검증데이터로 20%를 추출하고 나머지를 train 데이터로 사용하겠다는 의미이다. 이것은 물론, `train_data`와 `y_train` 모두에 적용된다.

훈련 설정 및 실행	history = model.fit(train_data,
	                     y_train, validation_split=0.2,
	                     epochs=200)

이번 실행의 결과로 loss는 mse값으로 23.16이며 mae값이 3.58를 출력했다.

성능 평가	mse, mae = model.evaluate(train_data, y_train)
결과	350/350 [==============================] - 0s 26us/sample - loss: 23.1606 - mae: 3.5810

테스트 데이터의 첫 번째 샘플의 결과를 예측해보자. 우선 샘플의 내용은 다음과 같다. 자료를 만들 때마다 샘플을 무작위(random)로 추출하기 때문에 결과는 매번 다르게 출력될 수 있다.

명령문	test_data[:1]

결과의 예

	기통수	배기량	마력	중량	가속력	연식	미국	유럽	일본
28	4.0	104.0	95.0	2375.0	17.5	70.0	0.0	1.0	0.0

결국, 예측 연비는 21.83MPG(마일/갤런)이며 '평균 에러값'이 3.58로 측정되었다.

명령문	prediction = model.predict(test_data[:1]) print('예측: ', prediction) print('MAE: ', mae)
결과	예측: [[21.83738]] MAE: 3.580956

16.3 딥러닝 모델의 성능

본 장에서는 딥러닝 신경망의 성능향상을 위해 필요한 성능분석 방법과 성능향상 기법들을 소개한다. 이미 앞에서 공부한 예제들을 대상으로 성능분석과 기법들을 적용하고자 한다.

신경망의 성능을 향상시키기 위해서는 모델의 성능을 평가함으로써 가능하다. 이를 위해 유효성 데이터(Validation data)를 따로 준비하여 정확도와 손실률을 측정한다. 아래의 1번 항목의 기능들을 선택적으로 적용 후 유효성 데이터를 통한 모델 성능을 평가한 후 그 결과를 반영하여 최적의 성능을 얻을 때까지 이러한 과정을 반복한다.

1. 성능향상 방법
    1) 신경망의 구조를 강화/축소(복수개의 노드나 레이어의 사용)
    2) 최적의 함수 적용(활성화 함수, 손실함수, 최적화함수)
    3) 학습 반복횟수 조절(epochs)
2. 유효성 데이터를 활용한 모델의 성능평가
3. 최적의 결과를 얻을 때까지 1, 2과정을 반복

모델 성능평가의 핵심은 과대적합(Overfitting)이나 과소적합(Underfitting)이 발생 시 이를 방지할 수 있도록 신경망을 개선해 나가는 것이다. 즉, 과대 적합인 경우에는 심층 신경망을 간소화하거나 학습 횟수를 줄이는 방법이 있으며 과소적합인 경우는 반대로 조절하면 된다.

설계한 신경망의 과대적합과 과소적합을 분석하기 위해서는 유효성 데이터를 이용하여 정확도와 손실률의 그래프를 평가해야 하는데 내용은 다음과 같다.

아래 그래프의 예를 참고하여 살펴보자. 훈련 데이터의 정확도가 유효성 데이터보다 값이 훨씬 크면 과대적합이라고 한다. 또한, 훈련 데이터의 손실률이 유효성보다 훨씬 작으면 역시 과대적합 상태이다. 그리고 과소적합은 그 반대의 원리로 그래프가 그려진다.

	과대적합(Overfitting)	과소적합(Underfitting)
정확도	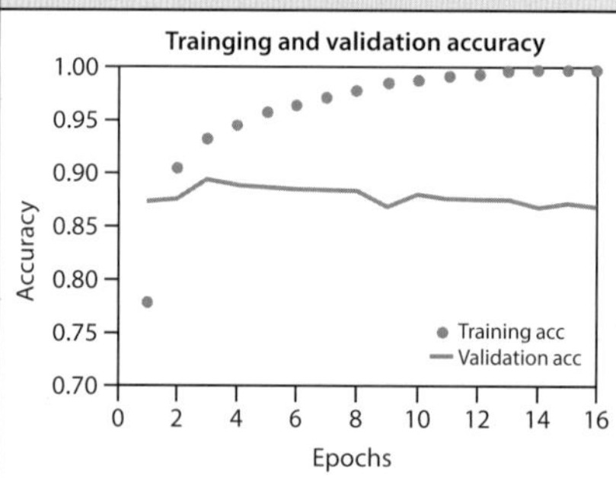	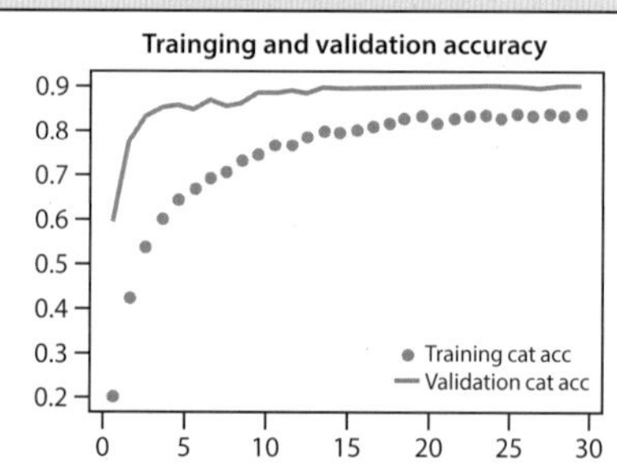
손실률	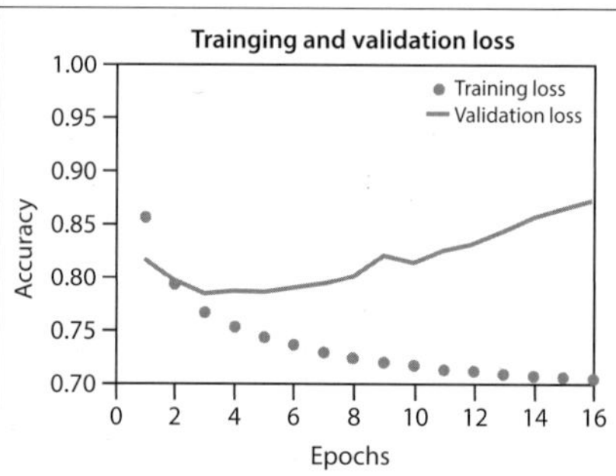	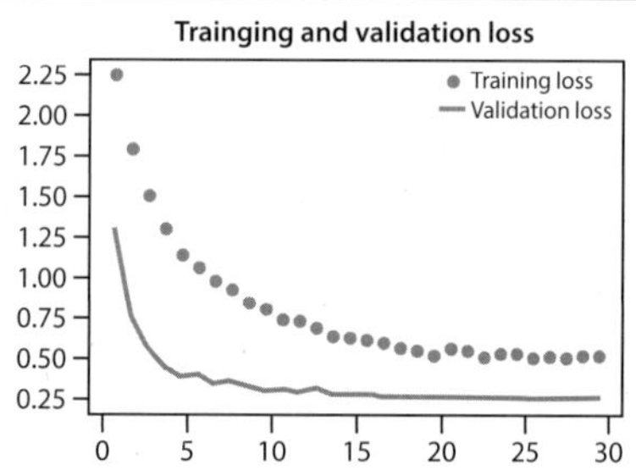

이 시점에서 여러분들이 유효성 데이터에 대해 반드시 혼돈하지 말아야 할 중요한 내용이 있다. 대부분의 초심자들이 이것을 이해하지 못해 어려워하는 경우가 있는데 그것은 바로 훈련 데이터와 유효성 데이터의 차이를 이해하는 것이다. 훈련 데이터와 유효성 데이터는 둘 다 반복적(epochs의 수만큼)으로 수행되는데, 훈련 데이터는 매번 망의 성능에 영향을 미치지만 유효성 데이터는 망의 성능에는 전혀 영향을 주지 않고 오로지 망을 평가하는 데만 사용된다는 것이다. 결론적으로, 훈련 데이터를 반복적으로 학습시키면 대부분의 경우 망의 성능이 당연히 좋아 보이게 되며 이것이 바로 과대적합을 일으키게 된다. 따라서, 유효성 데이터와 훈련 데이터의 상관관계를 파악하여 신경망을 객관적으로 평가함으로써 과대적합과 과소적합이 발생하지 않도록 유도해야 한다.

1 유효성 데이터로 그래프 그리기

앞서 배운 이진분류 예제를 이용하여 유효성 데이터로 그래프를 그려보자.

<table>
<tr><td>데이터
생성과
도식화</td><td>

```
import matplotlib.pyplot as plt
from sklearn.datasets import make_blobs
data, labels = make_blobs(n_samples=10000, n_features=2,
                          centers=2, random_state=0)
plt.scatter(data[:,0], data[:,1], c=labels)
plt.show()
```

</td></tr>
<tr><td>출력</td><td>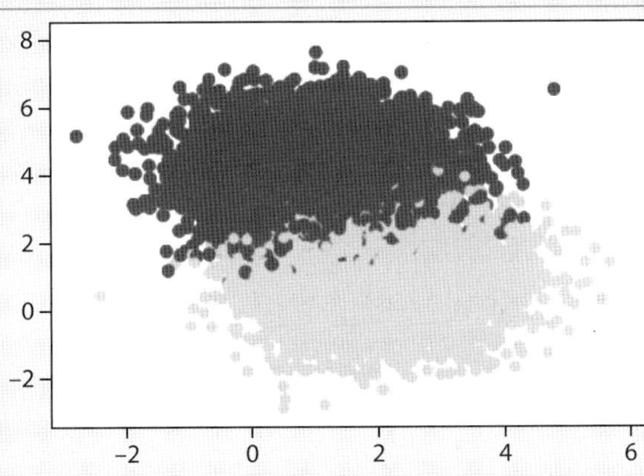
</td></tr>
</table>

다음은 데이터를 분할하는 부분인데 앞서 설명한 대로 성능을 평가하기 위해서는 유효성 데이터를 따로 마련해 두어야 한다. 따라서, 아래와 같이 train 데이터의 일부를 X_val과 y_val로 준비한다.

데이터 분할

```
from sklearn.model_selection import train_test_split
X_train, X_test, y_train, y_test = train_test_split(data,
                                            labels, test_size=0.2)
```

```
X_val = X_train[:1000]
X_train = X_train[1000:]
y_val = y_train[:1000]
y_train = y_train[1000:]
```

우선 신경망의 구조는 아래와 같이 앞에서 공부한 그대로를 사용해보자.

신경망의 구조 생성

```
from keras import models
from keras import layers
model = models.Sequential()
model.add(layers.Dense(1, input_dim=2, activation='sigmoid'))
```

신경망 구조 요약

```
model.summary()
```

결과

```
Model: "sequential"
_________________________________________________________________
Layer (type)                 Output Shape              Param #
=================================================================
dense (Dense)                (None, 1)                 3
=================================================================
Total params: 3
Trainable params: 3
Non-trainable params: 0
_________________________________________________________________
```

다음은 최적화함수와 손실함수를 설정하는 부분인데 이것 또한 앞서 공부한 그대로를 사용해보자. 그런데, 우리들은 이미 앞에서 신경망의 평가를 위해 정확도에 해당하는 'accuracy'를 사용한 적이 있다. 이번에는 유효성 데이터를 활용하여 그래프를 그려보고자 한다.

모델 컴파일

```
model.compile(optimizer='SGD', loss='binary_crossentropy',
metrics=['accuracy'])
```

유효성 데이터를 적용하기 위해서는 아래와 같이 `fit()` 함수에 `validation_data=(X_val, y_val)`형식으로 유효성 데이터를 입력해 주어야 한다. 특히, 'epochs'를 10으로 설정해 주었는데 훈련 데이터와 유효성 데이터를 각각 10회씩 실행한다는 의미를 가지며 이후에 이들 데이터의 결과를 그래프로 나타낼 것이다. 이를 위해 그 결과를 'history'라는 변수에 저장해 두자.

훈련 설정 및 실행	history = model.fit(X_train, y_train, epochs=10, batch_size=100, validation_data=(X_val, y_val))
출력	Train on 7000 samples, validate on 1000 samples Epoch 1/10 7000/7000 [==============================] - 0s 33us/step - loss: 1.0602 - acc: 0.5704 - val_loss: 0.5209 - val_acc: 0.8960 Epoch 2/10 7000/7000 [==============================] - 0s 8us/step - loss: 0.4425 - acc: 0.8819 - val_loss: 0.3857 - val_acc: 0.9130 (이후 생략)

이번에 결과에서 손실률은 22%, 정확도는 92.3% 정도가 나왔다.

성능평가	result = model.evaluate(X_test, y_test) result
출력	2000/2000 [==============================] - 0s 10us/step [0.22937928986549377, 0.9235000014305115]

마침내 유효성 데이터로 얻어진 결과를 그래프로 그려보자. 먼저, 손실 그래프를 아래와 같이 코딩하여 출력해 보면, 점으로 출력한 것이 훈련 데이터의 손실이고, 실선이 유효성 데이터의 손실을 나타낸다. 이들 두 개의 그래프가 비슷한 양상을 보이며 10회(epochs)의 실행을 거듭할수록 손실이 줄어들다가 일정한 값으로 수렴하는 것을 볼 수 있다. 본 예제에서는 초기에 수렴함으로써 일찍이 좋은 결과를 얻었다고 평가할 수 있다.

손실 그래프	import matplotlib.pyplot as plt history_dict = history.history loss = history_dict['loss'] val_loss = history_dict['val_loss'] epochs = range(1, len(loss)+1) plt.plot(epochs, loss, 'bo', label='Training loss') plt.plot(epochs, val_loss, 'b', label='validation loss') plt.title('Training and validation loss') plt.axis([0, 12, 0.0, 6.0]) plt.xlabel('Epochs') plt.ylabel('Loss') plt.legend() plt.show()

출력

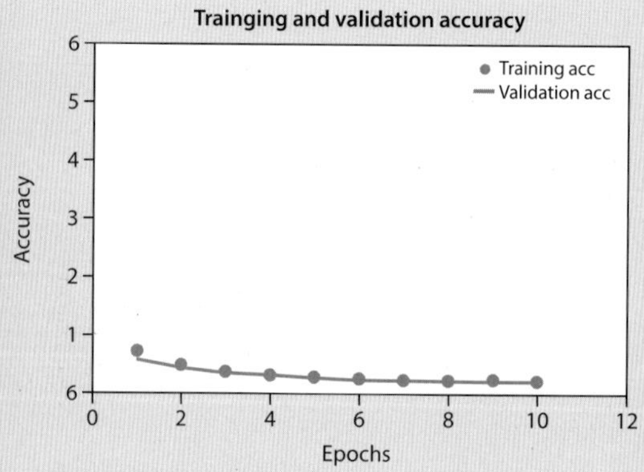

다음은 정확도를 그래프로 나타내어 보자. 출력된 그래프를 살펴보면, 정확도도 손실률과 마찬가지로 3, 4번째 epoch때 이미 90%를 넘는 정확도를 보이기 시작해서 이후에는 수렴하는 결과를 보인다.

정확도 그래프

```
plt.clf()
acc = history_dict['acc']
val_acc = history_dict['val_acc']
plt.plot(epochs, acc, 'bo', label='Training acc')
plt.plot(epochs, val_acc, 'b', label='Validation acc')
plt.title('Trainging and validation accuracy')
plt.xlabel('Epochs')
plt.ylabel('Accuracy')
plt.axis([0, 12, 0.7, 1.1])
plt.legend()
plt.show()
```

출력

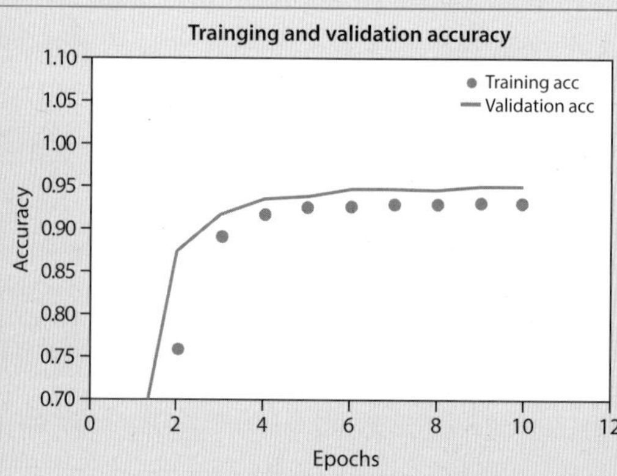

훈련 데이터와 유효성 데이터 각각의 손실률 및 정확도는 크게 차이가 없어 보이므로 과대적합이나 과소적합현상 없는 것으로 판단한다. 따라서, 본 신경망은 주어진 데이터를 충분히 처리할 수 있기 때문에 추가적인 수정이 필요 없는 것으로 결론을 내릴 수 있다.

2 심층 신경망 구조 만들기

심층 신경망(Deep Neural Network) 구조라 함은 신경망을 구성하고 있는 레이어의 개수가 많다는 의미이며 또한 각각의 레이어에서 사용하는 뉴런의 개수 또한 영향을 미친다. 앞서 배운 다중분류 예제를 이용하여 심층구조를 만들어 보고 성능을 그래프로 평가해보자.

데이터 생성	`from sklearn import datasets`
	`iris = datasets.load_iris()`
	`X = iris.data`
	`y = iris.target`
	`from sklearn.model_selection import train_test_split`
	`X_train, X_test, y_train, y_test = train_test_split(X, y, test_size=0.2)`

유효성 데이터를 생성하기 위해서 앞의 예제에서처럼 따로 데이터를 만들어도 되지만 훈련시 `fit()` 메소드에 간단한 옵션을 사용하여 좀 더 편하게 생성할 수 있으므로 이번에는 이 작업을 이후에 처리하도록 한다.

원-핫 인코딩	`from keras.utils.np_utils import to_categorical`
	`y_train = to_categorical(y_train)`
	`y_test = to_categorical(y_test)`

이번 예제에서는 첫 번째 아이리스 예제와 동일한 [얕은 신경망]과 좀 더 많은 레이어로 구성된 [심층 신경망]을 구성하여 그래프로 비교해 보고자 한다. 아래의 [심층 신경망]를 보면 입력 레이어와 출력 레이어 사이에 2개의 은닉 레이어를 삽입하였다.

Keras에서는 입력 레이어를 제외하고는 모든 레이어들의 입력 뉴런의 개수는 자동으로 설정되어진다. 아래의 예를 보면, 입력 레이어의 출력 뉴런의 개수가 2로 설정되어 있기 때문에 첫 번째 은닉 레이어에서는 입력단자의 개수를 따로 표기해 주지 않아도 된다. 다만, 모든 레이어들의 출력 단자들의 개수는 지정해 주어야 한다. 은닉층에서 사용하는 일반적인 활성화함수는 'relu'이다. 'relu'의 특성은 양수는 양수로 반환하지만 음수는 0으로 반환하는 특성을 가지고 있다.

	`from tensorflow.keras import models`
	`from tensorflow.keras import layers`
	`model = models.Sequential()`

얕은 신경망	`model.add(layers.Dense(2, input_shape=(4, )))` `model.add(layers.Dense(3, activation='softmax'))`

심층 신경망	`model.add(layers.Dense(2, input_shape=(4, ))) #input_dim=4`
	`model.add(layers.Dense(16, activation='relu'))`
	`model.add(layers.Dense(32, activation='relu'))`
	`model.add(layers.Dense(3, activation='softmax'))`

정확도를 알아보기 위해 컴파일 시 metrics=['accuracy']를 설정한다.

모델 컴파일	`model.compile(optimizer='rmsprop',` `loss='categorical_crossentropy', metrics=['accuracy'])`

자, 이제 실행하는 단계에서 유효성 데이터를 만들어보자. 앞에서 별도로 유효성 데이터를 준비하지 않고 여기에서 간단히 만들 수 있다. 바로, 'validation_split=0.2'를 옵션으로 추가하면 훈련 데이터의 20%를 유효성 데이터로 분리해서 사용하라는 의미이다. 즉, X_train과 y_train 데이터의 각각을 20%씩 분리하여 유효성 데이터를 준비한다.

훈련 설정 및 실행	`history = model.fit(X_train, y_train, validation_split=0.2,` `epochs=100)`

출력	`Train on 96 samples, validate on 24 samples`
	`Epoch 1/100`
	`96/96 [==============================] - 1s 6ms/sample - loss: 3.0544 - accuracy: 0.3438 - val_loss: 2.7820 - val_accuracy: 0.3333`
	`Epoch 2/100`
	`96/96 [==============================] - 0s 135us/sample - loss: 2.9134 - accuracy: 0.3438 - val_loss: 2.6791 - val_accuracy: 0.3333`

다음은 [얕은 신경망]과 [심층 신경망]의 결과를 비교하는 표를 작성하였다. 반복횟수(epochs)는 100으로 훈련한 것이며 정확도와 손실률 그래프와 함께 성능을 비교 평가한 결과표이다.

먼저 정확도 그래프를 살펴보면 [얕은 신경망]에서는 epochs가 20~40번 반복했을 때 정확도가 다소 상승하였다. 그리고 전체 구간에서 대부분 유효성 데이터의 정확도가 훈련 데이터보다 성능이 떨어지는 것을 볼 수 있다. 훈련데이터가 0.8(80%)에 육박하는 것은 같은 데이터로 반복적으로 훈련하는 것이기에 다소 향상되어 보이지만 유효성 데이터는 앞서 설명한 대로 매번 망의 성능에 관여하지 않고 유효성만을 검증하는 것이다. 따라서, 실제 망의 성능은 80%가 아니라 0.6(60%)정도에 그치는 것이다.

반면에 심층 신경망을 구현한 [심층 신경망]의 정확도를 살펴보면 epochs가 40이 되기 전까지는 급격히 증가하다가 이후에는 100%에 근접하는 정확도를 보인다.

손실률은 작을수록 잘 훈련된 신경망이므로 손실률에서도 이들 2개의 신경망은 성능에서 유사한 결과를 보이는 것을 확인할 수 있다. 마지막으로 각각의 손실률은 77%와 15%, 정확도는 43%와 96%를 보인다.

<table>
<tr><th></th><th>[얕은 신경망]</th><th>[심층 신경망]</th></tr>
<tr><td>정확도
그래프</td><td>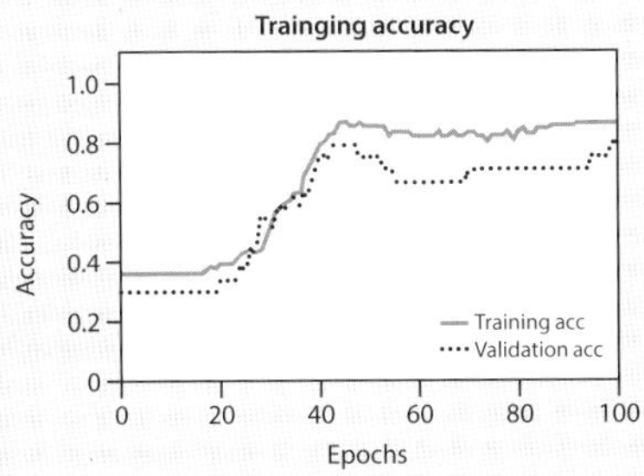
</td><td>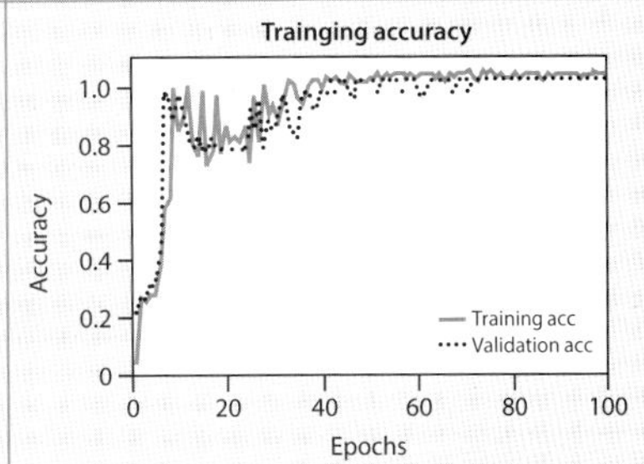
</td></tr>
<tr><td>손실률
그래프</td><td>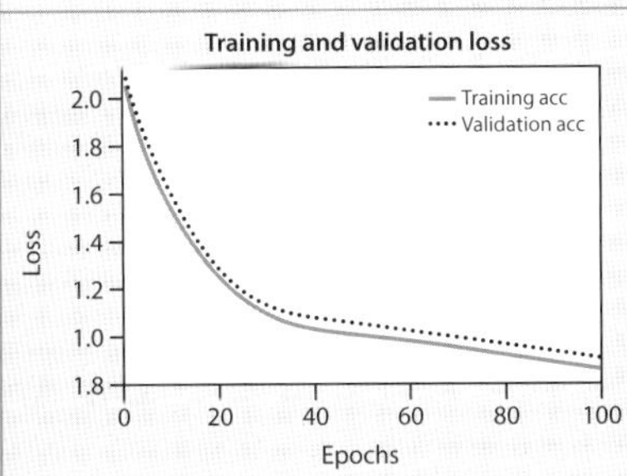
</td><td>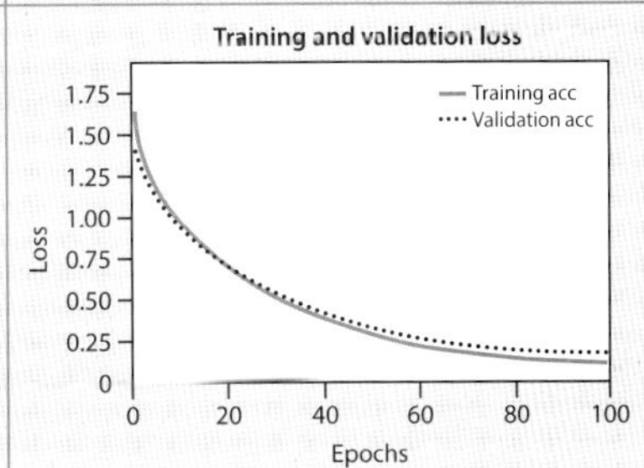
</td></tr>
<tr><td>평가결과</td><td>손실률: 0.7700
정확도: 0.4333</td><td>손실률: 0.1550
정확도: 0.9667</td></tr>
</table>

3 학습의 조기종료와 Dropout 기능

딥러닝에서 과대적합을 방지하는 방법으로 학습의 조기종료나 Dropout기능을 사용할 수 있다. 학습의 조기종료의 방식은 다음과 같다. 훈련의 반복횟수(epochs)를 크게 잡아놓고 훈련을 시키더라도 적정수준의 성능이 감지되면 훈련을 멈추는 방식이다. 따라서, 과대적합이 발생하기 전에 훈련을 마치게 된다.

드롭아웃(Dropout)방식은 과대적합이 발생하기 쉬운 심층 신경망구조에서 이를 방지할 수 있는 정규화 기법의 하나이다. 작동방식은 레이어의 사이마다 드롭아웃을 실행하면 훈련이 반복되는 과정 중에 무작위로 해당 레이어의 뉴런을 삭제하여 이를 가능하게 한다.

이를 실험하기 위해서 '아이리스' 예제를 계속 활용해보자. 앞의 코드와 동일하며 신경망을 구성하는 부분만 수정하여 전체를 다시 훈련하고 결과를 그래프로 살펴보자.

학습의 조기종료

케라스에서는 학습의 조기종료를 위해 `EarlyStopping()`이라는 콜백(callback) 함수를 사용한다. 케라스에서 지원해 주는 콜백함수는 특정 조건이 되면 자동으로 실행되는 함수를 의미한다. 이것은 구성한 모델을 훈련하는 `fit()` 함수에서 설정하는 것이므로 이 전까지의 코드는 앞의 예제와 동일하게 작성하면 된다. 신경망의 구성은 앞장에서 사용한 '얕은 신경망'을 사용한다.

신경망 구조 생성	from tensorflow.keras import models from tensorflow.keras import layers model = models.Sequential()
	model.add(layers.Dense(2, input_shape=(4,))) model.add(layers.Dense(3, activation='softmax'))

컴파일도 아래와 같이 동일하게 작성하자.

모델 컴파일	model.compile(optimizer='rmsprop', loss='categorical_crossentropy', metrics=['accuracy'])

훈련을 위해 먼저 `fit()` 함수를 사용하기 전에 `EarlyStopping()` 함수를 설정하고 `fit()` 함수에 아래와 같이 callbacks 항목을 추가해야 한다. 그리고 epochs의 수는 훈련하는 모델에 충분한 숫자를 입력한다.

`EarlyStopping()` 함수는 다양한 파라미터들을 제공하고 있다. 예를 들면, 무엇을 모니터링할 것인지를 'monitor'로 설정이 가능하다. 가령, `monitor='val_loss'`라고 설정하면 유효성 데이터의 손실률을 모니터링하여 더 이상 개선되지 않으면 훈련을 멈추는 방식이다. 여기에서는 patience를 2로만 설정하여 훈련을 수행하면 훈련의 횟수가 1000번이 아닌 257회에서 멈춘 것을 확인할 수 있다.

조기종료 설정	from tensorflow.keras.callbacks import EarlyStopping early_stopping = EarlyStopping(patience=2)
	history = model.fit(X_train, y_train, validation_split=0.2, epochs=1000, callbacks=[early_stopping])
결과	(상단 생략) Epoch 256/1000 96/96 [==============================] - 0s 94us/sample - loss: 0.3336 - accuracy: 0.9792 - val_loss: 0.3687 - val_accuracy: 0.9583 Epoch 257/1000 96/96 [==============================] - 0s 83us/sample - loss: 0.3316 - accuracy: 0.9792 - val_loss: 0.3687 - val_accuracy: 0.9583

다음은 정확도와 손실률의 그래프를 각각 그려보자. 이번에는 epochs를 1000으로 설정했기에 x축의 범위를 1000으로 수정하자. 아래의 그래프를 살펴보면, 정확도는 단계적으로 상승하다가 반복횟수 300전에서 멈춘 것을 확인할 수 있다.

명령문

```
import matplotlib.pyplot as plt
history_dict = history.history
plt.clf()
acc = history_dict['accuracy']
epoch_range = range(1, len(acc)+1)
plt.plot(epoch_range, acc, 'b', label='Training acc')
plt.plot(epoch_range, history_dict['val_accuracy'], 'r:',
label='Validation acc')
plt.axis([0, 1000, 0.0, 1.1])
plt.title('Trainging accuracy')
plt.xlabel('Epochs')
plt.ylabel('Accuracy')
plt.legend()
plt.show()
```

결과

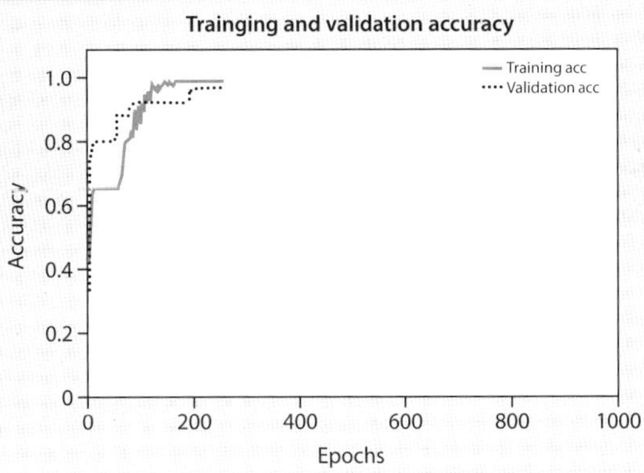

손실률 그래프에서도 훈련 데이터의 손실률이 유효성 데이터보다 다소 많게 시작했지만 점차 줄면서 epochs가 200에 가까워지면서 비슷한 결과를 얻게 되었다.

명령문

```
plt.plot(epoch_range, history_dict['loss'], 'b', label='Training
loss')
plt.plot(epoch_range, history_dict['val_loss'], 'b:',
label='validation loss')
plt.title('Training and validation loss')
plt.axis([-0.3, 1000, 0, 2.0])
plt.xlabel('Epochs')
plt.ylabel('Loss')
plt.legend()
plt.show()
```

결과	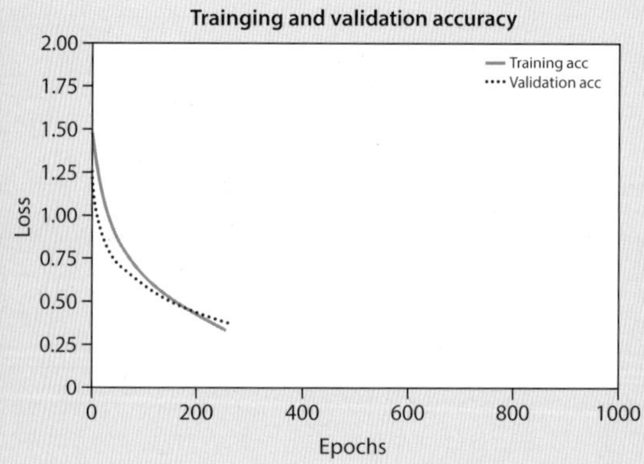

평가결과는 아래의 출력과 같이 손실은 28%에 정확도가 100%가 나왔다.

명령문

```
results = model.evaluate(X_test, y_test)
```

결과

```
30/30 [==============================] - 0s 66us/sample
                         - loss: 0.2862 - accuracy: 1.0000
```

Dropout 기능

드롭아웃(Dropout) 기능은 레이어 사이에서 실행하면 되기 때문에 아래와 같이 신경망을 구성할 때 레이어와 레이어 사이에 실행할 수 있도록 준비하면 된다. 앞에서 사용한 아이리스 데이터를 이용하여 다음과 같이 망을 구성하면 어느 정도 과대적합이 발생함을 볼 수 있으며 전체 코드는 다음과 같다.

먼저 데이터를 준비하면서 테스트 사이즈를 50% 할당한다.

명령문

```
from sklearn import datasets
iris = datasets.load_iris()
X = iris.data
y = iris.target
from sklearn.model_selection import train_test_split
X_train, X_test, y_train, y_test = train_test_split(X, y, test_
size=0.5)
```

```
from keras.utils.np_utils import to_categorical
y_train = to_categorical(y_train)
y_test = to_categorical(y_test)
```

다음은 과대적합을 유도하기 위해 아래와 같이 심층구조로 신경망을 구성해보자.

명령문

```
from tensorflow.keras import models
from tensorflow.keras.layers import Dense, Dropout
model = models.Sequential()
```

명령문	`model.add(Dense(2, input_shape=(4, )))`
	`model.add(Dense(16, activation='relu'))`
	`model.add(Dense(32, activation='relu'))`
	`model.add(Dense(3, activation='softmax'))`

	`model.compile(optimizer='rmsprop',`
	`loss='categorical_crossentropy',`
	`metrics=['accuracy'])`

	`epochs = 80`
	`history = model.fit(X_train, y_train, validation_split=0.4,`
	`epochs=epochs)`

결과	`Train on 45 samples, validate on 30 samples`
	`Epoch 1/80`
	`45/45 [==============================] - 1s 16ms/sample - loss:`
	`1.7580 - accuracy: 0.3556 - val_loss: 1.2658 - val_accuracy:`
	`0.4667`
	`Epoch 2/80`
	`45/45 [==============================] - 0s 243us/sample -`
	`loss: 1.4617 - accuracy: 0.3556 - val_loss: 1.1742 - val_`
	`accuracy: 0.4667`
	(이하생략)

다음은 구성한 신경망의 결과를 정확도와 손실률로 비교해보자. 먼저, 우선 훈련 데이터의 정확도가 유효성 데이터 보다 상당히 크며, 손실률도 유효성 데이터가 크게 나타났다. 전형적인 과대적합 현상이다.

명령문

```
import matplotlib.pyplot as plt
history_dict = history.history
plt.clf()
acc = history_dict['accuracy']
epoch_range = range(1, len(acc)+1)
plt.plot(epoch_range, acc, 'b', label='Training acc')
plt.plot(epoch_range, history_dict['val_accuracy'], 'r:',
label='Validation acc')
plt.axis([0, epochs, 0.0, 1.1])
plt.title('Trainging accuracy')
plt.xlabel('Epochs')
plt.ylabel('Accuracy')
plt.legend()
plt.show()
```

결과

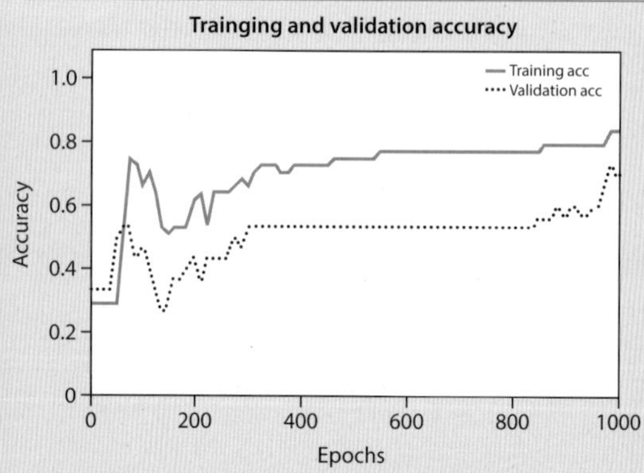

명령문

```
plt.plot(epoch_range, history_dict['loss'], 'b', label='Training
loss')
plt.plot(epoch_range, history_dict['val_loss'], 'b:',
label='validation loss')
plt.title('Training and validation loss')
plt.axis([-0.3, epochs, 0, 2.0])
plt.xlabel('Epochs')
plt.ylabel('Loss')
plt.legend()
plt.show()
```

결과

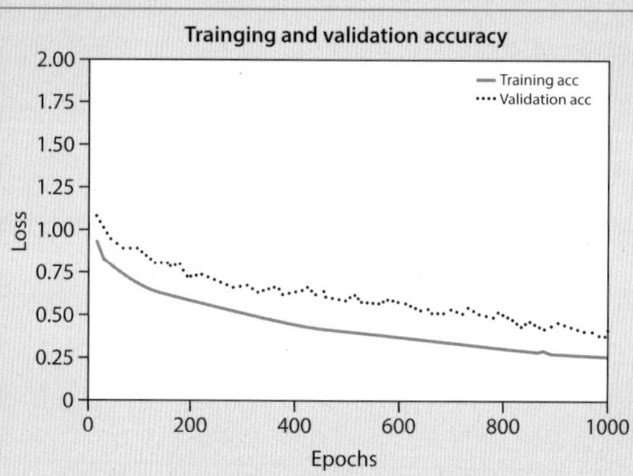

이러한 과대적합 현상을 완화하기 위해 드롭아웃을 신경망에 적용해보자. 이를 적용하는 방법은 매우 간단하다. 위에서 작성한 신경망의 레이어 사이에 아래와 같이 드롭아웃을 입력하여 전체를 다시 실행하고 결과를 비교하면 된다. 이때, Dropout() 함수에 0.2라고 입력했는데 이것은 'rate'이라는 파라미터이며 0.2는 20%의 데이터를 무작위로 삭제하여 훈련하라는 의미이다.

명령문

```
from tensorflow.keras import models
from tensorflow.keras.layers import Dense, Dropout
model = models.Sequential()
```

```
model.add(Dense(2, input_shape=(4, )))
model.add(Dropout(0.2))
model.add(Dense(16, activation='relu'))
model.add(Dropout(0.2))
model.add(Dense(32, activation='relu'))
model.add(Dropout(0.2))
model.add(Dense(3, activation='softmax'))
```

앞에서 언급한 대로 본 아이리스 예제는 토이 데이터 세트이기 때문에 샘플의 수가 작아 훈련할 때마다 결과의 편차가 크다는 것을 고려하면서 결과를 비교해보자.

아래의 표를 참조하여 드롭아웃을 사용하기 전과 이후의 결과를 비교해보자. 드롭아웃을 사용한 이후의 훈련 데이터와 유효성 데이터의 차이가 크게 줄어든 것을 볼 수 있으며, 손실률 면에서도 비슷한 결과를 확인할 수 있다.

<table>
<tr><th></th><th>Dropout() 사용 전
(과대적합 발생!)</th><th>Dropout() 사용 후
(과대적합 해결!)</th></tr>
<tr><td>정확도</td><td>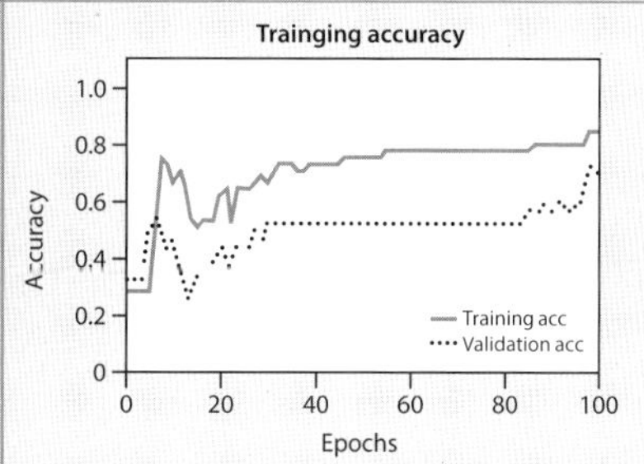
</td><td>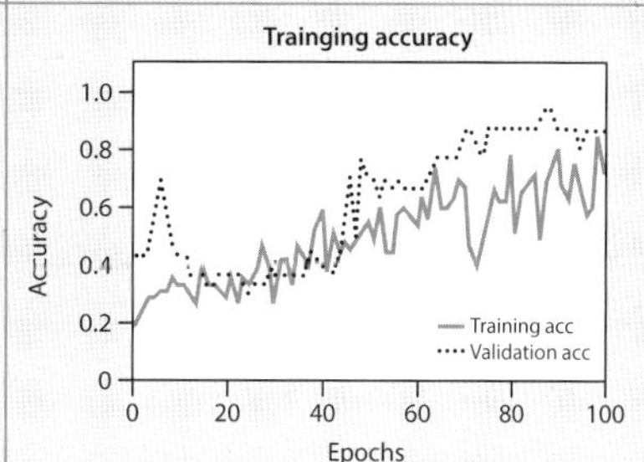
</td></tr>
<tr><td>손실률</td><td>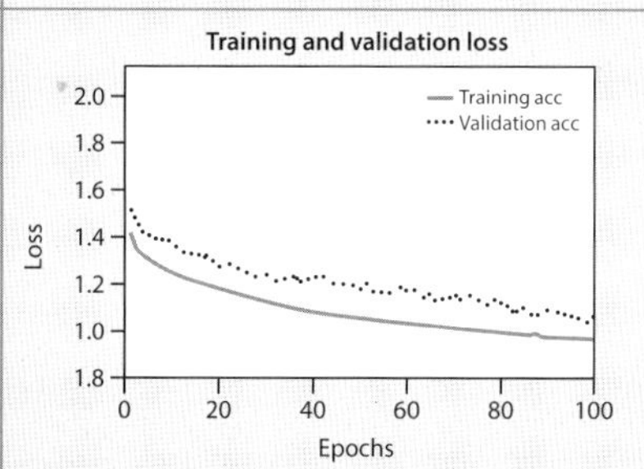
</td><td>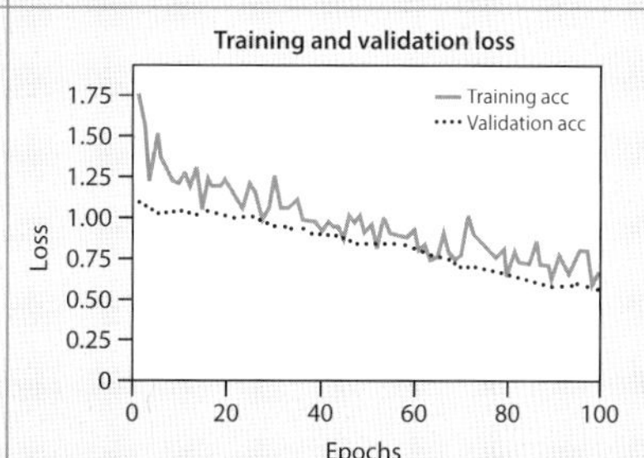
</td></tr>
<tr><td>평가결과</td><td>손실률: 67%
정확도: 69%</td><td>손실률: 57%
정확도: 86%</td></tr>
</table>

16.4 이미지와 시계열 처리모델

딥러닝을 이용하여 이미지나 시계열 데이터를 처리할 수 있는데 크게 CNN(합성곱신경망: Convolutional Neural Network)과 RNN(순환신경망: Recurrent Neural

Network)으로 구분 할 수 있다. 일반적으로 이미지는 CNN으로 처리하며 시계열 데이터는 RNN방식으로 처리한다. 이미지를 처리하기 위해 CNN 뿐만 아니라 완전연결 계층(Fully Connected Layer)방식을 이용할 수도 있다. 그리고 RNN은 순차적(시계열)인 데이터 학습에 특화된 인공신경망으로 내부의 순환구조로 동작하는 방식을 의미한다. 본 장에서는 이미지와 시계열 데이터 처리를 위한 모델의 예를 각각 살펴보고자 한다.

1 이미지 처리모델

텐서플로우를 이용한 필기 숫자 데이터 학습

본 절에서는 이미지 처리를 위해 텐서플로우의 케라스를 이용한 완전연결 계층(Fully Connected Layer)방식으로 필기 숫자 데이터 세트를 학습하는 예제를 살펴보고자 한다. 먼저 이미지 학습을 통해 손으로 적은 숫자를 인식하는 실습을 하자. 손으로 적은 이미지들을 픽셀 단위로 학습하게 되면 나머지는 분류자가 알아서 처리하게 된다.

먼저, mnist에서 제공하는 필기 숫자의 데이터 세트를 다운로드하고 저장된 내용을 살펴보자. (train_data, train_labels), (test_data, test_labels) = mnist.load_data()를 실행하면 mnist에서 제공하는 필기 데이터 세트를 훈련데이터와 테스트 데이터로 구분하여 다운로드할 수 있다.

명령문

```
import numpy as np
from keras.utils import np_utils
from tensorflow.keras.datasets import mnist
(train_data, train_labels), (test_data, test_labels) =
                                            mnist.load_data()
print(test_labels)
```

결과

```
[7 2 1 ... 4 5 6]
```

다운되는 파일은 모두 4개이며 세부 내용은 다음의 표와 같다.

파일명	내용	개수
train-images-idx3-ubyte.gz	학습 이미지 데이터	60,000개
train-labels-idx1-ubyte.gz	학습 라벨 데이터	
t10k-images-idx3-ubyte.gz	테스트 이미지	10,000개
t10k-labels-idx1-ubyte.gz	테스트 라벨	

print(test_labels)를 실행하면 [7 2 1 … 4 5 6]이 출력되며, 이것은 첫 번째 이미지가 7, 두 번째가 2, 세 번째가 1이며 마지막이 6의 이미지라는 의미이다.

그렇다면 다음은 데이터 세트의 첫 번째 저장된 손글씨 숫자를 출력해보자. 위의 코드에 다음의 코드를 추가해보자. 우선 학습 데이터에는 6만 개의 데이터가 저장되어 있으며 이중에서 만 개만 테스트 데이터로 사용한다고 설정한다. 손으로 적은 7이라는 숫자를 확인할 수 있다. test_data[0]에 첫 번째 데이터가 저장되어 있으므로 이것을 plt의 imshow() 메소드를 사용하면 화면으로 출력할 수 있다.

<table>
<tr><td>명령문</td><td><pre>import matplotlib.pyplot as plt
plt.imshow(test_data[0], cmap=plt.cm.YlOrBr)
print('Index %d: Label %d' % (0, test_labels[0]))</pre></td></tr>
<tr><td>결과</td><td><pre>Index 0: Label 7</pre>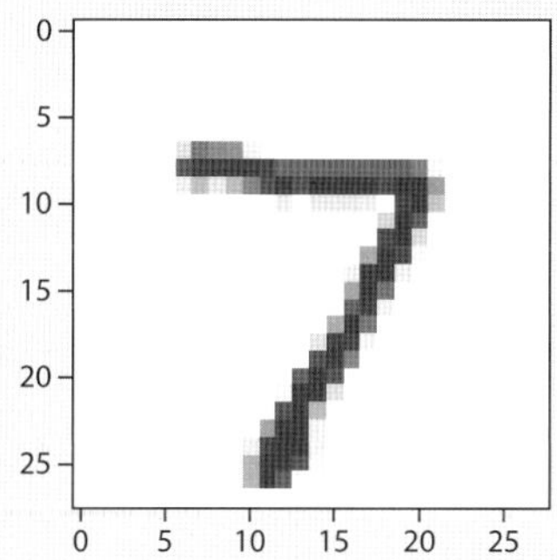</td></tr>
</table>

먼저 첫 번째 이미지의 값은 test_data[0]에 저장되어 있는데 이 데이터의 저장된 형식을 알아보기 위해 다음의 코드와 같이 shape의 기능을 이용해보자. 출력 결과는 (28, 28)이다.

명령문	print(train_data[0].shape)
결과	(28, 28)

1개의 이미지는 (28, 28) 형식의 데이터로 구성되어 있으며 이것은 가로 28, 세로 28의 픽셀로 이루어져 있다는 의미이다. 다음의 결과를 살펴보자.

<table>
<tr><td>명령문</td><td><pre>print(test_data[0])</pre></td></tr>
<tr><td>결과</td><td><pre>[[0   0   0   0   0   0   0   0   0   0   0   0   0   0
   0   0   0   0   0   0   0   0   0   0   0   0   0   0]
 [0   0   0   0   0   0   0   0   0   0   0   0   0   0
   0   0   0   0   0   0   0   0   0   0   0   0   0   0]</pre></td></tr>
</table>

결과	

```
[ 0   0   0   0   0   0   0   0   0   0   0   0   0   0
  0   0   0   0   0   0   0   0   0   0   0   0   0   0 ]
[ 0   0   0   0   0   0   0   0   0   0   0   0   0   0
  0   0   0   0   0   0   0   0   0   0   0   0   0   0 ]
[ 0   0   0   0   0   0   0   0   0   0   0   0   0   0
  0   0   0   0   0   0   0   0   0   0   0   0   0   0 ]
[ 0   0   0   0   0   0   0   0   0   0   0   0   0   0
  0   0   0   0   0   0   0   0   0   0   0   0   0   0 ]
[ 0   0   0   0   0   0   0   0   0   0   0   0   0   0
  0   0   0   0   0   0   0   0   0   0   0   0   0   0 ]
[ 0   0   0   0   0   0  84 185 159 151  60  36   0   0
  0   0   0   0   0   0   0   0   0   0   0   0   0   0 ]
[ 0   0   0   0   0   0 222 254 254 254 254 241 198 198
198 198 198 198 198 198 170  52   0   0   0   0   0   0 ]

... (중간생략)

[ 0   0   0   0   0   0   0   0   0   0 121 254 207  18
  0   0   0   0   0   0   0   0   0   0   0   0   0   0 ]
[ 0   0   0   0   0   0   0   0   0   0   0   0   0   0
  0   0   0   0   0   0   0   0   0   0   0   0   0   0 ]]
```

각각의 숫자들은 784개의 픽셀들을 가지고 있으며 이것은 기계학습에서 입력값에 해당하는 특성(feature)이다. 즉 784개의 특성과 `test_labels`에 저장된 라벨(출력)을 이용하여 기계학습을 수행할 수 있다.

참고 각각의 `edge`들은 weight(가중치)를 가지고 있으며 이미지의 각각의 픽셀들은 이러한 신경망에 따라 진행된다. 지나가는 신경망의 `edge`에 할당된 가중치가 곱해지며 이것은 `output` 노드에 증거로 누적된다.

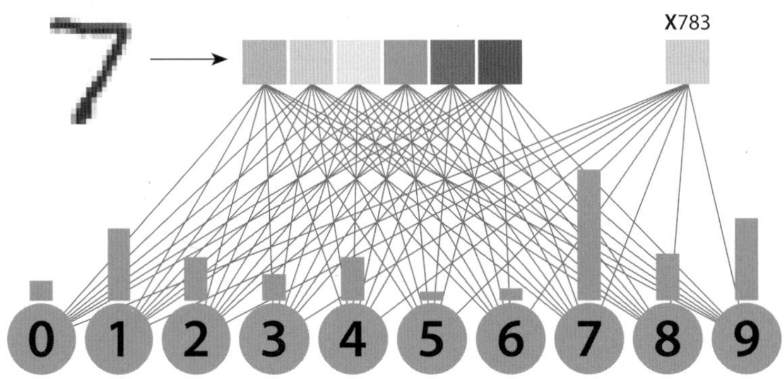

$$evidence\ y_i = \sum_j W_{ij}X_j$$

픽셀의 intensity(감도: x_j)가 weight(가중치: W_{ij})와 곱해지며 이것을 output에 그림과 같이 누적시킨다. 결국은 해당 이미지가 어느 output에 해당하는지 예측할 수 있다. 여기에서 가중치의 값이 중요한데, 초기에는 무작위의 수가 주어지며 점차적으로 좀 더 적합한 값으로 수정하게 된다. 이런 동작은 `fit` 함수에서 수행된다.

입력값을 파악하였으니 다음은 기계학습을 직접 수행해보자. 다음은 케라스를 이용하여 딥러닝을 하는 모델이다.

명령문

```
width = 28
height = 28
x_train = train_data.reshape(60000, width*height).
                                        astype('float32') / 255.0
x_test = test_data.reshape(10000, width*height).
                                        astype('float32') / 255.0

# < 데이터 전처리 : one-hot 인코딩 >
y_train = np_utils.to_categorical(train_labels)
y_test = np_utils.to_categorical(test_labels)

# < 모델 구성 >
from tensorflow.keras.models import Sequential
from tensorflow.keras.layers import Dense

model = Sequential()
model.add(Dense(256, input_dim=width*height,
                                        activation='relu'))
model.add(Dense(256, activation='relu'))
model.add(Dense(10, activation='softmax'))

# < 모델 설정 >
model.compile(loss='categorical_crossentropy', optimizer='sgd',
                                              metrics=['acc'])

# < 모델 학습 >
history = model.fit(x_train, y_train, epochs=20, batch_size=32)
model.evaluate(x_test, y_test, batch_size=32)
```

결과	Train on 60000 samples Epoch 1/20 60000/60000 [==============================] - 2s 41us/sample - loss:0.6106 - acc: 0.8424 (중간생략) 10000/10000 [==============================] - 0s 34us/sample - loss:0.7777 - acc: 0.9761 [0.07772079368103296, 0.9761]

위의 예제에서는 97.61%의 정확률을 확인할 수 있으며, 7을 정확히 맞춘 경우의 예제가 되겠다.

필기 숫자 데이터 세트를 기계학습 모델에 적용

다음의 코드는 필기 숫자 데이터 세트를 학습과 테스트를 위해 준비하는 코드로, 적용하는 모든 학습 모델에 공통적으로 입력해야 하는 부분이다.

명령문

```
from keras.utils import np_utils
from tensorflow.keras.datasets import mnist
(train_data, train_labels), (test_data, test_labels) =
                                                  mnist.load_data()
width = 28
height = 28
train_data = train_data.reshape(60000, width*height).
                                       astype('float32') / 255.0
test_data = test_data.reshape(10000, width*height).
                                       astype('float32') / 255.0
```

결정트리를 이용한 경우

명령문

```
from sklearn import tree
clf = tree.DecisionTreeClassifier()
clf.fit(train_data, train_labels)
predictions = clf.predict(test_data)
from sklearn.metrics import accuracy_score
print(accuracy_score(test_labels, predictions))
```

결과의 예

```
0.881
```

KNeighborsClassifier를 이용한 경우

명령문	from sklearn.neighbors import KNeighborsClassifier from sklearn import datasets digits = datasets.load_digits() clf = KNeighborsClassifier() clf.fit(trains_data, trains_labels) predictions = clf.predict(test_data) from sklearn.metrics import accuracy_score print(accuracy_score(test_labels, predictions))
결과의 예	0.9688

직접 작성한 무작위 분류 방식을 이용한 경우

명령문	import random
	class myKNN():
	    def fit(self, train_data, train_labels):
	        self.train_data = train_data
	        self.train_labels = train_labels
	    def predict(self, test_data):
	        predictions = []
	        for row in test_data:
	            label = random.choice(self.train_labels)
	            predictions.append(label)
	        return predictions
	clf = myKNN() # 나만의 구분자를 사용
	clf.fit(trains_data, trains_labels)
	predictions = clf.predict(test_data)
	from sklearn.metrics import accuracy_score
	print(accuracy_score(test_labels, predictions))

결과의 예	0.1007

직접 작성한 유클리디언 분류 방식을 이용한 경우

<table>
<tr><td>명령문</td><td><pre>from scipy.spatial import distance
def euc(a, b) :
    return distance.euclidean(a, b)
class eucKNN():
    def fit(self, train_data, train_labels):
        self.train_data = train_data
        self.train_labels = train_labels
    def predict(self, test_data):
        predictions = []
        for row in test_data:
            label = self.closest(row)
            predictions.append(label)
        return predictions
    def closest(self, row):
        best_dist = euc(row, self.train_data[0])
        best_index = 0
        for i in range(1, len(self.train_data)):
            dist = euc(row, self.train_data[i])
            if dist < best_dist:
                best_dist = dist
                best_index = i
        return self.train_labels[best_index]
clf = eucKNN()
clf.fit(trains_data, trains_labels)
predictions = clf.predict(test_data)
from sklearn.metrics import accuracy_score
print(accuracy_score(test_labels, predictions))</pre></td></tr>
<tr><td>결과의 예</td><td>0.9436</td></tr>
</table>

위의 코드를 실행하면 데이터의 용량이 큰 편이기 때문에 다소 시간이 소요된다. GPU를 장착한 컴퓨터라도 꽤 많은 시간이 소요되므로 이 실습을 꼭 실행해보고 싶다면 좀 더 작은 필기 숫자의 데이터 세트를 사용해서 다음과 같이 실습해보자. 이 토이 데이터 세트도 sklearn에서 제공하며 data와 target이 각각 1797개씩 저장되어 있다. 매우 적은 데이터이기 때문에 빠르게 작동할 것이다.

<table>
<tr><td>명령문</td><td><pre>from sklearn import datasets
digits = datasets.load_digits()
print(len(digits.data), len(digits.target))</pre></td></tr>
<tr><td>결과의 예</td><td>1797 1797</td></tr>
</table>

자, 그러면 직접 작성한 유클리디언 분류 방식을 기계학습에 적용해보자.

<table>
<tr><td>명령문</td><td>

```
from scipy.spatial import distance
def euc(a, b) :
    return distance.euclidean(a, b)
class eucKNN():
    def fit(self, X_train, y_train):
        self.X_train = X_train
        self.y_train = y_train
    def predict(self, X_test):
        predictions = []
        for row in X_test:
            label = self.closest(row)
            predictions.append(label)
        return predictions
    def closest(self, row):
        best_dist = euc(row, self.X_train[0])
        best_index = 0
        for i in range(1, len(self.X_train)):
            dist = euc(row, self.X_train[i])
            if dist < best_dist:
                best_dist = dist
                best_index = i
        return self.y_train[best_index]
clf = eucKNN()
clf.fit(digits.data[:-500], digits.target[:-500])
predictions = clf.predict(digits.data[-500:])
from sklearn.metrics import accuracy_score
print(accuracy_score(digits.target[-500:], predictions))
```

</td></tr>
<tr><td>결과의 예</td><td>0.96</td></tr>
</table>

이전보다 빠르게 결과를 확인할 수 있을 것이다.

서포트 벡터 머신(SVM)을 이용한 경우[hand written]

<table>
<tr><td>명령문</td><td>

```
from sklearn import svm
clf = svm.SVC(gamma=0.001, C=100.)
clf.fit(trains_data, trains_labels)
predictions = clf.predict(test_data)
from sklearn.metrics import accuracy_score
print(accuracy_score(test_labels, predictions))
```

</td></tr>
<tr><td>결과의 예</td><td>0.973</td></tr>
</table>

2 시계열 처리모델

데이터가 시간의 순서대로 나열된 데이터를 시계열(Time Series) 데이터라고 하며 이러한 순차적인(Sequential) 데이터를 처리하기 위한 딥러닝 모델을 공부해보자. 여기에서는 여객선 승객 데이터의 데이터를 사용하여 텐서플로우의 케라스를 이용한 완전연결 계층(Fully Connected Layer)의 방식을 사용하고자 한다.

여객선 탑승객 예측 모델

이번 예제는 일정 기간 동안 수집한 국제여객선의 탑승객의 인원을 학습시켜 단기간의 이용 탑승객의 인원을 예측하는 모델을 구현하고자 한다. 우선 엑셀 파일을 아래와 같이 열어 첫 부분과 뒷부분을 관찰하여 데이터를 살펴보자.

명령문

```
import pandas as pd
dataset = pd.read_csv('airline-passengers.csv',
engine='python')
dataset.head(3)
```

결과

	Month	International airline passengers: monthly totals in thousands. Jan 49 ? Dec 60
0	1949-01	112.0
1	1949-02	118.0
2	1949-03	132.0

칼럼의 개수는 1개이며 긴 이름의 제목을 가지고 있다는 것을 볼 수 있다. 그 내용으로 지난 1949년 1월에서 1960년 12월까지 12년 동안의 데이터이며 월단위로 누적 탑승객의 수를 천단위로 기록한 데이터라는 것을 볼 수 있다. 즉, 1949년 1월에는 월 112,000명의 누적 탑승객을 유치했다는 의미 일 것이다.

다음은 데이터의 마지막 부분을 살펴보자. 마지막 인덱스의 번호가 144이며 값이 'NaN'으로 데이터가 없다. 따라서, 0에서부터 143 인덱스까지의 데이터로 총 144개의 데이터를 가지고 있다는 것을 알 수 있다.

명령문

```
dataset.pop('Month')
dataset.tail(3)
```

결과

	International airline passengers: monthly totals in thousands. Jan 49 ? Dec 60
142	390.0
143	432.0
144	NaN

칼럼의 이름이 너무 길기 때문에 아래와 같이 간단한 이름으로 교체해보자.

명령문	`dataset.columns = ['Passengers']` `dataset.head(3)`
결과	<table><tr><th></th><th>Passengers</th></tr><tr><td>0</td><td>112.0</td></tr><tr><td>1</td><td>118.0</td></tr><tr><td>2</td><td>132.0</td></tr></table>

다음은 'NaN'이 포함되어 있는 모든 행들을 삭제해보자. 이전에 보였던 144번 인덱스의 행이 삭제 된 것을 볼 수 있으며 144번을 제외한 너머지 행들에서는 'NaN'이 없었다는 것도 동시에 알 수 있다.

명령문	`dataset = dataset.dropna()` `dataset.tail(3)`
결과	<table><tr><th></th><th>Passengers</th></tr><tr><td>141</td><td>461.0</td></tr><tr><td>142</td><td>390.0</td></tr><tr><td>143</td><td>432.0</td></tr></table>

다음은 데이터의 정규화를 위해서 Min-Max 방식을 데이터에 적용하고자 한다. 직접 계산을 통해 수정할 수도 있지만 이번에는 스킷런에서 제공하는 함수를 사용해보자.

그런데, 처음 판다스 형식의 데이터에 정규화를 시도하면 결과가 numpy형식의 배열로 변환된다. 앞서 설명한바와 같이 판다스 형식이나 numpy 배열 형식이나 모두 딥러닝의 입력으로 사용 가능하지만 정규화 과정에서 형식이 바뀌었다는 것을 인지하도록 하자.

명령문

```
from sklearn.preprocessing import MinMaxScaler
scaled = MinMaxScaler()
dataset = scaled.fit_transform(dataset)
print(dataset[:3])
```

결과

```
[[0.01544402]
[0.02702703]
[0.05405405]]
```

다음은 훈련데이터와 테스트데이터를 배분한다. 아래와 같이 분배하면 훈련 데이터의 샘플은 120개, 테스트 데이터는 24개가 된다.

명령문	train = dataset[:120] test = dataset[120:] print(test.shape)
결과	(24, 1)

지금까지 준비한 데이터를 가지고 딥러닝의 입력데이터(feature)와 목표데이터(target 또는 label)를 생성해야 한다. 본 예제는 시계열 데이터를 처리하는 모델로서 지난 데이터를 입력으로 사용하여 이후의 데이터를 예측해야 한다. 즉, 지난달 여객선 승객의 인원을 기반으로 다음달의 인원을 예측해야 하는 것이다. 따라서, 지난달의 데이터가 입력(feature)이며 다음달의 데이터는 목표데이터로 준비해야 한다. 이를 위해 아래와 같은 create_seq() 함수를 정의하였으며 일련의 데이터를 입력하면 속성(feature)데이터와 목표(target)데이터를 반환하게 된다.

여기서 lookback변수는 몇 달 전의 데이터를 목표값으로 정하겠냐는 것으로 본 예제에서는 바로 이전 달의 데이터를 목표로 삶기 때문에 그 값을 1로 설정한다. 결과에서 알 수 있듯이 목표값은 속성값보다 1달씩 미루어진 것을 볼 수 있다.

명령문

```
def create_seq(data, lookback=1):
    X_data = []
    y_data = []
    for i in range(len(data)-lookback-1):
        add = data[i:(i+lookback), 0]
        X_data.append(add)
        y_data.append(data[i + lookback, 0])
    return np.array(X_data), np.array(y_data)
```

```
import numpy as np
lookback = 1
X_train, y_train = create_seq(train, lookback)
X_test, y_test = create_seq(test, lookback)
```

```
print(X_train[:6])
print(y_train[:5])
```

결과

```
[[[0.01544402]]
 [[0.02702703]]
 [[0.05405405]]
 [[0.04826255]]
 [[0.03281853]]
 [[0.05984556]]]
[0.02702703 0.05405405 0.04826255 0.03281853 0.05984556]
```

이제, 데이터를 딥러닝 신경망에 입력하기 위해 마지막으로 넘파이 형식의 텐서로 변환을 해야 한다. 앞서 설명한 대로 현재 처리하고자하는 데이터의 형식이 3D 시퀀스 데이터이기 때문에 텐서의 형식은 (samples, timesteps, features)이어야 한다.

아래와 같이 변환을 실행한 후 `X_train`의 모양을 살펴보면 첫 번째 값은 118의 샘플을 의미하며, 두 번째 값은 loopback의 값이 1이므로 timestep가 1로 설정되고, 마지막으로 feature는 '승객수' 항목 1개 이므로 1로 설정된다.

<table>
<tr><td rowspan="2">명령문</td><td><pre>X_train = np.reshape(X_train, (X_train.shape[0], 1, X_train.
shape[1]))
X_test = np.reshape(X_test, (X_test.shape[0], 1, X_test.
shape[1]))</pre></td></tr>
<tr><td><pre>X_train.shape</pre></td></tr>
<tr><td>결과</td><td><pre>(118, 1, 1)</pre></td></tr>
</table>

이제는 여객선 승객 데이터를 예측하기 위한 신경망 모델 구조를 만들어보자. 아래 신경망의 구조를 살펴보면 2개의 레이어로 구성되어 있는 것을 볼 수 있으며, 첫 번째 레이어에서 `input_shape`이 (1, 1)형태이며 이것을 `Flatten()` 함수를 사용하였다. 즉, 앞에서 설명한 형태로 설명하자면 입력이 (*, 1)형태의 배열이라는 것을 의미한다.

그리고, 두 번째 레이어에서는 출력뉴런가 1개라는 것을 의미한다. 즉, 다음 달 승객수를 의미하는 예측 결과가 출력된다.

<table>
<tr><td>명령문</td><td><pre>from tensorflow.keras.models import Sequential
from tensorflow.keras.layers import Dense
from tensorflow.keras.layers import Flatten
model = Sequential()
model.add(Flatten(input_shape=(1, X_train.shape[1])))
model.add(Dense(1))
model.compile(optimizer='rmsprop', loss='mse')
history = model.fit(X_train, y_train, epochs=50, batch_size=1)</pre></td></tr>
<tr><td>결과</td><td><pre>Train on 118 samples
Epoch 1/50
118/118 [==============================]
                                    - 0s 3ms/sample - loss: 0.0044
Epoch 2/50
118/118 [==============================]
                                  - 0s 718us/sample - loss: 0.0036
(이후 생략)</pre></td></tr>
</table>

신경망을 성공적으로 훈련한 후에는 준비한 `X_test` 데이터로 예측을 수행한다. 신

경망의 결과를 이해하기 위해 X_train 데이터도 같이 예측을 하여 아래와 같이 그래프로 나타내보자.

이때 trainPredict 데이터는 신경망에 입력하기 위해 앞에서 MinMax의 정규화과정을 거쳤기 때문에 원래의 스케일(scale)로 복원을 수행해야 한다. 이때 사용하는 함수가 바로 inverse_transform()이다. 다음 y_train, testPredict, y_test 파일들도 모두 같은 상황이기 때문에 같은 작업을 수행한다.

명령문

```
trainPredict = model.predict(X_train)
testPredict = model.predict(X_test)
```

```
trainPredict = scaled.inverse_transform(trainPredict)
trainY = scaled.inverse_transform([y_train])
testPredict = scaled.inverse_transform(testPredict)
testY = scaled.inverse_transform([y_test])
```

```
import matplotlib.pyplot as plt
plt.plot(scaled.inverse_transform(dataset), linestyle=':',
label='Total')
plt.plot(testPredict, label='test')
plt.legend()
```

결과

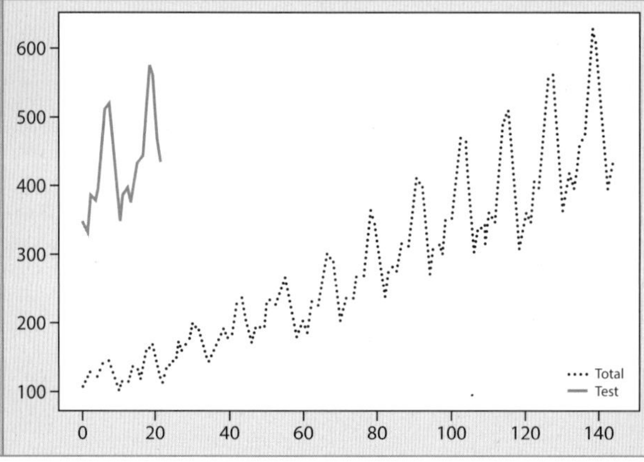

그런데, 마지막으로 그래프를 출력해서 살펴보면, 실선으로 나타난 'test' 그래프는 마지막 부분을 분할해서 저장한 데이터를 사용하였으므로 전체('Total') 그래프의 뒷부분에 표시할 필요가 있다. 따라서, 다음은 앞부분의 X_train으로 예측한 train-Predict 데이터를 포함하여 아래와 같이 그래프에 나타내보자.

명령문

```
plt.plot(scaled.inverse_transform(dataset), linestyle=':',
label='Total')
plt.plot(trainPredict, label='Predict')
testPredictPlot = np.empty_like(dataset)
testPredictPlot[:] = np.nan
testPredictPlot[len(trainPredict)+(lookback*2)+1:len(datas
et)-1]
= testPredict
plt.plot(testPredictPlot, label='test')
plt.legend()
plt.show()
```

결과

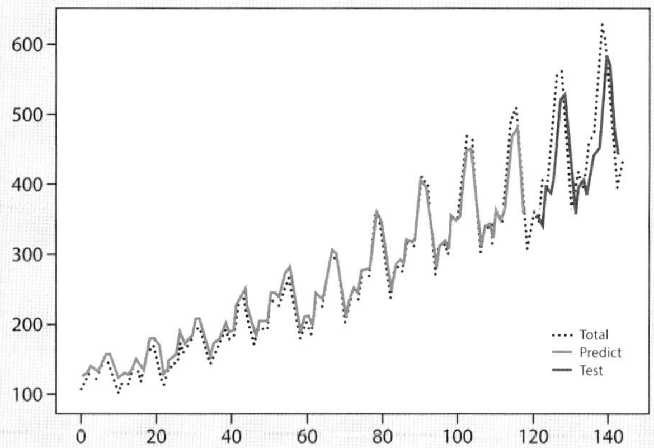

본 신경망을 반복적으로 수행했을 때 신경망의 성능의 편차가 다소 크다는 것을 확인할 수 있지만 전반적인 개념을 이해하는데는 부족함이 없을 것이다. 참고로, 주피터 노트북환경에서 'Kernel' 메뉴의 'Restart & Run All'을 수행하기 전에 'Restart & Clear Output'을 먼저 수행하기 바란다.

Quiz 16.15

X_test로 예측한 부분과 y_test를 겹쳐서 아래와 같은 그래프를 그릴 수 있도록 프로그래밍 해보고자 한다.

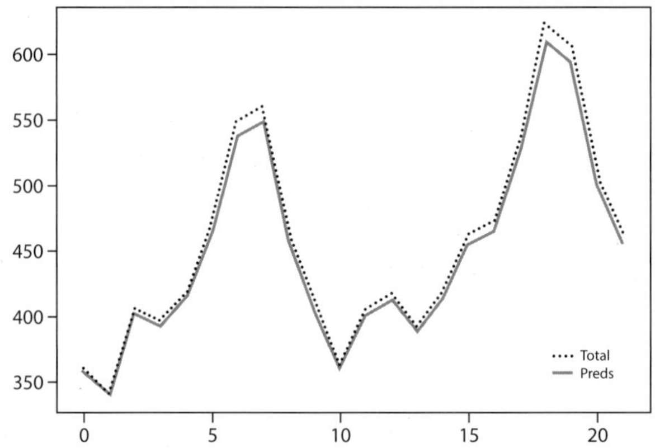

1. 이를 위해, 우선 y_test의 형태를 (22,)에서 (22, 1)로 변환해야 한다. 아래의 밑줄 친 부분의 코드를 완성하시오.

문제	`print(y_test.shape)`
	`y_test = np.reshape(X_test, (testPredict.shape[_________],`
	`X_test.shape[_________]))`
	`print(y_test.shape)`

결과	`(22,)` `(22, 1)`

2. 그래프를 출력하기 위해 밑줄 친 부분의 코드를 완성하시오.

문제	`plt.plot(range(len(y_test)), scaled.______________(y_test),`
	`linestyle=':', label='target')`
	`plt.plot(range(______________), testPredict, label='preds')`
	`plt.legend()`

3 순환 신경망

현재까지 배운 딥러닝의 모델들은 입력되는 데이터들이 입력계층을 시작으로 은닉계층을 거쳐 출력계층으로 진행하는 피드포워드(Feed Forward)방식의 신경망들이었다. 그러나 순환 신경망은 앞의 은닉계층에서 활성화함수로 계산되어 출력되는 데이터를 이후 계층으로 전송하는 동시에 다시 앞의 계층의 입력으로 보내져서 재사용하게 되는 신경망의 구조를 가지고 있다. 이것은 과거의 정보를 현재에 반영할 수 있다는 의미이기도 하다. 쉽게 예로 설명하자면, 입력되는 문장을 분석하여 그 주제를 분석하고자 할 때, 부사나 형용사와 같은 의미에서 덜 중요한 단어들은 망각(forget)해 버리고, 명사나 동사와 같은 단어들은 메모리에 기억을 해둠으로써 향

후 결정에 단서로 활용할 수 있게 하는 방식이다.

다음은 RNN 신경망의 기본 동작원리를 나타낸 그림이다. 왼쪽 그림을 펼치면 오른쪽 그림과 같다. 그림에서 가운데 줄에 있는 h는 은닉계층을 의미하며 x는 그 은닉계층으로 입력되는 데이터, 즉, 문장에서는 단어에 해당하고 여객선 승객에서는 한달 동안의 승객의 수를 의미한다. v는 각 시간 단위별 출력 내용이 다시 그 은닉계층으로 재입력되는 내용이 된다. o는 출력으로 다음 은닉계층이나 출력계층의 입력이 된다.

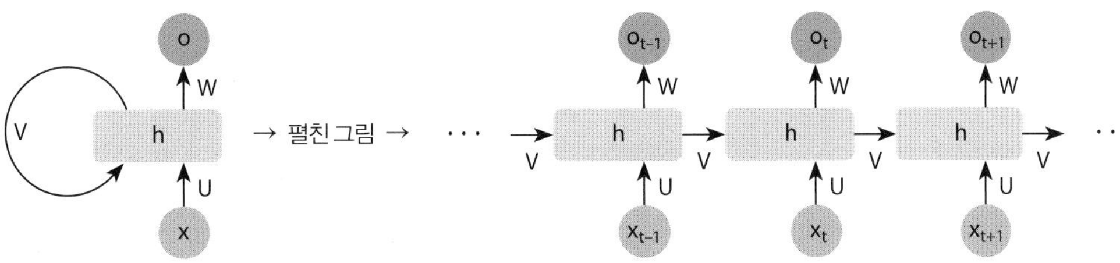

이러한 순환신경망(Recurrent Neural Network)을 RNN이라고 하며 이 RNN은 시계열 데이터를 처리하기 위해 초기에 제안된 딥러닝 모델을 지칭하기도 한다. 이 초기의 모델은 경사 하강법(Gradient Descent)과 오차역전파(Backpropagation) 방식을 사용하여 학습하는데 이것은 학습 데이터의 길이가 길어질수록 과거의 정보를 전달하기 힘든 단점이 있다. 이를 보완하기 위해 LSTM(Long Short-Term Memory) 방식을 사용하게 되었고 더욱 개선된GRU(Gated Recurrent Unit) 방식들이 있다.

앞에서 공부한 여객선 승객 데이터 예측 모델에서는 텐서플로우의 케라스를 이용한 완전연결 계층(Fully Connected Layer)방식을 사용하였으나 이번에는 LSTM 방식의 신경망을 구성하고 실행할 것이다. 그런데, 이러한 LSTM방식의 순환 신경망을 구현할 때 특별히 복잡한 프로그래밍 기법이 필요하지 않으며 단순히 신경망을 구성할 때 LSTM함수만 설정해 주면 간단히 원하는 순환 신경망의 기능을 수행할 수 있게 설계되어 있다.

자, 그러면 여객선 승객 데이터를 LSTM방식의 순환 신경망으로 구성하여 적용해 보자. 데이터와 딥러닝 예제에서 사용했던 3가지 주요 함수인 활성화함수, 손실함수, 최적화함수들은 그대로 적용하고 신경망의 구조만 변경하면 된다.

데이터 생성

```
import pandas as pd
dataset = pd.read_csv('airline-passengers.csv',
engine='python')
```

데이터 전처리

```
dataset.pop('Month')
dataset.columns = ['Passengers']
dataset = dataset.dropna()
```

```
from sklearn.preprocessing import MinMaxScaler
scaled = MinMaxScaler()
dataset = scaled.fit_transform(dataset)
```

데이터 분할

```
train = dataset[:120]
test = dataset[120:]
```

시계열 데이터 준비

```
def create_seq(data, lookback=1):
X_data = []
y_data = []
for i in range(len(data)-lookback-1):
add = data[i:(i+lookback), 0]
X_data.append(add)
y_data.append(data[i + lookback, 0])
return np.array(X_data), np.array(y_data)
```

```
import numpy as np
lookback = 1
X_train, y_train = create_seq(train, lookback)
X_test, y_test = create_seq(test, lookback)
```

```
X_train = np.reshape(X_train, (X_train.shape[0], 1, X_train.
shape[1]))
X_test = np.reshape(X_test, (X_test.shape[0], 1, X_test.
shape[1]))
```

LSTM은 tensorflow.keras.layers에서 지원해 주기 때문에 아래와 같이 import해야 한다. 그리고, 케라스의 레이어를 생성하는 `add()` 함수에서 `LSTM()`의 입력과 출력을 설정하면 LSTM모델이 완성된다.

명령문

```
from tensorflow.keras.models import Sequential
from tensorflow.keras.layers import Dense, LSTM
model = Sequential()
model.add(LSTM(4, input_shape=(1, lookback)))
model.add(Dense(1))
```

모델 컴파일

```
model.compile(optimizer='rmsprop', loss='mse', metrics=['mae'])
```

훈련 설정 및 실행

```
epochs=30
history = model.fit(X_train, y_train, epochs=epochs, validation_
split=0.2, batch_size=1)
```

명령문

```
import matplotlib.pyplot as plt
history_dict = history.history
plt.clf()
epoch_range = range(1, epochs+1)
plt.plot(epoch_range, history_dict['loss'], 'b', label='Training
loss')
plt.plot(epoch_range, history_dict['val_loss'], 'b:',
label='validation loss')
plt.axis([-0.3, 10, 0, 0.3])
plt.title('Training and validation loss')
plt.xlabel('Epochs')
plt.ylabel('Loss')
plt.legend()
plt.show()
```

결과

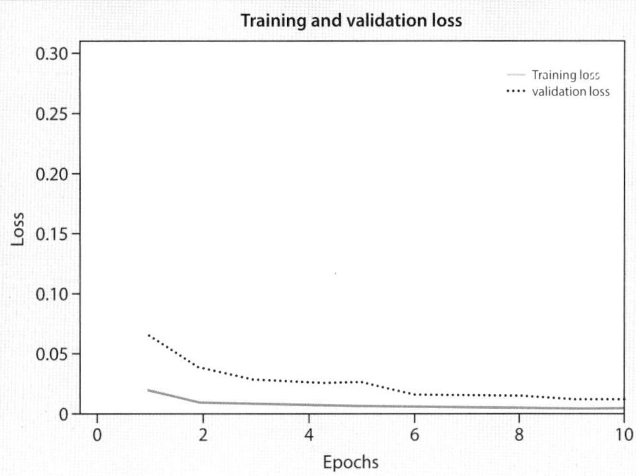

Quiz 16.16

위의 예제를 활용하여 GRU 모델을 만들고 실습해보자(힌트, LSTM부분들만 GRU로 대체하면 됨).

- Ilya Sutskever, et al. "Sequence to sequence learning with neural networks", NIPS, 2014
- Jeffrey Dean, et al. "Large scale distributed deep networks", NIPS, 2012
- Sharan Chetlur, et al. "Efficient primitives for deep learning.", arXiv, 2014
- Yangqing Jia, et al. "Convolutional architecture for fast feature embedding", ACM, 2014
- Analytics in Python(edx.org)
- Analyzing Data with Python(edx.org)
- Artificial Intelligence(AI)(edx.org)
- Deep Learning with Tensorflow(edx.org)
- Machine Learning with Python(edx.org)
- Python Basics for Data Science(edx.org)
- Python for Data Science(edx.org)
- Using Python for Research(edx.org)

Big Data Analytics & Artificial Intelligence
Starting with Python